실크로드
고고학
강의

저자
임매촌林梅村, Lin Mei Cun_1956년 출생. 현재 북경대학교 고고학과School of Archaeology and Museology 교수로 재직 중이며 유네스코 국제기념물유적협의회ICOMOS의 회원이다.

역자
장민張敏(中), Zhang Min_1954년 출생. 북경대학교 철학과 대학원에서 석사, 박사학위를 취득했다. 현재 북경대학교 외국어대학 조선(한국)언어문화학부 교수로 재직 중이다.
금지아琴知雅(韓), Keum Jia_1968년 출생. 연세대학교 중문과 대학원에서 석사, 박사학위를 취득했다. 현재 북경대학교 외국어대학 조선(한국)언어문화학부 부교수로 재직 중이다.
정호운鄭皓云(韓), Jung Ho Woon_1978년 출생. 한국외국어대학교 통번역대학원에서 한중과 석사학위를 취득하고 현재 북경대학교 외국어대학 조선(한국)언어문화학부 박사과정에 재학 중이다.

실크로드 고고학 강의

초판인쇄 2020년 9월 1일 **초판발행** 2020년 9월 15일
지은이 임매촌 **옮긴이** 장민, 금지아, 정호운
펴낸이 박성모 **펴낸곳** 소명출판 **출판등록** 제13-522호
주소 서울시 서초구 서초중앙로6길 15, 2층
전화 02-585-7840 **팩스** 02-585-7848 **전자우편** somyungbooks@daum.net **홈페이지** www.somyong.co.kr

값 43,000원 ⓒ 소명출판, 2020
ISBN 979-11-5905-423-5 93910

이 책은 중화사회과학기금의 지원을 받아 번역 출판된 것이다.
本書的飜譯出版受到中華社會科學基金(Chinese Fund for the Humanities and Social Sciences)資助。

실크로드
고고학
강의

絲綢之路考古十五講

———————— 임매촌 지음

장민·금지아·정호운 옮김

소명출판

일러두기

- 이 책은 북경대학교의 유명 교수들이 집필한 『명인교양강좌』 시리즈 중의 한 권으로 원제는 『실크 로드 고고학 15강絲綢之路考古十五講』이다.
- 중국의 인명과 지명은 한국 한자음으로 표기하고 한자를 병기했다. 단 중국 소수민족 지역의 인명과 지명은 현지음으로 표기하고 한자를 병기했다.
- 부호의 경우 단행본, 문집, 신문, 잡지(정간물), 전집은 『 』를 사용하고 논문, 편명, 작품명은 「 」를 사용했으며 그림, 지도, 영화제목 등은 〈 〉를 사용했다.
- 현대 중국어로 된 인용문과 외국 저서의 중국어 번역문으로 된 인용문 등은 원문을 싣지 않고 역문만 실었다.

한국어판을 내며

나의 저서인 『실크로드 고고학 강의』를 드디어 한국 독자들에게 선보이게 되었다. 우선 이 책의 번역에 도움을 주신 북경대학교 한국언어문화학부의 교수님 두 분과 박사과정에 재학 중인 제자, 그리고 출판작업을 맡아 주신 소명출판에 감사의 뜻을 표한다. 한국 독자들과 함께 신비로운 실크로드를 따라 찬란한 고대 동양예술의 세계를 여행할 수 있게 된 것을 매우 기쁘게 생각한다.

북경대학교 고고학과 교수이자 유네스코 국제기념물유적협의회ICOMOS 회원인 나는 다년간 실크로드의 고고학 연구에 종사해 왔고, 20여 년에 걸쳐 고대 실크로드 지역에 대한 현지 실사를 진행하고 국내외 역사 자료와 고고학적 발견을 근거로 하여 이 책을 완성했다. 실크로드는 '고대와 중세시대에 황하 유역과 장강 유역에서 시작되어 인도, 중앙아시아, 서아시아를 거쳐 북아프리카와 유럽을 연결하던, 비단 무역을 주요 매개로 한 문화교류의 길'을 말한다. 이 책에서 나는 청동기 시대 인도유럽인의 기원과 이주에서부터 15세기 초 정화의 서양 항해 시대까지의 동서양 경제문화교류 및 실크로드의 중요한 고고학적 발견과 국내외의 최신 연구성과를 다루었다. 또한 곳곳에 흩어져 있던 역사 자료와 고고학 연구성과를 연결시켜 전면적인 연구를 진행했고 기존의 고고학, 언어학, 역사학 관련 성과를 종합하여 실크로드의 내용과 외연을 새롭게 해석했다. 그리고 독자의 이해를 돕기 위해 282점의 사진과 시각 자료도 곁들였는데, 대부분은 내가 현지 실사를 진행하면서 입수한 것이다. 따라서 이 책은 실크로드 학술사이자 실크로드 고고학사인 동시에 지난 100여 년 동안 세계 각국의 고고학자들이 실크로드 고고학 연구분야에서 이루어 낸 학술적 성과를 두루 반영하고 있다고 할 수 있다.

이 책은 북경대학교의 유명 교수들이 집필한 『명인교양강좌』 시리즈 중의 한 권으로서, 실크로드 고고학에 관한 통론적 내용을 담고 있다. 이들 내용은 중국 문화의 특색, 나아가 아시아 역사와 문화의 정수精髓를 대표하는 것으로 고대 대동세계의 최고의 청사진이라고 할 만하다. 제1강부터 제15강까지 목차의 순서대로 읽어 나가다 보면 고대 실크로드에 대한 체계적이고 종합적인 이해가 가능하게 될 것이다. 이 책을 통해 독자들은 유라시아 대륙을 가로지르던 고대 실크로드 문화와 무역의 교통 노선도를 확인해 볼 수 있고, 또한 실크로드의 다채롭고도 찬란하며 오묘하고도 복잡한 문화를 생생하게 느껴볼 수 있을 것이다.

중한 양국은 문화 교류의 역사가 유구하고 오랜 기간 상호 보완과 공동 번영의 관계를 유지해 왔다. 그리고 신라의 고승 혜초가 인도와 서역을 답사하고 쓴 여행기인 『왕오천축국전往五天竺國傳』이 실크로드의 돈황에서 발견되기도 했다. 따라서 한중 양국의 학자와 예술가들이 다시 한번 힘을 모아 찬란한 동양 문화를 만들어내기를 진심으로 바란다.

2020년 8월 8일

차례

제1강
실크와 중국 문명

유럽과 중국은 지리적으로 아주 멀리 떨어져 있지만 예술사와 문명사 학자들이 잘 알고 있듯이 이처럼 요원한 거리도 동서양 사이의 접촉을 가로막지는 못했다. 오늘날의 일반적인 상황과 비교해 보면 아마도 옛 선조들은 우리보다 훨씬 더 강인하고 과감했던 듯하다. 상인, 장인匠人, 민간 가수 또는 인형 극단들은 어느 날 문득 생각이 들면 곧 상단 대열에 끼어서 먼 여정을 떠났다. 비단길을 따라 초원과 사막을 가로지르며 말을 타거나 보행으로 몇 달 심지어는 몇 년을 떠돌면서 일자리와 돈 벌 기회를 찾아다녔다. (…중략…) 돈황敦煌과 기타 지방에서 발견된 작품들로 미루어보아 각지를 떠돌던 장인들은 일부 회화기법을 아시아에 가져오기도 했을 것이다. 그들은 그리스와 로마 회화에서 빛의 표현방식과 대범한 회화 스타일을 습득하였고 그러한 기법을 자신들의 공예 속에 녹여 넣었다. (…중략…) 일찍이 한나라 시기부터 장식예술의 원형들이 유럽으로부터 중국으로 유입됐다. 특히 포도잎사귀 문양과 포도 장식, 연꽃 문양 등의 화훼소용돌이 문양은 중국 장인들의 손을 거쳐 은기銀器와 도기陶器에 적용됐다.[1]

1　E. H. Gombrich, 范景 中譯, 「序文」, 『藝術發展史』, 天津：天津人民美術出版社, 1991, 7쪽.

1. 실크로드의 정의

중국 문명과 유럽, 아시아, 아프리카 3대 대륙의 고대 문명은 아주 오래 전부터 접촉하기 시작하여 서로 영향을 미치며 교류가 이루어졌다. 이런 고대 문명 간의 왕래노선에 대해 그동안 줄곧 개괄적인 명칭이 없었다. 1877년에 독일의 지리학자 리히트호펜Ferdinand von Richthofen이 『중국』이라는 저서에서 처음으로 'Seidenstrassen(실크로드)'이라는 명칭을 제기했다. 그는 실크로드를 "기원전 114년부터 기원후 127년까지 중국과 하중河中 (중앙아시아의 아무다리아Amu Dar'ya강과 시르다리아Syr Dar'ya강 사이) 및 중국과 인도를 연결하던, 실크로드 무역을 매개로 한 서역의 교통노선이다"라고 정의했다.[2] 이 명칭은 곧 동서양의 많은 학자들로부터 인정과 찬사를 받았다. 영국인들은 'Silk Roads', 프랑스인들은 'La Route de la Soie', 일본인들은 '絹の道' 또는 'シルクロード'라고 불렀는데, 이는 모두 실크로드의 외국어 번역 명칭이다.

1910년에 독일의 역사학자 헤르만Albert Hermann이 문헌적인 관점에서 실크로드의 개념을 재조명했으며『중국과 시리아 사이의 옛 비단길中國和 敘利亞之間的絲綢古道』이라는 저서에서 "이 명칭의 함의를 멀리 서양으로 향하는 시리아까지 연장해야 한다"고 주장했다.[3]

리히트호펜이 실크로드의 개통을 서한西漢의 장건張騫이 사신으로 서역

---

2 Ferdinand von Richthofen, *China, Ergebnisse eigener Reisen und darauf gegründeter Studien*, Bd.1, Berlin, 1877, p.454.
3 Albert Hermann, *Die Älten Seidenstrassen zwischen China und Syrien, Beitrage zur Älten Geographie Asiens*, Bd.I, 1910, p.10; 보도에 따르면 중국의 비단은 유럽의 할슈타트 문화 (기원전 6세기) 켈트족들의 무덤에서 발견됐다. V. H. Mair, "Old Sinitic MyaG, Old Persian Magua, and English 'Magician'", Early China 15, 1990, p.44 참조.

에 두 번 다녀온 이후로 정의한 것은[4] 장건 자신
이 중앙아시아의 여러 나라를 방문했을 때 "그곳
에는 모두 비단이 없었다(其地皆無漆絲)"고 말한
것에서 기인했다. 이 기록은 사마천司馬遷의 『사
기史記』「대완열전大宛列傳」에 적혀 있다. 그래서
리히트호펜은 장건의 서역 출사가 얼마나 중요
한지를 재차 강조했다. 헤르만은 실크로드의 서
쪽 끝을 시리아로 정의했는데, 그것은 장건이 서
역으로 간 지 얼마 지나지 않아 중국의 비단이 곧
실크로드를 따라 로마제국 경내까지 운송되어

1-1 실크로드 연구의 아버지로 불리는 리히트호펜

갔기 때문이다. 또한 기원전 65년에 폼페이우스Pompeius가 로마원정군을
이끌고 지중해 동해안을 점령했고 뒤이어 시리아가 로마제국의 영토에
편입됐다. 따라서 헤르만은 실크로드에서의 문화적 교류는 중국과 중앙
아시아 및 인도 사이에 존재했을 뿐만 아니라 중국과 로마 사이에도 존재
했었다고 주장했다.

2. 실크로드에 대한 새로운 인식

실크로드에 대한 연구가 깊어질수록, 특히 고고학적 발견이 많아질수
록 사람들의 시야는 더욱 넓어졌다. 이러한 문헌기록과 새로운 고고학

---

4 장건의 첫 번째 서역 출사는 기원전 138년~기원전 126년, 두 번째 출사는 기원전 115
년~기원전 114년이다.

적 발견을 통해 시간적으로는 동서양 비단 무역의 시작을 기원전 4세기 내지는 더 이른 시기까지 끌어올릴 수 있고, 공간적으로는 장건이 서역과 통하기 시작한 후 얼마 지나지 않아 로마제국의 수도인 로마에 곧 중국의 비단이 나타나기 시작했다는 사실을 입증할 수 있다. 따라서 학자들은 일반적으로 로마를 실크로드의 종점, 그리고 한나라와 당나라의 옛 수도인 낙양洛陽과 장안長安을 실크로드의 기점으로 보고 있다. 일부 학자들은 이 길이 서쪽으로는 이탈리아의 베니스Venice, 동쪽으로는 일본의 나라奈良까지 이르는 것으로 생각했다. 그 이유는 베니스는 마르코 폴로Marco Polo의 고향이고 나라의 쇼소인正倉院에는 염직공예 유물 10만여 점이 소장되어 있기 때문이다. 여기에 옛 사찰 호류지法隆寺에 보존된 비단직물까지 포함한다면 거의 중세 시대의 모든 비단 종류를 망라하고 있다고 볼 수 있다.

주요 간선인 사막길 외에도 실크로드는 여러 갈림길이 있는데 바로 ① 초원길, ② 바다길, ③ 당번고도, ④ 중국-인도-미얀마 통로, ⑤ 교지도交趾道이다. 이들 갈림길이 사막길 못지않게 중요했던 시대가 있었을 것이다. 최초의 실크로드는 초원길로부터 시작되었고 당나라 이후에는 동서양의 왕래가 점차 해로를 통해 이루어지기 시작했으며 마침내 인류가 대항해 시대에 진입한 15세기 이후부터는 해로가 전통적인 육로를 대체했다.

오늘날 실크로드에 대한 우리의 인식은 물론 리히트호펜 시대보다 훨씬 깊이가 있다. 비록 리히트호펜과 헤르만의 실크로드에 대한 권위적인 정의가 현재 우리가 알고 있는 실크로드의 모든 내용을 다 개괄할 수는 없지만 그들이 제기한 기본적인 개념은 아직까지 유효하다. 그것은

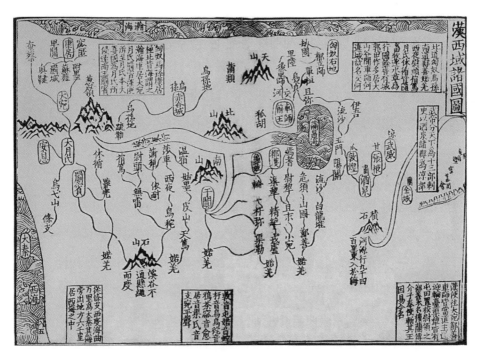

1-2 한나라 시기 〈서역제국도西域諸國圖〉(남송 지반대사志磐大師의 『불조통기佛祖統紀』에서 발췌)

바로 실크로드 연구의 출발을 중국 문명과 지중해 문명 간의 문화적 교류에 두었다는 점이다. 이 문제를 해결하려면 중국과 로마만을 연구해서는 안 될 것이다. 반드시 그 사이에 있는 중앙아시아, 인도, 이란 그리고 유라시아 초원 유목인들의 매개체 역할을 동시에 고려해야 한다. 따라서 실크로드를 '고대와 중세 시대에 황하 유역과 장강 유역에서 시작되어 인도, 중앙아시아, 서아시아를 거쳐 북아프리카와 유럽을 연결하던, 비단 무역을 매개로 한 문화 교류의 길'이라고 정의할 수 있다.

3. 세계 5대 방직섬유체계를 통해 본 중국 문명

중국 문명은 기타 구대륙 고대 문명의 발달에 크나큰 영향을 미쳤다. 중국이 비단을 발명했고 나아가 비단이 고대국가와 지역에 널리 전파된 것이 가장 유력한 증거이다.

유럽 문명은 기원이 비교적 늦다. 크레타Creta섬과 미케네Mycenae를 중심으로 한 그리스반도 남부 지역(기원전 1900~기원전 1500)에서 최초로 출현했는데 두 곳 모두 에게해에 위치하고 있기 때문에 에게 문명이라고 불린다. 이곳에서 생활한 그리스인과 그리스 문화의 후계자인 로마인들은 모두 아마亞麻와 양모를 방직섬유로 사용했다.

일반적으로 그리스와 로마의 방직 문화는 근동 지역에서 전래한 것으로 알려져 있다. 지중해 연안은 예로부터 교통이 발달했기 때문에 에게 문명의 창조자들은 바다 하나를 사이에 둔 근동 지역으로부터 문화적 영양분을 쉽게 섭취할 수 있었다. 양모는 최초로 메소포타미아Mesopotamia에서 방직 원료로 사용됐고 이라크 수메르의 고대 바빌론 유적에서 발견됐다. 아마 섬유는 이집트에서 최초로 사용됐으며 이집트 사카라Sakkara 유적에서 아마가 발견된 점이 이를 증명한다. 인도의 방직 문화는 자신만의 독자적인 체계를 형성했다. 주로 목화를 방직 원료로 사용했는데, 이때 사용한 초면과 목면이 인더스 문화유적지인 모헨조다로Mohenjodaro에서 대량으로 발견됐다. 아메리카의 마야인들도 양모와 목화를 방직섬유로 사용했는데 구대륙의 것과는 다른 품종으로 독립적인 기원이 있을 것으로 추측된다. 세계에서 가장 오래된 6대 문명 가운데 중국만이 비단섬유를 사용했다.[5]

일찍이 신석기 시대 중기부터 황하와 장강 유역의 고대 주민들은 집에서 누에를 기르고 누에실을 뽑아 비단을 짜기 시작했다. 앙소仰韶 문화 시대 반파半坡 유적지에서 발견된 도기의 밑바닥에 비단 흔적이 남아 있는 것으로 보아 비단의 기원은 최소한 지금으로부터 5,000년에서 3,000년 전까지 거슬러 올라갈 수 있다. 누에실은 보존이 어려운데

1-3 이집트에서 출토된 아마천. 4세기~7세기

최초의 실물 표본은 기원전 4750년에 절강성浙江省 전산양錢山漾에 있는 양저良渚 문화유적에서 발견됐다. 이곳에서 출토된 비단띠, 비단실과 비단 조각의 단면 분석에 의하면 절단면의 면적은 40㎡ 미크론이고 절단면 형태는 삼각형 모양이며 모두 가잠家蠶 나방과의 누에에서 나온 것이다. 이와 비슷한 시기에 산서성山西省 하현夏縣 서음촌西陰村과 하남성河南省 형양滎陽 청대촌青臺村 등 황하 유역의 앙소 문화유적지에서도 누에와 비단이 발견됐다.[6]

은殷나라(기원전 1500~기원전 1000) 시기의 중국 견직물은 이미 상당히 높은 수준에 이르렀다. 비단은 제조공법이 매우 복잡하기 때문에 비단산업

5 布目順郎, 『養蠶の起源及び古代絹』, 京都, 1979(書評-高漢玉・包銘新, 「一部論述蠶絲源流的 科學巨著」, 『亞洲文明』 第二卷, 合肥 : 安徽教育出版社, 1992, 261~265쪽); 趙豊, 『絲綢藝 術史』, 杭州 : 浙江美術學院出版社, 1992, 8~9쪽.
6 陳維稷, 『中國紡織科學技術史』, 北京 : 科學出版社, 1984, 33~34쪽.

1-4 신강 영반 묘지에서 출토된 로마 예술양식의 모직물

이 발달한 황하와 장강 유역의 귀족들이 전유하던 사치품이었다. 서민들은 갈포葛布나 삼베로 옷을 만들어 입었고 그래서 '포의布衣'라고도 불렀다. 은나라의 청동 예기禮器는 지존의 물건이었는데 귀족의 무덤에 순장용으로 넣을 때 때로는 비단으로 싸서 넣었기 때문에 출토될 때 흔히 비단의 흔적을 발견할 수 있었다. 1937년에 스웨덴의 학자 실완V. Sylwan은 스웨덴 극동박물관에 소장된 은나라 청동술잔과 청동도끼의 녹에 견직물 흔적이 남아 있는 것을 발견했다. 그의 연구에 의하면 이것은 평직 바탕에 날실로 짠 마름모꼴 문양의 단색 비단인데 마름모꼴 문양 하나의 씨실이 30올이다. 실완은 이것을 '은식殷式 직조법'이라고 불렀다.[7] 이 비단이 바로 중국 고서에서 말한 기綺이다.

중국학자들도 고궁박물관에 소장된 은나라의 동과銅戈와 옥도玉刀에서 견직물 흔적을 발견했다. 분석에 따르면 그중 일부 비단의 직조법은 극동박물관에서 발견된 마름모꼴 문양보다 훨씬 더 복잡했다. 모든 '회回' 자 문양은 날실 35올과 씨실 28올로 짜여 있고 평직 바탕에 마름모꼴 문양이며 마름모꼴의 바깥쪽 선이 비교적 굵어서 더 자연스러운 기하도형 문양

---

7   V. Sylwan, "Silk from the Yin Dynasty", *BMFEA* 9, 1937, pp.119~126.

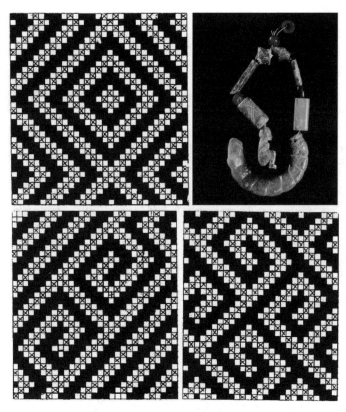

1-5 은나라 비단 문양 3종과 주원 고분에서 출토된 옥잠

을 보여 준다. 문양은 조화로운 대칭을 이루고 있고 입체감이 살아있다. 이 외에 고궁박물관에 소장된 은나라 옥도에서는 구름과 번개 문양이 있는 비단도 발견됐다.[8] 은나라의 비단 종류로는 견絹과 기綺 외에도 자수刺繡가 있었다. 이상의 모든 것들은 은나라 시기에 중국의 방직 기술이 이미 상당한 수준에 이르렀음을 보여 준다.

산서성 부풍현扶風縣 주원周原에 있는 서주西周 시기 무덤에서 출토된 정

8   陳絹絹, 「兩件有絲織物痕跡的商代文物」, 『文物』第12期, 1979.

1-6 파지릭에서 출토된 봉황무늬비단으로 만든 말안장깔개

교한 공법의 옥잠玉蠶은 주나라 사람들이 비단 생산을 얼마나 중요시했는지를 잘 보여 준다. 전국戰國 시대에 이르러 중국의 비단 종류에 직금織錦이 더 추가됐다. 1980년대 초에 호북성湖北省 강릉江陵 마산馬山에 있는 전국 시대 무덤에서 정교하고 아름다운 직금과 자수가 발견됐다. 금錦과 수繡는 모두 귀한 견직물이다. 중국의 사자성어에 강산의 아름다움을 비유하는 말로 '금수강산'이라는 말이 있다. 1940년대에 알타이 산지 일대의 파지릭Pazyryk묘지에서 전국 시대의 봉황문양 자수가 발견됐는데 이는 중국의 비단이 바로 이 시기에 세계로 전파되기 시작했음을 보여 준다.

한漢나라의 비단은 전국 시대의 전통을 잇는다. 1972년에 장사시長沙市 마왕퇴馬王堆의 한나라 무덤 2기에서 서한 초기의 비단이 대량 출토되었는데 견, 기, 금, 수 외에도 고급스러운 비로드 채색비단과 자카드 패턴의 나사羅紗가 발견됐다. 20세기 초엽 이래 타림분지의 고대 유적지에서 잇달아 각종 한나라의 비단이 출토됐고 로마제국의 동부 도시였던 팔미라Palmyra(지금의 시리아)와 로마제국의 본토였던 이탈리아에서도 한나라의 기가 발견됐다. 이는 한나라의 기가 유라시아 초원을 통해 유럽으로 유입됐으며 그로부터 점차 실크로드의 초원길이 형성됐음을 보여 준다.[9]

---

9   夏鼐, 『中國文明的起源』, 北京 : 文物出版社, 1985, 48~50쪽.

4. 중국 문명 발달 과정에서 실크의 역할

비단은 고대 중국의 중요한 발명 중의 하나이다. 비단의 출현은 훗날 중국의 경제, 문화와 과학 기술의 발전에 거대한 영향을 미쳤다.

① 문화적인 측면에서 보면 중국 최초의 문자인 갑골문에 뽕桑, 누에蠶, 비단帛 및 실 사絲 변의 비단 관련 한자 100여 개가 나타났다. 중국 최초의 사전인 『설문해자』에 수록된 한자 중에 실 사 변의 한자는 267개이다. 비단은 또한 중국 고대문학에도 영향을 미쳤다. 『시경詩經』, 『악부시樂府詞』 그리고 옛 사자성어 '금수강산錦繡江山', '작견자박作繭自縛'처럼 비단과 관련된 내용을 쉽게 찾아볼 수 있다.

② 과학 기술적인 측면에서 보면 고대 중국의 4대 발명 중에 두 가지가 비단과 밀접한 관련이 있다. 우선 종이의 발명은 비단 생산 기술, 특히 실을 뽑아 생사生絲를 만드는 '표서漂絮' 과정에 침전물이 생기는 데서 영감을 얻었다. '표서' 과정에는 섬유 원료를 초목잿물로 삶고 물에 담갔다가 교질膠質을 빼버리고 불순물을 제거하여 섬유를 뽑아내는 정련 기술이 필요하다. 그리고 섬유 다발을 함유한 섬유 원료를 침수 과정을 통해 기계적 내구성과 강도를 높이는 기술도 필요하다. 이 두 가지는 종이의 제조 과정에 없어서는 안 되는 핵심 기술이다.[10] 그리고 인쇄술의 발명은 진秦·한漢 이래 비단 날염 기술 중의 볼록판 날염과 직접적인 관련이 있다. 따라서 비단 직조 기술의 발명은 종이와 인쇄 양대 기술의 발명을 선도했다고 말할 수 있다.

③ 경제적인 측면에서 보면 비단은 고대 중국이 서양 여러 나라들과의

10　潘吉星, 『中國造紙技術史稿』, 北京 : 文物出版社, 1979, 28~29쪽.

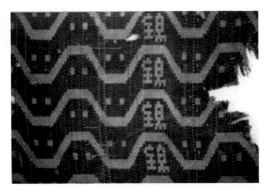

1-7 스타인(Marc Aurel Stein)이 누란 LC묘지에서 발견한 동한 시기의 '금錦' 자 직금

1-8 호북성 강릉 마산 1호 무덤에서 출토된 전국 시대 비단

경제교류를 진행하는 데 있어서 주요 상품이었다. 서양과 수천 년 동안 경제교역의 무대에서 중국이 줄곧 우위를 점할 수 있었던 것은 바로 이 비단과 중세 도자기 때문이었다.

요컨대 중국의 비단은 발명되어 전 세계로 전파되기까지 분명한 역사를 가지고 있으며 또한 중국은 오랜 기간 동안 세계에서 유일하게 비단 수공업에 종사해 온 나라이다. 그렇기 때문에 중국이 인류의 물질 문명에 중대한 기여를 했다는 데 대해서는 전 세계가 모두 인정한다. 비단의 선명한 독창성과 정교하고 뛰어난 공법, 풍부한 상상력을 지닌 예술적 문양으로 인해 중국 문화는 세계의 우수한 문화 속에 우뚝 설 수 있었다.

문자는 인류사회가 문명화되어 가는 중요한 상징이다. 이러한 척도
에 근거해 케임브리지대의 다니엘G. Daniel 교수가 1968년에 세계에서
가장 오래되고 독립적인 기원이 있는 고대 문명의 발상지 6곳을 제기했
다. '6대 문명'의 발상지라고 일컫는 이곳은 메소포타미아, 이집트, 중
국, 인도 등의 구대륙이 4곳, 멕시코와 페루 등의 신대륙이 2곳이다.[1]
현대고고학에서 밝힌 바와 같이 중국 문명은 기타 5대 문명과 마찬가지
로 자신만의 독립적인 문화적 체계와 기원을 갖고 있다. 하지만 중국 문
명의 발전은 단 한 번도 세계와 단절됐던 적이 없었고 아주 일찍부터 구
대륙의 기타 문명과 교류를 해 왔다. 이를 가장 잘 설명할 수 있는 실례
가 바로 중국 서부의 고대민족인 토카라인의 기원과 이동이다.

1　　G. Daniel, *The First Civilization : The Archaeology of their Origins*, London : Thames and Hudson, 1968.

1. 문제 제기

토카라인은 천산天山의 남북 지역에 가장 먼저 정착한 고대민족 중의 하나이다. 알타이산과 천산 사이에서 흥기한 월지月氏족, 구자龜茲족, 언기焉耆족, 타림분지塔里木盆地 동부의 누란樓蘭족 등이 모두 토카라계 민족이다. 그들은 서역 문명 내지는 중국 문명 전체의 형성과 발달에 상당히 중요한 역할을 했다. 서아시아가 원산지인 밀은 바로 토카라인이 서양을 통해 중국으로 도입한 것이다. 천 년의 역사를 가진 누란 문명, 중국 불교사에 중대한 영향을 미친 구자 문명 역시 토카라인이 창조했다.

신강新疆에서 출토된 토카라어 문헌에서 알 수 있듯이 토카라인은 인구어印歐語계 언어를 사용한다. 토카라인들의 거주지는 비록 인구어족 동방군Satem의 분포 지역이지만 토카라어는 인구어족 서방군Centum의 여러 특징을 갖고 있으며 기원전 1650년~기원전 1190년에 히타이트Hittite 제국(지금의 터키 남부의 아나톨리아)에서 성행했던 고대 인구어와 밀접한 관련이 있다. 예를 들어 두 언어는 모두 '-r-'을 중간태 접미사로 한다.[2] 따라서 토카라인은 가장 오래된 인도유럽인 부족 중의 하나일 가능성이 높으며 일찍이 인구어가 동서어군으로 나뉘기 전에 이미 원시 인도유럽인 부족에서 분리돼 나왔을 것이다.

토카라어의 발견은 유라시아 대륙 고대민족의 분열과 이동에 대한 .인식을 크게 심화시켰다. 토카라인의 기원 문제에 대해 국제학술계에서는

---

[2] H. Pedersen, "Hittite and Tocharian", *Language 9*, 1933, pp.13~34; A. Meillet, "Le Tokharien", *Indo-germanisches Jahrbuch* I, 1914, pp.1~19; D.Q. Adams, "The Position of Tocharian among the other Indo-European Languages", *JAOS 104*, 1984, pp.395~402.

한 세기가 넘는 동안 치열한 논쟁이 이루어졌다. 그러나 '토카라인은 도 대체 언제 인구어계 서방군의 히타이트족, 켈트Celts족, 그리스Greece족과 분리됐는가?', '그들은 왜 머나먼 길을 돌아 신강의 타림분지로 왔는가?' 이 질문들은 여전히 수수께끼이다. 토카라인의 기원에 대한 의견이 분분 하지만 현재는 주로 다음과 같은 세 가지 학설이 지배적이다.

첫 번째는 영국의 언어학자 헤닝W. B. Henning이 1978년에 제기한 '근동 기원설'이다. 그는 타림분지의 토카라인은 바로 기원전 2300년에 페르 시아 서부 자그로스Zagros산맥 지방에서 활동한 유목민족 구티Guti족이라 고 주장했다. 아카드Akkad족들은 그들을 '구티움Gutium'이라고 불렀고 아 시리아인Assyrian들은 그들을 '구티Guti'라고 불렀다. 그들은 기원전 2180 년에 아카드왕조를 멸망시키고 훗날 바빌론왕조를 전복시킨 후 100년이 넘게 바빌론Babylon을 지배했다. 헤닝은 『수메르왕 연표』에 대한 연구를 통해 구티왕들의 이름이 모두 토카라어의 특징을 지니고 있다는 점을 발 견했다. 구티왕조는 기원전 2082년에 수메르인에 의해 멸망한 후 근동 지역 역사의 무대에서 사라졌다. 헤닝은 구티족이 바로 이 시기에 바빌론 을 떠나 머나먼 길을 돌아서 동쪽의 타림분지로 이동했을 것으로 추측했 다.[3] 러시아의 학자 감크렐리처T. V. Gamkrelidze와 이바노프V. V. Ivanov도 그의 학설에서 큰 계시를 받아 인도유럽인의 고향을 근동으로 정의하고 언어 학적 관점에서 토카라인의 이동을 설명했다.[4]

---

3   W. B. Henning, G. L. Ulmen(ed.), "The First Indo-Europeans in History", *Society and History(Essays in Honor of Karl August Witfogel)*, The Hogue : Mouton Publishers, 1978, pp.215~2 23.
4   T. V. Gamkrelidze · V. V. Ivanov, Johanna Nicholas(trans.), *Indo-European and the Indo-Europeans*, Berlin : Mouton De Gnoyter, 1995.

두 번째는 미국 위스콘신대의 나레인A. K. Narain 교수가 1990년에 제기한 '서역본토 기원설'이다. 인구어계 민족들은 지금의 중국 서부 지역에서 형성됐으며 그것은 대월지大月氏족이 상고 시대부터 황하 서부와 중앙아시아 지역에서 정착했기 때문이라고 나레인 교수는 주장했다.[5]

세 번째는 아일랜드의 학자 맬로리J. P. Mallory 박사가 1989년에 제기한 '남시베리아 기원설'이다. 현재까지 알려진 가장 오래되고 가장 동쪽에 분포된 인도유럽인 고고학 문화는 남시베리아의 아화나시에보Afanasievo 문화이므로 맬로리 박사는 토카라인의 선조가 아화나시에보족일 것으로 추정했다.[6]

이상의 연구는 주로 비교언어학 연구를 기반으로 하고 있는데 이 문제를 해결하기 위한 관건은 고고학적 증거이다. 1970년대에 중국학자들이 토카라인의 기원 문제에 대한 연구에 동참하기 시작했고 고고학, 언어학, 인류학 등의 세 가지 측면에서 중요한 진전을 얻었다. 고고학적 발견을 통해 기원전 2000년에 인도유럽인은 신강에서 이미 천산 동쪽 기슭의 기대현奇臺縣 내지는 타림분지 동부의 공작하孔雀河 유역까지 이르렀다는 것이 확인됐다. 학자들은 가장 오래되고 가장 동쪽에 분포된 인도유럽인 고고학 문화가 바로 토카라인 선조의 문화라고 믿었다.

토카라인은 언제 신강으로 이주했는가? 토카라 문화는 신강 지역 내 어느 부류의 고고학 문화에서 유래했는가? 이에 대한 해답을 얻기 위해 우리는 기원전 2000년~기원전 1500년 사이 신강 지역 내에 분포된 청동

---

5   A. K. Narain, D. Sinor(ed.), "Indo-Europeans in Inner Asia", *Cambridge History of Early Inner Asia*, Cambridge University Press, 1990, pp.152~176·445~449.

6   J. P. Mallory, *In Search of the Indo-Europeans : Language, Archaeology and Myth*, London : Thames and Hudson, 1989.

기 시대 문화에 대한 분석을 진행했고 그 결과 토카라인 기원의 해답을 찾기 위한 관건은 바로 커얼무치^{克爾木齊} 문화라는 것을 알아냈다. 커얼무치 문화는 카스피해-흑해 북쪽 연안의 얌나야^{Yamnaya} 문화에서 유래됐는데 후자의 한 방계가 동쪽으로 이동해 알타이산맥 남쪽 기슭에 이르렀고 그곳에서 커얼무치 문화를 형성했다. 커얼무치 문화는 훗날 다시 분화됐고 그중의 한 부류가 누란으로 남하해 소하^{小河}-고묘구^{古墓溝} 문화를 형성했다. 타림분지 중부의 신타리^{新塔拉} 문화와 니아^{尼雅} 북부의 청동기 문화는 토카라 문화와 중국 서부의 토착 문화인 강^羌 문화가 결합한 산물이다.

2. 인도유럽인의 기원과 이주

인도유럽인의 기원에 대한 학술계의 논쟁이 여전히 남아 있지만 많은 증거들이 독일학자 김부타스^{M. Gimbutas}가 1950년대에 제기한 쿠르간^{Kurgan} (석총)이론을 증명해 주고 있다.[7] 김부타스는 인도유럽인의 기원을 남러시아 초원의 금석병용^{金石倂用} 시대부터 초기 청동기 시대의 쿠르간 문화까지라고 주장하는데, 이는 지금까지 알려진 가장 오래된 인도유럽인 고고학 문화로 '수혈식^{竪穴式} 고분 문화'라고도 한다. 발굴 작업이 비교적 충분히 이루어진 얌나야무덤에 근거해 '얌나야 문화'라고 통칭한다.

얌나야 문화는 주로 4가지 지역 유형이 있는데 바로 흑해 북해안의 돌멘^D

---

7   M. Gimbutas, "The Beginning of the Branze Age in Europe and the Indo-Europeans 3500-2500 BC", *JIES* 1, 1973, pp.163~214; M. Gimbutas, "The Kurgan Wave 2(c. 3400~3200 BC) into Europe and the Following Transformation of Culture", *JIES* 8, 1980, pp.273~315.

olmen 유형, 볼가Volga강 상류의 호발린스크Khvalynsk 유형, 드네프르Dnieper강 유역의 드네프르-도네츠Dnieper-Donets 유형, 그리고 카스피해 북해안의 사마라Samara 유형이며 이들이 성행했던 시기는 대략 기원전 3600년~기원전 2200년이다.[8] 그중에서도 돌멘이 가장 오래됐으며 얌나야 문화는 바로 이를 토대로 발전한 것이다. 흥미로운 것은 돌멘 유형과 호발린스크 유형, 남시베리아의 아화나시에보 문화 모두 첨저형尖底形(뾰족바닥형) 도기를 사용했고, 드네프르-도네츠 유형과 서시베리아의 신타시타-페트로프카Sintashta-Petrovka 문화는 평저형平底形(납작바닥형) 도기를 사용했으며, 사마라 유형과 알타이산맥 남쪽 기슭의 커얼무치 문화는 두 가지를 모두 사용했다는 것이다. 이는 인도유럽인의 최초의 분열과 이동을 아주 생생하게 보여준다.

일찍이 기원전 2200년부터 인도유럽인들은 이미 중앙아시아로 이동하기 시작했다. 먼저 남시베리아의 미누신스크Minusinsk 분지로 와서 '아화나시에보 문화'를 형성했는데 이는 얌나야 문화보다 약 200년~300년가량 늦었다.[9] 아화나시에보 문화는 기원전 1800년에 북방의 삼림과 초원에서 건너온 오쿠네브Okunev 문화에 의해 대체됐다. 오쿠네브인은 몽고인종에 속하며 지금까지 알려진 알타이어족 중에서 가장 오래된 부족 중의 하나이다. 그리고 기원전 1600년에 안드로노보Andronovo 문화가 흥성하면서 인도유럽인들은 마침내 남시베리아에 대한 통치를 회복했다.

---

8 J. P. Mallory, *In Search of the Indo-Europeans : Language, Archaeology and Myth*, London : Thames and Hudson, 1989, pp.208~209.

9 夏鼐·王仲殊 編, 『中國大百科全書·考古學』, 北京 : 中國大百科全書出版社, 1986, 2~3쪽; Kiselyov, 莫潤先 譯, 『南西伯利亞古代史』 上, 烏魯木齊 : 新疆社會科學院民族研究所, 1985, 12~34쪽.

아화나시에보 문화가 홍성함과 동시에 또 다른 인도유럽인 계파가 알타이산맥 남쪽 기슭으로 와서 '커얼무치 문화'를 형성했다. 이 문화는 신강 지역에서 가장 오래된 청동기 시대 문화로 주로 알타이산맥과 천산산맥 사이에 분포돼 있다. 일찍이 1963년에 이 문화가 발견됐으나 처음에는 돌궐인의 무덤으로 오인됐다가 1981년에야 비로소 비교적 포괄적인 보도가 이루어지기 시작했다.[10] 이곳에서 발굴된 무덤 32기에 대해 분석한 결과 이 묘지는 초기의 청동기 시대부터 돌궐 시대까지 비교적 오랫동안 사용됐다. 이 문화에 대한 학계의 정의는 상당히 혼란스럽다. 아화나시에보 문화, 카라수크Karasuk 문화, 커얼무치 문화 등의 다양한 이견이 존재하는 데 여기서 말하는 '커얼무치 문화'는 초기의 청동기 시대 문화를 가리킨다.

커얼무치 문화의 고분 형태는 아화나시에보 문화와 매우 유사하다. 예를 들면 석판으로 사각형의 묘지 마당을 구축하고 마당 내에는 여러 기의(많게는 6기에 이름) 석관묘石棺墓를 만들고 무덤 위에 석총을 세웠다. 단장묘單葬墓도 있고 합장묘合葬墓도 있는데 카스피해-흑해 북해안의 얌나야 문화에서 비롯된 것이 분명하다.

다른 한편으로 커얼무치 문화는 강한 독립적인 특징을 보이고 있다. 예를 들면 묘지 마당 밖에 묘지를 지키는 석인石人을 세웠고 부장품인 석용石俑, 석기, 도기의 유형과 무늬 등도 아화나시에보 문화와 분명한 차이가 있었다. 따라서 커얼무치 문화는 스스로 독립적인 체계를 갖춘 단독

---

10 공식보고서는 아직까지 발표되지 않았다. 우리가 지금까지 본 자료는 간단한 발굴보고서 두 편과 각종 도록에 실린 소량의 문물사진뿐이다. 李征, 「阿爾泰地區石人墓調査簡報」, 『文物』 合本 1962.7~8; 易漫白・王明哲, 「新疆克爾木齊古墓發掘簡報」, 『文物』 第1期, 1981, 22~32쪽; 王林山・王博, 『中國阿爾泰山草原文物』, 烏魯木齊：新講美術撮影出版社, 1996 참조.

문화이며 아화나시에보 문화와 동일한 시대이지만 동일한 문화는 아닐 것이다.

커얼무치 문화의 발견은 처음으로 신강 고대 문화와 카스피해 – 흑해 북해안 얌나야 문화 간의 연관성을 밝혀냈다는 점에서 획기적인 의미를 갖고 있다.[11] 커얼무치 문화는 기원전 2000년 혹은 그보다 더 이른 시기에 알타이산맥과 천산 지역에서 형성되기 시작했으며 분포 범위는 북쪽으로 알타이산맥 남쪽 기슭의 커얼무치에서 남쪽으로 바리쿤巴里坤 초원에까지 이른다.

커얼무치의 도기와 아화나시에보의 도기 간에 명확한 공존 관계가 존재하는 것으로 보아 양자는 분명히 같은 시대, 즉 기원전 2200년~기원전 1900년 사이에 속하는 것이 분명하다.[12] 커얼무치의 기물군은 두 개의 유형으로 나뉘는데, 하나는 밑바닥이 뾰족하거나 둥근 도기이고 다른 하나는 밑바닥이 평평한 도기이다. 구체적으로 정리하면 다음과 같다.

첫 번째 유형은 밑바닥이 뾰족한 도기를 대표로 하는 유물이다. 예를 들면 커얼무치 M3의 쌍련환저석관雙聯團底石罐(맞붙은 둥근바닥형 돌항아리)과 환저석관團底石罐(둥근바닥형 돌항아리), M16의 첨저관尖底罐(뾰족바닥형 돌항아리), M24의 도두陶豆(고대 도제 식기), M17 : 2의 환저석관, 청동도와 구리칼 또는 구리삽 등을 주조하는 돌 거푸집石範 등이 있다. 커얼무치의 뾰족바닥

---

11 얌나야 문화는 J. P. Mallory, *In Search of the Indo-Europeans : Language, Archaeology and Myth*, London : Thamesand Hudson, 1989, pp.177・209・212・220 참조. 아화나시에보 문화는 G. A. Maksimenkov, 林澐 譯, 「關于米奴辛斯克靑銅時代分期問題的現狀」, 中國社會科學院考古學研究所 編, 『考古學參考資料』 6, 北京 : 文物出版社, 1983, 81~103쪽; Kiselyov, 莫潤先 譯, 『南西伯利亞古代史』 上, 烏魯木齊 : 新疆社會科學院民族硏究所, 1985, 203쪽. 신타스타-페트로프카 문화는 王海城, 「中國馬車的起源」, 『歐亞學刊』 第3輯, 北京 : 中華書局, 2002, 1~75쪽.
12 아화나시에보 문화의 연대에 관해서는 G. A. Maksimenkov, 林澐 譯, 앞의 글, 81~103쪽 참조.

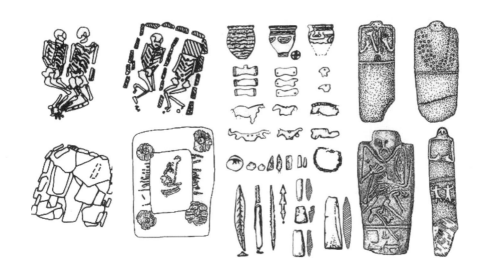

흑해-카스피해 북쪽연안의 얌나야 문화, 기원전 3200~기원전2200년

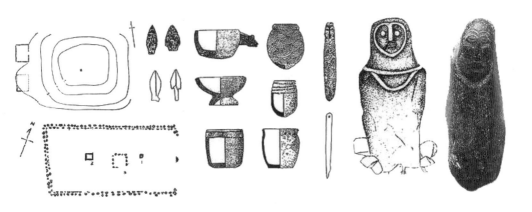

알타이산맥 남쪽 기슭의 커얼무치 문화

2-1 얌나야 문화와 커얼무치 문화의 비교

형 도기는 또 아화나시에보식과 커얼무치식으로 나누는데 아화나시에보식 도기는 M16의 첨저관, M24의 도두 등이 있다. 커얼무치식 도기에도 첨저관이 있지만 M16의 또 다른 첨저관과 기대현에서 발견된 첨저관처럼 아화나시에보 도기에는 없는 무늬가 새겨져 있다. M17의 돌 거푸집 두 점은 매우 중요하다. 하나는 구리칼을 만드는 데 사용된 모형으로 M16에서 출토된 구리칼과 완전히 같은 유형인 것으로 보아 같은 시대의 물품이 분명하다. 다른 하나는 구리삽을 주조하는 데 사용된 합범合範(거푸집 한 쌍을 맞붙여야 하는 거푸집─역자)으로 탑성塔城 부근의 안드로노보Andronovo 고분에서 유사한 구리삽이 발견됐다.[13] 안드로노보 문화는 신강과 남시베리아에 진입해 현지의 많은 문화적 요소를 흡수했다. M17에서 출토된 돌 거푸집을 보면 이런 안드로노보 구리삽은 사실상 커얼무치 문화에서 유래된 것으로 추측된다.

두 번째 유형은 밑바닥이 평평한 도기를 대표로 하는 유물이다. 예를 들면 커얼무치 M7과 M16의 평저관平底罐, M16의 평저우두파석배平底牛頭把石杯(납작바닥형 소머리모양 손잡이 석배), M7의 석족石鏃(돌로 만든 화살촉)과 M21의 소형 석용石俑 등이 있다. 이런 기물들은 아화나시에보 문화에서는 볼 수 없는 것들로 커얼무치 문화 고유의 것임이 분명하다.

커얼무치묘지에서 가장 중요한 발견은 청동기 시대의 묘지 석인이다. 앞에서 나열한 무덤 6기 중 4기(M3, M16, M17, M24)에서 무덤을 지키는 석인이 발견됐다. 무덤의 형상과 구조를 분석해 보면 석인이 없는 무덤 2기는 아마도 나포박羅布泊 지역의 소하─고묘구 문화와 같이 목상木像을 사

---

13 李肖,「新疆塔城市考古的新發現」,『西域研究』第1期, 1991. 도판은 新疆文物局·新疆考古文物研究所·新疆博物館 外編,『新疆文物古迹大觀』, 烏魯木齊 : 新疆美術攝影出版社, 1999, 350쪽.

용했기 때문에 부식돼 사라지고 보존되지 못했던 것으로 추측된다. 조사에 의하면 청동기 시대의 묘지석인은 알타이산맥 남쪽 기슭에 널리 분포돼 있다. 예컨대 부얼진현布爾津縣에 우츄부라커烏求布拉克 석인, 아커자얼타스阿克扎爾塔斯 석인 등 십여 점의 석상이 있고 부온현富蘊縣에 쑤푸터蘇普特 석인, 바쓰커아커카런巴斯克阿克喀仁 석인, 젖소농장 석인 그리고 청하현靑河縣의 차간궈렁査干郭楞 석인과 싸무터薩木特 석인 등이 있다. 석인의 높이는 1.3~2.34m 등 각기 다르다.[14] 청동기 시대의 묘지 석인은 천산 동부 지역에서도 발견됐다. 하미시哈蜜市에는 8대 석인이 있고 이오현伊吾縣에는 커튀궈러거우科托果勒溝 석인, 바리쿤현에는 석인자향石人子鄕 석인이 있다. 신강의 청동기 시대 묘지 석인은 과거에는 전부 돌궐 시대 석인으로 간주됐는데[15] 사실은 청동기 시대의 석인에 속한다.[16] 그렇기 때문에 중앙아시아 초원의 석인의 역사는 최소 커얼무치 문화에서부터 계산돼야 한다.

커얼무치식의 뾰족바닥형 도기는 기대현 서지향西地鄕 시칸얼쯔西坎爾孜 유적에서도 발견됐다. 아화나시에보 도기와 유사하기 때문에 과거 많은 학자들이 이를 아화나시에보 도기로 알고 있었다. 하지만 사실 이 도기들은 형태만 아화나시에보 도기와 비슷할 뿐 문양에서는 아화나시에보 문화의 모습을 찾을 수 없었다. 기대현 서지향의 한 유적(혹은 묘지)에서는 커얼무치식 석용이 발견됐는데[17] 아화나시에보 문화에는 석용이 없다. 따라서 커얼무치 문화는 남쪽으로 천산 동부 지역까지 확장됐음을 알 수 있다.

---

14 王林山·王博, 『中國阿爾泰山草原文物』, 烏魯木齊 : 新疆美術撮影出版社, 1996, 34~38·82~83쪽.
15 劉國瑞·祈小山, 『哈密古代文明』, 烏魯木齊 : 新疆美術撮影出版社, 1997, 52~53쪽.
16 林山·王博, 앞의 책, 34~38·82~83쪽.
17 薛宗正, 「新疆奇台發現的石器時代遺址與古墓」, 『考古學集刊』 第2期, 北京 : 文物出版社, 1983; 張海峰 外編, 『庭州文物集萃』, 烏魯木齊 : 新疆美術撮影出版社, 1993, 14·39쪽.

알타이산맥 남쪽 기슭의 커얼무치 문화 유물, 기원전 2200년~기원전 1900년

신강 기대현에서 출토된 커얼무치 문화 유물, 기원전 2200년~기원전 1900년

하남성 안양에서 출토된 은나라 말기의 청동기 제련용 도가니, 기원전 1300년~기원전 1100년

2-2 신강의 초기 청동기 문화인 커얼무치 문화의 유물과 하남성 안양에서 출토된 도제 도가니

그 외에도 시칸얼쯔 유적에서는 또 청동기를 제련하는 석제石製 도가
니가 발견됐다. 아가리 지름이 19m에 높이 38.5cm이며 아래에는 원형
의 긴 자루가 달렸다. 일부 학자들은 이것을 제사용 제기라고 믿었다.[18]
이 도가니는 하남성河南省 안양安陽에서 출토된 은나라 말기의 도제陶製 도
가니와 똑같은 것으로 속칭 '장군회將軍盔(장군투구)'로 불린다. 유일하게
다른 점은 재료인데, 안양 도가니는 흙으로 빚었고 시칸얼쯔 도가니는
돌로 만들었다. 커얼무치 문화의 가장 큰 특징 중의 하나는 바로 돌로 용
기를 만든 것이다. 예를 들면 M3의 쌍련환저석관과 환저석관, M16의
우두파석배 그리고 M17의 놋그릇 제조용 석제 모형 등이 바로 그렇다.
이로 미루어 볼 때 시칸얼쯔에서 발굴된 석제 도가니는 커얼무치 문화에
속한다는 것을 알 수 있다. 중국 내륙에서 처음 발견된 도가니는 1986년
부터 1989년까지 요녕성遼寧省 능원시凌源市 우하량牛河梁의 홍산紅山 문화
말기 유적에서 발견된 파편으로 기원전 2000년 이전 시대의 물건이
다.[19] 하남성 언사偃師 이리두二里頭 문화유적 2기 지층에서 발견된 도가니
파편은 대략 기원전 1900년 전후의 물건이다.[20] 만약 우리의 판단이 틀
리지 않다면 시칸얼쯔 도가니는 중국 내에서 현재까지 발견된 가장 오래
되고 잘 보존된 도가니일 것이다.

러시아의 야금역사 전문가인 체르닉E.N. Chernykh의 연구에 따르면 유라
시아 대륙의 야금술은 7개 지역과 3개 발전 시기로 나눌 수 있다. 그중에

---

18 新疆文物局·新疆考古文物研究所·新疆博物館 外編, 『新疆文物古迹大觀』, 烏魯木齊 : 新疆
    美術撮影出版社, 1999, 298쪽.
19 韓汝玢, 「近年來冶金考古的一些進展」, 『中國冶金史論文集』, 北京 : 北京科技大學, 1994, 6쪽.
20 中國社會科學院考古學研究所 編, 『偃師二裏頭－1959～1978年考古發掘報告』, 北京 : 中國
    大百科全書出版社, 1999, 81쪽.

서 사얀Sajan-알타이산맥은 일곱 번째 지역에 속하며 야금술은 두 번째 발전 시기의 제2단계부터 출현하기 시작했다. 기원전 3000년 말에서 기원전 2000년 초에 카스피해-흑해를 둘러싼 지역의 야금술이 점차 쇠퇴의 길에 들어서면서 유라시아 초원의 서부에서는 동실묘洞室墓 문화가 야금술을 대체하게 됐다. 이로 인해 중앙아시아의 야금술은 독자적인 길로 발전했고 유라시아 초원의 동부에 있는 사얀-알타이산맥의 일차 광물을 이용하기 시작했다. 또한 서아시아 야금술의 영향을 받아 밀봉식 합범 방식을 사용하는 등 청동기 제조 기술에 큰 변화가 생겼고[21] 커얼무치 문화 M17에서 출토된 석제 모형이 바로 이런 밀봉식 석제 합범에 속하며 이와 유사한 석제 모형은 황하 유역 초기의 청동기 시대 유적인 이리두 문화의 동하풍東下馮 유적에서도 발견됐다.[22]

황하 유역의 야금술이 비교적 늦게 시작됐고 황철석 단조鍛造 단계를 거치지 않고 처음부터 선진적인 주조 기술을 사용했기 때문에 많은 학자들은 중국 야금술이 서아시아에서 기원해 유라시아 초원을 거쳐 황하黃河 유역에 전해져 온 것으로 믿어 왔다. 그러나 커얼무치 문화의 석제 도가니의 발견이 이 문제를 탐구하는 데 중요한 단서를 제공해 주었다.

21 E. N. Chernykh, *Ancient metallurgy in the USSR*, Cambridge University Press, 1992; 藤川繁彦 編, 『中央ユーラシアの考古學』, 東京 : 同成社, 1999.

22 林梅村, 「靑銅時代的造車工具與中國戰車的起源」, 『古道西風―考古新發現所見中外文化交流』, 北京 : 三聯書店, 2000, 圖11.

3. 이륜 전차와 누란樓蘭으로 남하한 토카라인

현대고고학과 동물유전학의 연구 결과에 따르면 가마家馬는 고대 인도 유럽인이 가장 먼저 흑해-카스피해 북쪽 해안에서 양육에 성공했지만, 세계 문명사에 거대한 영향을 준 말이 끄는 전차는 과연 어느 민족이 발명한 것인지에 대한 논란이 줄곧 있어 왔다. 하지만 중앙아시아 서부 초원 신타스타-페트로프카 문화의 발견은 이 문제를 해결하는 데 매우 중요한 단서를 제공해 주었다.[23] 서양의 각 실험실에서 측정한 탄소14 자료가 대부분 기원전 2200년~기원전 1900년에 집중돼 있음을 볼 때 이 문화의 역사는 상당히 유구함을 알 수 있다. 러시아의 고고학자 메이슨V. M. Masson 은 이 연대가 좀 이르다고 생각하며 도기와 청동기 유형에 근거해 기원전 1800년~기원전 1700년일 것으로 조심스럽게 주장했다. 비록 탄소14 수치에 일정한 편차가 있지만 이 기술은 현재 이미 상당히 성숙한 수준이라 편차가 그리 크지는 않을 것이다. 그렇기 때문에 메이슨의 건의는 널리 받아들여지지 않았다. 신타스타-페트로프카 문화는 비교적 오래 지속됐는데 주로 세 개의 발전 단계로 나눌 수 있다.

초기의 형성기에는 다양한 문화적 요소의 상호 융합이 이루어졌고 우

---

23 신타스타-페트로프카 문화는 1980년대 말에 발견돼 1990년대 초에 확인된 청동기 시대 초기 문화의 일종이다. 1972~1974년에 구소련의 고고학자 기닝V. F. Gening에 의해 카자흐스탄 북부 첼야빈스카야Chelyabinskaya 부근의 신타스타 강변에서 처음 발견돼 '신타스타 문화'라고 불리다가 훗날 같은 문화 내용을 가진 페트로프카 문화와 함께 '신타스타-페트로프카 문화'라고 명명됐다. 분포 지역은 주로 러시아 남우랄 동부, 카자흐스탄 북부 첼야빈스카야 이남, 투보로강과 이셴강 사이의 초원 지대로 남북으로 길이가 400km, 동서로 너비가 150~200km에 이른다. 『中國大百科全書·考古卷』에는 이 문화에 대한 언급이 없었고 유네스코가 편찬한『中亞文明史』에서는 이 문화를 기원전 8세기 서시베리아에 분포된 일종의 청동기 시대 문화로 서술했다. A. H. Dani·V. M. Masson, 『中亞文明史』第1卷, 北京 : 中國對外飜譯出版社, 2002, 256~258쪽 참조.

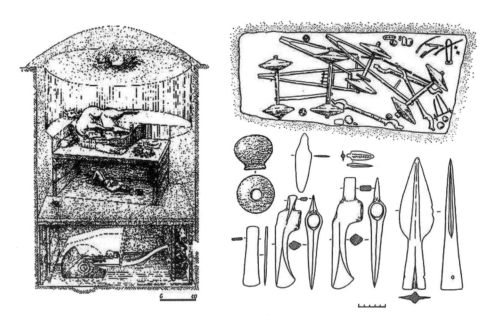

2-3 중앙아시아 초원의 초기 청동기 문화인 신타스타-페트로프카 문화

랄산맥 서쪽 얌나야 문화의 심대한 영향하에 자신만의 독특한 색깔을 가진 신타스타-페트로프카 문화를 창조했다. 방어시설이 있는 타원형 주거지가 최초로 출현했고 독특한 장례의식이 초보적으로 형성됐으며 구리광 제련 기술이 한층 더 발전했고 경제 형태는 목우업과 농업이 결합된 혼합형 경제였다. 신타스타-페트로프카 유형의 원성圜城이 소아시아의 아나톨리아Anatolia, 시리아-팔레스타인, 트랜스코카시아Transcaucasia 등에서도 발견됐고 신타스타인의 장례풍속, 청동기와 도기 또한 앞서 말한 성터 및 유물과 유사한 점이 매우 많은 것을 보아 상호 간에 깊은 관계가 있음을 알 수 있다.[24] 특히 주목해야 할 것은 원성의 성벽이 커리야강克里雅河 유역

24 S. A. Grigoryev, "The Sintashta Culture and Some Questions of Indo-Europeans Origins"

의 원사고성圓沙古城, 공작하 유역의 영반고성營盤古城 등 타림분지 초기 도시의 건축 양식과 완전히 일치한다는 점이다. 이런 원성은 동쪽으로 내몽고 서부의 어지나강額濟納河 유역까지 널리 분포돼 있다. 여하튼 중앙아시아 원시도시의 발견은 서역 여러 도시국가의 기원을 연구하는 데 중요한 시사점을 주었다.

중기의 전성기는 신타스타 시기라고도 불린다. 강력한 방어 기능을 갖춘 주거지가 여러 곳 출현했고 빈틈없이 치밀한 구조와 완벽한 급수 및 배수시설을 갖추었고 다중방어벽도 사용했다. 대형 무덤은 신타스타 무덤이 가장 대표적이며 고분이 순서대로 질서 있게 배열돼 있었다. 대형 무덤은 석총 중부에 위치하고 있으며 보통은 세로형 무덤 두 기가 나란히 배열돼 있다. 지표면에는 대형 토목과 햇볕에 말린 흙벽돌을 혼합해 구축한 지상 건축물이 있다. 무덤은 여러 층으로 나뉘는데 가축을 부장하는 풍속이 성행해 집에서 기르는 말과 마차를 부장품으로 묻는 경우가 많았다. 일부 묘실墓室의 천장에는 불에 탄 흔적이 있었는데 이는 망자를 하관할 때 모종의 점화의식이 있었다는 것을 설명한다. 원시국가의 기본적인 형태가 형성됐고 최초로 서부 확장의 붐이 나타나 그 세력이 볼가강 유역까지 뻗어갔다.

말기의 쇠퇴기는 신타스타 동부의 페트로프카묘지를 대표로 하는 문화적 요소가 서쪽으로 침범해 그 문화를 형성한 페트로프카 시기이다. 성곽의 방어 기능이 쇠퇴하고 원래의 종교적 의미도 약화됐다. 매장의식이 간단해져서 석총 아래에 무덤 하나밖에 없고 복잡한 지상 건축물도

(http://www.sci.urc.ac.ru/news/1998_2/2-11-1.pdf).

사라졌으며 순장용 가축도 수량이 훨씬 줄었으며 말을 순장시키는 풍속도 더 이상 유행하지 않았다. 구리광 채굴과 청동공구 제조가 크게 발전해 현지의 수요를 만족시키는 것은 물론 멀리 유라시아 초원의 여러 곳까지 실어다 판매했다. 기원전 1600년에 신타스타-페트로프카 문화는 안드로노보 문화에 의해 대체됐다.[25]

신타스타-페트로프카 문화가 중앙아시아 문명에 끼친 가장 큰 기여는 바로 처음으로 마차를 중앙아시아 초원에 유입시킨 것이다. 정식으로 발굴된 순장마차무덤은 이미 14기에 달하는 데 일반적으로 마차를 세로형 무덤의 목곽 안에 넣고 두 바퀴는 사전에 무덤 밑바닥에 도랑을 파서 안치했다. 앞서 러시아의 고고학자 메이슨이 신타스타-페트로프카 문화를 기원전 1800년~기원전 1700년 사이에 존재한 것으로 단정했는데, 그렇다 하더라도 신타스타-페트로프카마차는 중앙아시아 내지는 동아시아 최초의 이륜마차이다.

신타스타-페트로프카 문화는 중앙아시아 초원에서 가장 강성한 청동기 문화 중의 하나로서 근래 신강 지역에서 문화유물이 잇달아 발견되고 있다. 공류輩留와 하미 지역에서 신타스타-페트로프카식의 청동도끼가 발견됐고 하미 지역 천산북로 문화고분에서는 신타스타식의 목제 차바퀴가 발견됐다.[26] 이상의 발견을 통해 우리는 신타스타인들이 한때 동쪽으로 확장했고 이에 따라 천산 동부 지역에 문화유물을 남겼다는 사실을 알 수 있다. 또한 커얼무치인들이 천산 북쪽 기슭에서 나포박으로 남하

25 王海城,「中國馬車的起源」,『歐亞學刊』第3輯, 北京 : 中華書局, 2002, 1~75쪽.
26 梅建軍・劉國瑞・常喜恩,「新疆東部地區出土早期銅器的初步分析和研究」,『西域研究』第2
    期, 2002, 1~10쪽.

한 것도 신타스타인들의 동부 확장 활동
과 밀접한 관계가 있는 것이 분명하다.

1930년대에 중국-스웨덴 서북과학시
찰단의 스웨덴 고고학자 베르그만Folke Berg
mann이 신강 나포박 지역 소하 유역에서 초
기 청동기 시대의 무덤 한 곳을 발굴했는데
위구르족 출신의 가이드 아오얼더커奧爾德
克가 처음으로 발견했다고 해서 '아오얼더
커묘지'라고 불렸으며, 오늘날에는 '소하
5호 묘지'라고 부른다.

2-4 소하 5호 묘지

작은 언덕 위에 자리한 소하 5호 묘지에
는 소머리, 숫양의 뿔 등이 많이 놓여 있었고 무덤 안에는 황소와 숫양의
뿔이 부장품으로 매장돼 있었는데 많게는 그 수가 26개나 됐다. 목관은
통으로 된 소가죽 또는 양가죽으로 덮어서 무덤의 주인이 생전에 목축업에
종사했음을 밝혔다. 묘지 중심에 여성의 무덤 한 기가 있었는데 무덤 위에
원목 구조의 향당享堂(사당)이 구축돼 있어 당시 사회에서 여성이 매우 중요
한 지위를 차지했음을 쉽게 알 수 있었다. 기타 고분들은 커얼무치묘지와
마찬가지로 가문별로 나뉘어 있었다. 각 가문의 무덤군 사이를 나무난간
으로 격리시켰고 무덤 앞에는 실제 사람과 같은 크기의 목상이 세워져
있었으며 무덤 내에는 목용木俑이 부장돼 있었다. 이들의 기능은 각각 커얼
무치묘지의 석판마당, 묘지 석인石人, 부장 석용石俑과 같았다.

역사는 놀라우리만큼 비슷한 점이 있다. 간다라犍陀羅예술은 원래 중앙
아시아의 돌조각예술이었는데 신강에 전래된 후에는 나무조각 또는 점

토조각예술로 변형했다. 그 이유는 신강에는 석상을 조각하기에 적합한 양질의 석재가 부족했기 때문이다. 소하묘지 중앙에 있는 1.43m 높이의 대형 성기 숭배 목조상이 눈에 띄었는데, 커얼무치묘지의 용도가 불분명한 돌기둥들도 성기 숭배의 대상이 아니었나 하는 생각이 들었다.

타림분지의 천혜의 기후 조건 덕분에 소하묘지의 고대인의 시체와 의복들이 전혀 훼손되지 않고 온전히 보존될 수 있었다. 무덤 주인은 꼭대기가 뾰족한 전모氈帽를 쓰고 있었는데 모자의 형태가 기대현 지역에서 채집한 커얼무치식 석용이 쓰고 있던 뾰족 모자와 완전히 똑같았다. 비록 소하묘지에서는 도기가 발견되지 않았지만 고묘구인의 뾰족바닥형 대바구니가 아화나시에보와 커얼무치의 뾰족바닥형 도기와 모양이 매우 유사했다. 뿐만 아니라 고묘구인들은 석용이나 목용을 부장품으로 함께 순장했는데 이 또한 그들과 커얼무치 문화의 깊은 관계를 보여주고 있다.

1980년대 초에 나포박에서 서쪽으로 70km 거리에 있는 공작하 북쪽 강변에서 고묘구묘지가 발견되면서 누란 상고 문화의 베일이 한층 더 벗겨졌다. 1979년에 신강고고학연구소의 고고학 탐사대가 공작하 북쪽 강변의 모래언덕에서 이 고대 묘지를 발견했고 오늘날에는 이를 '고묘구 문화'라고 부른다. 이곳에서는 총 42기의 무덤이 발굴됐는데 고분의 형상과 구조는 두 가지 유형으로 나뉜다. 하나는 소하묘지와 같고 다른 하나는 목관을 중심으로 나무말뚝이 고리모양으로 일곱 바퀴가 배열돼 있어 장관을 이루고 있다. 탄소14 자료에 따르면 첫 번째 유형의 무덤은 연대가 기원전 1800년에서 기원전 1700년 사이이고 두 번째 유형의 무덤은 첫 번째 유형의 기본적인 형태를 깨는 현상을 보이고 있어 소하묘지가 기원전 1800년 이전의 것이라는 것을 알 수 있다. 고묘구묘지는 기원전 1800년에

2-5 고묘구묘지

서 기원전 1700년까지 비교적 오랫동안 지속됐다. 두 번째 유형의 무덤은
주인이 모두 남성이었는데 이는 당시 이미 남성이 여성을 대체해 사회에서
중요한 역할을 담당했음을 설명해 준다. 고묘구묘지의 부장품 구성을 보
면 주로 석용 또는 목용, 평직 모직물, 목기, 소량의 청동기 등이 있고 도기
는 없었다.[27] 무덤의 발굴자인 왕병화王炳華가 지적한 것처럼 묘지에 있는
수백 개의 나무말뚝에 청동도끼의 흔적이 남아 있는 것으로 보아 고묘구묘
지는 청동기 시대에 속하는 것이 분명하다.

　사람들은 나포박에서 채집한 베르그만의 인류학 자료를 통해 고대 누란
인이 인도유럽인에 속한다는 것을 알기 시작했다.[28] 중국의 인류학자 한

27　王炳華, 「孔雀河古墓溝發掘及其初步硏究」, 『新疆社會科學』 第1期, 1983; 『新疆文物考古新
　　收穫(1979~1989)』, 烏魯木齊 : 新疆人民出版社, 1995, 92~102쪽.
28　C. H. Hjrtsjo·A. Walander, "Das Schudel und Skelettgut der Archaologischen
　　Untersunchngen in Ostturkistan", in : Reports from the Scientific Expedition to the

강신韓康信이 고묘구에서 출토된 사람의 머리뼈를 연구한 결과 남시베리아, 카자흐스탄, 볼가강 하류 및 아랄해Aral Sea 연안의 청동기 시대 인류학 자료와 공통점이 아주 많으며 특히 유럽인종 중의 북유럽인종Nordic과 유사해 원시 백인종Caucasus에 속한다는 결론을 얻어냈다. 고묘구묘지의 발굴은 매우 중요한 발견으로 나포박 지역의 고대 누란인이 유라시아 대륙에서 지금까지 알려진 가장 오래되고 가장 동쪽에 분포된 유럽인종의 하나임을 다시 한번 증명해 주었다.[29]

소하-고묘구묘지는 대부분 밀을 부장품으로 넣었는데 이는 중국에서 발견된 가장 오래된 밀 표본 중의 하나이며 이런 서아시아 작물이 중국에 전래된 것은 토카라인의 공로가 확실하다. 하지만 타림분지는 아무래도 인더스강이나 메소포타미아와 같은 고대 문명의 발원지가 아니었기 때문에 토카라인이 타림분지에 정착한 이후 짧은 시간 내에 주변세계에 영향을 미칠 정도의 대문명을 형성하기는 어려웠을 것이다.

이상의 토론에 근거하면 소하-고묘구 문화는 알타이산맥과 천산 사이의 커얼무치 문화에서 비롯됐음을 알 수 있다. 그렇다면 그들은 왜 천산의 북쪽 기슭에서 남하해 누란으로 갔는가? 여러 가지 흔적으로 보면 이번 민족 이동은 알타이어계 민족이 남시베리아에서 흥성하기 시작한 것, 그리고 신타스타인이 동쪽으로 확장한 것과 직접적인 관련이 있다.

기원전 1800년에 오쿠네브 문화를 대표로 하는 알타이어계 부족이 빠르게 부상하면서 아화나시에보 문화를 대표로 하는 인도유럽인 부족의 남시베리아에 대한 통치가 종결됐다. 이와 동시에 신타스타-페트로프카

North-Western Province of China, vol.7, Archaeology 3, Stockholm, 1942.
29 韓康信,「新疆孔雀河古墓溝墓地人骨硏究」,『考古學報』第3期, 361~384쪽.

문화를 대표로 하는 인도유럽인 부족이 서시베리아에서 전성 시대를 열며 적극적인 대외 확장이 이루어졌다. 남시베리아에서도 생존할 수 없고 서시베리아에서도 피난처를 찾을 수 없었던 아화나시에보 문화는 상대적으로 취약한 토카라인의 영토에서 발붙일 곳을 찾을 수밖에 없었다. 커얼무치묘지에서 아화나시에보의 도기가 발견된 것도 바로 이 때문일 것이다.

그러나 커얼무치인의 분포 지역에도 천연자원이 무제한으로 많은 것이 아니기 때문에 갈수록 늘어나는 토카라인들을 감당할 수가 없었다. 이와 동시에 서방의 신타스타–페트로프카인들이 끊임없이 전쟁을 일으켜 알타이산맥과 천산산맥 지역을 약탈했다. 이런 사건들로 인해 커얼무치인들, 그리고 커얼무치인 부족에 가세한 일부 아화나시에보인들이 함께 누란으로 남하하게 됐던 것이다. 고묘구묘지에서 발견된 사람의 두개골이 아화나시에보인의 특징을 갖고 있다는 것이 이 점을 입증해 주고 있다.

다른 한편으로 한장어계漢藏語系(중국티베트어계)의 강족羌族이 하서주랑河西走廊에서 조용히 흥기하기 시작했다. 동쪽의 제기齊家 문화, 서쪽의 사패四壩 문화, 이 두 문화의 창조자는 모두 몽고인종의 강족 집단에 속한다. 사패 문화가 특히 강대해 서쪽으로 신강 하미분지哈密盆地까지 확장됐으며 오늘날 이를 '천산북로 문화'라고 부른다. 이 문화는 1988년에 하미 부근에서 최초로 발견됐는데 주요 재료는 야린쑤민雅林蘇滿 광산 구역과 산림관리사무소 부근의 청동기 시대 묘지로부터 나왔다. 1970년대 말 하미시 오보五堡에서 발견된 청동기 시대 묘지 또한 이 문화에 속하는 것으로 지금까지 이미 700여 기의 무덤이 발굴됐다. 도기 유형 및 주변 지역 청동기 시대 문화와의 비교에 의하면 천산북로 문화의 고분 중 거의 대부분이 기원전 1500년 전후의 것이고 소수 무덤은 그보다 더 이른 기

2-6 신강 하미시에서 출토된 신타스타-페트로프카 문화의 유물

원전 1800년~기원전 1600년 사이의 것으로 판단된다. 무덤의 형태는 수혈식 토갱묘±坑墓와 수혈식 토배묘±坏墓로 나눌 수 있고 매장 방식은 거의 대부분이 사지를 구부린 채 모로 눕혀 놓은 상태였다. 부장한 도기는 대부분이 채문도기이고 청동기는 소형 공구와 장식품 위주였으며 자귀(나무를 깎아 다듬는 도구-역자), 거울, 화살촉과 칼등이 둥근 모양인 큰 호배도弧背刀, 단검 등이 있었다. 그 외에도 금귀걸이, 은비녀, 골패, 돌절굿공이, 낭간琅玕(비취의 일종-역자), 바다조개, 양뼈, 지팡이머리 그리고 파손된 나무차바퀴 등의 유물이 발견됐다.[30]

분석에 의하면 천산북로의 도기 군群은 갑, 을 두 조로 나뉜다. 그중에서 갑은 서파 문화 중기의 도기와 비슷하고 기원전 1800년~기원전 1600년의 것으로 추측되며 을은 신강 북부의 알타이 산지 초원의 청동기 시대 문화와 관련이 있을 가능성이 높다.[31] 이 분석은 의심의 여지가 없다. 다만

---

30 梅建軍·劉國瑞·常喜恩, 「新疆東部地區出土早期銅器的初步分析和硏究」, 『西域硏究』第2期, 2002, 1~10쪽.

31 李水城, 「從考古發現看公元前二千紀東西方文化的碰撞與交流」, 『新疆文物』第1期, 1999, 60~61쪽.

여기에 천산북로 문화의 외적 요소 두 가지에 대한 보충설명이 필요하다. 그중 하나는 칼등이 둥근 모양인 청동칼, 끌, 구리송곳 등 중앙아시아 초원의 오쿠네브 문화이고 다른 하나는 청동단검, 햇볕에 말린 흙벽돌, 나무차바퀴, 지팡이머리장식 등 신타스타-페트로프카 문화이다. 출토 상황을 보면 이 나무차바퀴는 폐기된 후 다시 또 오보묘지의 한 고분에서 널뚜껑으로 사용됐다.[32] 그 형태는 중앙아시아 초원에서 발견된 나무차바퀴와 매우 유사해 국내외 학자들로부터 널리 주목을 받았다. 앞서 말한 바와 같이 이 파손된 차바퀴는 아마도 전차戰車제조업이 발달했던 신타스타-페트로프카 문화에 속하는 것으로 신타스타인들이 천산 지역을 강탈할 때 파손돼 하미에 버리고 간 것으로 추정된다.

베르그만과 영국의 고고학자 스타인Marc Aurel Stein은 나포박 지역에서 석제 지팡이머리장식을 발견한 적이 있다. 주지하다시피 지팡이머리장식은 근동에서 기원했고 이집트(기원전 3200)와 메소포타미아(기원전 3000) 유적에서 권력의 상징물인 이런 지팡이머리장식이 대량 출토됐다. 미국 펜실베이니아대 박물관에는 수메르 문화의 지팡이머리장식이 많이 소장돼 있는데 그중의 일부에는 신에게 바치는 물건이라는 뜻의 설형문자가 새겨져 있다. 이집트, 이스라엘 그리고 중동의 박물관에도 많은 지팡이머리장식이 소장돼 있는데 각각 반암斑岩, 석회암 또는 청동으로 만들어졌다.

지팡이머리장식은 중앙아시아 초원에 전래된 이후 신타스타-페트로프카 문화의 전형적인 기물이 됐다. 지팡이머리장식은 중국 감숙성甘肅省 서부의 사패四壩 문화 묘지에서도 발견됐는데 옥돌과 청동 두 종류가 있었

---

32 王毅民·劉國瑞 外, 『哈密文物志』, 烏魯木齊: 新疆人民出版社, 145쪽.

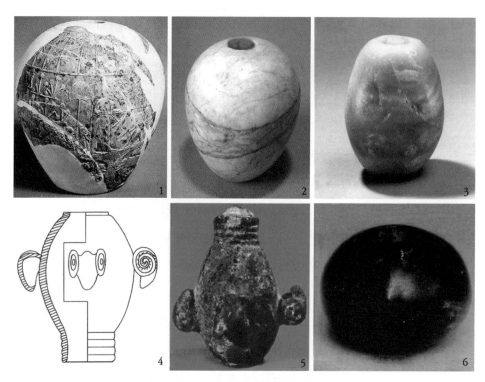

2-7 이집트, 메소포타미아강 사패 문화의 지팡이머리

다. 타림분지의 니아 북부 청동 문화유적에서도 옥돌로 만든 지팡이머리 장식이 발견됐는데 이는 누란의 밀에 이어 근동 문명이 타림분지의 고대 문화에 영향을 미친 또 하나의 증거이다. 그러나 니아의 지팡이머리장식 은 근동에서 직접 건너온 것은 아니다. 이 문화의 중요한 출처 중의 하나가 천산북로 문화인데 근래 언기焉耆와 하미 등지에서 발견된 지팡이머리장 식이 바로 이 문화에 속한다. 바로 사패 문화를 대표로 하는 감숙성 지역의 한장어계 강족이 궐기하면서 인도유럽인의 대거 동진東進을 강력하게 저 지했다. 그렇지 않았다면 중국 문명은 아마도 인더스 문명 또는 메소포타 미아 문명처럼 인도유럽인의 대거 침입에 의해 훼멸됐을 것이다.

4. 아리아인Aryan의 대이동과 타림분지로 다시 내려간 토카라인

기원전 1500년에 유라시아 대륙에서는 훨씬 더 큰 규모의 인도유럽인의 이동이 이루어졌는데 역사상 이를 '아리아인의 대이동'이라 부른다. 과거에 소아시아를 침략했던 히타이트어를 구사한 인도유럽인과 달리 그들은 아리아어를 구사했기 때문에 '아리아인'이라고 불렸다. 메소포타미아 문명과 인더스강 문명이 기원전 1500년~기원전 1400년에 아리아인의 대거 침입으로 인해 잇달아 훼멸됐고 구대륙의 4대 고대 문명 중에서 중국 문명만이 다행스럽게 살아남았다.

기원전 1450년에 아리아인들이 말과 전차를 타고 중앙아시아 초원으로 남하해 제일 먼저 후르족Hurrian의 영토인 메소포타미아 북부를 장악했고 이어서 시리아와 이란의 산간 지대를 점거해 와슈칸니Washshukanni에 수도를 정하고 근동역사상 최초의 아리아국가인 미탄니Mitanni 왕국을 건립했다. 미탄니 왕국은 한때 아시리아Assyria제국을 장악했을 정도로 강성해져 이집트에 군사적 위협이 됐을 뿐만 아니라 북부의 히타이트 왕국과도 빈번하게 전쟁을 일으켰다. 기원전 1450년에 이집트의 파라오 투트모세Thtmose는 유프라테스강으로 진군해 대승을 거두었고 미탄니 왕국이 굴복해 신하를 자칭하고 공물을 바치기로 약속한 후에야 군사적 침공을 멈추었다. 아리아인들은 미탄니 왕국을 140년이나 통치하다가 기원전 1360년에 아시리아에 의해 멸망됐다.

미탄니 유적에서의 가장 중요한 발견은 바로 기원전 1380년에 히타이트 왕국과 미탄니 왕국 사이에 체결한 협약인데 오늘날 이를 '미탄니 협약Mitanni Treaties'이라고 부른다. 이 협약의 마지막 부분에 후르족 종교

인도유럽인 고고학 문화 일람표

	시대	구역	문화/고대국가	민족
1	기원전 3200년~기원전 2200년	흑해-카스피해 북해안	얌나야 문화	원시인도유럽인
2	기원전 1650년~기원전 1190년	소아시아	히타이트 왕국	인도유럽인
3	기원전 2200년~기원전 1700년	중앙아시아 초원	신타스타 문화	인도유럽인
4	기원전 2200년~기원전 1900년	남시베리아	아화나시에보 문화	인도유럽인
5	기원전 2200년~기원전 1900년	알타이산	커얼무치 문화	토카라인
6	기원전 1800년~기원전 1700년	나포박 지역	소하-고묘구 문화	토카라인
7	기원전 1500년~기원전 1400년	메소포타미아	미탄니 왕국	아리아인
8	기원전 1500년~기원전 1400년	인더스강 유역	회색채문도기 문화	아리아인
9	기원전 1600년~기원전 1400년	중앙아시아 초원	안드로노보 문화	아리아인

에서 모시는 신의 이름을 나열했고 이어서 아리아신의 이름도 같이 기록했다. 이를테면 mi-it-ra(광명의 신), in-da-ra(천둥의 신), a-ru-na(물의 신 겸 심판의 신), 그리고 na-sa-ti-ya(쌍마신)이다. 미탄니 아리아신의 발견은 인도유럽인의 원시종교를 연구하는 데 매우 중요한 학술적 가치를 갖는 것으로 고대인도, 페르시아의 종교문헌에 기록된 제신諸神들과 직접적으로 언어학적 비교를 할 수 있을 뿐만 아니라 토카라인의 종교적 근원을 탐구하는 데도 도움이 된다.

우리는 「토카라신 연구吐火羅神祇考」라는 논문에서 처음으로 토카라어의 '신' 자(◊akte)가 곧 미탄니아리아어의 '쌍마신na-sa-at-ti-ya' 및 인도아리아어의 '쌍마신nāsatya'과 같은 것임을 논증했고 토카라인이 모시는 쌍마신이 바로 천산 중부 강가康家 석문자石門子의 암벽화, 바리쿤 초원 팔장자八墻子의 암벽화, 그리고 내몽고 음산陰山의 암벽화에 나오는 쌍마신이라고 지적했다.[33]

---

33 林梅村, 「吐火羅神祇考」, 『國學硏究』第5卷, 北京 : 北京大學出版社, 1988;『古道西風―考古新發現所見中外文化交流』, 北京 : 三聯書店, 2000, 3~32쪽.

남러시아초원 쌍마신, 약 기원전 3200년

시리아 쌍마신, 기원전 1400년, 파리 루브르박물관 소장

천산 쌍마신, 기원전 1800년

2-8 인도유럽인 원시종교의 숭배 대상인 쌍마신

　흥미로운 것은 시리아의 청동기 시대 말기 우가리트Ugarit 유적에서도 인도유럽인 초기 종교의 쌍마신이 발견됐다. 이 유적에서는 아세라Asherah 여신의 상아조각상이 발견됐는데 약 기원전 1300년 전의 것이었으며 현재 파리의 루브르박물관에 소장돼 있다. 아세라는 고대 가나안Canaan 종교에서 사랑과 풍요, 전쟁을 상징하는 여신이자 번개와 천둥의 신인 바알Baal 의 아내이다. 현대의 지명 '팔레스타인'은 바로 바알에서 유래한 것이다. 여기서 주목할 점은 이 아세라 여신 조각상에 아리안종교의 쌍마신이 들어 있다는 것이다. 우가리트 왕국과 미탄니 왕국은 서로 인접한 이웃나라

였기 때문에 가나안인과 아리아인 사이에 광범위한 문화적 교류가 이루어졌던 것이다. 예를 들면 우가리트 청동기 시대 말기 유적에서 미탄니식의 원통형 인장印章이 발견됐는데 이를 또 '시리아-미탄니 유형 원통형 인장'이라고도 부른다. 이 아세라 여신과 쌍마신 상아조각상은 미탄니아리아 문화가 근동 문명에 어떻게 영향을 미쳤는지를 증명하는 새로운 실례를 제공해 주었다.

기원전 1500년~기원전 600년에 아리아인들은 카스피해-흑해 북쪽 해안에서 몇 차례에 걸쳐 남하해 이란고원에서 미탄니, 메디아Median, 페르시아 등 3대 아리아 왕조를 연이어 건립했다. 또 다른 아리아인들은 멀리 인더스강 유역으로 가서 인도 문명 역사상 아리아의 시대를 열었다. 그리고 중앙아시아 초원에서 흥기한 안드로노보 문화는 고향에 남은 아리아인들의 문화이다. 알타이산과 천산 지역에서 최근 몇 년 동안 계속해서 발견된 안드로노보 문화의 유물들은 아리아인들이 이곳에 왔었음을 증명해 준다. 아리아인들의 이동이 붐을 이루자 또 다른 토카라인들이 알타이산과 천산에서 타림분지로 남하해 '신타라 문화'와 '니아북방청동 문화' 등의 오아시스 문화를 형성했다. 중일니아연합탐사대가 니아의 북방 유적지에서 안드로노보 도기를 채집한 것이 바로 이 점을 입증한다.

천산 지역으로 남하한 토카라인들은 불가피하게 강족과 정면으로 충돌했으나 얼마 지나지 않아 곧 융합을 이루었다. 두 민족이 서로 융합한 실례가 천산 남쪽 기슭 화석현和碩縣 신타라 유적과 곡혜曲惠 유적에서 잇달아 발견됐고, 오늘날 이를 '신타라 문화'라 부른다. 이 문화는 니아북방의 청동기 문화와 유사한 점이 매우 많다. 비교의 편의를 위해 이 두 문화의 기물군을 〈그림 2-9〉로 정리했다.

석용石俑 · 목용木俑	첨저형尖底形 용기	지팡이머리

알타이산맥 커얼무치 문화, 기원전 2200년~기원전 1900년

누란소하-고묘구 문화, 기원전 1800년~1700년

하서주랑 사패 문화, 기원전 1800년~기원전 1600년

니아북방-신타라 문화, 기원전 1500년

2-9 니아북방 청동기 문화와 중앙아시아 청동기 문화의 비교

신타라 문화유적도 두 부류로 나뉜다. 한 부류는 원통 모양의 잔, 손잡이가 달린 석제잔, 옥도끼 등이 대표적으로 커얼무치 문화와 같은 근원이고 다른 한 부류는 두 귀가 달린 항아리, 채문도기조각, 공수동부空首銅斧(손잡이를 끼우는 부분이 비어 있는 청동도끼-역자), 좁쌀 등이 대표적으로 천산북로 문화에서 비롯됐을 가능성이 높다. 그렇기 때문에 신타라 문화는 사실상 토카라 문화와 강 문화가 융합된 산물이다. 시기상으로 봤을 때 신타라 문화는 커얼무치 문화와 천산북로 문화보다 200~300년가량 늦으며 탄소 14 연대가 기원전 1500년 전후에 집중돼 있다. 무엇보다 중요한 것은 신타라 유적은 상층 퇴적물에서 흙벽돌로 쌓은 성벽이 발견된 것으로 보아 성곽 유적으로 추정된다. 흙벽돌은 천산북로묘지에서도 발견됐는데 다만 거기에서는 묘실을 짓는 데 사용됐다. 지금까지 알려진 바에 따르면 중앙아시아에서 흙벽돌로 성곽을 구축한 것은 신타스타-페트로프카 문화에서 시작됐다. 자료가 제한적이어서 신타라 문화와 신타스타-페트로프카 문화 간에 문화적 교류가 있었는지에 대해서는 아직 알 수 없다. 여하튼 타림분지의 오아시스 문명은 적어도 기원전 1500년부터 기록해야 할 것이다.[34]

1980년대 말에 타클라마칸Takla Makan사막의 중심 지대에서 청동기 시대 문화유적이 발견됐는데 남쪽의 민풍현民豊縣 오아시스에서 200km 떨어진 곳이다. 지표면에는 도기 조각이 곳곳에 널려 있었고 신강석유탐사대가 불도저로 많은 문물을 파냈는데 거기에는 지팡이머리, 옥돌구슬, 청동칼, 도기 조각 등이 있었다. 그 후 이 문물들은 전문 차량에 실려 우루무치 신강문물고고학연구소로 옮겨졌다.[35] 중일연합니아탐사대는 이 단서를

---

34 新疆考古學研究所,「新疆和碩縣新塔拉遺址發掘簡報」,『考古』第5期, 1988; 張平·王博,「和碩縣新塔拉和曲惠遺址調査」,『考古與文物』第2期, 1989, 23~25쪽.

근거로 1993년과 1996년에 두 차례 실사를 진행했고 그 결과 이곳에 유적지 두 군데가 있는데 서로 2~3km 떨어져 있으나 문화 내용이 동일하다는 사실을 밝혀냈다. 오늘날 이를 '니아북방 청동기 문화'라고 부른다. 지표면에서 각종 도기와 말안장 모양의 맷돌, 칼등이 활 모양으로 된 청동단도, 뼈구슬, 유리구슬 등을 대량으로 채집했으나 철기는 보이지 않았다.[36]

니아북방 유적의 도기도 두 가지 유형으로 분류된다. 하나는 원통 모양의 도기잔, 넙적바닥형 항아리 등의 유물로 커얼무치 문화를 대표로 하는 토카라 문화에서 기원했고 다른 하나는 두 귀가 달린 항아리, 중간에 손잡이가 달린 항아리, 칼등이 활 모양으로 된 청동칼 등의 유물로 천산북로 문화를 대표로 하는 강 문화에서 기원했다. 발굴자들은 두 번째 유형의 도기에 새겨진 문양이 소하-고묘구 문화의 뾰족바닥형 대바구니의 문양과 매우 유사하며 사실 니아북방 문화와 가장 유사한 것은 신타라 문화라는 사실을 발견했다. 두 유적 모두 원통 모양의 잔, 넙적바닥형 항아리, 두 귀가 달린 항아리 등의 기물이 출토됐고 도기의 문양도 비슷한 것으로 미루어 볼 때 동일 문화에 속할 가능성이 높다.[37]

이상의 토론을 정리해 보면 다음과 같은 몇 가지 관점을 도출해낼 수 있다.

① 신강 지역에서 가장 오래된 청동기 시대 문화는 알타이산과 천산

35　於志勇・阿和買提,「民豐縣北石油物探發現文物介紹」,『新疆文物』第3期, 1998, 圖4.

36　張鐵男・於志勇,「1993年尼雅遺址北方考古調查」,『中日共同尼雅遺跡學術調查報告書』第1卷, 東京：中村印刷株式會社, 1996, 73~79쪽; 岳峰・於志勇,「北方地區遺址的調查」,『中日共同尼雅遺跡學術調查報告書』第2卷, 東京：中村印刷株式會社, 1999, 35~41쪽.

37　於志勇・阿和買提,「民豐縣北石油物探發現文物介紹」,『新疆文物』第3期, 1998, 圖4; 岳峰・於志勇,「北方地區遺址的調查」,『中日共同尼雅遺跡學術調查報告書』第2卷, 東京：中村印刷株式會社, 1999, 39쪽, 圖.9.

사이에 분포된 커얼무치 문화이며 아화나시에보 문화와 확실한 공존 관계가 있는 점으로 보아 아마도 기원전 2200년~기원전 1900년 사이에 존재했을 것으로 추정된다. 이 문화는 카스피해-흑해 북쪽 해안의 얌나야 문화에서 기원했으며 훗날 서역을 제패했던 월지족이 바로 알타이산 지역에 남았던 커얼무치인들의 후예일 가능성이 매우 높다. 그리고 중앙아시아 초원의 유목화에 따라 궁극적으로 토카라계의 유목 부족으로 발전한 것이다.

② 남시베리아 오쿠네브 문화의 흥기 및 서시베리아 신타스타-페트로프카 문화의 확장으로 인해 일부 커얼무치인들이 누란으로 남하했고 점차 소하-고묘구 문화를 형성했다.

③ 기원전 1500년에 아리아인의 새로운 민족 이동의 물결이 일어나면서 일부 커얼무치인들이 남쪽으로 밀려나 타림분지로 왔다. 그들은 사패 문화를 대표로 하는 강족 및 타림분지에 진입한 아리아인들과 서로 융합되어 결국은 토카라계의 농업 부족을 형성했으며 초기의 대표적 문화는 신타라 문화와 니아북방청동기 문화이다.

④ 흉노족이 흥기하기 전에 월지족은 한때 서역의 패주였고 토카라어는 바로 이 시기에 널리 확산돼 천산 남북 지역의 통용어가 됐다. 타림분지의 토카라화는 어떻게 보면 월지족의 공로가 컸다고 할 수 있다.

2-10 대월지족 기사가 스키타이 여신 타비티를 알현하는 모습을 그린 파지릭의 양탄자

제3강
초원의 길

1. 알타이어계 민족의 원시적 고향

몽골인종에 속하는 알타이어계 민족은 기원전 1800년~기원전 1700년 사이에 남부시베리아에서 독특한 문화를 형성했다. '오쿠네브 문화'로 통칭되는 이들 문화는 청동기 시대 초기의 문화에 속하며 러시아 예니세이강 중류의 미누신스크 분지에서 알타이 산지까지 널리 분포돼 있다. 목축업을 기반으로 했던 오쿠네브인들의 무덤에서는 양의 발목뼈가 자주 발견됐고 석판에 소의 그림을 새겼으며 사냥과 고기잡이가 보조적인 생계 수단이었다. 부장품으로는 짐승의 뼈로 만든 표창, 구리로 만든 낚싯바늘, 그물을 짜는데 필요한 비수 모양의 뼈연장, 새의 뼈로 만든 물품과 석족 등의 사냥과 고기잡이 도구들이 있었다. 금속가공은 경제활동에서 매우 중요한 지위를 차지했고 적동 또는 청동기가 흔하게 사용됐으며 기물의 형태로는 낚싯바늘, 칼, 송곳, 바늘통, 머리 장신구 등이 있었다.[1]

오쿠네브 문화의 야금 기술은 아화나시에보 문화(남부시베리아 금석병용시

---

1   G. A. Maksimenkov, 林澐 譯, 「關於米努辛斯克時代分期問題的現狀」, 中國社會科學院 考古學研究所 編, 『古學參考資料』 6, 北京 : 文物出版社, 1983, 81~103쪽(『西伯利亞原始時代考古』, Leningrad, 1975 최초 수록).

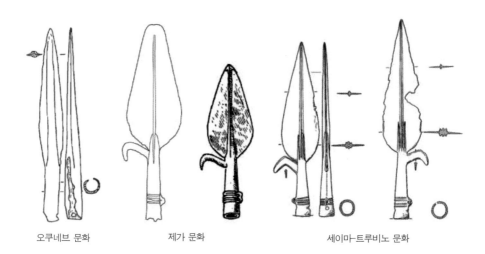

| 오쿠네브 문화 | 제가 문화 | 세이마-트루비노 문화 |

3-1 동서양 청동기 시대 초기의 고리형 창끝

대의 문화)보다도 더 발전했는데, 선진적인 주석청동 주조 기술을 사용했고 구리도끼도 주조공법을 사용했다. 이 문화의 가장 대표적인 청동기 두 가지가 있는데 바로 단구모두單勾矛頭(외고리형 창끝-역자)와 공수동부空首銅斧 (손잡이를 끼우는 부분이 비어 있는 청동도끼-역자)이다. 외고리형 적동창끝 또는 주석청동창끝은 유라시아 동부 초원에 널리 분포돼 있는데, 우랄산맥의 세이마-트루비노Seima-Trubino묘지에서 네 개가 발견됐고 제가齊家 문화(기 원전 2200~기원전 1600) 유물에서 두 개가 발견됐다. 기원전 2200년에 알타 이 산지에서 흥기한 세이마-트루비노 문화의 외고리형 구리창끝은 바로 오쿠네브 문화의 적동창끝에서 유래했으며 나중에 중앙아시아 초원에 널리 전파되었고 천산 북쪽 기슭 내지는 황하 유역까지 유입되었다. 그리고 제가 문화의 외고리형 구리창끝은 세이마-트루비노 문화의 외고리형 구리 창끝을 본떠 만든 모방품이다.[2]

---

2 林梅村,「塞伊瑪─圖爾賓文化與史前絲綢之路」,『文物』第10期, 2015, 49~63쪽.

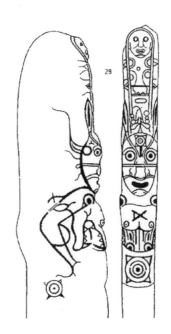

3-2 오쿠네브 석인

오쿠네브 문화의 또 다른 대표적인 동기銅器인 공수동부는 하서주랑 제
가 문화와 사패四壩 문화유적 또는 무덤에서 여러 차례 발견됐다. 이 두
유적에서는 또 오쿠네브 문화의 대표적인 동기인 목병동추木柄銅錐(나무손
잡이 구리송곳―역자)가 발견됐다. 비록 제가 문화(기원전 2200~기원전 1600)
와 사패 문화(기원전 1950~기원전 1550)의 시작은 오쿠네브 문화(기원전 180
0~기원전 1600)보다 이르지만 출토된 청동기 문화층 또는 고분은 말기
단계에 속하는 것으로 오쿠네브 문화의 연대와 거의 비슷하다.

당시 청동기는 아직 석기를 완전히 대체하지 못했기 때문에 오쿠네브
시대에는 여전히 도끼, 절굿공이, 절구통 등의 석기를 사용했다. 도기는
주로 바닥이 평평한 평저형平底形이었고 대체로 두 종류로 나뉘었다. 한
종류는 크기가 각기 다른 원통 모양에 문양이 압인와문押印窩紋, 삼침문杉針

紋, 종열비문縱列篦紋으로 비교적 단순했다. 다른 한 종류는 항아리 모양에 문양이 바둑판무늬, 물결무늬, 줄무늬 등으로 매우 다양했다. 그 외에도 향로 모양, 마름모꼴 모양, 권족圈足(둥근밑 다리-역자) 모양 등의 도기가 있었다. 아화나시에보 문화와 달리 오쿠네브의 고분은 작은 석용, 뼈로 조각한 인간조각상, 새와 짐승의 조각상 등 샤머니즘의 의의를 가진 예술품이 함께 부장되기 시작했으며 일반적으로 사실적인 입체 조각과 선각의 기법을 사용했다.

오쿠네브의 묘지는 대부분 하천에 인접해 있으며 무덤 앞에 비석을 세웠다. 무덤의 표면에는 석판으로 사각형의 돌담을 쌓았는데 높이가 보통 30~50cm이고 면적은 최대 400㎡에 달했다. 돌담 안 서쪽 또는 남서쪽에 석관묘石棺墓(돌널무덤)가 있는데 보통 적게는 널이 1기 또는 몇 기이거나 가장 많게는 23기까지 있었고 간혹 돌담이 없는 홑무덤이 발견되기도 했다. 무덤구덩이에는 1~3명의 피장자가 매장돼 있었는데, 남녀 또는 부녀자와 아이가 합장된 경우가 많았다. 또한 피장자들은 얼굴을 위로 향한 상태로 누워서 무릎을 굽히고 있었다. 머리는 서쪽을 향하고 돌로 만든 '베개'를 머리 아래에 받히고 있으며 발아래의 무덤바닥은 약간 기울어졌다. 인골은 머리와 몸이 분리된 현상을 보였다. 부장품은 많지 않았고 재산분화의 조짐이 뚜렷하게 보이지 않았다. 보통 옹기단지와 생산도구 등이 부장돼 있었고 여성의 해골 옆에는 청동 또는 동물의 뼈로 만든 바늘통과 바늘, 구리철사로 만든 머리장신구 등의 물품들이 보였다.

기원전 2000년경에 유라시아 대륙의 각 민족들은 약속이나 한 듯이 각지에서 영구적인 대형 기념 건축물을 세우기 시작했는데 이는 한 시대의 특징을 반영한 듯하다. 영국의 솔즈베리Salisbury 타운에서 북쪽으로 약

11km 떨어진 곳에 있는 거석 축조물 유적지인 스톤헨지Stonehenge는 바로 이 시대에 속한 것으로 신석기 시대 말기에 건조되기 시작해 청동기 시대를 거쳐 계속해 증축되고 개조됐다.

오쿠네브인들도 무덤 앞과 거주지, 제사 장소에 대형 석조를 건축했다. 주로 대형 비석 모양의 자연석을 사용했는데 높이가 0.5~2m에 달하고 위에 간단한 선각으로 흉악한 귀신 또는 괴수의 모습을

3-3 스톤헨지

조각했으며 환조 기법을 사용한 경우도 간혹 보였다. 일부 석조는 하반부에 짐승의 뿔이나 귀를 가진 인물상을 새겼고 그중 소수는 얼굴 부조상을 새겼다. 보통 남성의 형상이고 여성의 특징을 표현한 것은 극히 일부였다. 일부 학자들은 그것이 신 또는 조상을 형상화한 것이며 남부시베리아 고대 샤머니즘의 주술과 관련이 있을 것이라고 믿었다. 이와 유사한 석각은 오쿠네브 유적지나 묘지 부근의 고대 암벽화에서도 발견됐고 그중 일부는 오쿠네브 문화로 분류됐다.

2. 알타이 산지의 대형 돌무덤

알타이 산지의 깊은 산속에 위치한 이 돌무덤은 일찍이 1965년에 중국 고고학자들에게 알려졌지만 신강 고고학 연구에 있어서의 가치는 최근에서야 비로소 인정받고 있다. 이 대형 돌무덤은 신강新疆 청하현清河縣에서 북동쪽으로 70여 km 떨어진 차간귀령향査干郭楞鄉의 작은 호숫가에 자리 잡고 있으며 우룬구烏倫古강 상류의 지류인 소청격小淸格강의 발원지가 바로 이곳이다. 동서 방향으로 자리 잡은 이 산골짜기에는 세 개의 호수가 있는데 현지 목축민들은 세 번째 호수를 '삼도해자三道海子'라고 불렀다. 이곳 고산 한랭 지대는 해발 높이가 2,690m로 생활환경이 매우 열악하다. 매년 8월부터 눈이 내리기 시작하고 일 년 중에 3개월 정도만 방목을 할 수 있다. 대형 돌무덤은 세 번째 호수의 동쪽에 있으며 호수에서 물을 끌어들여온 거대한 인공하천이 돌무덤을 둘러싸고 흐르는데 강줄기의 폭이 15~20m, 깊이가 1.5~2m에 달한다. 강바닥에는 30~40cm에 달하는 돌멩이가 가득 깔려 있는데 돌무덤에 사용된 돌멩이들과 크기가 똑같다. 이 인공하천과 대형 돌무덤은 같은 시기에 만들어진 것이 틀림없다.[3]

삼도해자묘지는 동서 방향으로 길이가 1~2km에 달하고 총 10기의 무덤이 분포돼 있다. 돌무덤을 둘러싸고 흐르는 인공하천 안쪽에 큰 돌무덤(7호) 1기가 있고 바깥쪽에 규모가 비교적 작은 돌무덤 9기가 분포돼 있다. 이 9기의 돌무덤은 대형 돌무덤을 에워싸고 있으며 각각 서쪽에

---

3 林梅村,「阿爾泰山的大石冢」,『歐亞學刊』第3輯, 北京 : 中華書局, 2002, 101~115쪽;『絲綢之路散記』, 北京 : 人民美術出版社, 2005.

3-4 삼도해자 대형 돌무덤

4기(1~4호), 북쪽에 2기(5~6호), 동쪽에 2기(9~10호), 남쪽에 1기(8호)가 위치해 있다.

삼도해자의 대형 돌무덤은 원형의 돌무덤군과 이중돌담으로 구성되어 있다. 돌멩이로 쌓아 올린 원형의 돌무덤군은 높이가 15m이고 지름이 76m에 달해 매우 웅장한 느낌을 준다. 1970년대에 현지 목축민들이 돌무덤의 북쪽 비탈을 허물고 그곳에 외양간을 지었다. 허문 부분을 보면 돌무덤군 전체가 모두 30~40cm 크기의 돌멩이로 쌓아 올렸으며 돌무덤의 총 면적은 15~20만m³에 달할 것으로 추측된다. 돌무덤의 바깥쪽에는 이중돌담이 둘러싸고 있는데 마찬가지로 30~40cm 크기의 돌멩이로 쌓아 올렸다. 돌무덤과 돌담에 사용된 석재는 모두 편마암이며 북산에서 채굴한 것으로 보인다. 원래 이중돌담은 지표보다 높았고 돌무덤도 지금보다 훨씬 높았다고 한다. 1931년에 알타이 산지에 강도 8의 강진이 발생해 돌무덤이 아래로 꺼졌고 이중돌담 역시 지하로 함몰돼

꼭대기가 지표와 거의 평행을 이루게 됐다. 안쪽 돌담은 지름이 92m, 담벼락의 너비가 5m이고 바깥쪽 돌담은 지름이 210m, 담벼락의 너비가 3m이다. 이중 돌담 사이에는 4개의 칸막이벽이 있는데 길이가 70m, 너비가 3m이다. 평면으로 보면 마치 스포크 차륜과도 같다. 돌담의 바깥쪽에서 2~3m 떨어진 곳에 1~2m 지름의 원형 돌무더기가 곳곳에 분포돼 있는데 제사용 구덩이 등의 유적으로 추측된다.

1931년에 발생한 대지진으로 인해 남쪽과 북쪽에 있는 격벽의 일부분이 지하로 함몰됐다. 그중 두 개의 격벽을 측정한 결과 기본적으로 방향이 똑바르고 격벽 사이의 편차가 겨우 5도에 불과하다. 저자가 2000년에 미국 캘리포니아 분교를 방문했을 때 어떤 미국인 동료가 이 격벽은 원래 정시 방향이었는데 자기 편각의 변화로 인해 편차가 발생했을 가능성이 높다고 알려주었다. 마찬가지로 이집트 피라미드의 방향에도 편차가 존재한다. 자기 편각의 변화에는 일정한 규칙이 있는데 이런 규칙을 근거로 피라미드가 최초로 건축된 연대를 추측할 수 있다.

삼도해자묘지에는 원래 여섯 개의 사슴돌鹿石이 있었다. 현지의 몽고족 목축민들은 이를 Olenniye Kamni라고 불렀는데 현재 대형 돌무덤 부근에는 사슴돌이 세 개밖에 남아 있지 않다. 하나는 대형 돌무덤 동쪽으로부터 10m 넘게 떨어진 곳에 있고 위에 향嚮 자 모양의 사선이 새겨져 있고 아래에는 끊어졌다 이어졌다 반복하는 선들이 있으며 중간 부분에는 검한 자루, 그 아래에 말 한 필이 새겨져 있다. 측면 상단에는 동그라미, 아래에는 끊어졌다 이어졌다를 반복하는 선들이 있다. 그 외의 두 개 사슴돌은 대형 돌무덤의 남쪽에 있으며 돌무덤 밑에 쓰러져 있다. 그중에 비교적 큰 사슴돌은 높이가 2~3m에 너비가 0.4m이고 상단에 큰 원이 새

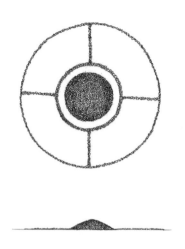

3-5 삼도해자 대형 돌무덤(좌) 및 사슴돌(우)

겨져 있으며 아래에 끊어졌다 이어졌다를 반복하는 선들이 있다. 그러나 아쉽게도 선 밑의 도안은 희미해서 형태를 파악할 수 없었다. 대형 돌무 덤에서 북쪽으로 300m 떨어진 곳에 사슴돌 하나가 더 있었다고 하는데 높이가 3m, 너비가 0.23m이며 위에 사슴무늬와 검의 모양이 새겨져 있 다고 한다. 이 사슴돌은 훗날 아러타이阿勒泰시립박물관에 소장됐다.

러시아의 학자 볼코프V. V. Volkov의 연구에 따르면, 유라시아 초원에 널 리 분포된 사슴돌은 세 가지 유형으로 구분할 수 있다. 첫 번째는 동물의 모습을 사실적으로 표현한 '사얀-알타이' 유형이고 두 번째는 동물 문 양을 새긴 '몽골-바이칼' 유형이며 세 번째는 동물 문양이 없는 '유라시 아' 유형이다. 삼도해자묘지에서 발견된 사슴돌은 거의 모두가 사얀-알 타이 유형에 속하지만 아러타이시립박물관에 소장된 사슴돌 만큼은 예 외로 몽골-바이칼 유형에 속하는 것이었다. 당시 촬영한 사진에서 보면 이 사슴돌은 원래 대형 돌무덤을 둘러싸고 있는 인공하천의 북쪽 기슭

6호 돌무덤의 동쪽에 위치하고 있다. 사슴돌은 보통 돌무덤의 동쪽에 세운다. 그렇기 때문에 이 독특한 사슴돌은 아마도 6호 돌무덤에 속하는 것으로 대형 돌무덤과는 직접적인 관련이 없는 것으로 추측된다.

신강 지역의 사슴돌은 주로 청하淸河, 부온富薀, 탑성塔城 등의 알타이 산지에 분포돼 있다. 천산 지역에서는 사슴돌을 보기 드물고 지무싸얼吉木薩爾, 온숙溫宿, 소소昭蘇와 온천溫泉에서 다섯 곳이 발견됐다. 신강 서부의 소소 지역에서 몽골-바이칼 유형의 사슴돌이 발견됐고 지무싸얼 대룡구大龍口에서 사얀-알타이 유형의 사슴돌이 발견됐으며 기타 세 개는 모두 동물 문양이 없는 유라시아 유형이었다.

삼도해자 대형 돌무덤과 그 주변에 있는 9개의 작은 돌무덤은 아직 본격적인 발굴 작업을 시작하지 않았기 때문에 인근 지역의 고고학 자료를 근거로 그 연대를 추측해 볼 수밖에 없다. 중국 내에서 유사한 대형 돌무덤은 주로 알타이 산지와 천산 지역에 분포돼 있고 절대다수가 천산 지역의 지무싸얼, 화정和靜, 온숙, 공류鞏留와 온천 등지에서 발견됐다. 중국 이외의 지역으로 몽골의 호브드Hovd와 카자흐스탄의 제티슈Zhetysu 유역에서도 비슷한 돌무덤이 발견된 바 있다.

호브드의 대형 돌무덤은 돌무더기와 고리형 돌담 사이에 두 개의 사슴돌이 세워져 있으며 모두 사얀-알타이 유형에 속했다. 그중 하나에는 타가르Tagar 문화의 단검과 곡괭이 문양이 새겨져 있었는데 학자들은 이것이 기원전 1000년 중기의 것이라고 믿었다. 그러나 최근의 발견과 연구를 보면 이 사슴돌의 연대는 그보다 더 이른 기원전 8세기~기원전 7세기 무렵의 것으로 보인다. 아르잔 대형 돌무덤에서 곡괭이가 출토된 것은 기원전 8세기~기원전 7세기 사이에 이 같은 병기제조업이 이미 출현했다는 것을 증명해 준다. 아르잔과 호보드의 사슴돌에 새겨진 단검이 카라수크^{Karasuk} 식 단검과 매우 근접한 것을 보면 두 돌무덤에서 발견된 사슴돌은 모두 카라수크 시대의 것으로 판단된다. 아르잔의 사슴돌은 버려진 후 건축 자재로 돌무덤 안에 묻힌 것으로 연대가 호보드의 돌무덤에서 출토된 사슴 돌보다 늦다. 아르잔 돌무덤의 연대는 기원전 7세기 초엽 이후일 것이고 호보드 돌무덤은 기원전 8세기 말엽에 세워졌을 것이다.

유라시아 초원에 널리 분포돼 있는 대형 돌무덤은 대체로 A와 B 두 가지 유형으로 나눌 수 있다. 이 두 가지 유형의 차이는 지표에 사슴돌이 있는지의 여부이다. A형 돌무덤의 지표에는 보통 사슴돌이 세워져 있고 B형 돌무덤에는 사슴돌이 세워져 있지 않거나 간혹 사슴돌을 무덤 속에 파묻은 경우가 있다. 신강 지역에서는 A형이든 B형이든 대부분 모두 사얀 -알타이 유형의 사슴돌이다. A형 돌무덤은 삼도해자 대형 돌무덤처럼 주로 알타이 산지에 분포돼 있다. 이런 종류의 돌무덤은 해외에서도 발견 된 바 있다.

알타이 산지와 천산 지역의 대형 돌무덤은 물론 같은 시기에 세워진 것이 아니다. 증거에 따르면 A형 돌무덤은 B형 돌무덤보다 일찍 만들어졌 다. 기존의 연구 결과에 따르면 사슴돌은 스키타이 시대의 산물이다. 그런 데 1970년대 이후의 새로운 발견에 의하면 사슴돌은 사실 카라수크 문화 에 속하는 것으로 판단된다. 예를 들면 사슴돌에 흔히 은주^{殷周} 시기의 아치 형 기물의 문양이 새겨져 있었다.

일부 학자들은 사슴돌에 새겨진 아치형 기물이 서주^{西周} 말기에서 춘추 시대 중기에 유행했던 청동고리의 일종일 것으로 분석했지만 임운^{林澐}은 이른바 '청동고리'라는 것은 아치형 기물의 말기 형식일 뿐이라고 주장했

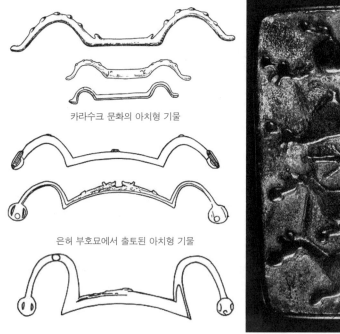

카라수크 문화의 아치형 기물

은허 부호묘에서 출토된 아치형 기물

감숙 영대 백초파 서주묘에서 출토된 아치형 기물

카라수크 문화의 전차 장식

3-6 은주 시기의 아치형 기물과 카라수크 문화의 청동장신구

다. 남시베리아와 몽골의 고고학 연구 결과에 의하면 돌무덤 옆에 사슴돌을 세우는 풍속은 카라수크 말기 문화(기원전 1300~기원전 800)에서 시작돼 타가르 문화 초기(기원전 7세기)까지 지속됐다. 일부 지역에서도 나중에 사슴돌을 돌무덤에 묻는 풍속이 생겨났는데 예를 들면 아르잔 대형 돌무덤에도 사얀-알타이 유형의 사슴돌 조각이 묻혀 있었다. 따라서 A형 돌무덤의 연대는 아르잔 대형 돌무덤보다 늦지 않으며 적어도 기원전 7세기 이전에 세워졌을 것이다.

최근에 화정현의 목초지 바인부루커巴音布魯克 초원에서는 쇠뿔 모양의 술잔인 각배Rhyton를 손에 든 묘지석인(몽골어로 Babal)이 발견됐다. 이 석인의 형상은 흑해 북안에서 발견된 스키타이 석인과 거의 똑같았는데, 이는 스카타이인들이 동쪽으로 천산 지역까지 널리 분포돼 있음을 증명해 준다. 기원전 6세기부터 사슴돌은 묘지 석인에 의해 대체됐다. 따라서 B형 돌무덤의 연대는 기원전 6세기 이전일 것이다.

한마디로 요약하자면 신강 대형 돌무덤은 알타이 산지에서 기원했고 기원전 8세기에 전성기에 이르렀는데, 삼도해자와 호보드의 대형 돌무덤은 바로 이 시기, 즉 기원전 8세기~기원전 7세기 무렵의 것이고 대형 돌무덤의 건축자는 알타이 산지에서 남하해 천산 지역을 점거했다. B형 대형 돌무덤은 그들이 천산 지역을 점령한 후의 산물인 것이 분명하다. 그 이후의 몇 세기 동안 천산 지역 내지는 중앙아시아 제티슈 유역은 줄곧 그들의 통치하에 있었다.

3. 아르잔Arzhan의 고분古墳 '국왕골'

2001년 7~8월 사이에 영국과 미국의 기자들이 모스크바와 상트페테르부르크에서 잇달아 중요한 소식을 발표했는데, 그 보도에 따르면 러시아연방 투바공화국의 수도인 키질 부근에서 중요한 고고학 유적이 발견됐다. 독일과 러시아의 고고학자들로 구성된 합동연구팀이 키질의 북서쪽에 위치한 아르잔Arzhan 부근의 산골짜기에서 지금으로부터 2700여 년 전의 고대 유목민 왕릉을 발견했고 그 속에서 수많은 금붙이, 쇠붙이, 청동기 그리고 고대 방직물을 발굴했다. 출토된 금 공예품만 해도 무릇 4,700여

3-7 아르잔 2호 무덤 발굴현장

점에 달해 학계를 놀라게 했다.[4]

이 고분은 러시아와 몽골의 국경 지대에 근접하고 있으며 남쪽으로
연연산燕然山(지금의 몽골 중부에 위치한 항가이산杭愛山)과 음산陰山(지금의 내몽
고 대청산大靑山)을 넘어 황하 유역까지 이를 수 있다. 세계적으로 유명한
만리장성이 바로 이 유목민들이 황하 유역으로 남하하는 것을 막기 위
해 축조됐다. 아르잔 부근의 산골짜기에는 유라시아 초원에서 가장 오
래되고 가장 큰 유목민 능묘들이 많이 분포돼 있다. 1970년대 초기에
는 그리지노브M. P. Griaznov가 이끈 소련의 고고학조사팀이 이곳 산골짜
기에서 거대한 유목민 왕릉을 발견했는데, 오늘날에는 '아르잔 1호 무
덤'으로 불린다. 이 거물은 지름이 120m에 달하고 묘실이 원목으로 구
축됐으며 무덤 안에 70여 개의 묘실이 방사형으로 배열돼 있었다. 부족

---

4   Mike Edwards, "Seberias Scythians : Masters of Gold", *National Geography*, vol.2, 2003.

의 추장과 그 가족들이 중앙 묘실에 묻혀 있었고, 기타 묘실에는 부족 추장에게 바쳐진 공물 또는 우호적인 관계의 이웃 부족들이 선물한 물품들이 부장돼 있었다. 통계에 의하면 무덤 속에 160여 필의 말이 부장돼 있었고 그 외에도 300여 필의 말을 장례 연회에서 잡아먹고 뼈를 무덤 속에 함께 묻었다고 한다. 부장품인 황금예술

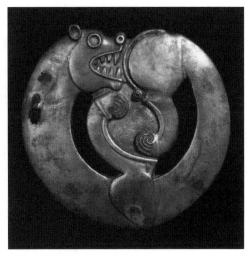

3-8 아르잔 1호 무덤에서 출토된 금 공예품

품, 곡괭이, 말재갈, 청동솥 잔편 등의 문물을 분석한 결과 약 기원전 8세기의 무덤인 것으로 판단된다.

아르잔 1호 무덤은 크기가 매우 방대해 알타이 산지의 고대 유목민 왕릉인 파지릭Pazyryk 동토무덤보다도 훨씬 큰 규모를 자랑한다. 아쉽게도 일찍이 도굴을 당해 무덤 속에 유물이 거의 남아 있지 않았다. 그렇지 않았다면 이처럼 거대한 규모의 왕릉에서 얼마나 많은 중요한 문화재들이 출토됐을지 상상하기 어려울 정도다. 그런 까닭에 러시아연방 문화부 산하의 문화와 자연유산과학연구소 상트페테르부르크분원과 베를린의 독일고고학연구소 유라시아고고학부가 도난당하지 않은 유목민 왕릉을 찾기 위해 '국왕골'을 공동 발굴하는 국제협력프로젝트를 추진하기로 했다. 아르잔에서 새롭게 발견된 거대한 돌무덤이 바로 이 프로젝트의 일부에 속하며 '아르잔 2호 무덤'으로 이름 지었다. 발굴 작업은 러시아 고고학자인 추구노프K. V. Chugunov가 주도했고 독일 측에서는 고고학자인 파칭거H.

Parzinger와 맹글러A. Magler 박사를 파견해 합동 발굴에 참여하게 했다.

아르잔 2호 무덤은 투바공화국 북쪽 국경에 있는 서사얀산맥의 지맥인 투라노-우유크Turano-Uyuk 분지에 위치하고 있다. 이곳에는 넓은 초원이 있고 거대한 고분이 많이 분포돼 있어 현지인들에게 '짜르의 골짜기', 즉 '국왕골'로 불린다. 1916년에 러시아의 고고학자인 아드리노프A. V. Adrianov가 이곳에 가서 무덤을 발굴했었다. '국왕골'의 대부분의 무덤들은 일찍이 도굴을 당해 텅 빈 상태였고 그나마 다행스럽게도 아르잔 2호 무덤은 도굴을 당한 적이 없었다.

언론의 보도에 따르면 이 묘지의 지상 무덤은 높이가 약 2m, 지름이 약 80m에 달하고 그 아래는 수혈식竪穴式 토갱묘土坑墓로 평면은 정사각형이고 묘실은 원목으로 목관을 만들었고 관 안에는 남녀의 시체가 각각 한 구씩 들어 있었다. 시체는 굴지장屈肢葬(사지를 꺾어 매장—역자)에 머리가 북서쪽을 향한 형태로 우육 문화Uyuk Culture 시기에 투바에서 성행했던 전형적인 묘제였다. 부장품이 매우 풍부했고 황금예술품만 5,700여 점에 달했는데 이로 미루어 무덤의 주인이 생전에 한 나라의 왕이거나 최소 대단한 귀족이었을 것이다. 오랜 세월이 흐른 탓에 무덤 주인의 의복이 다 썩어 없어졌으나 그 위에 다양한 고양이과 육식동물 문양의 작은 금장신구들이 잔뜩 놓여 있었고 그것들의 위치를 근거로 해 무덤 주인의 생전 의복 양식을 복원할 수 있었다.

부장품은 목관의 구석구석에 흩어져 있었다. 남자 주인의 관에는 황금말, 황금사슴, 황금눈표범 등 동물 문양의 장식이 가득했다. 여자주인의 복식은 더욱 화려했다. 두건에 황금사슴 문양의 비녀를 꽂았는데 전형적인 스키타이 예술양식이었다. 목과 가슴에는 황금귀걸이, 황금목걸이, 금

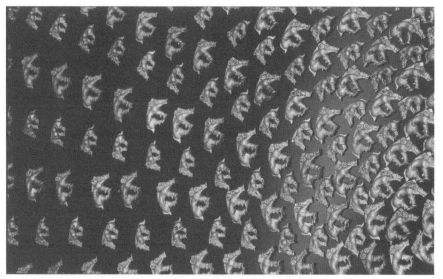

3-9 아르잔 2호 무덤에서 출토된 금 공예품

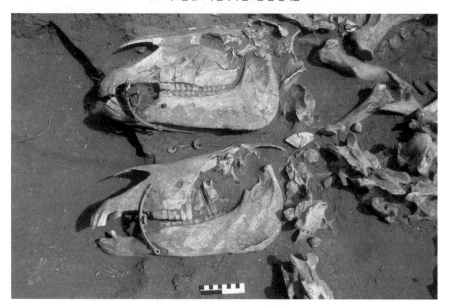

3-10 아르잔 2호 무덤에 부장된 전마 유해

구슬장신구, 터키석, 홍옥수紅玉髓, 호박琥珀 등 수많은 진귀한 보석을 걸고 있었다. 남자 주인의 목에는 권력의 상징인 둥근 테로 된 황금목걸이를 걸고 있었고 다른 황금예술품들과 마찬가지로 사슴, 멧돼지, 낙타, 눈표범, 늑대 등 각종 동물의 문양이 새겨져 있었는데 중앙아시아 유목민들의 '동물백과사전'이라고 할 정도로 그 내용이 매우 풍부했다. 남자 주인공의 바지에는 반짝반짝 빛나는 작은 금구슬이 가득 달려 있었고 신발에도 황금 파편으로 뒤덮여 있었으며 시체 위에는 청동거울 하나가 놓여 있기도 했다. 여자 주인의 곁에는 금 꽃송이를 상감한 가죽주머니가 놓여 있었고 그 속에는 곡물이 들어 있었다. 뿐만 아니라 근처에서 나무주걱 하나와 청동과 보석으로 제작된 향로 하나가 발견됐다. 남자 주인의 곁에는 단검, 활과 화살, 도끼 등의 무기가 놓여 있었다.

무덤에서 출토된 병기는 모두 철제품이었다. 일반적으로 최고로 좋은 재료는 무기를 제작하는 데 사용된다. 무덤 주인이 철로 병기를 제조한 것은 당시 철이 황금보다도 더 귀했다는 것을 증명한다. 철기가 최초로 황하 유역에 유입된 것은 아마 춘추 시대(기원전 8세기 중엽)일 것이며 감숙성甘肅省 영창永昌 사정沙井 문화유적에서 발견된 철제 쟁기보습이 바로 춘추 시대 초기에서 중기 사이의 것이다. 이런 농기구는 중국에서 2천여 년 동안 사용됐다. 최초의 철기는 단조鍛造 철기였고 중국은 세계에서 가장 먼저 주조鑄造 기술을 발명했다. 비록 철 야금 기술은 중앙아시아에서 중국으로 유입됐지만 서한 시기에 이르러 중국의 철 야금 기술은 이미 서역(『한서』「서역전」 참조)을 앞질렀다.

이곳에서 발견된 단검, 비수, 도끼, 그리고 화살촉 등과 같은 병기들에는 모두 금이 상감돼 있었고 황금예술품이 무려 20kg이나 출토된 것으로 보아 무덤 주인은 아마도 열광적인 황금 숭배자였을 것이다. 아르잔 2호 무덤은 초기 우육 문화에 속하며 아르잔 1호 무덤보다 연대가 조금 늦은 약 기원전 7세기, 중국의 춘추 시대에 해당되는 것으로 추정된다.

우육인들은 평생 전마戰馬와 함께 하고 죽은 후에도 무덤 속에 말을 순장했으며 귀족들의 대형 무덤에는 수백 필에 달하는 말을 순장했다. 토바 현지에는 제대로 된 박물관이 없었기 때문에 이곳에서 발견된 중요한 유물들은 모두 상트페테르부르크 에르타미주 박물관으로 운송돼 보존 및 연구됐다. 러시아 연방이 토바에 대규모 박물관을 지어서 나중에 이 귀중한 문물들을 토바로 옮겨와서 보존 및 전시할 예정이라고 한다.

고고학적 발견에 의하면 청동기 시대의 중앙아시아 초원은 세 개의 중요한 발전 단계를 거쳤으며 간략하게 정리해 보면 다음과 같다.

1단계(기원전 2200~기원전 1900)

커얼무치 문화가 알타이산 남쪽 기슭에서 흥기했고 이와 동시에 아화나시에보 문화가 남부시베리아의 미누신스크 분지에서 출현했는데 이 두 문화는 모두 원시 인도유럽인 문화이다.

2단계(기원전 1800~기원전 1700)

오쿠네브 문화를 대표로 하는 알타이 부족과 사패 문화를 대표로 하는 강족羌族 부족이 남부시베리아와 하서주랑河西走廊에서 동시에 흥성하기 시작해 인도유럽인의 동진東進을 멈추게 했다.

3단계(기원전 1600~기원전 900)

안드로노보 문화와 카라수크 문화가 잇달아 흥성하며 인도유럽인들의 중앙아시아에 대한 통치를 다시 회복했고 황하 유역의 은주殷周 문화와 빈번한 교류를 진행했다. 안드로노보 문화는 중국 정주鄭州 이리강二里崗의 초기 은나라 문화와 비슷한 시기였고 카라수크 문화는 중국 안양安陽 은허殷墟의 말기 은나라 문화, 주원周原의 주나라 문화와 동시대였다. 카라수크인들은 전차 싸움에 능했고 은나라의 귀방鬼方과 서주의 견융犬戎도 모두 마차를 능숙하게 다루는 부족으로서 카라수크인들과 밀접한 연관이 있다. 감숙甘肅 영대靈臺 백초파白草坡 서주묘西周墓는 뚜렷한 북방 초원 문화의 특징을 보이고 카라수크 말기의 청동기가 출토된 점으로 미루어 볼 때 주나라 문화에 융합된 카라수크인을 포함하고 있을 수 있다.

기원전 8세기~기원전 7세기, 중앙아시아의 각 지역은 잇달아 초기 철기 시대에 진입했다. 카라수크인들은 역사의 무대 뒤편으로 물러나고 대신 아르잔 유목민들이 사얀-알타이 산지에서 급부상했는데 아르잔 왕릉은 바로 그 유목민들이 남긴 유물이다.

4. 파지릭Pazyryk의 스키타이Scythia 왕릉

황하 중류에서 출발해 오르도스와 몽골 초원을 지나 알타이산맥을 넘은 후 카자흐 초원에 이르고, 또다시 카스피해와 흑해 북쪽 연안을 지나면 마침내 다뉴브강 유역에 도달할 수 있다. 유라시아 북쪽 대륙을 가로지르는 이 동서요로는 고대 유목 민족이 개척하고 발전시켰다. 세계역사에서 있었던 몇 차례 민족 대이동의 붐은 모두 이 길에서 발생했다. 유라시아 북방 초원을 관통하는 이 동서요로는 실크로드의 발전역사에서 매우 중요한 역할을 했고 학계에서는 이 길을 '초원길'이라고 불렀다. 초원길에 대한 초기의 역사적 인식은 전적으로 고고학적 발견에 입각한다. 1930년대 말부터 1950년대까지 알타이산 북쪽 기슭의 파지릭 툰트라무덤에서 전국戰國 시대의 비단이 발견됐고 20세기 초기 이래 바이칼Baikal 호수 주변, 미누신스크분지의 견곤堅昆, 정령丁靈 민족의 묘지와 몽골 초원 흉노족의 묘지에서 한나라 시기의 비단이 대량으로 발견됐다. 이런 발견들은 초원길이 견곤, 정령, 흉노 등 알타이어계 유목민과 동이란어를 구사하는 사카Saka족이 함께 개척한 것임을 증명하고 있다.

파지릭은 남부시베리아 알타이산의 북쪽 기슭에 자리하고 있다. 18세기 초기에 이 지역에서는 들짐승무늬가 새겨진 황금예술품이 잇달아 발견돼 이른바 '시베리아 보물고'가 형성됐다. 1716년에 러시아 시베리아 총독인 가가린Gagarin 공작이 시베리아 보물고 중에서 투조透彫장식의 쌍용무늬가 새겨진 황금혁대 버클을 표트르 대제에게 바쳤다. 그것을 보고 흥미가 생긴 표트르 대제는 가가린 공작에게 지시해 그 황금예술품들을 사들이게 하고 겨울 궁전(지금의 에르타미주박물관)에 보관했다. 그래서 시베리아 보물고는 '표트르 대제의 보물고'로 불리기도 한다.

'시베리아 보물고'의 출토 지점을 찾기 위해 소련의 고고학자들이 남부시베리아에 대해 여러 차례 답사를 진행했고 마침내 출리시만Chulyshman강과 그 지류인 바시카우스Bashkaus강 사이에 있는 파지릭 골짜기에서 그 흔적을 발견했다. 이 황금예술품들은 파지릭의 고대 유목민들이 축조한

3-11 표트르 대제의 보물

거대한 돌무덤에서 나온 것으로 유라시아 초원에 널리 분포됐던 이른바
'쿠르간Kurgan 문화'에 속하는 것이었다. 파지릭 고분의 황금예술품은 진
즉에 도굴당해 한 점도 남아 있지 않았지만 시베리아 보물고를 통해 파지
릭 고대 유목민들의 황금예술품 창작 상황을 엿볼 수 있었다. 그중에서도
가장 유명한 유물은 바로 날개 달린 괴수가 말을 잡아먹는 무늬가 새겨진
황금혁대 버클, 날개 달린 한 쌍의 염소가 새겨진 황금팔찌, 투조 장식의
황금원형합圓形盒, 그리고 투조 장식의 쌍용무늬가 새겨진 황금혁대 버클
등이 있다.[5]

　　1929~1950년까지 소련의 고고학자인 라들로프W. W. Radlov, 그랴즈노
프M. P. Gryaznov, 루덴코S. I. Rudenko, 키셀레프S. V. Kiselev가 잇달아 파지릭묘
지의 고고학 발굴 작업을 주관해 총 6기의 대형 무덤을 발굴했다. 이 고

5　　K . Jettmar, *Art of the Steppers*, New York : Crown Publishers, INC, 1964.

3-12 파지릭묘지

분들이 남북 방향으로 줄지어 있는 것을 보아 동일 왕족의 것으로 보인다. 그중 1호 무덤이 지름 47m, 높이 2.2m로 가장 크고 무덤 축조에 사용된 돌멩이만도 1800m³에 달한다. 5호 무덤은 지름 42m, 높이 4m이고 사각형의 구덩이 안에 목관이 놓여 있으며 지상에는 흙 대신 돌로 봉분을 만들었다. 파지릭은 툰트라 지역에 위치하고 있기 때문에 부장품이 아주 잘 보존되어 있다. 하지만 무덤 속의 황금유물들은 몽땅 도굴당했고 이는 남아 있는 유물들에 붙은 금박 흔적에서 확인할 수 있다.[6]

파지릭묘지의 발견은 오랜 세월 동안 해답을 찾지 못했던 인도와 중

---

6 S. I. Rudenko, *Frozen Tombs of Siberia*, London : J. M. Dent and Sons Ltd, 1970.

3-13 파지릭에서 출토된 진나라 시기의 칠기 파편(좌)과 호북성 강릉에서 출토된 진나라 시기의 옻칠쟁반(우)

전국 시대 초나라 거울. 기원전 4세기~기원전 3세기

파지릭에서 출토된 사산문 거울

3-14 전국 시대 초나라의 거울(좌)과 파지릭에서 출토된 전국 시대의 구리거울(우)

앙아시아의 금 생산지에 대한 수수께끼를 풀어주었고 사람들은 마침내 인더스강 고대 문명과 아무다리야강 고대 문명 보물고의 금 공예품이 알타이 산지에서 생산된 금을 원료로 했다는 것을 알게 됐다. 대하大夏에서는 금이 생산되지 않았기 때문에 시베리아 보물고 중의 황금예술품들은 대하에서 가공된 후 파지릭으로 운송해 간 것이 분명하다. 도굴꾼들은 금으로 된 유물들만 골라서 가져갔고 덕분에 매우 중요한 의미가 있고 알타이 지역 고대 유목민족 상류사회의 생활을 엿볼 수 있는 대량의 물품들은 그대로 남아 있었다. 그중에는 서아시아와 중앙아시아의 다양한 모직물, 전국 시대의 비단, 그리고 초원예술과 동서양 문화교류를 보여주는 목각도 들어 있었다.

1980년대에 쿠바레프V. D. Kubalev가 파지릭 지역의 일반 백성의 소형 무덤을 추가적으로 조사해 알타이 산지 고대 문화의 전모를 밝히는 데 새로운 단서를 제공했다. 발굴자 루덴코Rudenko는 이 무덤의 연대가 대략 기원전 5세기~기원전 4세기일 것으로 추측했고 또 다른 학자는 기원전 3세기~기원전 1세기일 것이라 추측했다.

파지릭의 무덤에서 발견된 부장품들은 알타이 산지와 외부의 왕래가 상당히 빈번했다는 점을 증명해 준다. 그중 한 무덤에서는 중국의 칠기 파편이 출토됐는데 아마도 진나라 시기의 옻칠쟁반일 것으로 짐작된다. 따라서 일찍이 진나라 통일 이전인 선진先秦 시기에 중국의 칠기가 유라시아 대륙의 동부 초원으로 유입됐음을 알 수 있다.

파지릭 6호 무덤에서 출토된 '사산문四山紋(뫼 산山 자 네 개가 새겨진 무늬 —역자)' 구리거울은 전국 시대 중기, 즉 기원전 3세기의 것으로 추정된다. 탄소14 연대측정법에 의하면 5호 무덤은 기원전 290년, 2호 무덤은 기원전 400년에 만들어진 것으로 추정된다. 따라서 파지릭 문화의 연대는 기원전 5세기~기원전 2세기경이었음을 알 수 있다.

6호 무덤에서 출토된 '사산문' 무늬가 새겨진 구리거울은 대부분 전국시대 중기와 말기의 초나라 유적에서 출토됐다. 예를 들면 『호남출토동경도록湖南出土銅鏡圖錄』에 실린 M25 사산문거울은 파지릭 6호 무덤에서 발견된 거울의 형태와 매우 유사하다.

파지릭에서 출토된 문물들은 기원전 4세기~기원전 3세기경 동서양 문화 교류의 대략적인 상황을 반영하고 있다. 페르시아 문화, 중국 문화, 그리고 현지의 스키타이 초원 예술이 알타이 산지에서 하나로 어우러졌다.

파지릭 문물에서 자주 보이는 날개 달린 스핑크스와 사자의 몸에 매의 머리를 가진 괴수의 모습은 아무다리야강 보물고에 발견된 유물의 대하 예술양식과 관련이 있고 대하 예술양식은 고대 페르시아 문화의 날개 달린 동물에서 기원했다. 또한 사슴무늬와 들짐승무늬는 스키타이 초원예술의 대표작이다.

3-15 파지릭에서 출토된 말안장의 일부

제4강
중국과 서역西域의 첫 접촉

1. 곤산崑山의 옥

세계 문화사를 들여다보면 서양에서는 금을 최고로 생각하고 중국에서는 옥을 최고로 생각하는 현상을 찾아볼 수 있다. 심지어 금과 옥은 유럽을 대표로 하는 지중해 문명과 중국을 대표로 하는 동아시아 문명을 구분 짓는 경계로 보기도 한다. 그렇기 때문에 고대의 옥은 언제나 국내외 학자들의 큰 관심을 받았다. 중국 문명 발전사를 돌아보면 각 시대의 예술은 각기 저마다의 대표작이 있었다. 예를 들면 은주殷周 시기의 청동기, 한나라 시기의 비단과 칠기, 당나라 시기의 금은기물, 송나라와 원나라 시기의 도자기 등이 있다. 그중에서도 영원히 변하지 않는 한 가지 예술품이 있으니, 바로 옥기玉器이다. 순수한 옥돌은 단사정계 휘석군輝石群에 속하는 규산염 광물질로서 두 가지 종류로 나눌 수 있다. 한 종류는 철을 함유한 각섬석군 투각섬석-양기석陽起石 계열의 각섬석으로 '연옥軟玉, Nephrite'이라고 불리고, 다른 한 종류는 휘석군에 속하는 나트륨계 규산염 광물질로 속칭 '비취翡翠, Jadeite'라고 불린다. 비취의 산지는 미얀마, 태국 등의 동남아 국가이며, 중국에서는 비취가 나지 않는다. 중국의 고서에서 말하는 '옥'은 대부분 연옥을 가리킨다.[1]

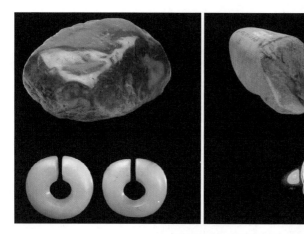

4-1 대영박물관에 소장된 화전의 옥과 비취

중국 문화의 큰 특징 중의 하나가 바로 옥의 사용이다. '아무리 아름다운 옥도 다듬지 않으면 그릇이 되지 않는다'는 말이 있듯이, 일찍이 신석기 시대부터 중국인들은 옥기를 다듬는 법을 습득했으며 황하와 장강 유역의 신석기 시대 유적에서 아름답고 정교한 옥돌조각이 잇달아 출토됐다. 장식용 외에도 시간이 많이 들고 손이 많이 가는 옥 예술품은 부의 상징으로 애용됐다. 은나라·주나라 시기의 귀족들은 선조에게 올리는 제사인 요제燎祭에 옥기를 제물로 바쳤다.

중국에서 최고의 옥으로 꼽히는 '곤산崑山의 옥'은 신강新疆 곤륜산崑崙山-아얼진산阿爾金山 일대의 특수한 형성원인으로 인해 생성된 미정질-은미정질 투각섬석 계열의 옥돌로서 산지는 주로 화전和田강 유역이다. 신강 화전의 옛 명칭은 우전于闐이었고, 중국 명나라 말기의 송응성宋應星은 『천공개물天工開物』에서 다음과 같이 적고 있다.

---

1 聞廣·荊志淳, 「澧西西周玉器地質考古學硏究」, 『考古學報』 第2期, 251~279쪽.

중국에 유입한 옥중에서 귀중하게 사용된 것은 모두 우전(한나라 시기 서역의 국호, 훗날 한때 별실팔리別失八里로 불렸고 또 한때는 적근몽고위赤斤蒙古衛의 관할 지역으로 명칭은 미상)과 총령에서 생산됐다. (…중략…) 무릇 옥은 물에 비친 달빛의 정기를 받아 생성되므로 옛 백성들은 강을 따라 옥을 채취했고 흔히 가을철 달빛이 밝은 밤중에 강물을 바라보며 옥이 빛을 발하기를 기다렸다. 천연의 옥돌이 쌓여 있는 곳은 달빛이 배로 밝았다. 옥돌은 물길을 따라 흘러가며 막돌과 섞여 있어 물이 옅은 곳에서 건져내어 식별해 보아야 알 수 있다. 백옥강은 남동쪽으로 흘렀고 녹옥강은 북서쪽으로 흘렀다. (…중략…) 그곳에 '망야'라는 곳이 있는데 그곳 강에는 옥돌이 많이 쌓여 있다. 그곳 풍속에 여인들이 알몸으로 강물 속에 뛰어 들어가서 옥을 채취하곤 했는데 음의 기운이 서로 호응하면 옥이 강물을 따라 흘러가지 않고 그 자리에 머물기 때문에 쉽게 건져낼 수 있다고 했다. 이는 아마도 그곳 민족의 어리석은 생각일 것이다.[2]

화전의 옥은 색깔에 따라 양지옥羊脂玉, 백옥, 청백옥, 청옥, 벽옥, 황옥, 묵옥墨玉 등 일곱 가지 종류로 나뉜다. 『신오대사新五代史』「사이부록四夷附錄」에 따르면 "우전에는 동쪽에 백옥강이 있고 서쪽에 녹옥강이 있으며 더 서쪽으로 가면 오옥강이 있는데 세 하천 모두 강바닥에 옥이 깔려 있고 각기 다른 색깔을 드러낸다. 해마다 가을에 날씨가 가물어 강물이 마르면

---

2   宋應星, 『天工開物』「珠玉十八」「玉」. "凡玉入中國貴重用者, 盡出于闐, 蔥嶺 (…中略…) 凡玉映月精光生而, 故國人沿河取玉者, 多於秋間明月夜, 望河候視玉璞堆聚處, 其月色倍明亮, 凡璞隨水流, 仍錯亂雜石, 淺流之中, 提出辨認而後知也. 白玉河流向東南, 綠玉河流向西北 (…中略…) 其地有名望野者, 河水多聚玉, 其俗以女人赤身沒水而取者, 云陰氣相召, 則玉留不逝, 易於撈取. 此或夷人之愚也."

4-2 〈화전여채옥도〉(송응성의 『천공개물』에서 발췌)

왕이 먼저 군사를 시켜 옥돌을 건지게 했고 그러고 난 후에 백성들이 건졌다
(東曰白玉河, 西曰綠玉河, 又西曰烏玉河, 三河皆有玉而色異. 每歲秋水沽, 國王撈玉於河,
然後國人得撈玉)"고 했다. 백옥강은 오늘날 '위룽커스玉龍喀什'강이라고 불리
고 녹옥강은 '카라카스喀拉喀什'강이라고 불린다. 이 두 강은 남에서 북으로
흐르며 마자타거麻扎塔格산 이남에서 하나로 합쳐서 화전강을 이룬다. 오옥
강은 화전의 서부에 위치하며 오늘날은 '묵옥강'이라고 불린다. 백옥강에
서 나는 옥은 질이 매우 좋은데, 그것은 또 일반 백옥과 자옥籽玉 두 종류로
분류할 수 있다. 자옥은 양의 기름덩이 같은 순백색에 광택이 있어 양지옥羊
脂玉이라고도 하는 데 화전에서 생산되는 가장 질 좋은 옥이다.

4-3 묵옥으로 만든 티무르 대제의 석관, 1405년

　중앙아시아 티무르제국의 개국 군주인 티무르의 관이 바로 화전에서
생산된 묵옥 한 덩이를 통째로 조각해 만든 것이다.[3] 1941년 6월 22일
에 소련의 고고학자들이 티무르 능묘를 발견했다. 그리고 이 무덤을 발
굴하기 시작한 바로 그날에 독일군이 소련에 대한 침략전쟁을 일으켰다.

　1976년에 은허殷墟 지역에서 은나라 무정왕武丁王(기원전 13세기)의 왕비
인 부호婦好의 묘가 발견됐는데 그 속에서 출토된 옥돌 조각 750여 개의
정교한 공예와 다양한 종류에 사람들은 감탄을 금치 못했다. 감정 결과
그중 대부분의 옥돌은 화전에서 생산된 자옥, 즉 '곤산의 옥'이었다.[4] 1989
년에 발견된 강서성江西省 신간현新干縣 대양주大洋洲의 은나라 무덤에서는

3　Susan Witefield(ed.), *The Silk Road : Trade, Travel, War and Faith*, London : Serindia Publication
　Inc., 2004, p.45, fig.3.
4　中國社會科學院考古硏究所, 『殷墟玉器』, 北京 : 文物出版社, 1982.

다양한 옥기 150여 점과 천 개에 가까운 작은 옥구슬, 옥관玉管, 옥기 조각 등이 출토됐고 일차 감정 결과 대부분 신강 화전옥을 사용한 것으로 판명됐다. 화전옥으로 제작한 기물들이 은나라 왕족의 무덤에서 대량 출토된 것으로 보아 화전옥을 주류로 한 옥돌 공예미술의 새로운 시대가 열렸음을 알 수 있다.[5] 또한 은나라의 청동기도 화전과 안양 은허 사이의 고대 유적에서 발견됐다. 은허 무정왕의 왕비인 부호의 묘에서 출토된 녹수도鹿首刀는 신강 하미 남만南彎 문화의 녹수도와 형태가 거의 똑같았다. 또한 타림분지의 니아북방청동 문화, 신타라 문화 그리고 하미분지 천산북로 문화의 공수동부空首銅斧가 황하 중하류 유역에서 유행하는 공수동부와 대동소이한 것도 분명히 우연의 일치는 아닐 것이다.

선진 시기 곤륜산의 방향과 위치에 대해『산해경山海經』「해내동경海內東經」에서는 "유사 가운데 있는 나라로 돈단, 새환이라 불리며 곤륜허 남동쪽에 있다(國在流沙中者, 墩端, 璽喚, 在崑崙墟東南)"고 적혀 있다. 또한 "서호 백옥산은 대하의 동쪽에 있고 창오는 백옥산의 서남쪽에 있는데 모두 유사의 서쪽, 곤륜허의 동남쪽에 있다(西胡白玉山在大夏東, 蒼梧在白玉山西南, 皆在流沙西, 崑崙墟東南)"고 했다. 따라서 선진 시기의 '곤산' 또는 '곤륜산'은 한나라 시기의 '기련산祁連山'을 가리키며 지금의 신강 하미 북부의 천산이다. 불로장생의 약을 구하기 위해 천하 곳곳을 누볐던 선진 시기의 도사들은 금과 옥, 무기염을 복용하면 불로장생할 수 있다고 믿었다.[6] 이런 관념은 이미 오래됐다. 초나라의 시인 굴원은「구장九章」의「섭강涉江」에서 "곤륜산에 올라 미옥美玉을 먹으면 천지와 수명을 같이 하고 일월과 함께 빛이 난다(登

---

5 趙朝洪,「先秦玉器和玉文化」,『中華文明之光』, 北京 : 北京大學出版社, 1999, 150~152쪽.
6 胡浮琛,『魏晉神仙道敎』, 北京 : 人民出版社, 1989, 235쪽.

4-4 신강에서 출토된 은나라 청동기

崑崙兮食玉英, 與天地同壽, 與日月兮同光)"고 했고 동진東晉 시기의 갈홍葛洪은 고
대의 『옥경玉經』을 인용해 "금을 복용한 자는 수명이 금과 같고 옥을 복용한
자는 수명이 옥과 같다(服金者壽如金, 服玉者壽如玉)"고 했다. 그리고 또 "옥
또한 영약이라 구하기 힘들다. (…중략…) 다듬지 않은 천연의 옥돌을 얻
으면 그대로 사용할 수 있으며 그중에서도 우전의 옥이 가장 좋다(玉亦仙藥,
但難得耳 (…중략…) 當得璞玉, 乃可用也, 得于闐玉尤善)"고 덧붙였다.[7] 그런 연유
로 곤륜산은 중국의 도사들에게 매우 신비로운 곳으로 인식됐고 불로장생
의 영약을 생산하는 산지일 뿐만 아니라 중국 신화와 전설의 양대 핵심으로
자리잡았다. 곤륜산은 북방 초원의 유목민족인 월지月氏족의 최초의 고향
이었고 월지족은 서역의 패주로서 화전에서 중원에 이르는 동서 교통노선
을 장악했다.[8]

---

7   『抱朴子』內篇「仙藥」.

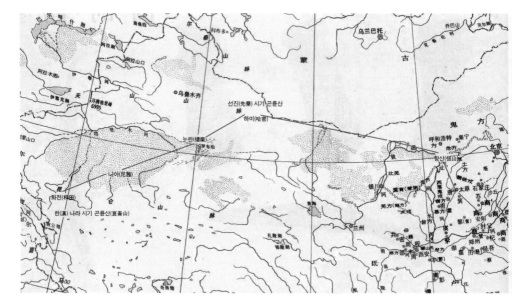

4-5 선진 시기 '곤산의 옥' 무역노선, 기원전 13세기~기원전 4세기

　서역 교통노선을 비교적 명확하게 서술한 문헌으로 선진 시기의『전
국책戰國策』「조책趙策」이 있다. 이 책에는 종횡가縱橫家인 소진蘇秦이 제齊
나라의 왕을 대신해 조趙나라의 왕에게 보낸 서신 한 통이 실려 있는데,
그 내용을 보면 만약에 진나라 군사가 구주산을 점령하고 항산(지금의
산서성 북부) 노선을 차단하면 곤산의 옥은 더 이상 조나라 왕의 소유가
아니게 되고 그렇게 되면 서역 3대 보물로 꼽히는 대군代郡 지역의 말과
누번樓煩 지역의 개, 곤산의 옥이 조나라로 들어올 수 없게 된다고 적고
있다. 조나라의 북쪽 국경은 안문관雁門關으로서 산서성 북부에 위치한
중국의 삼산오악三山五岳 중 북악 항산恒山 속에 있으며 당시 어얼둬쓰鄂爾
多斯 초원에서 중원으로 진입하는 관문이자 고대 중원의 농업 지역과 초

8　林梅村,「昆山之玉」,『古道西風―考古新發現所見中外文化交流』, 北京 : 三聯書店, 2000, 77~
　84쪽.

원 유목 지역의 경계선이기도 했다. 부호의 묘에서 출토된 화전옥 조각품을 보면 이 길은 아마도 기원전 13세기에 이미 개통했을 것이다. 그렇다면 '곤산의 옥'을 실어 나르기 위해 개척한 신강 화전에서 안양 은허에 이르는 동서 교통노선을 복원할 수 있을 것이다.

화전옥에 대한 왕실과 귀족들의 탐욕을 채우기 위해 수많은 사람들이 목숨을 걸고 험준한 산맥과 고비사막을 가로질러 곤륜산에 옥을 채취하러 갔다. 곤륜산으로 가는 여정이 아득히 멀고도 험난해 옥을 채취하러 간 사람들이 열에 여덟아홉은 객사했다. 이에 대해 선진 시기의 사상가인 시자尸子는 개탄을 금치 못하며 다음과 같이 말했다.

옥은 색깔로 치면 눈보다 못하고 촉촉하기로 치면 비보다 못하며 윤이 나기로 치면 기름진 고기보다 못하고 빛이 나기로 치면 촛불보다 못하다. 옥은 채취하기도 매우 힘들다. 삼강오호를 넘어 곤륜산에 이르러야 하는 데 천 명이 떠나면 백 명만 살아 돌아오고 백 명이 떠나면 열 명만 그곳에 도착했다. 삼천 명의 수요를 위해 십만 명의 사람들이 목숨을 잃은 것이다.[9]

기원전 128년에 서역에 출사한 장건張騫이 장안長安으로 돌아오는 길에 타림분지의 남쪽 변두리를 지나다가 마침내 화전옥의 진짜 산지를 밝혀냈다. 장건의 조사에 따르면 "우전의 서쪽에는 강이 모두 서쪽으로 흘러 서해로 들어간다. 그 동쪽의 강은 동쪽으로 흘러 염택으로 들어간다. 염택의

---

9 『二十二子』 「尸子下」, 上海 : 上海古籍出版社, 1985, 380쪽. "玉者, 色不如雪, 澤不如雨, 潤不如膏, 光不如燭. 取玉甚難, 越三江五湖, 至崑崙之山, 千人往, 百人返, 百人往, 十人至. 中國覆十萬之師, 解三千之圍."

물은 지하로 흘러들어 간다. 그 남쪽에는 황하의 원천이 솟아난다. 그곳에는 옥돌이 많이 있고 황하는 중국으로 흐른다(于闐之西, 則水皆西流, 注西海; 其東水東流, 注鹽澤. 鹽澤潛行地下, 其南則河源出焉. 多玉石, 河注中國)"[10]고 했다. 장건은 황하의 발원지가 바로 우전에 있다고 믿었고『우본기禹本紀』등 선진 시기의 문헌을 근거로 우전강의 발원지인 깊은 산을 곤륜산이라고 명명했다.『사기』「대완열전大宛列傳」에는 다음과 같이 적혀 있다.

> 한나라의 사신이 강의 발원지를 끝내 파헤친 결과 그 수원은 우전에서 나왔다. 그곳 산에는 옥돌이 많아서 채취해 왔고 황제는 고서의 기록에 따라 황하의 발원지인 산을 곤륜산이라 명명했다.[11]

화전옥 원산지의 발견은 한나라 시기 예술가들에게 최고의 소재를 제공했다. 신석기 시대 이래 흥성하기 시작한 중국의 옥공예는 한나라 시기에 전성기를 이루었다. 한원제漢元帝 위릉渭陵 제사갱祭祀坑에서 출토된 화전 양지옥으로 조각한 황실 옥기들은 한나라 시기 옥기의 대표작이라고 할 수 있다. 중국의 고고학자 하내夏鼐의 논평처럼 "한나라 시기는 중국의 옥기 역사상 은나라 이래의 전통을 종결지은 과도기이며 그 이후의 여러 왕조 시대는 곧 옥기 역사의 새로운 시대를 연 것이었다." 하내는 또 한나라 시기의 옥기를 전문적으로 논술한 저서를 펴낸 적이 있는데 이를 통해 한나라 시기의 옥기가 중국의 고고학사에서 얼마나 중요한 지위를 차지하

---

10 『史記』「大宛列傳」.
11 『史記』「大宛列傳」. "漢使窮河源, 河源出于闐, 其山多玉石, 采來, 天子案古圖書, 名河所出山 曰崑崙云."

는지 알 수 있다.[12]

동한 말기에 장안과 낙양에서 '동탁董卓의 난'이 일어나면서 많은 옥공예 기술이 뛰어난 황실의 장인들이 전란 속에서 목숨을 잃었고 이로 인해 중국의 전통 옥돌가 공업이 큰 타격을 받았다. 섬서성陝西省 하가촌何家村의 금은기물 저장용 토굴에는 당나라 시기의 양지옥 조각품이 많이 보관돼 있지만 기법이 상당히 서투르다. 같은 황실 보물인 한원제 위릉의 제사갱 에서 출토된 양지옥 조각품과는 비교도 할 수 없을 만큼 볼품이 없다. 미국 메트로폴리탄박물관 아시아 부문의 담당자인 굴지인屈志仁 주임은 심지어 한나라 시기의 옥돌가공예술은 명나라 영락제永樂帝 때에 비로소 원래 수준 을 회복했다고 말했다.[13]

2. 계빈罽賓의 주옥

계빈은 한나라 시기의 문헌 속에 등장하는 북인도 간다라犍陀羅 지역을 가리키는 이름이다. 인더스강의 서부에 위치하며 팔레스타인의 페샤와 르Peshawar를 중심으로 하는 나라로서 고대인도 16대국 중의 하나이다. 『한서漢書』「서역전西域傳」에서는 계빈에 대해 이렇게 기록하고 있다.

계빈국은 도읍이 순선성(지금의 파키스탄 북부 탁실라 지역)이고 장안으로 부터 만 이천 이백 리쯤 떨어져 있다. 서역도호에 속하지 않는다. 백성과 군

---

12 夏鼐, 「漢代的玉器─漢代玉器中傳統的延續與變化」, 『考古學報』 第4期, 1983, 137쪽.
13 굴지인屈志仁 선생의 지도 편달에 감사드린다.

사가 많은 대국이다. 북동쪽으로 도호치소(신강 윤대)까지 육천 팔백 사십리, 동쪽으로 오타국(지금의 파키스탄 훈자계곡)까지 이천 이백 오십 리이고 북동쪽으로 난두국까지 가는데 구일이 걸리며 북서쪽으로는 대월지(지금의 아프가니스탄 북서부), 남서쪽으로는 오익산리(지금의 아프가니스탄 파라)와 인접해 있다.[14]

이 기록을 보면 계빈국은 아프가니스탄 카불Kabul강의 중·하류 및 그 지류들의 계곡과 평원을 중심으로 하는 지역으로서 가필시국迦畢試國, 간다라국, 달차시라呾叉始羅, 오장국烏萇國 등의 지역을 포함한다. 서양의 역사 자료에서는 '간다라' 지역으로 통칭한다. 계빈에서 생산되는 물품들에 대해 『한서』「서역전」에서는 "봉우封牛(윗목에 살이 볼록하게 솟은 소–역자), 물소, 코끼리, 큰 개, 원숭이, 공작새, 주옥, 산호, 호박, 벽유리가 있다. 가축은 다른 나라들과 동일하다(出封牛, 水牛, 象, 大狗, 沐猴, 孔爵, 珠璣, 珊瑚, 虎魄, 璧流離. 它畜與諸國同)"고 적고 있다. 계빈에서 나는 '주옥'은 가공된 붉은 색의 작은 구슬인 카넬리안Carnelian bead이며 식화육홍석수주蝕花肉紅石髓珠(카넬리안의 중국어 명칭, 즉 화학적 부식방법으로 무늬를 새긴 카넬리안구슬이라는 뜻–역자)라고도 부른다.

카넬리안의 가공법은 고대 인더스강 문명에서 비롯됐으며 광물질 성분이 마노와 비슷해 옥수玉髓(석영의 변종)류에 속한다. 카넬리안과 마노의 가장 큰 차이점은 카넬리안의 무늬는 화학적인 방법으로 착색을 한 것이

---

14 『漢書』「西域傳」. "罽賓國, 王治循鮮城, 去長安萬二千二百里. 不屬都護. 戶口勝兵多, 大國也. 東北至都護治所六千八百四十里, 東至烏秅國二千二百五十里, 東北至難兜國九日行, 西北與大月氏, 西南與烏弋山離接."

4-6 인더스강 유역에서 출토된 카넬리안, 기원전 2600년~기원전 1900년

고 마노의 무늬는 자연적으로 형성된 것이다. 영국학자 매카이E. Mackay의 연구에 의하면 카넬리안은 인도 하라파 문화(기원전 2600~기원전 1500)에서 시작돼 훗날 메소포타미아로 전해졌다고 한다. 이 두 지역의 카넬리안은 무늬를 새기는 식각蝕刻 방법이나 구슬의 형태가 거의 비슷했고 어떤 것은 심지어 무늬까지도 똑같았다. 이런 가공된 주옥들은 서쪽으로는 가장 멀리 로마 시대의 이집트까지, 북쪽으로는 이란의 서부인 테페 히사르Tepe Hissar까지 분포돼 있었다. 영국의 고고학자 마셜J. Marshall은 인더스강 부근에서 찬후다로Chanhu-daro 유적지를 발굴했는데 그곳에서 카넬리안을 제작하는 고대의 작업장을 발견했다. 특히 파키스탄의 달차시라에서 카넬리안이 가장 많이 발견됐으며 근대까지도 파키스탄에서는 이런 인공보석을 제작할 수 있는 장인들이 존재했다.

20세기 초에 영국의 고고학자 스타인이 신강 화전에서 고대의 구슬 몇 개를 발견했는데 구슬의 표면에 흰색 무늬가 새겨져 있었다. 중국의 고고학자 하내의 관점대로 이런 구슬을 제작하는 데 필요한 원료는 카넬리안Carnelian이고 표면의 무늬는 특수한 화학적 부식과 가열 처리를 통해 형성되기 때문에 식화육홍석수주라고 부를 수 있다. 이런 인공보석은 초기에는 원형무늬가 주를 이루었는데 운남성雲南省 이가산李家山 춘추 시대 말기의 무덤에서 발견된 것이 바로 이런 종류에 속한다. 중기에는 십자무늬 또는 평행직선무늬를 특징으로 하는데 스타인이 화전에서 발견한 카넬리안이 바로 이런 무늬를 갖고 있다.

런던대 예술사학과의 윗필드R. Whiefield 교수의 연구에 의하면 스타인이 수집한 물품의 연대는 기원전 1세기~기원후 4세기경의 것으로 추정된다. 카넬리안은 제작된 시기에 따라 각기 다른 무늬를 갖고 있으며 그 무늬에 따라 제작연대를 구분할 수 있다. 중앙아시아 시르다리야강의 스키타이묘, 신강 춘바커群巴克 8호 무덤, 신강 대룡구大龍口 5호 무덤에서 출토된 카넬리안은 모두 원형무늬를 갖고 있어 기원전 7세기~기원전 6세기 사이에 제작된 것으로 보인다. 페르가나Farghana분지의 스키타이무덤, 신강 이리伊犁 츙커커窮科克무덤에서 발견된 카넬리안은 격자무늬와 가로줄무늬로 고대 페르시아의 잠자리구슬과 같은 무늬를 갖고 있으며 기원전 5세기~기원전 3세기경에 제작된 것으로 추정된다. 아프가니스탄의 대월지왕릉, 신강의 화전시와 아커쑤시阿克蘇市 포자동향包孜東鄕의 서한 말기 무덤에 부장된 카넬리안은 기원후 1세기에 제작된 것으로 추정된다. 구체적으로 정리하면 다음 표와 같다.

카넬리안은 운남 지역의 전국 시대에서 서한 시기까지의 무덤에서 자

출토지점	유형	연대	자료출처
중앙아시아 시르다리야강 스키타이무덤	원형무늬	기원전 7세기~기원전 6세기	Kimball, 1995
신강 지무싸얼 대룡구 5호 무덤	원형무늬	기원전 7세기~기원전 6세기	郭物, 2005
윤대 첸바커 8호 무덤	원형무늬	기원전 7세기~기원전 6세기	郭物, 2005
운남성 강천현 이가산 24호 춘추 시대 말기 무덤	원형무늬	기원전 5세기	雲南省博物館, 1975
페르가나 분지 스키타이무덤	물결무늬, 원형십자무늬	기원전 5세기~기원전 3세기	Kimball, 1995
신강 이리 춤커커무덤	평행직선무늬	기원전 5세기~기원전 3세기	郭物, 2005
사천성四川省 파현巴縣 동순패冬笋壩의 전국 시대 선관船棺(절벽 틈 사이에 둔 배 모양의 목관)	평행직선무늬	기원전 4세기	夏鼐, 1979
사천성 중경重慶 시가지 서한 중기 무덤	평행직선무늬	기원전 2세기	夏鼐, 1979
석채산 13호 서한 시기 무덤	평행직선무늬	기원전 2세기	夏鼐, 1979
광주 서한 말기 무덤	평행직선무늬	기원전 1세기	夏鼐, 1979
아프가니스탄 북서부 대월지왕릉	격자무늬, 평행직선무늬	기원후 1세기	Sarianidi, 1985
신강 아커쑤 포자동 한나라 시기 무덤	격자무늬, 평행직선무늬	기원후 1세기	岳峰, 1999
신강 화전	네모십자무늬, 격자무늬	기원전 1세기~기원후 4세기	Whitefield, 1982~1985
신강 사아沙雅	네모십자무늬	기원전 1세기~기원후 4세기	Whitefield, 1982~1985

15 Davids Kimball(ed.), *Nomads of the Eurasian Steppes in the Early Iron Age*, Berkeley : Zinat Press, 1995, p.219・237; 郭物, 「新疆天山地區公元前一千紀的考古學文化硏究」, 中國社會科學院大博士論文, 2005, 33・156쪽; 雲南省博物館, 「雲南江川李家山古墓發掘保幕」, 『考古學報』第2期, 北京 : 考古雜誌社, 1975, 145쪽; 夏鼐, 『考古學和科技史』, 北京 : 科學出版社, 1979, 130~134쪽; V. Sarianidi, *The Golden Hoard of Bactria, from the Tellya-tepe Excavations in Northern Afghanistan*, New York : Harry N. Abrams, Inc.,Publishers/Leningrad : Aurora Art Publishers, 1985, p.244; 岳峰 外編, 『新疆文物古跡大觀』, 烏魯木齊 : 新疆美術撮影出版社, 1999, 74~75쪽; R. Whitefield, *The Art of Central Aisa : The Stein Collection in the British Museum*, vol.3(Textiles, sculpture and other arts), Tokyo, 1982~1985, p.83.

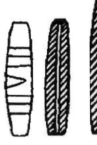

시르다리야강 스키타이무덤에서 출토   신강 췬바커 8호
무덤에서 출토   신강 대룡구 5호 무덤에서 출토

기원전 5세기~기원전 3세기

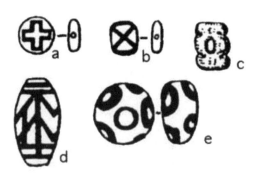

페르가나 스키타이무덤에서 출토된 카넬리안   췽커커 13A호 무덤에
서 출토된 카넬리안

4-7 서역에서 출토된 카넬리안

주 발견됐다. 예를 들면 1970년대 초에 운남성 강천현 이가산 24호 무덤에서 카넬리안과 옅은 녹색에 투명한 육각기둥 모양의 유리구슬이 발견됐고 탄소14 연대측정법에 의하면 이 무덤은 지금으로부터 2500 ±105년, 즉 전국 시대 초기의 것으로 추정된다. 운남성 석채산石寨山 서한 13호 무덤에서는 또 홍마노목걸이 한 개가 발견됐는데 그중에는 카넬리안도 몇 알 섞여 있었고 연대는 기원전 175년~기원전 118년에 제작된 것으로 추정된다.

4-8 신강에서 출토된 카넬리안목걸이. 2세기

역사서의 기록에 따르면 일찍이 장건이 서역에 출사하기 전부터 운남과 사천은 이미 인도와 교역을 하고 있었다. 『사기』「서남이열전西南夷列傳」에는 다음과 같이 적혀 있다.

한 무제 원수 원년(기원전 122)에 박망후 장건이 대하에 사신으로 다녀와서 고하기를, '대하에 있을 때 촉蜀(중국의 사천 지역)의 베와 공邛(사천성 서부)의 대나무 지팡이를 보고 어디서 들여온 것이냐고 물었더니 동남쪽의 신독국 수천 리 되는 곳에서부터 왔는데 촉의 상인이 파는 것을 얻을 수 있다고 했다. 혹은 들으니 공의 서쪽으로 이천 리쯤 되는 곳에 신독국이 있다'고 대답했다. 장건이 또 대하는 한나라의 서남쪽에 위치하고 있고 중원을 흠모하고 있지만 흉노가 한나라로 통하는 길을 막고 있어 안타까워하고 있으니, 만일 촉에서부터 신독국에 이르는 길을 개통하면 편리하고 가까워 이익이

있을 뿐 해는 없을 것이라고 힘주어 말했다.[16]

　인도의 고대 서적에서 '중국'이라는 단어가 처음 나타난 것은 『실리론Art baśāstra』과 『마누법전Manusmṛti』이다. 『마누법전』은 기원전 2세기~기원 후 2세기 사이에 완성됐고 『실리론』은 저술 연대에 대해 다양한 견해가 존재한다. 예컨대 인도 마우리아 왕조 찬드라굽타Candragupta(기원전 321~기원전 297)의 근신近臣인 카우틸랴Kautilya가 집필했다는 주장이 있다. 인도 고대역사의 전설에 따르면 카우틸랴는 찬드라굽타를 도와 그리스인들의 북인도에 대한 통치를 종결시켰다고 한다. 이 책에서는 중국을 지나Cina라고 불렀으며 지나파타Cinapatta라는 중국의 방직물을 언급했다. 인도 속어와 산스크리트어의 문헌 속에서 지나파타는 일반적으로 '비단'을 뜻하는 말로 사용됐다.[17] 만약에 카우틸랴가 정말로 마우리아 왕조 찬드라굽타의 근신이었다면 그는 진나라 혜문왕惠文王(기원전 337~기원전 311), 무왕武王(기원전 310~기원전 307), 소왕昭王(기원전 306~기원전 250)과 같은 시대를 살았을 것이다. 진나라의 장수 사마착司馬錯이 혜문왕 경원 9년(기원전 316)에 촉나라를 멸망시켰다. 그렇기 때문에 라우퍼Berthold Laufer와 펠리오Paul Pelliot 등 서양의 동양학자들은 인도 고서에 나오는 지나Cina는 중국어의 '진秦' 자에서 비롯됐다고 주장했다. 로마인들은 중국은 Thin이라 불렀고 현대 영어에서도 중국을 China라고 부르는데 이는 모두 인도인들의 중국

16　『史記』「西南夷列傳」, "元狩元年, 博望侯張騫使大夏來, 言居大夏時, 見蜀布, 邛竹杖. 使問所從來, 曰: '從東南身毒國可數千里, 得蜀賈人市. 或聞邛西可二千里有身毒國.' 騫因盛言大夏在漢西南, 慕中國, 患匈奴隔其道; 誠通蜀, 身毒道便近, 有利無害."

17　季羨林, 『中印文化關係史論文集』, 北京 : 三聯書店, 1982, 76~78쪽; 蔣忠新, 「對於「川滇緬印古道初考」的一點意見」, 『中國社會科學』 第6期, 1981.

을 부르는 옛 명칭에서 유래됐다.[18]

선진 시기 중국의 비단은 주로 중원과 초나라에서 생산됐으며 명성이 자자했던 촉금蜀錦은 한나라 시기 이후의 산물이다. 장건은 대하국에서 '촉의 베'와 '공의 대나무 지팡이'를 보았다고 했는데 모두 인도에서 여러 곳을 거쳐 중앙아시아로 흘러들어간 것이다. 그 전까지 중앙아시아와 중국 사이에는 활발한 교류가 이루어지지 않았기 때문에 장건이 중앙아시아 각국에서는 "칠과 비단을 본 적이 없다(其地無漆絲)"고 했다.[19] 중국과 인도 사이에는 민간의 교역과 왕래가 어느 정도 있었고 중국의 비단은 중국-인도-미얀마 길을 통해 당시 '신독국'으로 불리는 인도까지 유입됐으며 인도의 고서 『실리론』에 기록됐을 것이다. 또한 운남, 사천 지역의 춘추전국시대 무덤에서 출토된 카넬리안은 실물 자료로서 중국과 인도 또는 중앙아시아 대하국과의 민간 교역이 인도 마우리아 왕조 시대에 이미 시작됐다는 것을 증명하고 있다.

3. 동양으로 전래된 잠자리구슬

기원전 519년, 페르시아제국의 왕 다리우스 1세가 강력한 군사를 이끌고 시르다리야강까지 원정을 가서 중앙아시아 초원의 유목민족인 화살 같은 모자를 쓴 사카족 부락을 토벌했다. 이에 대해 고대 페르시아 아케메네스왕조Achaemenid의 비시툰 비문 다섯 번째 칸에서 명확하게 기록하고

---

18 張星烺, 『中西交通史料匯編』 第1卷, 北京 : 中華書局, 1973, 450~460쪽.
19 『史記』 「大宛列傳」.

4-9 페르시아 왕에게 포로들을 바치는 광경을 그린 비시툰 부조浮彫

있다. 페르시아군은 대승을 거두었고 스키타이부족의 추장 스쿤하Skunxa 를 비롯해 아홉 명의 스키타이인 포로들을 페르시아왕궁으로 데려와 왕에게 바쳤다. 뿐만 아니라 이 스키타이 포로들의 모습을 암벽에 새겨 넣었고 이로부터 스키타이인들은 페르시아에 굴복해 신하가 됐다.

기원전 519년~기원전 329년까지 간다라, 대하, 시르다리야강변의 스키타이부족은 모두 페르시아제국의 통치하에 있었다. 페르시아 군대의 주요 무기는 스키타이의 뱀 모양의 활이었고 페르시아가 다른 나라들과 전쟁을 하는 과정에서 스키타이 기마병들이 큰 역할을 했으며 페르시아와 메디아, 대하의 군사들과 어깨를 나란히 함께 싸우며 고대 페르시아 군대의 핵심 역량을 이루었다.[20] 이와 동시에 페르시아인들은 스키타이 상인들을 통해 중국과 교역하기 시작했다. 사람들에게 잘 알려지지 않은 이 역사는 서아시아에서 나는 잠자리눈 모양의 유리구슬이 중앙아시아 각지 그리고 황하와 장강 유역에서 잇달아 출토되면서 세상에 알려졌다.

잠자리구슬은 이집트의 발명으로서 최초의 표본은 기원전 1400년~기원전 1350년의 유리구슬목걸이다. 훗날 페니키아와 페르시아가 이 기술을 습득했고 지중해 동해안과 이란 서부의 길란Gilan 주에서 기원전 5세기~기원전 3세기의 잠자리구슬이 대량 발견됐다. 유형으로 봤을 때 중국에서 출토된 서양의 잠자리구슬은 주로 페니키아와 이란 서부의 길란 주에서 생산된 것이다. 일본 도쿄대 동양 문화연구소의 서아시아고고학연구팀이 이란 북부의 갈레쿠티Ghalekuti묘지에서 고대 페르시아 시기의 고분을 발견했는데 그중 5호 무덤의 부장품에서 온전하게 보존된 잠자리구슬목걸이가 발굴됐으며 제작 시기는 대략 기원전 5세기 초의 것으로 추정된다.[21]

백 년 후에 서양 양식의 잠자리구슬이 전국 시대의 고분에서 발견되기 시작했다. 1978년에 증후을曾侯乙묘가 호북성湖北省 수현隨縣 뇌고돈擂鼓墩에서 발견됐다. 이 무덤에는 서양에서 생산된 유리구슬이 대량으로 부장됐고 그중에서도 전형적인 잠자리구슬 꿰미가 있었는데 구슬의 형태나 크기가 일정하지 않고 약간 납작했다. 그리고 바탕은 옅은 파랑색 또는 녹색이었고 표면에는 하얀색과 옅은 파랑색의 동심원이 여러 개 새겨져 있었으며 중심부가 주변보다 약간 높게 튀어나온 형태였다. 이 유리구슬 꿰미는 전사纏絲(누에고치에서 명주실을 뽑을 때 누에고치가 나선형으로 돌면서 실을 감는

---

20 J. Harmatta 外編, 徐文堪 外譯, 『中亞文明史』 第2卷, 北京：中國對外飜譯出版社, 2001, 20 ~23쪽.

21 松谷敏雄, 「ガガレクライ1號丘5號墓出土の裝身具」, 奈良縣立美術館 編, 『ソルケロードオアツ スよ』, 奈良：奈良縣立美術館 編, 224~225쪽, 그림 103.

4-10 이란 북부의 페르시아고분에서 출토된 잠자리구슬목걸이, 기원전 5세기 초엽

4-11 증후을묘에서 출토된 서양의 잠자리구슬, 기원전 4세기

4-12 증후을묘에서 출토된 유리구슬(상)과 이집트 유리구슬(하)의 비교

것—역자)법으로 구슬의 원형原形을 만들고 난 후에 하얀색과 파랑색 물감을
각각 찍어서 원형의 표면을 장식하고 구슬이 완전히 굳기 전에 서로 접착
시켜 꿰미를 만들었다.[22]

통계에 의하면 서역과 중국의 잠자리구슬 출토 지점은 서쪽에서 동쪽
순으로 보면 페르가나 분지의 스키타이고분—신강 윤대현 츔바커 고분—
산서성山西省 장자長子 우가파牛家坡—산서성 태원太原 조경趙卿묘—산서성 장
치長治 분수령—하남성河南省 낙양洛陽 중주로中州路—하남성 정주鄭州 이리강
二里岡—호북성 수주隨州 증후을묘이다. 이곳들에서는 잠자리구슬이 적게
는 한 개, 많게는 17개까지(조경묘) 발견됐고 특히 증후을묘에서는 무려

22 譚維四, 『曾侯乙墓』, 北京 : 文物出版社, 2001, 192~198쪽.

173개나 발견됐다.[23] 이곳 서양 유리구슬의 출토 지점을 연결하면 고대 페르시아가 지배했던 핵심 지역, 즉 페르세폴리스에서 장강 유역의 초나라에 이르는 교통로를 완벽하게 복원할 수 있다.

페르시아의 왕 아르타크세르크세스 2세(기원전 405년 재위)에게 크테시아스Ctesias of Cnidus라고 하는 그리스 출신의 의사가 있었는데 그는 엘람Ela의 수도인 수사Susa의 왕궁에서 페르시아 궁궐의 문서기록을 보았다. 기원전 398년~기원전 397년에 크테시아스는 그리스로 돌아와 『여행기』, 『페르시카』, 『인디카』 등 세 권의 책을 저술했다. 서양의 역사 기록에서 크테시아스는 가장 먼저 중국에 대해 언급한 사람이다. 그는 『인디카』에서 "세레스Seres인과 북인도인은 신장이 13코비트(약 6.5m)이며 수명이 300년 이상에 달한다(賽裏斯人及北印度人, 相傳身體高大, 達十三骨尺云, 壽逾三百歲)"고 했다.[24] 세레스는 소그드어粟特語의 syg에 어원을 두고 있으며 본래의 뜻은 '대청' 또는 '궁전'을 뜻한다.[25] 의정義淨 스님의 『범어천자문梵語千字文』에 '사락아沙洛哦'라는 지명이 나오는데 '일명 락一名洛'이라고 주석을 달았다. 이를 근거로 프랑스의 중국학자 폴 펠리오는 소그드어 syg가 바로 당시 서양인들이 낙양을 부르는 칭호였다고 믿었다.[26]

서양의 유리 제조 기술은 색유약琉璃, colored glaze, 원시유리原始玻璃, faience 그리고 유리玻璃, glass의 발전 단계를 거쳤다. 일찍이 기원전 5000년 전에

23 安家瑤, 「中國的早期玻璃器物」, 『考古學報』 第4期, 1984, 413~447쪽; 關善明, 『中國古代琉璃』, 香港 : 香港中文大學文物館, 2001, 17~22쪽.
24 Paul Pedech, 蔡宗夏 譯, 『古代希臘人的地理學』, 北京 : 商務印書館, 1983, 49~51쪽.
25 소그드인들은 애초에 장안을 이렇게 불렀고 동한이 낙양으로 도읍을 옮긴 후에는 낙양을 지칭하는 어휘로 사용했으며 장안은 'xwmt'n'이라 불렸는데 서양에서 널리 받아들여졌다. 예컨대 시리아의 경교景敎도들은 '대진경교에서 유행한 중국 비석大秦景敎流行中國碑'에서 낙양을 'Saragh', 장안을 'Khumdan'이라 불렀다.
26 W. B. Henning, "The date of the Sogdian Ancient Letters", BSOAS XII, 1948.

메소포타미아의 수메르인들은 유리를 유약으로 사용해 생약규기琉璃器, gl azed ceramic를 발명했고 나아가 원시유리를 제조했다. 기원전 2000년에 서양의 유리는 세 번째 발전 단계에 진입했다. 유리의 주요 성분은 규산 염인데 거기에 미량의 철 원소를 첨가하면 녹송석綠松石(터키석)처럼 아름 다운 색깔을 띠게 된다. 유리의 원료인 석영질의 자연석은 아주 쉽게 구 할 수 있는 흔한 재료이지만 유리를 만들기 위해서는 천연소다를 용매로 사용해야 했다. 지중해 동안의 페니키아(지금의 레바논)는 이 같은 유리를 만드는데 필요한 모든 조건을 갖추었고 따라서 유리 제조업은 페니키아 에서 기원해 기원전 2000년에 이집트로 전해졌다. 페니키아의 유리 제 조 기술은 이집트인들에 의해 다양하게 활용됐는데 가장 대표적인 것으 로는 이집트 18대 왕조(기원전 1584~기원전 1343)의 유리제품으로 그 종 류는 유리구슬, 유리관, 유리받침대 등이 있었다. 이집트인들은 훗날 또 투명유리를 발명하기도 했다. 기원전 1000년 말에 이집트의 유리는 거 의 서아시아 시장 전체를 점령했고 메소포타미아 유역의 고대 유적지에 서는 곳곳에서 이집트의 유리제품이 발견됐다.[27]

중국의 고대 유리는 서양의 유리와 완전히 달랐다. 중국의 유리는 옥돌 을 모방하기 위해 만들어진 것으로 불투명한 납-바륨유리인데 비해 서양 의 유리는 청금석이나 녹송석을 모방한 것으로 투명도가 비교적 높은 소 다석회유리였으며 19세기 이후에 이르러서야 산화바륨을 첨가한 유리가 출현하기 시작했다.[28] 중국의 유리는 원시유리faience와 유리glass의 발전 단계를 거쳤다. 중국 최초의 유리는 나트륨과 칼슘이 배합된 규산염유리

27 S. Frank, *Glass And Archaeology*, Academic Press, 1982, p.17.
28 張福康, 「中國古琉璃的硏究」, 『硅酸鹽學報』 第11卷 第1期, 1983, 67~76쪽.

에 속하는 것으로 초목회草木灰 속에 함유된 염화칼륨을 용매로 사용했으며 원시의 유약에서 발전해 온 것으로 춘추전국 시대(기원전 800~기원전 500)에 기원했다. 중국의 초기 단계의 유리는 원시의 유약에서 발전한 것으로 서양의 파양스 도자기와 외형이 비슷했으나 이들 사이에 서로 문화적인 교류가 있었는지 여부는 지금까지도 확인되지 않고 있다.

서양의 유리가 일찍이 서역으로 유입됐으며 신강의 배성拜城과 탑성塔城에서 근래 전통적인 서양의 기법으로 제작된 유리구슬이 발견됐는데 그 제작 시기는 서주 또는 춘추 시대(기원전 1100~기원전 500)까지 거슬러 올라간다. 중국과학원 상해 광학정밀기계연구소에서 양성자 유도 분광 분석 proton induced X-ray emission, PIXE과 유도결합플라즈마 발광분광기Inductively Coupled Plasma Atomic Emission Spectrometer, ICP-AES를 이용해 이 유리구슬들의 화학성분을 분석한 결과 나트륨-칼슘Na_2O-CaO-SiO_2과 나트륨-칼슘-바륨Na_2O-CaO-PbO-SiO_2 두 가지 계열로 나뉘며 모두 서양의 나트륨-칼슘 유리에 속하는 것으로 밝혀졌다. 이 고대의 유리구슬들은 비록 중앙아시아나 서아시아의 유리 제조 기술을 참고했지만 아마도 현지의 원료를 사용해 제작했을 것으로 추측된다.[29]

두 번째 단계에 진입한 중국의 유리는 그 제조 기법에 있어서 청동 제련법, 연단법煉丹法과 밀접한 관계를 보인다. 주로 산화납(광명단을 원료로 함)과 산화칼륨(초석을 원료로 함)을 용매로 사용했고 유리의 성분은 중국 특유의 납-바륨 규산염 유리와 칼륨 규산염 유리였다.[30]

---

29 新疆文物考古研究所,「新疆文物拜城縣克孜爾吐爾墓地第一次發掘」,『考古』第6期, 2002, 14 ~28쪽; 劉學堂·托呼提,「額敏河流域發掘早期遊牧民族墓」,『中國文物報』, 2002.7.19.
30 干福熹 主編,『北京國際玻璃學術討論會論文集』, 北京 : 中國建築工業出版社, 1986, 138~143쪽.

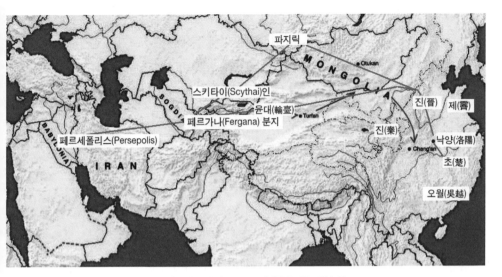

4-13 서양 잠자리구슬이 중국으로 전래된 루트를 그린 노선도

　서양의 유리가 황하와 장강 유역에 전해진 것은 서역보다 훨씬 늦은 시기였으며 춘추 말·전국 초에 최초로 유입된 것으로 보인다. 예컨대 하남성 고시후固始侯고분의 춘추 말기 1호 무덤에 부장된 잠자리구슬,[31] 산서성 장치 분수령의 춘추 말기 270호 무덤에 부장된 잠자리구슬과 유리관,[32] 하남성 휘현輝縣유리각琉璃閣에서 출토된 오나라의 왕 부차夫差의 검격 劍格(검의 손 보호대)에 상감된 높은 투명도의 규산염 유리조각,[33] 호북성 강릉江陵 망산望山 1호 무덤에 부장된 월나라의 왕 구천勾踐의 검격에 상감된 유리조각,[34] 운남성 이가산의 춘추 말기 22호 무덤에서 출토된 육각기둥

31 固始侯古堆一號墓發掘組, 「河南固始侯古堆一號墓發掘簡報」, 『文物』 第1期, 1981, 1~8쪽.
32 山西省文物工作委員會 晉東南工作組 外, 「山西省長治分水嶺267, 270號東周墓」, 『考古學報』 第2期, 1974.
33 崔墨林, 「河南輝縣發現吳王夫差銅劍」, 『中原文物』, 1981 特刊; 崔墨林, 「吳王夫差劍的硏究」, 『文物』 第11期, 1976.
34 湖北省文化局 文物工作組, 「湖北江陵三座楚墓出土大批重要文物」, 『文物』 第5期, 1966, 33~39쪽.

모양의 유리구슬,[35] 호북성 수현 증후을묘에 부장된 전국 초기의 잠자리구슬,[36] 하남성 휘현 고위촌固圍村 전국 시대 1호 무덤에서 출토된 잠자리구슬 등이 있다. 이 서양의 유리들은 왕공 귀족의 무덤에만 부장된 것으로 보아 서양의 유리가 당시에 매우 진귀한 물건이었음을 알 수 있다.

4. 수후隋侯의 구슬

수후는 서주 초기에 한수漢水의 북부와 동부 지역에 분봉받은 제후 중의 한 명이다. 수나라는 서주 초기에 건국했고 한 때 매우 강성해 역사상 한수 동쪽의 여러 나라 중에서 수나라가 가장 크다는 말이 있을 정도였지만 전국 중·말기에 이르러 초나라에 의해 멸망됐다. 청동기에 새긴 명문銘文에는 수나라를 흔히 '증국曾國'이라 칭하고 있다. 1978년에 호북성 수현隨縣 교외의 뇌고돈에서 증후을묘가 발견됐는데 바로 수나라 제후의 무덤이었다. 무덤 주인의 신분과 매장된 시기가 아주 명확하게 전국 초기(기원전 4세기)의 것으로 밝혀졌고 그곳에서 출토된 유물들은 전국 초기 고분의 시대를 구분하는 기준이 됐다.

초나라가 흥기하면서 수나라는 춘추 중기 이후부터 초나라의 속국으로 전락했지만 이 작은 초나라의 속국은 매우 부유했다. 증후을묘에서 출토된 유물만 해도 15,000여 점에 달했고 그중에는 세계적으로 유명한 증후을묘 청동 편종編鐘(중국 고대의 타악기)을 포함해 무려 10.5t에 달하는 청동기들이

---

35 雲南省博物館, 「雲南江川李家山古墓群發掘報告」, 『考古學報』 第2期, 1975.
36 湖北省博物館, 『曾侯乙墓』, 北京 : 文物出版社, 1989, 423~425쪽.

출토됐다. 일개 제후가 이처럼 거의 한 국가의 재력에 비할 정도로 부유했던 이유는 무엇일까? 그것은 분명 '수후의 구슬'과 밀접한 관련이 있었을 것으로 판단된다. 춘추전국 시대의 중국에는 '여섯 나라의 보물'이라 불리는 여섯 가지 보물이 있었는데 수후의 구슬이 바로 그중 하나였다. '수후의 구슬'은 선진제자先秦諸子들의 글에도 자주 언급됐다.

①『장자莊子』「양왕편讓王篇」에 이르기를, "지금 만일 여기에 어떤 사람이 있어 수후의 구슬을 가지고 높은 곳에 있는 참새를 쐈다면 세상이 반드시 그를 비웃을 것이다. 이는 무슨 까닭이겠는가? 바로 그가 사용한 것은 귀중한 것인데 바라는 것은 천한 것이어서이다."[37]

②『한비자韓非子』「해로편解老篇」에 이르기를, "예는 내심을 외부에 표현한 것이며 글은 실질을 장식한 것이다. 원래 군자는 내심을 취해 외모를 버리고 실질을 좋아하고 외식을 싫어하는 법이다. 무릇 외모에 의지하고 내심을 논한다는 것은 그 내심이 좋지 않고 외식에 의해서 실질을 논한다는 것은 그 실질이 빈약하기 때문이다. 왜 그렇게 논하는가? 화씨의 주옥(화씨벽)은 오색으로 장식할 필요가 없고 수후의 구슬은 금은으로 장식할 필요가 없다. 그 실질이 아름다운 이상 장식할 필요가 없는 것이다."[38]라고 했다.

③『묵자墨子』11편에서는 "묵자가 말씀하시기를, 화씨벽, 수후주, 삼극육이(주나라의 세 개의 솥과 여섯 개의 그릇), 이는 제후의 이른바 훌륭한 보물

---

37 『莊子』「讓王篇」. "今且有人於此, 以隋侯之珠彈千仞之雀, 世必笑之. 是何也, 則其所用者重而所要者輕也."

38 『韓非子』「解老篇」. "禮爲情貌者也, 文爲質飾者也. 夫君子取情而去貌, 好質而惡飾. 夫待貌而論情者, 其情惡也, 須飾而論質者, 其質衰也. 何以論之? 和氏之璧, 不飾以五采, 隋侯之珠, 不飾以銀黃. 其質至美, 物不足以飾之."

하남성 정주시 이리강의 전국 시대 무덤에서 출토된
잠자리구슬(『정주이리강鄭州二里岡』에서 발췌)

함양시 탑이파 전국 말기의 진나라 무덤에서 출토된
잠자리구슬(『탑이파진묘塔爾坡秦墓』에서 발췌)

4-14 유약을 바른 전국 시대의 도자기구슬, 서양의 잠자리구슬을 모방해 만들었다.

이다. 이것들로 나라를 부유하게 하고 백성을 모으고 형법과 행정을 다스리
고 사직을 편안하게 할 수 있겠는가? 그것은 불가능한 말이다. (…중략…)
그러나 화씨벽, 수후주, 삼극육이는 사람을 이롭게 할 수 없으니 이것들은
천하의 훌륭한 보배가 못되는 것이다. 지금 의로움을 써서 정치를 하면 백성
은 반드시 많아지고 형법과 정치는 반드시 다스려지며 사직은 반드시 편안
해질 것이다"[39]라고 했다.

④ 『회남자淮南子』「남명훈覽冥訓」의 주注에서는 "수후는 한수 동쪽 나라의
희씨 성을 가진 제후였다. 큰 뱀이 부상을 당한 것을 보고 약을 발라주었더니
후에 그 뱀이 강 속에서 큰 구슬을 물어다 은혜에 보답했다. 그래서 그 구슬

---

39 『墨子』. "子墨子曰 : 和氏之璧, 隋侯之珠, 三棘六異, 此諸侯之所謂良寶也. 可以富國家, 衆人
民, 治刑政, 安社稷乎? 曰 : 不可. (…中略…) 而和氏之璧, 隋侯之珠, 三棘六異不可以利人, 非
天下之良寶也. 今用義爲政於國家, 人民必衆, 刑政必治, 社稷必安."

을 수후의 구슬이라고 한다"[40]고 했다.

중국 역사에서 수후의 구슬은 꽤 명성이 높다. 비록 수나라가 멸망한지 오래됐지만 진秦·한漢 시기의 정치가들은 수후의 구슬을 인용해 자신들의 정치적 견해를 설명했다. 예컨대 이사李斯는 「간축객서諫逐客書」에서 "지금 폐하께서는 곤산옥을 얻으셨고, 수후주와 화씨벽을 갖고 계시며, 명월주를 드리우셨고, 태아검을 차셨으며, 섬리마를 타시고, 취봉기를 세우셨으며 영타고를 달아 놓고 계십니다. 이 여러 가지 보물들 가운데 진나라에서 난 것은 하나도 없지만 폐하께서는 그것들을 좋아하는 데, 어째서이겠습니까?(今陛下致昆山之玉, 有隨和之寶, 垂明月之珠, 服太阿之劍, 乘纖離之馬, 建翠鳳之旗, 樹靈鼉之鼓, 此數寶者, 秦不生一焉, 而陛下說之, 何也?)"라고 했다.

증후을묘가 발견된 후 일부 학자들은 무덤 속에 부장된 잠자리구슬이 '수후의 구슬'이라고 주장했다. 화학 성분 측정에 의하면 이 잠자리구슬들은 모두 서양의 나트륨-칼슘유리로 중국에서 만들어진 것이 아니었다. 그에 반해 왕충王充이 『논형論衡』 「솔성편率性篇」에서 "수후가 약재로 구슬을 만들었다(隋侯以藥作珠)"고 말한 것을 보면 수후의 구슬은 중국에서 자체 생산한 유리였을 것이다.

중국은 서양과는 완전히 다른 유리공예의 체계를 갖고 있다. 전국 시대에는 산화납(광명단을 원료로 함)과 산화칼륨(초석을 원료로 함)을 용매로 사용해 납-바륨 규산염유리와 칼륨 규산염유리를 제조했다. 전국 시대의 방사方士들은 이 기술을 사용해 서양의 잠자리구슬을 모방한 유리구슬을

---

40 『淮南子』 「覽冥訓」. "隋侯, 漢東之國, 姬姓諸侯也. 隋侯見大蛇傷斷, 以藥博之, 後蛇於江中衜 大珠以報之, 因曰隋侯之珠."

제작했다. 예를 들면 호남성 상향시湘鄉市 우형산牛形山의 전국 시대 초나라 무덤에서 출토된 잠자리구슬이 바로 그렇다. 납-바륨 유리구슬 외에도 전국 말기에 중국에서는 서양의 잠자리구슬을 모방해 만든 또 다른 종류의 유리구슬(유약을 바른 도자기)이 출현했다. 하남성 정주시鄭州市 이리강二里岡의 전국 말기 무덤과 산서성 함양시咸陽市 탑이파塔爾坡의 전국 말기 진나라 무덤에서 모두 이런 유리구슬이 발견됐다.[41] 이런 유리구슬들은 아마도 선진 제자들이 말한 이른바 '수후의 구슬'이었을 것이다.

---

41 關善明, 『中國古代玻璃』, 香港 : 香港中文大學文物館, 2001, 160~161・168~171쪽.

1. 알렉산더 대왕의 동방원정

기원전 338년에 그리스 문명의 변두리에 살던 마케도니아인들이 마침내 그리스의 모든 도시국가를 정복했지만 마케도니아의 왕 필리포스 2세가 자신의 궁에서 암살됐다. 스무 살의 왕자가 왕위를 이어받았는데 그가 바로 세계 고대사에서 명성이 드높은 알렉산더 대왕Alexander the Great(기원전 336~기원전 323)이다. 필리포스는 비록 마케도니아인이지만 그리스 문화를 숭상해 철학가인 아리스토텔레스를 궁으로 초대해 자신의 아들을 가르치게 했으며 그리스 최고의 예술가에게 왕릉의 설계를 맡겼다. 그의 꿈은 그리스의 통치자가 되는 것뿐만이 아니라 동양을 정복하는 것이었다.

알렉산더는 부친의 꿈을 이루기 위해 한평생 전쟁터를 누볐고 재위 13년 동안 이집트, 페르시아, 중앙아시아 내지는 인더스강 상류까지 진격해 세계역사상 최초로 유럽, 아시아, 아프리카 세 개 대륙을 가로지르는 거대제국을 건립했다. 로마의 고대 도시 폼페이Pompei에서 기원전 2세기 말기에 제작된 것으로 추정되는 타일 모자이크화가 발견됐고 현재 이탈리아의 나폴리박물관Museo Nazionale, Naples에 소장돼 있다. 기원전 3세기의 작품을 복제한 이 그림은 기원전 333년에 알렉산더 대왕이 이수스Issus강에서 페

5-1 이수스강에서 벌어진 전투, 기원전 2세기

르시아의 왕 다리우스와 격전을 벌이는 장면을 묘사했는데 2400년 전에 있었던 그리스와 페르시아의 웅장한 전투 장면을 생생하게 재현해 냈다.

그리스 원정군은 인도에 도착한 후 전쟁에 염증을 느낀 병사들이 반란을 일으키며 더 이상의 진격을 거부했다. 알렉산더는 하는 수 없이 바빌론으로 회군을 결정했다. 기원전 323년에 알렉산더는 병환으로 바빌론에서 숨을 거두었는데, 그때가 그의 나이 32세였다. 그리고 유럽, 아시아, 아프리카 세 대륙을 가로질렀던 거대한 제국도 그의 죽음과 함께 와해되고 말았다. 기원전 305년에 알렉산더 대왕이 이집트에 파견한 장군 프톨레마이오스Ptolemy와 메소포타미아에 파견한 장군 셀레우코스Seleucus는 스스로 왕이 됐고 그리스 본토는 안티파토루스의 아들 카산드로스가 통제하면서 그리스제국이 세 개의 나라로 분열되는 구도가 형성됐다.

2. 중앙아시아의 헬레니즘 도시

세계를 정복하고자 했던 알렉산더 대왕의 패업은 이루어지지 않았지만 그리스 원정군을 통해 고전예술과 그리스 문화가 동양에 유입됐다. 그리스인들은 한 지역을 정복할 때마다 그곳에 도시를 건설했다. 마치 돌로 지은 성이 아니면 불안전해서 묵지 못하겠다는 듯이 점령하는 곳마다 돌로 성곽을 쌓고 성 안에 체육관, 그리스 신전, 그리스 양식의 주택과 욕실 등을 지어 고향에 대한 그리움을 해소했다.

그리스인들은 중앙아시아에서 많은 도시를 건설했고 그 도시들을 '알렉산드리아Alexandria'라고 통칭했다. 중국의 고서에 보면 여간犁靬, 오익산리烏弋山離, 남씨성藍氏城 등 고대의 번역 명칭이 등장한다. 문헌의 기록에 따르면 동양에 알렉산더의 이름을 딴 도시가 무려 70여 개에 달하며 지금까지 발견된 것만 해도 40여 개에 달한다고 한다. 프랑스 고고학팀이 1960년대에 진행한 조사에 의하면 아시아의 가장 동쪽에 있는 알렉산드리아는 아프가니스탄 쿤두즈 주의 북동부에 위치한 아이 하눔Ai Khanum까지 이르렀다고 한다.

아이 하눔은 판지Panj강과 코크차Kokcha강이 만나는 곳에 위치한 군사적 요충지이다. 버널Bernal이 이끈 프랑스 고고학팀이 이곳에서 장장 15년에 걸친 발굴 작업을 진행해 이 고대도시의 옛 모습을 조금씩 파헤쳤다. 아이 하눔 고성과 성 안의 건축물들은 전형적인 그리스의 예술양식이었다. 예컨대 돌맹이를 쌓아 올려 금속 재질의 거멀못으로 연결한 후 납을 녹인 납물을 부어 견고하게 보강했다. 또한 건물의 배치도 방들이 한 줄로 늘어서거나 복도가 중앙의 정원을 둘러싸고 있는 구도이다. 기

5-2 아이 하눔 궁전 유적

둥의 장식은 세 종류의 고전 양식 기둥머리(도리아식Doric, 코린트식Corinthal, 이오니아식Ionic)가 있고 거처의 욕실 바닥은 자갈을 이용해 고전예술 양식의 모자이크로 치장했다.

큰 거리가 성 전체의 남북을 관통하고 성 중앙은 궁전 구역으로 면적이 9만㎡에 달하며 광장, 관청, 보물고 등이 배치돼 있다. 그리고 궁전 구역의 동쪽, 북쪽, 남쪽 삼면에는 각각 신전과 체육관, 귀족의 주택이 자리하고 있다. 거리의 동쪽에는 극장과 무기고가 있다. 백성들의 주택은 성의 동쪽에 있는 아크로폴리스와 같은 높은 언덕에 세워졌다. 그러나 성벽은 흙벽돌로 쌓아 올렸는데 이는 중앙아시아 현지의 건축예술 특징을 받아들인 것이다.

도리아식

코린트식

이오니아식

5-3 그리스 예술의 세 가지 기둥머리 양식

　아이 하눔 옛 성에서는 그리스의 인물과 신의 형상을 새긴 조각상, 조형물, 태양신 아폴로 신상이 새겨진 금은접시, 대하국大夏國과 인도의 동전, 내지는 알렉산더의 스승인 아리스토텔레스의 그리스 철학 친필 원고 등의 상당히 많은 문물들이 출토됐다. 그리스인들이 소그드粟特, 대하, 간다라 등의 지역에 정착한 후 중앙아시아에는 헬레니즘 세계가 출현했다. 대하 지배계층의 그리스 문화예술과 현지의 전통 문화예술이 상호 융합돼 이른바 '그리스-대하 예술Greco-Bactrian Art'을 형성했다.

　아이 하눔 옛 성은 기원전 4세기~기원전 2세기 말기에 세워졌으며

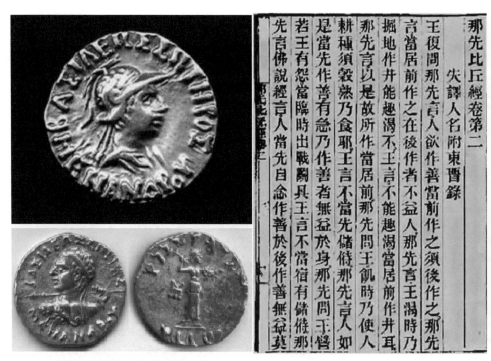

대하국 밀린다 왕의 두상이 새겨진 동전
기원전 150년~기원전 125년

『나선비구경』

5-4 『나선비구경』과 대하 동전에 새겨진 밀린다Menander I왕의 두상

셀레우코스 왕조와 그리스-대하 왕조라는 두 개의 발전 단계를 거친 것
으로 추정된다. 기원전 250년에 셀레우코스 왕조의 대하 지방 총독을
지녔던 디오도투스Diodotus(기원전 250~기원전 240)가 독립해 대하국을 세
웠다. 대하국의 영토는 대하 지방 외에도 아무다리야강 이북의 북부 소
그드군 및 아라코시아Arachosia의 일부가 포함되며 역사상 '그리스-대하
국Greco-Bactrian Kingdom'이라고 불렸다. 대하국의 수도는 감시성監市城(또는
남씨성)으로 아프가니스탄 북서부의 마자르-이-샤리프Mazar-i-Sharif에 위
치하며 아이 하눔은 대하국의 일반 도시국가였다.

대하국의 왕 에우튀데모스Eythydemus(기원전 223~기원전 200)와 데메트리오스Demetrius I(기원전 205~기원전 171) 부자의 재위 시절에 대대적으로 영토를 확장해 북쪽으로 페르가나Farghana 분지에까지 이르렀는데 중국 한나라 시기의 문헌 자료에서는 이를 '대완大宛'이라고 칭했다. 이 이름은 인도인들이 그리스인을 부르는 칭호 Yavana(야바나)에서 유래했으며 그리스어의 Ionia(이오니아)에 해당된다. 기원전 2세기에 데메트리오스와 부하 메난드로스 장군이 대군을 이끌고 남침해 인도 중부, 더 나아가서 갠지스강의 하류에까지 깊숙이 들어갔다. 그리스인들은 북인도의 간다라 지역에서 헬레니즘 왕조를 건립했는데 역사상 이를 '인도-그리스 왕국Greco-Indian Kingdom'이라 부르며 중국의 역사서에서는 이른바 '계빈국罽賓國'이라고 불렀다. 그리고 기원전 1세기에 중앙아시아 북방의 초원에서 온 스키타이인에 의해 멸망됐다.

그리스인들은 간다라 지역에서 헬레니즘 도시를 건설했고 동시에 인도 불교에 관심을 갖기 시작했다. 불경 『나선비구경那先比丘經』(팔리어로 밀린다팡하Milindapanha)의 한역본漢譯本에는 계빈국의 밀린다(메난드로스)Menander I(기원전 155~기원전 130)왕이 사갈舍竭성의 나가세나(나선비구)에게 불교의 교리에 대해 토론하는 내용이 적혀 있다.

밀린다의 부친이 천수를 다해 죽자 밀린다가 즉위해 왕이 됐다. 밀린다 왕은 신하들에게 물었다. '이 나라에 비구든 백성이든 나와 경과 도에 대해 토론할 사람이 없는가?' 이에 신하가 왕에게 아뢰었다. '불도를 배운 사람이 있으니 사람들은 그를 사문沙門이라 부릅니다. 그 분은 박식하고 지혜로와서 대왕과 경과 도에 대해 토론할 수 있을 것입니다.'[1]

그리스인들이 인도에서 세운 도시들에 대해 『나선비구경』에는 이렇게 적혀 있다.

오늘날 북방에 있는 대진국은 나라 이름이 사갈이었다. 옛날 왕의 궁전으로 나라 안팎이 평온하고 백성들이 모두 선량했다. 그 성의 사방은 모두 복도(상하 이중통로)로 연결되어 있었고 성문에는 모두 문양이 새겨져 있었다. 궁중의 여인들은 각자의 처소가 있었다. 저잣거리가 줄을 잇고 큰 도로에 가게가 늘어서서 코끼리와 말과 마차와 보행자들로 붐볐으며 남녀들이 짝을 지어 빈번히 출입했다. 승려, 도인, 왕족, 기술자, 평민, 그리고 여러 작은 나라의 백성들도 붐볐다. 사람들의 의복은 색깔이 다양하고 화려했으며 여인들은 하나같이 화려한 보석으로 치장을 했다. 나라가 부유해 진귀한 보물들이 가득 했다. 도처에서 상인들이 금화로 거래를 했다. 창고에는 곡식이 넘쳐나고 집집마다 가축을 길렀다. 장터에는 온갖 상품들이 진열돼 있고 다양한 종류의 맛있는 음식들을 판매했다. 배가 고프면 언제든지 음식을 먹고 목이 마르면 포도주를 마시며 즐겁기가 이루 말할 수 없었다. 그 나라의 왕은 이름이 밀린다이며 올바른 법으로 나라를 다스렸다.[2]

---

1   E. G. Pulleyblank, "The Roman Empire as Known to Han China", *Journal of the American Oriental Society* 119.1, 1999, p.77. "弥蘭父王壽終, 弥蘭卽立爲國王. 王問左右邊臣言 : 國中道人及人民, 誰能与我共難經道者? 邊臣白王言 : 有學佛道者, 人呼爲沙門. 其人智慧博達, 能与大王共難經道."

2   『大正藏』第32卷, 705쪽. "今在北方大秦國, 國名舍竭. 古王之宮, 其國中外安隱, 人民皆善. 其城四方, 皆復道行. 諸城門皆雕文刻鏤. 宮中婦女, 各有處所. 諸街市里, 羅列成行. 官道廣大, 列肆成行. 象馬車步, 男女熾盛. 乘門, 道人, 親戚, 工師, 細民及諸小國, 皆多高明. 人民被服, 五色焜煌. 婦女傅白, 皆著珠環. 國土高燥, 珍寶衆多. 四方賈客賣買, 皆以金錢. 五穀豐賤, 家有儲畜. 市邊羅賣, 諸美羹飯. 饑卽得食, 渴飮蒲萄雜酒, 樂不可言. 其國王, 字彌蘭, 以正法治國."

5-5 그리스 도시 시르캅의 주요 거리

사갈성은 파키스탄 동부 국경 지대의 Sialkot성에 위치하고 있으나 아직 까지 고고학적 발굴이 진행되지 않았다. 그러나 영국의 고고학자 마셜J. Marshall이 계빈국의 수도인 순선성循鮮城(지금의 파키스탄 북부 달차시라呾叉始羅 지역)에 대해 대규모의 발굴을 진행했고 그곳의 발굴 작업을 통해 그리스의 건축예술이 중앙아시아에 전파된 상황을 파악할 수 있었다.

달차시라의 시르캅Sirkap성은 그리스-대하국의 데메트리오스Demetrius(기 원전 200~기원전 195)왕이 세운 것으로 현존하는 유적을 일곱 층으로 나눌 수 있다. 그중 6층에서 3층까지는 그리스-대하국의 통치하에 있던 간다 라 시기(기원전 189~기원전 90)에 속하는 것으로 기원후 30년에 훼손됐고 2층의 현존 건축은 스키타이인과 파르티아의 통치 시기에 속하는 것이다.

3. 동양으로 전파된 그리스 예술

고대 그리스의 예술은 네 개의 발전 단계로 나뉜다. 첫 번째 단계는 호메로스 시기(기원전 12세기~기원전 8세기)로 당시의 호메로스 서사시가 유일하게 문자로 기록된 역사 자료이기 때문에 이것으로 명명했다. 두 번째 단계는 아르카이크 시기(기원전 7세기~기원전 6세기)로 당시의 조각예술이 질박하면서도 고풍스러운 느낌을 특징으로 하기 때문에 '고풍古風'이라는 뜻의 아르카이크로 명명했다. 세 번째 단계는 고전주의 시기(기원전 5세기 말기~기원전 334)로 그리스와 페르시아의 전쟁이 끝난 후부터 알렉산더 대왕이 동방 원정을 시작할 때까지의 시기를 가리킨다. 네 번째 단계는 헬레니즘 시기(기원전 334~기원전 30)로 알렉산더 대왕의 동방 원정에서 로마가 이집트와 프톨레마이오스 왕조를 멸망시키기까지의 시기를 가리킨다.

비록 알렉산더 대왕이 그리스의 문화를 동양의 각 나라에 전파하려고 시도했지만 문화의 정복은 그리스 원정군이 도시를 함락하고 점령하는 것처럼 쉽지는 않았다. 오히려 그리스 문화는 여러 방면에서 동양 문화에 의해 정복당하면서 점차 대량의 동양적인 요소를 융합한 그리스예술로 변모했다. 이를 고전예술과 구분하기 위해 서양예술사를 연구하는 학자들은 이 시기의 그리스예술을 '헬레니즘예술Hellenistic Art'이라고 불렀다. 그리스의 지리학자 스트라보Strabo의 기록에 따르면 대하국의 그리스인들은 전성기 때 동쪽으로 당시 세레스Seres라고 불렸던 중국과 몽골 초원의 흉노 부족에게도 그 영향력이 미쳤다고 한다.

중앙아시아의 헬레니즘 시대의 예술품은 실크로드의 북쪽 도로에서도

신강 사아에서 출토된 고전예술 양식의 도기그릇,
기원전 2세기

신강 사아에서 출토된 고전예술의
물결무늬 모형 도기그릇

고전예술의 페가수스 문양

5-6 고전예술의 페가수스 문양과 신강 아커쑤阿克蘇와 사아沙雅에서 출토된 고전예술의 도기그릇과 모형 도기그릇

발견됐다. 그중 한 점은 퉁구스바스通古斯巴什 옛 성(신화현新和縣 남서쪽 44km)
에서 출토된 도기그릇의 속틀인데 지름이 22cm, 높이가 8cm인 회갈색
도기이며 주요 무늬로 그리스의 페가수스 문양이 새겨져 있고, 상하 양측
에 낭첨문浪尖紋(물결무늬) 등의 고전예술 문양이 장식돼 있다.[3] 다른 한 점은
양다커세하이얼羊達克協海爾(신강 사아현沙雅縣 영매력향英買力鄕 퀴스루이커闊什瑞
克 마을 부근)에서 출토된 도기그릇의 속틀인데 지름이 14cm, 밑바닥 지름

3 新疆維吾爾自治區文物事業管理局 主編,『新疆文物古跡大觀』, 烏魯木齊 : 新疆美術撮影出版
   社, 1999, 圖.233.

5-7 노하심에서 출토된 고전예술 양식의 선비족 페가수스 동패장식

이 5.5cm, 높이가 4.4cm이며 주요 무늬로 인동문忍冬紋이 새겨져 있고 주위에 고전예술의 물결무늬가 장식돼 있다.[4] 타림분지와 화전和田의 산푸라山普拉묘지, 누란고분에서도 고전예술의 물결무늬 모직물이 발견됐는데 모두 한나라 시기의 물건이다. 그런데 실크로드의 북쪽 도로에서 발견된 두 개의 도기그릇 속틀에도 모두 물결무늬가 있었고 제작 시기가 기원전 2세기~기원후 2세기의 것으로 추정된다.

그리스의 페가수스는 고전예술 모자이크와 그리스 고대화폐에 성행했던 문양으로서 고대 로마 시대의 그리스 석관石棺에서 페가수스무늬가 새겨진 청동팻말이 발견됐는데 제작 시기가 기원전 1세기~기원후 1세기의 것으로 보인다. 기원전 2세기에 흉노족이 몽골 초원에서 부상한 후 서역의 패주였던 대월지인들의 지위를 대체해 타림분지를 지배했다. 그 후부터

---

4   위의 책, 圖.616.

서역은 줄곧 흉노와 중원 왕조들의 쟁탈 대상이 됐다. 흉노족과 연맹 관계였던 선비족은 대체로 이 시기에 서역 문명을 접촉하기 시작했고 그렇기 때문에 길림성吉林省 노하심老可深의 선비족 무덤에서 출토된 기원전 1세기의 유금鎏金 패식牌飾(직사각형 모양의 조형물)에 그리스 예술양식의 페가수스무늬가 새겨져 있었다. 미국의 메트로폴리탄미술관에 소장된 두 점의 선비족 페가수스 문양 유금 동패銅牌도 이 시대에 제작된 것이다.

1970년대에 하북성 평산平山에서 전국 시대의 중산왕中山王무덤 2기가 발견됐는데 부장품의 수량이 1.9만여 점에 달했다. 그중 1호 무덤에서 청동솥 9점, 편종編鐘 14점, 편경編磬 13점 그리고 중산왕릉 조역도兆域圖 동판銅版(전국 시대 중산왕릉의 평면도), 대형 산山 자형 구리막대 머리장식 등 청동기가 출토됐다. 청동솥 중에서 가장 큰 중산왕솥에는 명문銘文 469자가 새겨 있었으며 중산왕의 가계 및 중산왕이 기원전 316년에 연燕나라를 토벌하는 데 참여했던 사실이 적혀 있다. 여기서 가장 주목을 끌었던 것은 부장품 중 착은쌍익신수錯銀雙翼神獸(은도금을 한 날개가 두 개 달린 신화 속 짐승)였다.

비록 중산왕이 무덤에 묻혔던 시기는 헬레니즘 시대였지만 이 쌍익신수는 페르시아예술의 양식을 띠고 있으며 아마도 셀레우코스 시기의 페르시아 예술품을 모방해 만든 것으로 추정된다. 중산왕 무덤의 부장품 중에는 서아시아의 잠자리구슬도 있었는데 이는 중국과 셀레우코스 왕조 사이에 문화 교류가 있었음을 말해 준다.

중앙아시아의 헬레니즘예술에는 날개 달린 사자의 문양이 많이 사용됐다. 프랑스 고고학팀이 아프가니스탄의 베그람Begram에 있는 계빈왕궁 유적에서 상아조각품을 발견했는데 그중에는 인도 마갈어摩竭魚(고대 인도

페니키아의 잠자리구슬

아무다리야강의 보물고에서 출토된 날개 달린 사자,
기원전 5세기~기원전 3세기

중산왕 무덤에서 출토된 잠자리구슬

중산왕 무덤에서 출토된 날개 달린 신수. 기원전 4세기 말엽

5-8 하북성 평산의 중산왕 무덤에서 출토된 페르시아예술 양식의 날개 달린 신수와 잠자리구슬

신강 창길에서 출토된 헬레니즘의 날개 달린 사자, 기원전 4세기

람에서 출토된 날개 달린 사자, 기원전 2세기~기원전 1세기   신강 아라거우 목곽묘에서 출토된 날개 달린 사자, 기원전 4세기~기원전 3세기

5-9 그리스 예술양식의 날개 달린 사자

신화에 나오는 바다괴물)가 날개 달린 사자를 집어삼키는 상아조각품도 있었
다. 그리스예술의 영향을 받아 중앙아시아 초원의 스키타이예술에서도
날개 달린 사자 문양이 성행했고 그것을 중국 내륙으로까지 유입시켰다.
곽박郭璞은 『목천자전穆天子傳』에서 "산예狻猊는 사자라고도 하며 호랑이와
표범을 잡아먹기도 한다(狻猊, 師子, 亦食虎豹)"고 설명했고, 『이아爾雅』 「석
수釋獸」에서는 '산예'에 대해 "산예는 바로 사자이며 서역에서 건너왔다
(卽師子也, 出西域)"고 설명했다. 영국의 언어학자 베일리H. W. Bailey의 연구에
의하면 우전于闐 사카족들은 사자를 Sarau라고 불렀다. 이 단어의 형용사
는 sarvanai, 추상명사는 sarauna이다.[5] 여기서 볼 수 있듯이 중국어의 '산

예'는 사카족의 언어 중 '사자'라는 뜻의 sarvanai 또는 sarauna에서 유래한 것이 분명하다. 또한 중국어에서 '사자'를 뜻하는 한자 '獅子' 또는 '師子'는 한나라 시기에 최초로 출현했고 토카라의 A방언(언기어焉耆語)에서 '사자'를 뜻하는 단어 sisak의 음역이다.

1970년대 신강 우루무치의 아라거우阿拉溝 동쪽 입구에서 전국 시대의 수혈식 목곽묘 4기가 발견됐는데 그곳에서 출토된 유물들은 스키타이 문화와 유사했다. 그 많은 부장품 중에는 사자를 표현한 유물 2점이 있었다. 하나는 쌍사자에 높은 굽이 달린 사각형의 접시였는데, 이것은 중앙아시아 제티수Zhetysu 유역의 스키타이무덤에서 발견된 예술품과 유사했다. 또 하나는 뒷발굽이 뒤집혀진 형식의 사자무늬가 새겨진 금박 장식품이었다.[6] 이 발견은 중국어의 '산예'가 스키타이이어에서 유래했다는 이론을 증명하는 데 중요한 근거를 제공해 주었다. 비록 중원 지역에서는 아직까지 전국 시대의 날개 달린 사자가 발견되지 않았지만 천산 동부의 창길昌吉 지역에서는 기원전 3세기에 제작된 날개 달린 청동사자 한 점이 발견됐다. 무늬 장식으로 볼 때 이 청동사자는 중국적인 느낌이 상당히 강했으며 중원의 장인들이 제작한 예술품일 가능성이 매우 높다.

5   H. W. Bailey, *Dictionary of Khotan Saka*, Cambridge : Cambridge University Press, 1979, p.421.
6   王炳華, 「新疆阿拉溝竪穴木槨墓發掘簡報」, 『文物』第1期, 1981, 18~22쪽.

4. 궁나이쓰鞏乃斯 강변의 스키타이 신전

1983년에 이리伊犁강의 지류인 궁나이쓰 강변에서 토굴에 저장됐던 스키타이 예술양식의 청동기들이 발견됐는데, 발견자는 이 청동기들이 대략 기원전 5세기~기원전 3세기에 제작된 것으로 추정했다. 총 6점의 청동기 중에는 청동신상神像, 구리방울, 청동용기 외에도 대형 쌍수문雙獸紋 청동목걸이 2점이 있었다.[7]

5-10 궁나이쓰 강변의 스키타이신전에서 출토된 날개 달린 신수가 장식된 청동목걸이(기원전 4세기~기원전 3세기)와 청동기물

---

7   穆舜英·王明哲,『新疆古代民族文物』, 北京 : 文物出版社, 1985, 6쪽.

이 청동목걸이 2점의 지름은 모두 50cm 이상이었고 연구자가 지적한 것처럼 스키타이인들이 제물용 가축을 교살할 때 사용한 형구刑具일 것으로 추정된다. 역사가 헤로도토스는 『역사』 IV(p.60)에서 스키타이의 제사 의식에 대해 이렇게 적고 있다. "그들은 어떤 종류의 제사를 올리든 제물을 바치는 방식이 모두 똑같았다. (…중략…) 그런 다음에 고리를 제물용 가축의 목에 씌우고 작은 막대기 하나를 꽂아 넣어 고리를 힘껏 비틀어서 제물을 교살한다." 그는 또 같은 책(p.61)에서 제물의 종류에 대해 이렇게 적고 있다. "그들은 다양한 종류의 가축을 제물로 사용했는데 그중에서도 말을 가장 많이 사용했다." 아울러 "제물을 바치는 방법은 다음과 같았다. 우선 제물의 앞다리 두 개를 한데 묶고 뒷다리 두 개로 서있게 한다. 제사의 진행을 맡은 사제가 제물의 뒤에 서서 끈의 한쪽을 손에 쥔다. 그리고 힘껏 끈을 당겨 제물을 쓰러뜨리고 그때 제사를 올리는 신의 이름을 크게 외친다"고 설명하고 있다.[8]

스키타이인의 말 제사에 대해서도 헤로도토스는 이렇게 적고 있다. "그들은 현지에 큰 가마가 있으면 말고기를 가마에 넣고 삶았다. 이 가마는 레스보스인들이 술을 섞는데 사용한 대접과 매우 유사했으며 단지 전자가 후자보다 훨씬 크다는 차이만 있을 뿐이다." 스키타이인들이 말고기를 삶는데 사용한 '큰 가마'는 바로 궁나이쓰의 토굴에서 발견된 스키타이 청동기 중 세발솥三足銅鍋이며 파키스탄-인도스키타이 문화유적에서도 이와 유사한 세발솥이 발견됐다. 또한 신강 공작하孔雀河 강변 영반고성營盤古城에서 발견된 것은 세발짜리 쇠솥이었다. 20세기 초에 남러시아 초원의

---

8 景騫(李滔), 「管窺伊犁鞏乃斯河青銅器窖藏的功用與性質—觀「天山・古道・東西風」有感」 (http://www.wangf.net/vbb/showthread.php)

한 스키타이고분에서 기원전 4세기에 제작된 것으로 추정되는 암포라Amphora 은제항아리가 발견됐다. 이 그리스 예술양식의 은제항아리에는 스키타이인들이 말 제사를 올리는 장면이 연작 형태로 부조돼 있었는데 그 내용은 바로 헤로도토스가 묘사한 광경 그대로였다.[9]

5-11 러시아 체르톰리크Chertomlyk의 스키타이 고분에서 출토된 은제 암포라

이곳에서 발견된 청동기 중에서 가장 중요한 유물은 바로 무사武士의 동상이었다. 높이가 40cm이고 높은 코와 깊은 눈매에 그리스식의 투구를 쓰고 있으며 반쯤 쪼그리고 앉은 자세로 양손은 무기를 쥔 모양을 하고 있다. 학자들은 이 동상을 그리스신화에 나오는 전쟁의 신 아레스일 것으로 추측하고 있다. 그리스 문화의 영향을 받아 유라시아 초원의 스키타이인들은 그리스의 신들을 숭배하고 모셨지만 조각상은 유일하게 전쟁의 신 아레스의 것만 만들었다. 헤로도토스는 『역사』 IV(pp.59~62)에서 이렇게 적고 있다. "그들은 아레스를 숭배했고 다른 신들에 대해서는 신상이나 제단, 신전 등을 세우지 않았지만 아레스 신을 숭배하는 데 있어서는 이런 것들을 모두 사용했다." 그리스신화에서 아레스는 제우스와 헤라의 아들이자 아프로디테(비너스)의 연인이며 로마 신화의 전쟁의 신 마르스와 동일시된다. 고전예술에서 신상은 흔히 나체로 표현하기 때문에 아레스신상도 때로는 나체의 예술 형상으로 표현됐다.

9   스키타이고고학 사이트 참조(http://vm.kemsu.ru/en/skyth/skyth-chertomlyk.html).

헬레니즘예술에서 아레스신상은 대부분 잘생긴 미남 무사의 형상으로 나타난다. 예를 들면 고대 그리스의 동전Brettian League(기원전 215~기원전 205)에 새겨진 아레스는 그리스 투구를 쓴 모습이고 또 투르크메니스탄의 옛 니사Nisa 유적에서 흙으로 빚은 파르티아제국 시기의 아레스 두상이 발견됐는데 이 역시 그리스 투구를 쓴 무사의 형상이었으며 기원전 2세기에 제작된 것이었다.

예술양식을 볼 때 궁나이쓰의 아레스 청동상은 고전예술회화 속의 아레스상과 더욱 유사하다. 예컨대 기원전 570년에 제작된 아레스 벽화가 이탈리아의 피렌체고고학박물관Archaeologic Museum, Florence에 소장돼 있는데 그림 속의 아레스는 그리스 투구를 쓰고 한 손에는 긴 창을, 한 손에는 방패를 들고 반쯤 쪼그리고 앉은 자세를 하고 있다.[10] 그 외에도 궁나이쓰 무사동상의 투구는 알렉산더 대왕의 아버지인 필리포스 2세의 무덤에서 출토된 그리스 투구와 매우 유사했는데, 이는 이 스키타이 예술양식의 청동기들이 사실은 중앙아시아 헬레니즘 시기에 제작됐다는 것을 다시 한번 증명해 주는 것이다.

기원전 3세기 말에 흉노족이 몽골 초원에서 부상하면서 월지족에게 볼모로 잡혀갔던 흉노의 왕자가 도망쳐 몽골 초원으로 돌아와 아비를 죽이고 스스로 왕이 되어 묵특선우冒頓單于라고 칭했다. 그리고 기원전 205년~기원전 202년 사이에 군사를 일으켜 서역의 패주인 월지족을 공격했다. 이때부터 월지족은 황하의 서쪽 지방 지역을 버리고 서쪽으로 이주했다. 기원전 177년 또는 176년에 묵특선우는 다시 한번 월지족을 패배시켰다.

<hr>

10 그리스예술 사이트 참조(http://www.timelessmyths.com/classical/olympians.html#Ares).

파르티아 그리스신전에서 출토된 아레스신상,
기원전 2세기

아레스 두상이 새겨진 고대 그리스의 동전,
기원전 215년~기원전 205년

5-12 파르티아예술의 아레스 두상과 고대 그리스의 동전에 새겨진 아레스상

**5-13 궁나이쓰에서 출토된 그리스 전쟁의 신 조각상(좌)과
고대 그리스의 흑색병에 그려진 전쟁의 신(가운데)과 마케도니아 왕릉에서 출토된 그리스 투구(우)**

기원전 174년에 묵특선우는 한나라 문제文帝 류항劉恒에게 다음과 같은 내용의 서한을 보냈다. "징벌의 뜻에서 우현왕에게 서방의 월지를 토벌하도록 명했다. 나의 군대는 하늘의 가호와 훈련된 병력, 강건한 말의 도움으로 월지를 쳐부수어 모두 참살함으로써 항복시켰다. 그리고 누란과 오손, 호게 및 인접한 26개국을 모두 흉노에 병합했다. 이리하여 활을 쏘는 민족을 합하여 한 집안이 됐고, 북쪽 지방은 안정되었다(故罰右賢王, 使至西方求月氏擊之. 以天之福, 吏卒良, 馬力强, 以夷滅月氏, 盡斬殺降下定之. 樓蘭, 烏孫, 呼揭及其旁二十六國皆已爲匈奴, 諸引弓之民並爲一家, 北州以定)." 전쟁에서 패한 월지족은 서쪽으로 이동해 옛날 사카족이 살던 이리강 유역으로 옮겨 갔다. 따라서 스키타이 예술양식의 이 청동기들은 아마도 대월지족이 서쪽의 이리강 유역으로 이동할 때(기원전 205~기원전 174) 매장됐을 것으로 추정된다.

그리스 신에게 제사를 올리는 스키타이인들의 풍습은 중국 진나라의 문화에도 영향을 미친 듯하다. 『한서』「오행지하五行志下」의 기록에 따르면, "진시황 26년(기원전 221)에 키가 50척에 발의 크기가 6척이나 되며 이적의 옷을 입은 사람 열두 명이 임조에 나타났다. 하늘의 훈계는 '오랑캐의 행사를 크게 하지 마라. 화를 당하게 될 것이다'라고 하는 듯했다. 당시 갓 여섯 나라를 통일시킨 시황제는 오히려 길한 징조라 기뻐하며 천하의 무기를 모두 모아 녹여서 금인 열둘을 만들어 모방했다(秦始皇二十六年, 有大人長五丈, 足履六尺, 皆夷狄服, 凡十二人, 見於臨桃. 天戒若曰, 勿大爲夷狄之行, 將受其禍. 是歲始皇初並六國, 反喜以爲瑞, 銷天下兵器, 作金人十二以象之)"고 했다.[11] 고서에서 말한 '금'은 금속을 통칭하는 말로 반드시 황금을 뜻하는 것이 아니며

---

11 『漢書』「五行志下」.

따라서 청동상도 '금인'이라 할 수 있다. 헤로도토스의『역사』기록에 따르면 스키타이인들은 "아레스를 숭배했고 다른 신들에 대해서는 신상이나 제단, 신전 등을 세우지 않았지만 아레스 신을 숭배하는 데 있어서는 이런 것들을 모두 사용했다"고 했다. 진나라는 예로부터 서역의 융족戎族들과 빈번하게 왕래했기 때문에 필시 스키타이신전에 모신 아레스신의 조각상을 보았을 것이며 따라서 진시황의 십이금인十二金人은 아마도 그리스 전쟁의 신 아레스의 신상을 모방해 만든 청동조각상일 것이다.

몽골 초원의 흉노족들도 스키타이 문화의 영향을 받아 그리스전쟁의 신 아레스의 조각상을 만들었던 것으로 보인다. 역사 기록을 보면 한 무제 원수 2년(기원전 121)에 "봄에 한나라의 사신 표기 장군 곽거병이 기마병 만 명을 이끌고 농서에서 출병해 언지산을 넘어 천리 길을 달려가 흉노를 쳤다. 흉노 두목의 목을 베고 1만 8천여 명을 사로잡았으며 휴도왕이 하늘에 제사를 지낼 때 쓰는 금인상을 빼앗았다(春, 漢使驃騎將軍去病將萬騎出隴西, 過焉支山千余里, 擊匈奴, 得胡首虜萬八千余級, 破得休屠王祭天金人)"[12]고 적고 있다. 여기서 언급한 금인의 내력에 대해서는 삼국 시기의 맹강孟康이 지은『한서음의漢書音義』에서 이렇게 설명하고 있다. "흉노는 본디 운양 감천산 아래에서 하늘에 제사를 지냈는데 진나라에게 그곳을 빼앗긴 후 휴도왕의 지역으로 옮겨 갔다. 그리하여 휴도왕에게는 하늘에 제사를 지내는 금인상이 있었고 주로 제사를 지내는 데 사용됐다(匈奴祭天處本在雲陽甘泉山下, 秦奪其地, 後徒之休屠王右地, 故休屠王有祭天金人像, 祭天主也)."[13] 이로부터 알 수 있듯이

---

12 해당 내용은『사기』「흉노열전」,『한서』「흉노전」,『한서』「김일선전」에서 찾아볼 수 있다.
13 이 글은『史記集解』에서 인용했으나『漢書』「匈奴傳」에서 맹강의 주석을 인용한 문자는 약간 다르며 마지막 한 구절이 "그렇기 때문에 휴도왕에게는 하늘에 제사를 지내는 금인상이 있었다(故休屠王有祭天金人像也)"이다.

이 금인상은 원래 감천산 의거융義渠戎 부족의 신전에 있었는데 진나라 군대가 공격해 오자 전쟁에 패한 의거융 부족들이 감천산을 떠나 북방 사막 지역 휴도왕의 지역으로 이주하게 된 것이다. 곽거병은 아마도 휴도왕의 종묘에서 이 금인상을 노획했을 것이다.

불교에서는 휴도왕의 금인상이 중국 최초의 불상이라고 주장하기도 하지만[14] 불상의 발원지인 간다라에는 당시 그 어떤 불상도 없었으므로 이같은 주장은 설득력이 없다. 『한서漢書』 「지리지地理志」 좌풍익左馮翊 부분의 기록을 보면 "운양에는 휴도, 금인 그리고 경로신사 세 곳이 있다(雲陽, 有休屠, 金人及徑路神祠三所)"고 적고 있다. 또한 양웅揚雄의 「감천부甘泉賦」에서도 운양의 감천궁甘泉宮에 '금인'이 있다고 말하고 있다. 휴도왕의 금인이 또다시 감천산 의거융 부족의 하늘에 제사를 지내는 곳으로 옮겨온 것으로 보인다. 감천산은 지금의 섬서성陝西省 순화현淳化縣 북서쪽에 있는 호화결 답산好花疙瘩山에 위치하며 이곳에는 서한 시기의 감천궁 유적지가 있다. 고고학적 조사에 의하면 감천산의 진한秦漢 유적은 산 위와 산 아래, 두 부분으로 나뉜다. 산 아래에는 작은 성이 하나 있고 성 안에 여러 개의 건축물 유적과 수로 유적이 있다. 진직도秦直道는 감천산 위를 지나며 산꼭 대기에 원추형의 평대平臺가 있고 남쪽 기슭에 계단 모양의 3층짜리 평대가 있으며 동쪽 기슭에도 단층짜리 평대가 있다. 두 유적에서 바닥용 벽돌, 속이 빈 벽돌, 평기와, 반원통형 기와, 도편陶片 등이 발견됐으며 석옹(돌곰 상), 석고石鼓, 그리고 '감림甘林' 명문이 새겨진 와당도 발견됐다.[15] 감림은

14　任繼愈, 『中國佛敎史』 第1卷, 北京 : 中國社會科學出版社, 1981, 60~63쪽.

15　姚生民, 「漢甘泉宮遺址勘查記」, 『考古與文物』 第2期, 1980, 51~60쪽; 王根泉, 「甘泉考釋」, 『考古與文物』 第1期, 1990; 王根泉·姚生民, 「淳化縣古甘泉山發現秦漢建築遺址群」, 『考古與 文物』 第2期, 1990, 1~4쪽; 姚生民, 「關於漢甘泉主體建築位置問題」, 『考古與文物』 第2期,

5-14 섬서성 순화현 감천궁 유적의 석옹(돌곰상)

5-15 섬서성 순화현 감천궁 유적의 전경

1992, 67 · 93~98쪽

'감천상림^{甘泉上林}' 또는 '감천림광^{甘泉林光}'의 약칭이기 때문에 감천궁 유적이 바로 이곳에 있다는 것이다.

감천산 유적 부근에는 한나라 시기의 건축물과 제사 유적들이 많이 남아 있으며 금인사^{金人祠}도 근처 어느 한나라 시기의 유적 속에 있는 것은 아닌지 앞으로의 발견을 통해 밝혀지기를 기대한다.

1. 신선을 찾아 바다로

중국 문명은 황하 유역에서 발원했고 하나라, 은나라, 주나라 세 왕조 모두 내륙 국가이다. 중국은 비록 해안선이 18,000여 km에 달하지만 나라들이 완전히 또는 부분적으로 바다에 의존해 생존하는 지중해 문명과는 다른 모습을 보이고 있다. 그런 이유로 중국의 해양 개발은 기타 고대 문명 국가들에 비해 훨씬 늦게 진행됐다. 바다에 가장 먼저 관심을 가진 중국인은 뜻밖에도 주술사들이었다. 그들은 점을 치는 데 사용할 목적으로 거북등껍질, 특히 희귀한 큰 거북을 수집하러 다녔다. 미국의 거북류 학자의 감정에 의하면 하남성河南城 안양安陽 은허殷墟에서 출토된 대형 거북이판 중에는 말레이 반도의 육발이거북Testudo Emys이 있다.[1] 『상서尙書』 「대고大誥」에는 "영왕(주문왕)이 큰 거북大寶龜을 남겨주었다(寧王遺我大宝龜)"고 적혀 있는데 여기서 말한 큰 거북은 바로 먼 곳에서 가져온 거북의 등 껍데기다.

전국 시대 이래 중국의 방사方士들은 '불로장생의 약'을 찾기 위해 방방곡곡에서 단약을 만들고 신선이 되는 방도를 구했다. 이른바 '구선求仙'은

1   James F. Berry, "Identifiction of the Inscribed Turtle Shells of Shang", David N. Keightley, *Sources of Shang History*, California : University of California Press, 1978, pp.157~164.

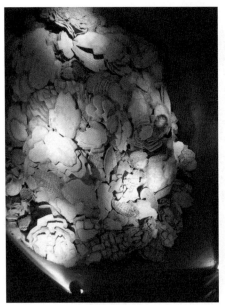
은허에서 출토된 갑골

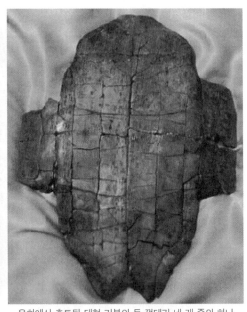
은허에서 출토된 대형 거북의 등 껍데기 네 개 중의 하나

6-1 하남성 안양 은허에서 출토된 갑골

바로 방사들이 바다로 가서 '불로장생의 약'을 찾는 것이다. 『사기史記』
「봉선서封禪書」의 기록에 의하면 "제위왕齊威王, 제선왕齊宣王, 연소왕燕昭王이
사람을 시켜 바다에 들어가 봉래산, 방장산, 영주산을 찾았다. 이 삼신산이
라는 곳은 전하는 말에 의하면 발해 한가운데에 있는데 속세에서 그리
멀지는 않다. 재앙이 이르려 하면 곧 배가 바람에 끌려간다. 삼신산에 갔던
사람들이 있었는데 여러 신선들과 불사약이 모두 그곳에 있는 것을 보았다
고 한다(自威, 宣, 燕昭使人入海求蓬萊, 方丈, 瀛洲. 此三神山者, 其傅在勃海中, 去人不
遠;患且至, 則船風引而去. 蓋嘗有至者, 諸僊人及不死之藥皆在焉)"고 했다. 중국 원양
항해의 발상지가 연(하북), 제(산동) 등의 연안 지대이고 최초로 배를 만들
어 바다로 간 사람은 전국 시대의 방사들이었음을 짐작할 수 있다.

『산해경山海經』에 따르면 중국 고대의 신화와 전설은 서역 곤륜산과 동해

봉래 두 계통이 있다. 동해 봉래 계통은 전국 시대부터 일어난 '입해구선入海求仙', 즉 신선을 찾아 바다로 간 운동에서 유래됐다. 강소성江蘇省 연운항連云港의 공망산孔望山에는 신선 도술과 관련된 마애석각이 많이 있다. 이곳은 제나라의 땅에 인접해 있으며 비록 석각의 대부분이 한나라, 위나라, 수나라, 당나라 시기의 것이지만 문화전통은 제나라 방사들의 '입해구선'에서 시작됐다.

공망산 마애석각조각군에서 동쪽으로 70m 떨어진 곳에 거대한 한나라 시기의 환조석상丸彫石象이 있는데 이 돌코끼리 조각상의 길이가 무려 4.8m, 높이가 무려 2.6m에 달한다. 코끼리 앞다리 오른쪽에 코끼리를 돌보는 하인의 모습이 새겨져 있고 하인의 왼쪽 아래 안쪽에는 동한 시기에 성행했던 예서隸書체로 명문銘文 한 줄이 세로 형태로 새겨져 있다. 고증에 의하면

6-2 강소성 연운항 공망산의 환조석상

이 명문의 연대는 '영평永平 4년 4월'이다.[2]

서한 시기의 대형석조石彫는 보통 투조透彫 기법을 사용하지 않았다. 한 원제漢元帝 위릉渭陵의 제사갱에서 출토된 날개 달린 옥사자를 보면 알 수 있다. 그리고 동한 시기부터 투조 기법을 사용하기 시작했는데 낙양洛陽 백마사白馬寺 부근의 동한석상이 바로 그런 경우이다. 공망산 대형 환조석상에 새겨진 연대와 명문은 대형 지면석조의 투조 예술양식이 동한 영평 4년(61)에 시작됐음을 설명해 주는 매우 중요한 발견이다.

2. 희귀한 금록석金綠石으로 장식한 청동코뿔소

선진 시기의 문헌에는 이런 이야기가 기록돼 있다. 종횡가인 장의張儀가 진나라를 대신해 초회왕楚懷王에게 유세를 했고 장의에게 설득당한 초회왕은 "사신과 마차 백 대를 보내어 계해지서鷄駭之犀와 야광지벽을 진나라 왕에게 바쳤다(乃遣使車百輛, 獻鷄駭之犀, 夜光之璧於秦王)"고 했다.[3] 계해는 일종의 인도보석으로서 학명은 '금록석金綠石, Chrysoberyl'이고 산스크리트어로 Karketana(묘안석猫眼石)이며 주로 스리랑카와 남인도의 서해안에서 생산된다.[4]

금록석은 경도가 8.5, 비중이 3.5~3.8이며 유리 광택이 난다. 색깔은 옅은 녹백색, 옅은 녹황색, 옅은 녹갈색, 황색 등이 있고 투명 또는 반투명

2   李洪波, 「孔望山佛敎‘石象’發現東漢紀年銘刻年代早於敦煌三百年」, 『中國文物報』, 2005.

3   『전국책』「초책일」과 『한서』「서역전」에서는 대진국(로마제국)도 '계해서鷄駭犀'를 생산한다고 적고 있다.

4   荻原云來 外編, 『梵和大辭典』上冊, 臺北 : 新文豊出版公司, 1979, 321쪽.

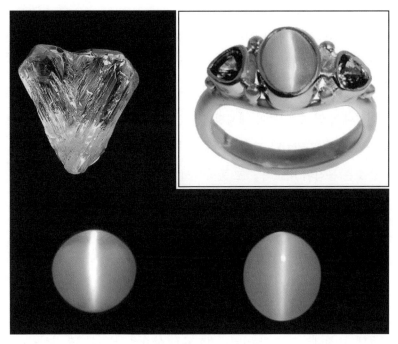

6-3 인도의 유명한 보석인 묘안석(금록석)

에 단면은 들쭉날쭉 하거나 조개껍데기 모양을 띠고 있다. 고대 중국에서 금록석은 가장 진귀한 보석 중의 하나로 꼽힌다. 인도인들은 묘안석을 'vaidūrya(수정)'라고 칭했고, 한나라의 문헌에는 '벽유리璧琉璃'라고 기록되어 있다. 『한서漢書』「지리지地理志」에는 "계빈국에서 벽유리가 난다(罽賓國出璧琉璃)"고 적고 있고 이에 대해 일부 학자들은 "계빈국에서 유리玻璃가 난다(罽賓國出産玻璃)"고 해석하는데 이는 잘못된 것이다. 중국어의 '유리玻璃'라는 단어가 페르시아어에서 유래됐으며 파흘라비어의 belur/bylwl(수정)에 해당되기 때문인 듯 하다.[5] 하지만 사실은 유리는 산스크리트어로는 silā이고 파흘라비어로는 jām이다. 그렇다면 고대 중국어에서는 왜 이 유리

5 D. N. MacKenzie, *A Concise Pahlavi Dictionary*, Oxford : Oxford University Press, 1971, p.18.

를 silā나 jām로 부르지 않고 belur/bylwl(수정)이라고 했을까? 아마도 페르시아 상인들이 처음에는 유리를 수정이라고 속여서 중국인들과 거래를 했을 것이다. 상인들의 간사함은 옛날에도 마찬가지였나 보다.

이름에서 알 수 있듯이 계해지서는 인도 묘안석 또는 유리를 상감한 청동코뿔소를 가리킨다. 코뿔소는 종류가 매우 다양하며 그중에서도 인도 코뿔소는 몸집이 비교적 크고 동남아시아의 수마트라 코뿔소는 몸집이 비교적 작다. 『이아爾雅』 「석수釋獸」에서는 "외뿔들소는 소와 비슷하게 생겼고 코뿔소는 돼지와 비슷하게 생겼다(兕似牛, 犀似豕)"고 해 이 둘을 구분하고 있다. 따라서 '계해지서'는 수마트라 코뿔소를 본떠 만든 청동코뿔소를 가리키는 것일 수도 있다.

코뿔소 형상은 일찍이 은나라 시기부터 중국의 청동기예술의 소재로 활용됐다. 청나라 도광(함풍이라는 설도 있음) 시기에 산동성山東省 양산梁山에서 소신여서준小臣艅犀尊이라 불리는 기물이 발견됐는데 은나라 말기에 제작된 것으로 추정되며 현재 미국 샌프란시스코의 아시아예술박물관에 소장돼 있다. 또한 『중국청동기전집中國靑銅器全集』 제3권에도 '사사필기유四祀邲其卣'라는 술병의 사진이 수록돼 있는데 사실은 코뿔소 청동술병이며 안양 은허에서 출토됐고 현재는 북경고궁박물원에 소장돼 있다고 한다.

전국 시대에는 코뿔소가 유행했다. 1973년에 하북성河北省 평산平山에 있는 전국 시대 중산왕의 무덤에서 금은으로 상감한 청동코뿔소 한 점이 출토됐다. 1954년에 사천성四川省 소화현昭化縣에서 전국 시대의 금은으로 상감한 청동코뿔소띠고리가 발견됐는데 띠고리 전체에 문양이 장식돼 있고 길이는 17.5cm, 높이는 6.5cm이다. 미국의 새클러박물관도 이와 비슷한 띠고리 한 점을 소장하고 있다.[6] 전국 시대에 코뿔소는 옥공예의

산동성 양산에서 출토된 은나라 말기의 소신여서준
현재 미국 샌프란시스코 아시아예술박물관 소장

하북성 평산현 전국 시대 중산왕무덤에서
출토된 금은으로 상감한 청동코뿔소

사천성 소화현에서 출토된 전국 시대의
금은으로 상감한 청동코뿔소청동띠고리

하남성 낙양시에서 출토된
전국 시대의 옥코뿔소

6-4 산동성 양산에서 출토된 은나라 말기의 서준과 하북성 평산현 전국 시대 무덤에서 출토된 금은으로 상감한 코뿔소 등

---

6 『중국청동기전집中國靑銅器全集』 제8권에서는 '착금은문 우형 띠고리錯金銀紋牛形帶鉤'라는
명칭을 사용했는데 착금은 코뿔소 띠고리錯金銀犀牛帶鉤가 옳은 명칭이다.

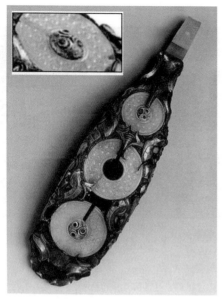

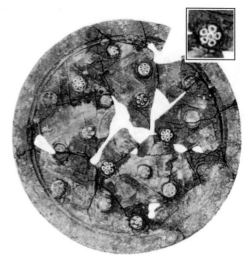

하남성 휘현 고위촌에서 발견된 유리구슬이 상감된
도금 청동 띠고리

낙양시 서공구 CIM3943 전국 시대의 무덤에서 출토된
유리구슬이 상감된 구리거울

6-5 유리구슬이 상감된 전국 시대의 청동기

소재로도 활용됐다. 중국문물학회 박물관학원의 홈페이지를 보면 현재
까지 발견된 옥으로 조각한 코뿔소는 이미 네 점에 달한다. 미국 샌프란
시스코의 아시아예술관, 낙양시 문물고고학팀, 북경고궁박물원에 각각
한 점씩 소장돼 있고 나머지 한 점은 소장처가 미상이다. 샌프란시스코
아시아예술관에 소장된 코뿔소는 길이가 25cm, 너비가 7.9cm이며 몸
체가 납작하고 평평하며 누조鏤彫, 부조浮彫 기법과 음각무늬로 장식돼 있
다. 등에는 구멍 세 개가 가로로 줄지어 있어 몸에 걸 수 있다. 낙양시문
물고고학팀이 소장한 코뿔소는 길이가 13.1cm, 너비가 6.5cm이며 몸
체가 납작하고 평평하며 누조, 저부조低浮彫, 선문線紋 기법으로 조각됐다.
양면의 무늬가 똑같으며 샌프란시스코 아시아예술관의 소장품과 매우

유사하다.[7]

초회왕 시기에 중국에서는 청동기에 보석이나 유리구슬을 상감하는 것이 성행했다. 예를 들면 하남성 휘현輝縣 고위촌固圍村의 전국 시대 무덤에서 출토된 금을 입힌 청동띠고리에도 유리구슬이 상감돼 있었고 낙양시 서공구西工區의 전국 말기 무덤에서 출토된 산山자 문양의 구리거울에도 잠자리구슬이 상감돼 있었는데 매우 정교하고 아름다웠다.[8]

초회왕이 진나라 왕에게 바친 '야광지벽'은 진나라의 중신 이사李斯가 이를 육국의 보물(곤산옥, 수후주와 화씨벽, 명월주, 태아검, 섬리마, 취봉기, 영타고)과 더불어 언급한 것을 보면 아마도 묘안석을 상감한 청동코뿔소보다도 더욱 진귀한 보물이었을 것이다.[9] 일반적으로 '야광지벽'은 바로 야명주夜明珠를 가리키는 것이라고 생각하는데 이 야명주가 도대체 무엇인지는 지금까지도 수수께끼로 남아 있다.

1954년, 영국의 학자 조셉 니덤Joseph Needham이 처음으로 야명주는 형

---

7 「古玉的斷代與辨識—玉犀牛·玉翾邪·玉蜻蜓」, 『收藏家』 雜志(http://www.wenbo.net.cn/wbkt27.htm).

8 서주 말기의 장인들은 이미 청동기에 보석이나 유리를 상감하는 기술을 습득했고 하남성 낙양시의 서주 말기 청동정靑銅鼎에도 유리구슬이 상감돼 있었다. 高志喜, 「論我國春秋戰國的玻璃器」, 『文物』 第12期, 1985, 54~56쪽.

9 서역과 육국의 보물에 대해 이사李斯는 진나라 왕에게 이렇게 말씀을 올렸다. "지금 폐하께서는 곤산옥을 얻으셨고, 수후주와 화씨벽을 갖고 계시며, 명월주를 드리우셨고, 태아검을 차셨으며, 섬리마를 타시고, 취봉기를 세우셨으며 영타고를 달아 놓고 계십니다. 이 여러 가지 보물들 가운데 진나라에서 난 것은 하나도 없지만 폐하께서는 그것들을 좋아하는 데, 어째서이겠습니까? 반드시 진나라에서 생산된 것이라야만 된다면 야광지벽으로 조정을 장식할 수 없으며 코뿔소의 뿔이나 상아로 만든 기물을 보고 즐길 수 없을 것입니다. 정나라와 위나라의 미인들로 후궁을 가득 채울 수 없으며 결제와 같은 준마들로 바깥 마구간을 채울 수 없을 것입니다. 강남의 금과 주석도 쓸 수 없으며 서촉의 단청으로 색칠할 수도 없을 것입니다(今陛下致昆山之玉, 有隋和之寶, 垂明月之珠, 服太阿之劍, 乘纖離之馬, 建翠鳳之旗, 樹靈鼉之鼓, 此數寶者, 秦不生一焉, 而陛下說之, 何也? 必秦國之所生然後可, 則是夜光之璧不飾朝廷, 犀象之器不爲玩好, 鄭衛之女不充後宮, 而駿良駃騠不實外廐, 江南金錫不爲用, 西蜀丹靑不爲采)."

광석이라는 설을 내놓았다. 고대 중국인들이 사랑한 야명주는 시리아산 '공작난옥孔雀暖玉, Pyrosmaragd'이며 사실은 형광을 내는 일종의 장석長石, Feldspar 또는 형석螢石, Calcium Fluoride이라고 그는 주장했다. 1974년에 니덤의 저서인『중국의 과학과 문명Science and Civilisation in China』의 중국어 번역본이 출판되면서 이 학설이 중국학계에 널리 확산됐다.[10] 그러나 이 같은 주장에 대해 중국의 보석 전문가들은 줄곧 의문을 제기했다. 그 이유는 중국에도 형석이 많이 나기 때문에 굳이 인도로부터 수입을 할 필요가 없었고 또한 형석은 가격이 매우 저렴해 톤당 겨우 몇 백 위안밖에 하지 않기 때문이다. 초회왕이 이런 싸구려 물건을 진나라 왕에게 바칠 리도 만무하고 이사도 평범한 보석을 육국의 보물과 견주지는 않았을 것이다.

가장 귀한 보석은 금강석(다이아몬드)이며 인도에는 금강석이 많이 나기 때문에 장홍소章鴻釗는 일찍이 야광벽 또는 야명주는 바로 금강석을 가리키는 것이라고 주장했다.[11] 야명주가 바로 인도의 금강석이었을 것이라는 이러한 주장은 중국과학원 광주지구화학연구소의 왕춘운王春雲 박사에 의해 더욱 구체적으로 논증됐다. 1928년에 대군벌인 손전영孫殿英의 부하가 청나라 서태후의 무덤에서 훔쳐갔다는 그 야명주는 바로 인도 무굴제국의 샤 자한Shah Jahan 황제의 이름으로 명명됐고 유실된 지 350년에 이르는 '무굴제국 다이아몬드'였다. 손전영은 부하가 훔쳐온 이 야명주를 장개석蔣介石에게 바쳤고 장개석은 이를 부인 송미령宋美齡의 슬리퍼에 장식으로 박아 넣었으며 지금은 행방불명이 됐다. 하지만 이 다이아몬드와 견줄

---

10 Joseph. Needham, *Science and Civilization in China*, vol.I, London : Cambridge University Press, 1974, pp.199~200; Joseph. Needham, 袁翰青 外譯,『中國科學技術史』第1卷, 北京 : 科學出版社, 1976(1990年 第2版).

11 章鴻釗,『石雅』「寶石說」, 上海 : 上海古籍出版社, 1993, 102~103쪽.

6-6 인도의 다이아몬드 '빛의 산'(좌)과 페르시아의 다이아몬드 '빛의 바다'(우)

수 있는 또 다른 다이아몬드가 있는데 바로 인도의 코이누르Koh-i-Nur(빛의 산)와 페르시아의 다랴이누르Koh-i-Dariya(빛의 바다)이다.

인도의 국보인 '빛의 산'은 영국인의 수중으로 들어갔고 엘리자베스 여왕의 왕관에 장식돼 현재는 영국의 런던탑에 소장돼 있다.[12] 만약에 '야광지벽'이 과연 다이아몬드였다면 인도의 '빛의 산' 또는 페르시아의 '빛의 바다'에서 '야광지벽'의 풍채를 찾아볼 수 있을 것이다.

---

12 王春雲, 「廉價螢石不可能是夜明珠」 인터넷판, 21세기보석사이트(http://www.21gem.c om/news/sc/news.asp)에 게재되었다. 원문은 『珠寶科技』 第5期(2004)에 등재되었다. 이 글은 『香港大公報』 2004년 2월 17일 자의 보도를 인용했다.

3. 동서양 해상교통의 개척

기원전 525년에 고대 페르시아의 왕 캄비세스 2세Cambyse II(기원전 530~기원전 522)가 이집트를 정복했다. 이로써 홍해는 고대 페르시아제국의 내륙해가 됐다.

그리스의 역사가 헤로도토스의 기록에 따르면 고대 페르시아의 왕 다리우스Darius(기원전 522~기원전 486)는 이집트와 인도 사이의 국제항로를 개척하기 위해 '나일강에서 홍해까지 이르는 네코 운하'를 개통했고 사바인S abaeans들을 넘어 페르시아만까지 직접 항해했다. 그러나 예멘으로부터 유향과 몰약, 인도와 말레이시아로부터 계피를 수입하는 거래는 나바테아 Nabateens, 미네Mineens, 게르헤Gerrheens 등지의 아랍인들이 전부 장악했다. 바레인Bahrein의 게르헤인들은 아라비아 반도를 가로질러 미네인들과 손잡고 아랍 상인들을 시리아의 페트라Petra성으로 데려갔고 계피는 인도 선대가 책임지고 운반했다.

고대 페르시아 다리우스 1세의 돌조각상이 이집트에서 발견되면서 페르시아제국의 과거 눈부신 역사가 새롭게 재현됐지만 다리우스의 명령에 의해 건설됐다는 네코운하가 도대체 어디에 있는지는 줄곧 풀리지 않은 수수께끼로 남게 되었다. 그러다가 1866년 수에즈 운하를 팔 무렵에 이 수수께끼를 드디어 풀 수 있었다. 바로 수에즈에서 북으로 20마일 떨어진 곳에서 고대 비석 한 점이 발견됐는데 붉은색 화강암 재질의 비석에는 페르시아어, 바빌로니아어, 엘람어 그리고 이집트 상형문자가 새겨져 있었다. 이 네 가지 문자의 내용은 완전히 똑같았고 바로 다리우스 1세가 반포한 조서였다. 이 안하무인의 페르시아 왕은 "내가 이 운하

6-7 수에즈운하(좌)와 다리우스 1세의 돌조각상(우)

를 건설하도록 명령을 내렸고 이로써 이집트 경내에서 세차게 흐르는 나일강과 페르시아로 통하는 바다를 연결시켰다"고 선언했다.[13] 나일강에서 홍해에 이르는 고대운하의 개통은 이집트와 아랍, 페르시아, 인도 사이의 해상 무역을 대대적으로 강화시켰다. 기원전 4세기~기원전 3세기에 이집트와 지중해 동해안에서 생산된 유리 제품이 홍해-인도양 항로를 거쳐 남인도와 스리랑카섬으로 대량 운송됐다.

그리스인들이 이집트를 통치하던 시대에 홍해의 무역이 특히나 활발했다. 알렉산더 대왕은 인도와의 전투를 치루는 과정에서 심지어 코끼리떼를 동원하는 등 엄청난 위력을 자랑하며 인도의 국토 일부를 점령했다. 그 후 이집트의 왕 톨레미 2세Ptolemy(기원전 308~기원전 246)도 메소포타미아 셀레우코스 왕국Seleucus(기원전 305~기원전 280)과 대적하기 위해 에티오피아의 코끼리떼를 군대에 동원하고자 했다. 그래서 코끼리떼를 배로 실어 나르기 위해 홍해 연안에 베레니스Berenice 항구를 건설했고 사막의 중심에서 이드푸Idfu로 통하는 항로를 개척했다.

그리스의 범선은 이미 상당히 선진적인 수준이었지만 그리스인들은 갑판이 없고 뚜껑이 열린 범선을 새롭게 개조했다. 선체의 길이는 최대 30m에서 45m까지 늘렸다. 구식 범선은 양쪽에 노가 25개씩 있는데 비해 개조한 후의 신식 범선은 뱃전 밖으로 튀어나온 노받이가 있고 위에 노를 받치는 노걸이 있으며 양쪽 뱃전에 모두 이단 또는 삼단짜리 노받이가 있다. 영국의 고고학자 Michael Katzev는 키프로스 북부의 해역에서 고대그리스의 침몰선을 발견했고 이를 '키레니아 침몰선Kyrenia wreck'이라

---

13 Dale Brown 主編, 『波斯人—帝國的主人』, 北京 : 華夏出版社 · 南寧 : 廣西人民出版社, 99~100쪽.

고 불렀다. 이 배는 용골 32개를 이용해 선체를 고정했고 기원전 310년~기원전 300년에 침몰된 것으로 추정된다.[14]

기원전 3세기 말엽에는 군사적 분쟁이 더 이상 주도적 지위를 차지하지 않았고 동양의 향료를 중심으로 홍해의 무역이 이루어졌다. 그리스인들은 소코트라섬Socotra에 정착해 입지를 굳혔음에도 불구하고 아덴만을 넘지는 못했다. 그곳에서 아랍인들은 인도인과 그리스인들로 하여금 자신들에게 관세를 내게 했다.

기원전 4세기 중엽에 인도의 장수 찬드라 굽타Chandragupta가 인도네시아에서

6-8 키레니아 침몰선

군사를 일으켜 중앙아시아로 진군했고 북인도와 중앙아시아 남부에 대한 그리스인들의 통치를 종결시켰다. 그리고 계속해 남쪽으로 확장해 갠지스강 유역의 난다Nanda 왕조를 멸망시키고 기원전 324년에 인도 마우리아 왕조를 정식 건립했다. 인도인의 통치술은 페르시아인 또는 그리스인의 통치술과 사뭇 달라서 정복당한 자들에게 물질 문화가 아닌 종교사상을 주입시켰다. 마우리아 왕조의 제3대 왕인 아소카Asoka 왕은 독실한 불교 신자였고 국내외에서 불교를 전파하기 위해 인도 각지에 불교의 교리를 새긴 비석과 석주를 세우고 법칙法勅을 반포하며 불법을 널리

---

14 코넬대 예술사이트(www.arts.cornell.edu/dendro/96adplet.html) 참조.

알렸다. 뿐만 아니라 아소카 왕은 불교사절단을 세계 각지에 파견해 불법을 널리 전파했다.

아소카 왕의 13번째 비문에는 이렇게 적혀 있다.

자비로운 왕은 법에 의한 정복을 가장 훌륭한 정복이라고 생각한다. 또한 자비로운 왕은 그의 영토에서 뿐만 아니라 600요자나(약 6천 km)의 거리만큼 멀리 떨어진 모든 국경 지방의 사람들에게도 불법을 전파해 왔다. 그 나라들은 안티오코스Antiochus라는 이름의 그리스Yona

6-9 사르나트에서 출토된 아소카 왕의 석주

의 왕이 통치하는 곳과 안티오코스의 영토 그 너머에 사는 네 명의 왕, 즉 북쪽으로는 톨레미Ptolemy, 안티고누스Antigonus, 마가스Magas, 알렉산드로스 Alexander가 통치하는 곳이다. 그리고 남쪽으로는 촐라Chola 왕조, 판드야 Pandya 왕조가 통치하는 곳과 실론Ceylon(스리랑카)만큼 멀리까지이다.[15]

안티오코스는 안티오케이아Antioch에 수도를 둔 셀레우코스 왕조를 가리키며 시리아 지방과 소아시아가 그 영토에 속한다. 한나라 시기에는 '조지條枝'라고 불렸다. 기원전 303년~기원전 292년에 셀레우코스 1세

---

15 羽溪了諦, 賀昌群 譯, 『西域之佛敎』, 北京 : 商務印書館, 1999, 34쪽. "王惟正法之勝利, 卽最上之勝利, 而王復於其領土相距六百由旬之鄰國－希臘王安堤阿之所在, 於其北則托勒密, 安提娥那斯, 馬加斯及亞歷山大四王之所在, 於其南, 則綽那王國, 判達雅王國及錫蘭, 皆遍被正法."

가 메가스테네스^{Megasthene}를 인도의 수도인 화씨성^{華氏城, 파탈리푸트라}에 사신으로 여러 차례 파견해 마우리아 왕조의 찬드라굽타 왕을 알현했다. 바빌론에서 출발해 간다라(페샤와르 부근)를 거쳐 암리차르^{Amritsar}를 지나서 가르^{Garh}에 도착한 후 시왈리크 힐스^{Siwalik Hills} 산기슭을 따라 갠지스 평원에 진입해 알렉산더 대왕이 무력으로 정복할 수 없었던 갠지스강 유역까지 이르렀다.[16] 아프가니스탄의 칸다하르에서 아소카 왕의 불교사절단이 세운 그리스어와 아람어^{Aramaic}로 새겨진 비문이 발견됐고 이로써 아소카 왕이 서양으로 불교사절단을 파견한 것이 사실임을 알 수 있다.[17]

톨레미는 알렉산드리아에 수도를 둔 톨레미 왕조를 가리키며 이집트와 지중해 동해안이 그 영토에 속한다. 한나라 시기에는 '여간^{黎軒}'이라 불렸다. 또한 실론은 스리랑카섬을 가리키며 한나라 시기에는 '이정불국^{已程不國}'(또는 사자국^{獅子國})이라 불렸다. 기원전 117년에 인도의 선원이 톨레미 8세에게 초여름 계절풍을 타고 인도로 갔다가 초겨울 계절풍을 타고 돌아올 수 있다는 비밀을 알려주었다. 이에 톨레미 8세는 즉시 인도로 사람을 파견했고 그때부터 인도와의 직접 무역이 발전하기 시작했다.

프랑스 고고학팀은 아프가니스탄의 베그람^{Begram} 유적에서 이집트 알렉산드리아에서 생산된 유리기물을 대량 발견했다. 그중 한 점에는 알렉산드리아 등탑이 부조돼 있고 또 다른 한 점에는 이집트 여신 이시스^{Isis} 상이 그려져 있었다. 그리스 로마 통치 시대에 이시스는 모든 사람들이 다 알고 숭배하는 여신이었다. 예술품 속의 이시스는 몸에 딱 달라붙는

16 Paul Pedech, 蔡宗夏 譯, 『古代希臘人的地理學』, 北京 : 商務印書館, 1983, 77~78쪽.
17 F. R. Allchin · K. R. Norman, "Guide to the Asokan Inscriptions", *South Asian Studies*, vol.I, 1985, pp.43~50.

아프가니스탄에서 출토된 이집트 헬레니즘 시대의 채색도안유리기물, 기원전 3세기~기원전 1세기

아프가니스탄의 베그람 유적에서 출토된
이집트 유리기물

이집트에서 출토된 그리스의 채색도안 유리병,
기원전 1세기

6-10 대하국과 이집트에서 출토된 이집트의 유리 기물

옷을 입고 머리에 이집트 양식의 왕관을 쓰고 있다.[18] 채색 도안이 그려진 이런 유리기물은 톨레미 왕조에서 매우 성행했으며 이집트 본토에서도 발견됐다.[19] 대하국에서 출토된 이집트 유리기물은 아마도 아라비아해를 거쳐 인더스강 입구까지 운반된 후 다시 대하국에 판매됐을 것이다.

아소카 왕이 수도인 파탈리푸트라에서 실론(스리랑카)과 지중해 동해안에 파견한 불교사절단은 갠지스강을 통해 바다로 가서 다시 해로를 따라 스리랑카와 지중해 동해안에 도착한 것이 분명하다. 어쨌든 인도양에서 홍해까지의 항로가 아소카 왕 시대에 이미 전면적으로 개통됐던 것이다.

로마인들이 인도양에 진입하기 전에는 인도인들이 인도양은 물론 남중국해를 지배했다. 그리스의 항해사 히팔루스Hippalus가 폭풍을 만나 표류하던 끝에 스리랑카섬에 표착해 그곳에서 반년을 머물다가 스리랑카에 사절로 온 라시아스Rachias와 함께 유럽으로 돌아왔다. 로마의 작가 대플리니우스는 『박물지Historia Naturalis』에서 "라시아스의 부친이 스리랑카섬에서 동쪽으로 항해해 인도의 갠지스강 입구를 거쳐 금주金洲(지금의 말레이 반도)에 이르렀으며 가장 멀리는 '세레스Seres' 국이라 불리는 중국에까지 갔다"고 적고 있다.[20]

『홍해항해기紅海航海記』에 의하면 스리랑카섬 부근의 해역을 항해한 선대는 "위에 멍에를 하나 얹은 아주 큰 배 여러 척으로 이루어진 선대였고 사람들은 이런 배를 '산가라Sangara'라고 불렀다. 그리고 금주(지금의 말레

---

18 何芳川·寧騷 主編, 『非洲通史古代卷』, 上海 : 華東師範大學出版社, 1990.
19 이집트에서 출토된 그리스 채색도안 유리기물에 관해서는 이집트 고고학사이트 참조. (http://www.scotthaddow.com/egypt/ dakhleharch/pages/ glass1_jpg.htm)
20 George Coedes 編, 耿昇 譯, 『希臘拉丁作家遠東古文獻輯彔』, 北京 : 中華書局, 1987, 11~12쪽.

이 반도)나 갠지스강 입구로 가는 범선들은 크기가 매우 거대했고 사람들은 이를 '코란디아Kolandia'라고 불렀다"[21]고 한다. '산가라'는 스리랑카의 별칭이며 '싱할라Sinhala'라고 번역되기도 한다. 그렇다면 싱할라선은 스리랑카의 옛 범선을 가리키는 것이고 갠지스강과 중국 사이를 항해하던 '코란디아'선은 인도의 옛 범선인 것이다.

인도의 옛 범선은 오랜 세월 동안 거의 변화가 없었다. 자바섬에 있는 불교 유적인 보로부두르Borobudur의 8세기~9세기 부조에서도 이런 범선의 모습을 찾아볼 수 있다. 기원전 2세기에 한 무제가 남인도의 황지国黃支國에 사절을 보내어 진귀한 보물을 구해오게 했다. 『한서漢書』「지리지地理志」」의 기록에 의하면 한나라의 사절이 인도에 도착한 후 다른 "만이고선에 실려 전송된다(蠻夷賈船, 轉送致之)"고 했다. 여기서 말한 '만이고선'이란 당시 인도와 중국 사이를 오간 인도의 상선 '코란디아' 대형 범선이었을 것이다.

4. 바닷길을 통해 중국으로 건너온 근동 지역의 예술품

기원전 3세기 말에 흉노족이 몽골 초원에서 굴기함에 따라 서역의 패주였던 대월지족이 돈황 이북의 초원에서 서쪽의 이리강 유역으로 이동했다. 그리고 이어진 오손烏孫과 흉노의 공격으로 또다시 서쪽의 아무다리야강 북쪽 연안으로 옮겨갔다. 1세기~ 3세기에 대월지족은 중앙아시아와 북인도에 쿠샨 왕조를 건립했다. 예로부터 인도인들은 중앙아시아의 알타이 산지로부터 황금을 수입했고 대월지족이 중앙아시아를 제패한 이후에

---

21 위의 책, 17쪽.

6-11 산동반도에서 출토된 근동 엘람의 예술품, 기원전 3세기

는 인도와 알타이 산지 사이의 황금의 길을 끊어버렸다. 인도 전설에서 말레이 반도는 줄곧 '금주'라고 불렸고 알타이 산지에서 더 이상 금을 수입할 수 없게 된 인도인들은 동남아시아로 시선을 돌렸고 이는 인도와 동남아시아, 내지는 중국 동남 연해 지역의 해상국제 무역을 촉진하는 계기가 됐다. 바로 이 시기에 근동예술품이 산동반도에서 출현했다.

1978년, 산동성 치박시淄博市 임치臨淄의 서한西漢 제왕묘齊王墓 1호갱에서 높이 11cm, 지름 11.4cm의 열판문은두列瓣紋銀豆가 발견됐다. 이국적인 느낌의 은합銀盒을 가공 및 개조한 것으로 보이는 이 유물은 권족圈足(둥근밑다리)과 뚜껑 위의 와수臥獸 세 마리를 나중에 추가한 것이다. 이 무덤을 발굴한 자는 이곳이 서한 시기 제나라의 왕 류양劉襄의 무덤이며 부장품을 묻은 갱은 기원전 179년경에 제작된 것으로 분석했다.[22] 중국 국가박물관

---

22 孫機, 『中國聖火』, 瀋陽 : 遼寧敎育出版社, 1996, 139~155쪽; 羅森, 「中國的統一──個宇宙 的新圖像」 · 齊東方, 「唐代以前的外來金銀器」, 『遠望集』 下冊, 西安 : 陝西人民美術出版社, 1998,

의 손기孫機는 이 은제품이 근동에서 유입됐을 가능성에 주목했으며 고대 페르시아 또는 파르티아예술에서 유래한 것이라 믿었다. 그런데 남러시아 초원의 스키타이왕릉에서도 유사한 황금예술품이 출토됐는데 스키타이 초기의 문물과 함께 섞여 있었고 제작 시기는 기원전 7세기~기원전 6세기인 것으로 밝혀졌다. 당시 페르시아가 아직 건국되지 않았다는 점을 감안하면 이런 근동예술품의 탄생 시기는 고대 페르시아예술보다 이른 것이 확실하다.

이 은합의 제작 시기에 대해 홍콩 중문대의 요종이饒宗頤는 은합에 '33년'이라는 명문이 새겨져 있었다는 점에 주목했다. 한나라 황제의 재위 연대를 보면 이 숫자를 넘긴 황제가 없었기 때문에 이 연대는 아마도 진시황 33년(기원전 214)일 것으로 추정된다.[23]

이뿐만이 아니다. 산동성 청주靑州의 서신촌西辛村에서 또 근동 예술양식의 열판문은합 두 점이 발견됐으며 전국 시대 제나라 왕의 무덤에서 출토됐다. 이로써 근동예술이 산동반도에 유입된 시기가 진나라 시기에서 전국 시대(기원전 475~기원전 221)로 앞당겨졌다. 지금까지 알려진 바에 의하면 이런 열판문 금은기물은 근동 엘람Elam 문명에서 가장 먼저 출현했고 나중에 점차 페르시아인과 파르티아인들에게 전승됐다. 이란에서 몇년 전에 엘람 은제기물 한 점이 발견됐는데 산동 청주의 전국 시대 제나라 왕의 무덤에서 출토된 은합 그리고 서한 제나라 왕의 무덤에서 출토된 진시황 33년 은합과 예술양식이 완전히 일치했다. 이란에서

453~490쪽; 林梅村, 『漢唐西域與中國文明』, 北京 : 文物出版社, 2000, 307~321쪽.
23 2005년 3월에 홍콩 중문대를 방문했을 때 요종이饒宗頤 선생께서 이 비문에 대해 알려주었다. 이에 감사의 마음을 전한다.

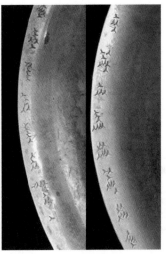

6-12 이란에서 출토된 엘람 열판문은합

출토됐다고 알려진 이 은제기물은 높이가 17.8cm이고 가장자리에 엘
람어가 새겨져 있으며 제작연대는 대략 기원전 9세기~기원전 6세기로
추정된다.[24] 그렇다면 산동반도에서 출토된 기원전 3세기의 엘람 은합
은 해로를 통해 중국으로 유입된 것이 분명하다.

  엘람 은합 외에도 산동반도의 전국 시대 고분에서는 끊임없이 서양의
유리구슬이 출토됐다.[25] 예를 들어 산동성 곡부曲阜의 노魯나라 고성 전국
중·말기 58호 무덤에서 서양의 유리구슬이 출토됐고 산동성 임치 낭가장
郎家庄의 전국 초기 1호 무덤에서도 서양 유리구슬이 출토됐다.[26] 이 유리구
슬들의 공통점은 바로 모두 잠자리구슬이며 헬레니즘 시대의 이집트나

24 國家文物國 主編,『2004中國重要考古發現』, 北京 : 文物出版社, 2005, 77쪽. 〈그림 6-11〉
    속의 엘람 은제기물은 현재 미국 캘리포니아 바라캇 갤러리Barakat Gallery에서 전시 중이
    다. 林梅村,「漢帝國藝術所見近東文化要素」, 葉奕良 編,『伊朗學在中國』第3集, 北京 : 北京
    大學出版社, 2003, 60~66쪽.
25 山東省文物考古學硏究所·山東省博物館 外,『曲阜魯國故城』, 濟南 : 齊魯書社, 1982, 178쪽.
26 山東省博物館,『山東臨淄郎庄一號東周殉人墓』,『考古學報』第1期, 北京 : 考古雜誌社, 1977.

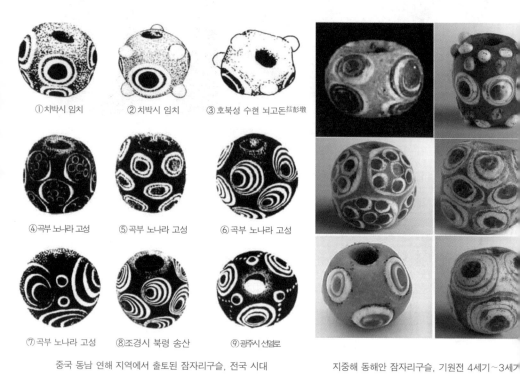

①치박시 임치	②치박시 임치	③호북성 수현 뇌고돈擂皷墩
④곡부 노나라 고성	⑤곡부 노나라 고성	⑥곡부 노나라 고성
⑦곡부 노나라 고성	⑧조경시 북령 송산	⑨광주시 산열로

중국 동남 연해 지역에서 출토된 잠자리구슬, 전국 시대   지중해 동해안 잠자리구슬, 기원전 4세기~3세기

6-13 중국 동남 연해 지역과 지중해 동해안에서 출토된 지중해 동해안 유리구슬

6-14 호북성湖北省 수현隨縣 증후을묘에서 출토된 지중해 동해안 잠자리구슬

페니키아에서 생산된 잠자리구슬과 대동소이하다는 것이다. 예루살렘의
이스라엘박물관에도 기원전 6세기~3세기에 이집트나 페니키아 등 지중
해 동해안의 국가에서 생산된 잠자리구슬이 많이 소장돼 있다.[27] 산동반
도의 전국 시대 무덤에서 출토된 잠자리구슬은 지중해 동해안에서 생산된
것이며 역시 해로를 통해 유입된 것임이 틀림없다.

진나라 시기에 이르러 불로장생의 약을 찾기 위해 바다로 간 '입해구
선' 운동이 더욱 가열됐다. 진시황은 연나라의 방사 노생盧生의 '망진자
호亡秦者胡', 즉 '진나라를 망하게 하는 자는 호'라는 말을 믿고 그 '호'가
바로 흉노라고 생각해 북벌군을 보내 흉노를 토벌하고 남쪽으로 영토를

27 M. Spaer, *Ancient glass in the Israel Museum : beads and other small objects*, Jerusalem : the Israel Museu
m, 2001, p.93, no.105; E. Stern, Marianne · Schlick-Nolte Birgit, *Early Glass of the Ancient
world 1600 BD-AD 50 Ernesto Wolf Collection*, Germany : Gerd Hathe, Ostfildern, 1994, p.198,
no.41; 이집트사이버박물관사이트(http://www.virtual-egyptian-museum. org/Glass
/FullVisit/Glass.FullVisit-FR.html).

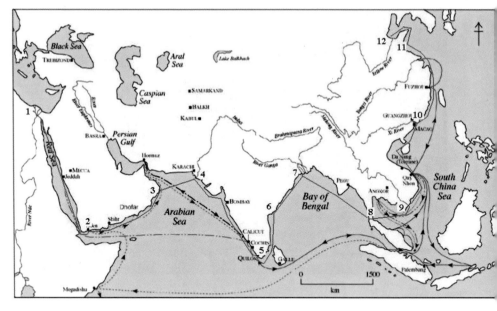

6-15 기원전 4세기~기원전 3세기 동서양의 해상교통

더욱 확장했다. 그리고 "도망자, 데릴사위, 범죄자, 상인들을 징발하여 육량 땅을 점령한 후 계림, 상군, 남해군을 설치해 지키게 했다(發諸嘗捕亡人, 贅婿, 賈人略取陸梁地, 爲桂林, 象郡, 南海, 以适遣戍)"[28] 남해군의 관할하에 있던 번우番禺는 지금의 광주廣州이고 상군象郡은 베트남의 북쪽에 위치하고 있어 '입해구선' 운동은 이때부터 북방에서 남방으로 넓혀가기 시작했다. 바로 이 시기에 광동 지역 전국 시대의 고분에서 지중해 동해안의 잠자리구슬이 발견됐다. 예를 들면 광동성廣東省 조경시肇慶市 북령北嶺 송산松山 전국 말기의 무덤에서 출토된 서양 유리구슬, 광주시 선열로先烈路의 전국 말기 무덤에서 출토된 서양 유리구슬 등이 있다. 이 두 곳에서 출토된 서양 유리구슬은 '입해구선' 운동이 영남嶺南(광동성과 광서성 일대)

---

28 『史記』「秦始皇本紀」.

지역에서 흥기했음을 입증하는 증거가 되고 있다.

지중해 동해안에서 생산된 유리구슬은 해로를 통해 장강 중류 지역까지 전해졌다. 호북성박물관에는 전국 시대의 서양 유리구슬들이 전시돼 있는데[29] 이런 유리구슬은 이집트 헬레니즘 시대에 생산된 것으로 로마 시대(1세기~2세기)의 이집트에서도 여전히 대량으로 생산됐다. 이런 유형의 유리구슬이 실크로드 연안의 옛 성이나 무덤에서는 거의 발견되지 않았던 점을 미루어 볼 때 호북성에서 발견된 이집트 유리구슬은 아마도 알렉산드리아에서 해로를 거쳐 장강 중류 지역으로 유입됐을 것이다.

위에서 말한 내용을 정리해 보면 이집트의 알렉산드리아 항구에서 인도, 동남아시아를 거쳐 산동반도에 이르는 고대 해상교통로를 복원할 수 있다.

---

29 湖北省博物館 編, 『曾侯乙墓』, 北京 : 文物出版社, 1989, 423~425쪽.

1. 장건張騫의 서역 출사

장건은 서한 시기의 유명한 외교사절이자 중국 역사상 최초의 중앙아시아지리 탐험가였으며 한중漢中 성고현成固縣 출신이다. 지금의 섬서성陝西省 성고현에서 4km 떨어진 여하촌黎河村 서쪽에 한나라 시기의 묘지가 하나 있는데 바로 장건의 묘라고 전해지고 있다. 묘지의 범위는 남북으로 170m, 동서로 80여 m에 달한다. 중앙에 거대한 사각형의 흙언덕이 자리하고 있으며 남북으로 길이가 20.60m, 동서로 넓이가 16m, 높이가 2.3m이다. 무덤 앞에는 한나라 시기의 석호石虎 한 쌍과 청나라 건륭乾隆, 광서光緒 시기의 묘비 여러 개가 세워져 있다.[1]

장건의 젊은 시절에 대해서는 명확한 기록이 없다. 출사出使에 지원했을 때 그의 신분은 '낭郞', 즉 궁중 시종이었다. 성공적인 서역 출사를 마치고 돌아온 후 관직이 '태중대부太中大夫'로 크게 올랐고 나중에는 '박망후博望侯'로 책봉됐다. 그러나 장건의 벼슬길은 순탄치 않았다. 이광李廣을 따라 흉노 정벌에 출정했지만 패배해 죽을죄에 처해질 뻔 했다가 다행히 공을 세워 죽을죄를 면하고 평민의 신분으로 강등됐다. 얼마 후 한 무제

---

1 석조의 양식으로 보아 장건묘 앞에 세워진 돌조각상은 동한 시기의 유물로 추정된다.

는 다시 그를 서역으로 파견했고 2차 서역 출사도 성공을 거두어 다시 '대행大行'의 관직을 하사받고 구경九卿의 반열에 오르게 됐다. 하지만 높은 관직과 부귀영화를 누릴 팔자가 아니었는지 장건은 서역에서 돌아온 지 일 년여 만에(기원전 114) 세상을 떠나고 말았다.[2] 역사가 사마천은 장건의 서역 출사를 아주 높이 평가하며 '착공鑿空', 즉 서역으로 통하는 새로운 통로를 개척했다고 극찬했다. 1877년에 독일의 지리학자인 리히트호펜이 '실크로드'라는 단어를 제기하며 실크로드의 개통을 114년으로 정한 것도 바로 장건의 서역 출사를 시작으로 한 것이다.

1) 1차 서역 출사

실크로드는 장건의 서역 출사를 시작으로 하며 장건이 채택했던 동서교통노선이 바로 최초의 실크로드이다. 한 무제 건원 3년(138)에 장건은 백여 명에 달하는 대규모의 사절단을 이끌고 한나라의 장안에서 출발해 농서隴西를 지나 머나먼 중앙아시아의 아무다리야강으로 가는 원정길에 올랐다. 하서주랑과 타림분지는 당시 북방 초원을 지배한 흉노족의 통제하에 있었고 장건 일행은 흉노족에게 붙잡혔다. 흉노왕은 장건에게 풍요로운 생활과 아름다운 여인을 아내로 하사했지만 장건은 단 한순간도 자신의 사명을 잊지 않고 한나라 사절의 신분을 증명하는 징표를 줄곧 간직하고 있었다. 흉노족에게 감금돼 13년 동안 억류생활을 하던 장건은 마침내 그들이 방심한 기회를 틈타 탈출에 성공했고 서쪽으로 수십 일 동안 걸어서 페르가나 분지에 위치한 대완국大宛國에 도착했다.

장건의 첫 서역 출사는 천산산맥 남쪽 기슭, 즉 훗날의 실크로드 중

2　『史記』「大宛列傳」.

앙도로를 경유했다. 『사기史記』 「대완열전大宛列傳」에서는 나포박羅布泊 서안의 누란과 타림분지 북부 쿠처의 동쪽에 있는 윤두侖頭(지금의 신강 윤대輪臺)를 언급했지만 커스거얼喀什噶爾강의 소륵疏勒은 언급하지 않았다. 따라서 장건이 누란에서 지금의 쿠처庫車, 아커쑤阿克蘇, 온숙溫宿 등의 지역을 거쳐 별질리別迭里산 입구에서 천산산맥을 건너 납윤納倫강에 이른 후, 다시 남쪽으로 페르가나 분지의 대완국에 이르렀다는 것을 알 수 있다. 그렇다면 흉노족이 장건을 어디에 구금했었는가? 장건이 흉노족들에게서 도망친 후 순조롭게 대완국까지 도착한 것을 보면 흉노족이 지배했던 타림분지에서 도망친 것으로 보인다. 그 외에도 장건이 흉노에서 대완까지 가는 시간을 월이 아닌 일로 계산한 것 역시 장건이 구금됐던 지점이 대완에서 멀지 않으며 흉노족이 지배했던 서역의 중심인 동복도위僮僕都尉, 즉 지금의 신강 윤대현인 것으로 보인다. 대완의 왕은 한나라가 광활한 국토를 가진 부유한 제국이라는 것을 일찍이 들어 알고 있었지만 흉노족이 막고 있어서 한나라와 서로 왕래하지 못했다. 그런 와중에 장건이 대완에 오자 그는 대단히 기뻐했다. 장건이 대월지를 방문할 예정임을 알고 통역을 도와줄 사람과 길을 안내해 줄 사람까지 붙여주며 장건이 강거康居를 거쳐 대월지로 가는 데 도움을 주었다.

강거는 시르다리야강 북쪽 연안에 있는 스키타이 부족이며 반대편 남쪽 연안에 있는 소그드粟特인들을 지배하고 있었기 때문에 한나라 시기의 문헌에는 소그드인을 '강거인'이라고 칭했다. 소그드인은 우즈베키스탄의 자라흐샨Zeravshan강 유역에서 기원했으며 사마르칸트Samarkand성을 중심으로 삶의 터전을 형성했다. 기원전 329년에 알렉산더 대왕이 소그드, 대하국, 북인도를 정복하기 위해 원정에 나섰지만 시르다리

7-1 알렉산더와 소그드 공주 록산느의 결혼식

야강 유역에서 소그드인들의 완강한 저항에 부딪혔다. 알렉산더는 고전 끝에 결국 소그드를 정복하고 소그드의 공주 록산느Roxane를 아내로 삼았는데 당나라를 뒤흔든 '안사의 난'을 일으킨 핵심 인물인 안녹산安祿山의 이름과 같다. 강거의 왕은 장건 일행에게 상당히 우호적이었으며 사람을 파견해 그들을 아무다리야강 북안의 대월지 왕궁까지 호송했다.

대월지는 당시 전 국왕의 부인(태자라는 설도 있음)이 정권을 장악하고

7-2 고대 페르시아 왕궁 부조 속의 대하국 사람

있었고 이미 아무다리야강 남쪽 연안의 풍요로운 나라 대하국Bactria을 정복했다. 대하국은 헬리오클레스Heliocles(기원전 145~기원전 130)의 통치 시절에 내전이 끊이지 않았으며 대부분의 국토를 안식국安息國에게 빼앗기고 본토와 소그드의 남반부만 남았다. 흉노와 오손烏孫의 공격을 받은 대월지인들은 이리강에서 중앙아시아로 이동해 먼저 강 중류 지역을 차지했고 스키타이인들은 그곳에서 밀려나 남쪽의 안식국과 대하국으로 이동하게 된다. 약 기원전 140년~기원전 130년 사이에 대월지는 대하국을 정복했지만 "도읍을 규수강(지금의 아무다리야강) 이북으로 정했다(都嬀水北, 爲王庭)." 장건이 대하국을 방문했을 때(기원전 128) 대월지인들은 여전히 아무다리야강 북쪽 연안에서 "대하국을 신하의 나라로 두고 있었다(臣畜大夏)."

장건이 귀국한 후 얼마 지나지 않아 대월지왕은 아무다리야강을 건너서 대하국을 멸망시키고 대하국의 국토 전체를 점령했다. 그 후부터 서양의 역사문헌에서는 대월지인을 '토카라인'이라고 칭했고 그들이 거주한 곳을 토카리스탄Tokharistan이라 통칭했지만 중국의 역사학자들은 그 이후에도 옛 명칭인 '대월지'를 오랫동안 사용했다. 장건은 대하국의 수도를 '남씨성藍氏城'이라고 불렀는데 그 이름은 그리스어의 Alexandria(알렉산드리아)에서 유래했다. 프랑스와 미국의 고고학연구팀이 1920~1950년대에 진행한 조사와 발굴에 의하면 대하국의 고대 수도는 아프가니스탄의 북부도시 마자르-에-샤리프Mazar-e-Sharif에서 서쪽으로 23km 떨어진 와지라바드Wazirabad 부근이다.

구미 고고학연구팀의 조사에 의하면 남씨성은 총 면적이 550ha에 달하고 상하 두 개의 성으로 나뉜다. 상성上城은 북쪽에 위치하고 면적이 약 150ha에 달하며 평면으로 보면 타원형이고 주위에 성벽과 해자垓子가 둘러싸고 있다. 또한 하성下城은 남쪽에 위치하고 면적이 약 400ha이다. 이 도시는 기원전 1000년 말기에서 기원후 13세기까지 아주 오랜 세월 동안 사용됐다. 성 안 폐허의 퇴적물은 몇 시기로 나눌 수 있는데 그중 기원전 3세기~기원전 2세기의 퇴적물은 대하국의 수도 남씨성의 것으로 보이며 그리스인들은 이를 '박트라Bactra'라고 불렀다.[3] 대월지인들은 이미 대하국에 정착해 안정된 생활을 하고 있었기 때문에 흉노족과 싸우기를 더 이상 원하지 않았다. 장건은 대하국에서 일 년 넘게 머물며 대월지에게 한나라와 손을 잡고 흉노를 공격하자고 설득했지만 끝내 뜻을 이루지 못하고 아쉬움을 안은 채 귀국길에 올라야 했다.

---

3   D. Schlumberger, "La Prospecion archeolgique de Bactres", *Syria*, vol.XXVI, 1949, pp.173 ~190; R. S. Young, "The South Wall of Balkh-Bactra", *American Journal of Archaeology*, vol.59~ 64, 1995, pp.267~276.

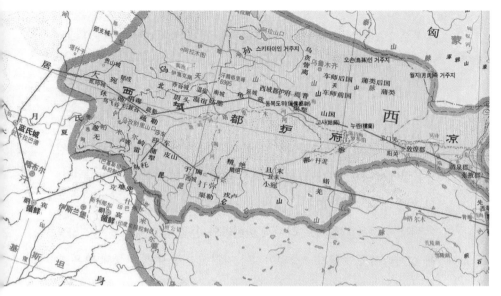

7-3 장건의 1차 서역 출사 노선도

　장건은 흉노를 피하기 위해 곤륜산 북쪽 기슭의 실크로드 남부도로를 선택해 와칸wakhan 회랑, 타스쿠얼간塔什庫爾幹, 우전于闐(지금의 신강 화전), 한미扜彌(지금의 신강 커리야)를 거친 후 청해靑海의 강인羌人 부족 지역을 경유해 장안으로 돌아가려고 했으나 불행하게도 그곳에서 다시 흉노족에게 잡히고 말았다. 일 년 여 시간이 흐른 후 흉노의 선우單于가 죽자 장건은 흉노족들이 혼란에 빠진 틈을 타 흉노족 아내와 부하 당읍부堂邑父를 데리고 함께 도망쳐 장안으로 돌아왔다. 한나라 시기에 천산 이남에는 야강婼羌, 곤륜산에는 총자蔥茈, 황우黃牛, 그리고 서야西夜의 무뢰無雷, 의내依耐, 포리蒲犁 등 강인들이 세운 작은 나라들이 있었다. 기원전 138년에 장건이 대월지(아프가니스탄의 서북부)에서 장안으로 돌아올 때 "남산을 따라 강인 부족의 땅을 거쳐 돌아올 생각이었다(并南山, 欲從羌中歸)." 그런데 "강인 부족의 땅을 지나야 하는 데 길이 험할 뿐 아니라 강인들이 매우 싫어할 것이다. 또 북쪽으로 조금 돌아간다면 흉노에 잡히고 말 것이다. 이치사伊稚斜가 태자 어단於單과 왕위를 두고 싸우며 흉노가 내란에 휘말린 틈을 타 장건은 당읍부를 데리고 함께 도망쳤다(從羌中險, 羌人惡之; 少北, 則爲匈奴所得. 會伊稚斜逐單于, 匈奴國內亂, (張)騫乃與堂邑氏奴甘父逃歸)."[4] 여기서 말한 남산은 바로 지금의 신강 곤륜산이었고 이로 미루어 볼 때 서한 시기에 강인들은 이미 신강 곤륜산에서 총령葱嶺(파미르 고원의 옛 이름) 일대에 이르기까지 널리 분포하고 있었음을 알 수 있다.

비록 장건은 대월지로 하여금 한나라와 손을 잡고 흉노를 공격하도록 설득하지는 못했지만 중앙아시아 지역에 대한 여행을 통해 많은 수확이 있었다. 중국인들은 마침내 파미르의 서쪽에 또 다른 문명세계가 존재한다는 사실을 알게 됐다. 장건은 파미르 서쪽의 대완, 강거, 대월지, 대하국 등 중앙아시아 국가의 풍토와 생활상을 상세하게 소개했다. 장건은 대하국에 있을 때 한나라의 남쪽에 신독국身毒國(지금의 인도)이 있다는 것도 알게 됐다. 당시 신독국은 중국의 사천, 운남 지역과 민간 교역이 이루어지고 있었고 '촉蜀의 베'와 '공邛의 대나무 지팡이'는 신독국으로 운송돼 가서 다시 대하국으로 옮겨졌다. 장건은 중앙아시아 각국에 대해 아주 상세하게 묘사했고 사마천의 『사기』 「대완열전」과 반고班固의 『한서』 「서역전」은 바로 장건의 보고를 근거로 작성됐다.

2) 2차 서역 출사

대월지로 하여금 한나라와 동맹을 결성하도록 설득하지 못한 장건은 다시 한 무제에게 사절단을 파견해 이리강 유역의 오손烏孫과 동맹을 맺

---

4 『史記』 「大宛列傳」.

7-4 이리강 유역의 토돈묘

을 것을 제안했고 한 무제의 지지를 받아냈다. 오손은 원래 돈황과 기련산祁連山 사이에서 생활하는 유목부족이었는데 월지와 대대로 원수지간이었다. 흉노와 싸워 패한 월지인들은 이리강 유역으로 도망치자 복수의 기회를 노리던 오손은 흉노와 손잡고 월지를 공격해 월지인들을 서쪽의 아무다리야강 유역으로 쫓아냈다. 그리고 오손은 그 후부터 이리강 유역에 정착했다.

한 무제 원정 원년(기원전 116)에 장건은 삼백 명의 사절단을 이끌고 이리강 유역에 있는 오손으로 갔다. 그 전에 한나라의 장수 곽거병霍去病과 위청衛靑이 대군을 거느리고 흉노를 격파했고 흉노인들은 몽골 초원 이북으로 쫓겨났다. 이로써 천산 지역에서 서역으로 통하는 길은 더 이상 흉노의 위협을 받지 않게 됐고 장건은 천산산맥의 북쪽 기슭, 즉 실크로드의 북쪽 길을 따라 오손에 이르렀다. 그는 장안에서 출발해 돈황과 누란을 거쳐 북쪽으로 투루판 분지에 이른 후 다시 천산산맥 북쪽 기슭을 따라 서쪽으로 갔다. 그리고 이리강 계곡, 소소昭蘇 초원을 지나 마침내 오손국의 수도인 적곡성赤谷城에 도착했다. 이 고대 도시의 위치는 지금까지도 명확히 알려지지 않았지만 오손왕의 능묘는 이리강 유역에서 발견됐다. 그것은 대형 토돈묘土墩墓였으며 신강의 소소 초원에서 이식쿨ssyk-Kul호 연안까지 넓게 분포돼 있었다.

오손에 도착한 장건은 오손의 국왕으로부터 뜨거운 환영을 받았지만 흉노가 두려운 오손은 감히 한나라와 동맹을 맺지 못하고 사절을 파견해 장건과 함께 장안으로 돌아가 한 무제에게 답례를 표하게 했다. 두 번째 출사에서 장건 본인은 오손까지밖에 가지 못했지만 장건의 부사副使들은 각각 대완, 강거, 대월지, 안식, 조지條支, 엄채奄蔡, 신독, 우전, 한미 등의 서양 국가들을 방문했다. 장건은 첫 번째 서역 출사를 통해 중앙아시아의 각 나라에는 "칠과 비단실이 없었다(其地无漆絲)"는 것을 파악했다. 그래서 두 번째 출사 때는 서역 각국의 왕들에게 중국 특유의 비단을 선물로 가져갔다. 『한서』「서역전」에는 장건이 이번 출사 때 "수만 마리의 소와 양, 금은화폐와 비단을 선물로 가져갔고 부절을 가진 부사를 많이 두어 가는 길에 다른 이웃나라에도 사신을 보내게 했다(牛羊以萬數, 賷金幣帛直數千巨萬, 多持節副使, 道可使, 使遺之他旁國)"고 기록되어 있다. 비단은 이렇게 중앙아시아와 서아시아 각국으로 유입됐고 이것은 실크로드를 통해 서양으로 전해진, 기록으로 확인 가능한 최초의 중국산 실크였다.

1842년에 동유럽 크림 반도의 케르치Kerch 유적에서 수많은 중국 유물들이 발견됐는데 그중에는 평직 바탕에 암화暗花로 무늬를 넣은 한나라의 비단이 있었는데 바로 한나라의 고문헌에 나오는 기綺였다. 위진魏晉 시기 이후의 문헌에는 더 이상 기를 찾아볼 수가 없는데 그것은 기의 제작 기술이 한나라 시기 이후에 실전돼서가 아니라 능라주단綾羅綢緞의 능綾으로 이름이 바뀌었기 때문이다. 장건의 부사가 북캅카스Kavkaz의 쿠반

Kuban강 유역에 있는 엄채를 방문했는데 당나라의 고문헌에는 '아란阿蘭'이라고 칭하고 있으며 지금의 북캅카스 쿠반강 유역에 위치한다. 엄채의 서쪽은 바로 크림이다. 장건의 부사가 선물로 비단을 가져가고 또 답례로 중국을 방문한 엄채의 사절이 중국에서 비단을 가져오면서 중국의 비단이 엄채인들이 거주하는 북캅카스에 전해졌다. 따라서 크림반도에서 출토된 한나라 시기의 비단은 바로 장건 시대에 유라시아 초원으로 유입된 것이다.

한나라는 기마병의 병력이 약했기 때문에 초기의 황제들은 흉노의 침략에 속수무책으로 당하기만 했고 흉노의 왕에게 수많은 금은보화와 귀한 비단, 심지어는 공주까지 바쳐가며 '화친'을 구해야만 했다. 그런 상황에서 장건이 중앙아시아에서 우량 품종인 대완마大宛馬와 질 좋은 사료 목숙苜蓿(말이 즐겨 먹는 풀)을 들여오게 된다면 중국 기마병의 전투력을 획기적으로 향상시킬 것이 분명했다. 대완마를 얻게 된 한 무제는 크게 기뻐하며 「서극천마가西極天馬歌」를 지어 대완의 좋은 말을 얻은 심정을 토로했다. 그 시는 다음과 같다. "천마가 오네, 서쪽 끝에서, 만 리 먼 곳에서 중원으로 들어오네. 영특한 위풍을 이어받아 외국을 굴복시키니 사막을 건너 사방의 오랑캐가 이에 복종하네(天馬來兮從西極, 經萬里兮歸有德. 承靈威兮障外國, 涉流沙兮四夷服)."

서한 시기에 중앙아시아의 우량마가 처음 중국으로 유입됐을 때는 수량이 많지 않았기 때문에 중국 기마병의 전투력을 개량하는 데 가시적인 효과를 가져 오지는 못했다. 그러나 동한 시기에 이르러 중원의 기마병은 이미 중앙아시아의 우량마를 대량으로 번식시켜 전투력이 훨씬 향상됐다. 동한의 장수 두헌竇憲은 연연산燕然山(지금의 항애산), 이오로伊吾盧(지금의 하미), 금미산金微山(지금의 알타이산)에서 북흉노와 세 차례의 전투를 벌였고 흉노족을 서쪽으로 멀리 쫓아냈다. 장건이 중앙아시아에서 들여온 우량품종의 말이 중원 군마의 개량에 큰 역할을 했을 것이다. 한나라의 문학가들은 대완마에 대한 극찬을 아끼지 않았고 예술가들은 대완마의 형상을 예술작품으로 승화시키는 데 심혈을 쏟았다. 진나라, 한나라, 당나라 예술가들의 말에 대한 표현 수법을 비교해 보면 대완마의 기본적인 형태를 알 수 있다.

진나라 병마용에 등장하는 말은 몸집이 비교적 작고 생김새가 나귀나 노새에 가까운 몽골말 계통에 속하는 하곡마河曲馬이다. 한나라와 당나라의 우량마는 모두 중앙아시아 말에 속하지만 품종이 다르다. 당나라 벽화와 당삼채唐三彩 도기에 등장하는 말의 모습을 보면 몸집이 크고 머리는 작으며 목이 가늘고 길다. 그에 비해 한나라의 예술작품에 등장하는 말은 몸집이 크고 머리가 넓고 큰데, 이것이 바로 '대완마'이다. 1969년에 감숙성甘肅省 무위武威 뇌대雷臺 서쪽의 진晉나라 무덤에서 대량의 구리로 만든 병마의장용兵馬儀仗俑과 힘차게 하늘을 나는 말의 모습을 표현한 청동천리마 조각상이 발견됐는데 '천마天馬'의 형상을 가장 잘 표현한 대표작 중의 하나로 손꼽힌다.[5]

---

5   이 무덤은 원래 동한묘라고 알려졌으나 최근의 연구 결과에서는 위진묘로 밝혀졌다. 吳榮曾, 「銖錢與墓葬斷代」, 北京大學考古文博學院 編, 『溫故知新－面向中國考古學的未來, 秦漢宋元明考古』, 北京 : 北京大學考古文博學院, 2002, 1~4쪽.

2. 여간국黎軒國

기원전 323년, 그리스의 패주 알렉산더가 바빌론에서 급사하면서 유럽, 아시아, 아프리카를 가로지른 그리스 대제국이 한순간에 무너졌고 알렉산더의 부하 장군들이 영토를 나눠가졌다. 이집트의 총독인 톨레미는 이집트에서 새로운 왕조(기원전 323~기원전 30)를 건립했다. 톨레미 왕조는 상층 지배자는 그리스인이고 하층 백성은 이집트 토착 원주민이다. 미국 영화 〈클레오파트라〉의 여주인공인 클레오파트라가 바로 톨레미 왕조의 마지막 군주이다. 사실 이 이집트의 왕후는 이집트인이 아니라 그리스인이다. 톨레미 왕국은 알렉산드리아Alexandria를 수도로 정했고 한나라 시기에는 이를 '여간'이라 불렀다. 세계 7대 불가사의 중의 하나인 '알렉산드리아의 파로스 등대Pharos of Alexandria'가 바로 알렉산드리아에 세워졌고 기원전 290년에 준공됐다. 흰 대리석으로 축조된 파로스 등대는 3개 층으로 이루어졌는데 맨 아래층은 사각형 모양에 높이가 55.9m이고 중간층은 팔각형 모양에 높이가 18.30m이며 맨 위층은 원통형에 높이가 7.30m이다. 꼭대기 옥탑 위에는 바다의 신 포세이돈Poseidon의 조각상이 우뚝 솟아 있다. 등대는 전체 높이가 117m로 40층 짜리 현대식 건축물의 높이에 해당된다. 이에 대해 아랍의 한 여행가는 기행문에서 "등대는 3층 계단 위에 지어졌으며 등대의 꼭대기에는 낮에는 거울로 햇빛을 반사하고 밤에는 불빛으로 배를 안내한다"고 적고 있다. 알렉산드리아의 등대는 14세기 때 대지진으로 인해 훼손됐고 현재는 그리스의 도자기나 유리공예품에서 그 풍채를 엿볼 수 있을 뿐이다.

기원전 116년에 장건은 사절들을 오손에서 인도와 서아시아, 이집트

복원된 알렉산드리아 등대의 모습

헬레니즘 시대 알렉산드리아 등대의 모형

베그람에서 출토된 그리스 금형 유리에 그려진
알렉산드리아 등대

그리스의 바다의 신 포세이돈

7-5 기원전 290년에 최초로 건설된 이집트 알렉산드리아의 등대

등의 나라로 보냈다. 『사기』 「대완열전」에서는 "일 년 여 시간이 흐른 후 장건이 대하국 등의 나라에 파견한 사절들이 모두 그곳의 사람들을 데리고 함께 돌아왔고 그리하여 서북의 각 나라들과 한나라가 서로 왕래하기 시작했다(後歲余, 騫所遣副使通大夏之屬者皆頗與其人俱來, 於是西北國始通於漢矣)"고 했다. 그리고 "한나라는 영거令居 서쪽에 성을 쌓고 주천군酒泉郡을 설치해 서북쪽 나라들과 통하게 했다. 이로 인해 안식, 엄채, 여간, 조지, 신독국에 사절을 파견할 수 있었다(漢始築令居以西, 初置酒泉郡以通西北國. 因益發使抵安息, 奄蔡, 黎軒, 條枝, 身毒國)"고 했다. 이집트의 알렉산드리아는 상업이 발달하기로 유명한 도시였으며 그곳 상인들은 세계 곳곳에 발자취를 남겼다. 따라서 여간국의 상인들이 중국 각지에서 장사를 하고 중국과 서양의 교통 요충지인 하서주랑에서 군락을 이룬 것은 당연한 일이었다. 장건이 보낸 사절이 알렉산드리아를 방문하고 돌아올 때 여간의 사절을 데리고 함께 장안으로 돌아왔고 안식국의 사절이 한나라를 방문할 때 여간국 사람들을 장안으로 데려왔을 것이다. 그리고 이런 왕래는 장안과 알렉산드리아 사이의 문화적 교류를 촉진했다.[6]

바로 이 시기에 세라피스Serapis 신상, 그리스의 야누스Janus 조각상, 파이앙스Faience 유리목걸이 등 이집트 알렉산드리아에서 생산된 제품들이 실크로드 남쪽도로에 있는 우전국으로 유입됐다.

20세기 초에 일본의 오타니 탐험대가 신강의 화전에서 붉은색 도용陶俑을 채집했는데 화전 부근의 웨터간約特干 유적에서 발견했다고 하며 현재는 서울 국립중앙박물관에 소장돼 있다. 그런데 이 도용은 이집트 세라피스

---

6   楊希枚, 「論漢簡及其他漢文獻所載的黑色人」, 『先秦文化史論集』, 北京 : 北京社會科學出版社, 1996, 978~979쪽.

신의 좌상이었으며 아마도 톨레미 상인들이 우전국에 들여온 세라피스를 모방해 복제한 것으로 보인다. 그 외에도 웨터간 유적에서는 또 그리스 야누스의 조각상이 출토됐고 최근에 화전 산푸라山普拉의 한나라 무덤에서는 이집트에서 생산된 '피앙스' 유리목걸이가 발견됐는데 이집트 본토에서 출토된 같은 종류의 유리구슬과 완전히 똑같았으며 역시 이집트 상인에 의해 유입된 것으로 추정된다.

중국과 이집트 톨레미 왕국의 교역이 점차 발전하면서 알렉산드리아의 이집트 상인들이 서역 내지는 중원 지역에서 거주하는 경우가 점점 늘어났다. 『최씨역림崔氏易林』에서는 중원에 정착한 검은색 피부의 서역인을 여러 번 언급했다. 이 책의 권9 「항恒」에는 이렇게 적고 있다. "와라 (오손 또는 회홀)가 새끼를 낳았는데, 눈이 움푹 패였고, 얼굴은 까맣고 추해 자기 애미와 닮았다. 아무리 치장을 하더라도 사람들이 받아들이지 않았다(蝸螺生子, 深目黑醜, 似類其母; 雖飾相就, 衆人莫取)." 또한 권10 「고蠱」에서는 이렇게 적고 있다. "호랑이와 돼지를 한 방에 같이 먹게 하여 날마다 길어지고 달마다 불어나니 우리 집안에 덕이 있다(三班六黑, 同室共食. 日長月息, 我家有德)." 양희매楊希枚의 고증에 의하면 『최씨역림』의 작가인 최전崔篆은 왕망王莽과 같은 시대 사람이며 경학 세가 출신으로 장안에서 오래 살았다. 최전이 묘사한 검은 피부의 서역인은 아마도 장안에 거주했던 여간국 사람이었을 것이다.

20세기 초에 하남성의 한나라 무덤에서 알렉산드리아에서 생산된 금형 유리병이 발견됐다. 로스톱체프가 엮은 『로마제국 사회경제사』에서는 일찍이 헬레니즘 시대부터 알렉산드리아에서 생산된 유리기물들이 인도로 유입됐고 다시 인도에서 중국으로 유입됐다고 소개하고 있다.

이집트에서 출토된 세라피스 신상

요르단에서 출토된 세라피스 청동조각상, 기원전 2세기~기원전 1세기

웨터간에서 출토된 세라피스 조각상, 기원전 2세기~기원전 1세기

피스 동전에 새겨진 야누스상, 기원전 344년~기원전 317년

시리아에서 출토된 야누스 금형 유리주전자, 기원전 2세기

웨터간에서 출토된 소형 야누스 도기 공예품, 기원전 2세기~기원전 1세기

7-6 이집트, 시리아와 화전의 웨터간 유적에서 출토된 이집트 세라피스와 그리스 야누스 조각상

또한 토론토의 로열온타리오박물관Royal Ontario Museum에서도 알렉산드리아에서 생산된 매우 정교하고 아름다운 유리병 한 개를 수집했는데 중국 (하남성의 고분)에서 발견된 것으로 헬레니즘 시대의 것이 분명하며 병에 원형 문양이 여러 개 새겨져 있었고(그중의 하나는 아테나 두상임) 불기 기법이 아닌 금형을 활용해 만든 것으로 보아 기원전 2세기 이전에 제조된 것임을 알 수 있다고 설명했다. 금형으로 만든 유리는 이집트 헬레니즘 시대 특유의 제품이며 흔히 유리기물에 제우스, 아테나, 야누스 등 그리스신화 속 인물의 두상이 새겨져 있다. 기원전 1세기에 페니키아인들이 발명한 유리불기법은 고대 로마인들에 의해 한층 더 발전됐고 유리제품은 당시에 가장 중요한 일상생활 용품이 됐다. 기원전 1세기에 지중해 동해안에서 유리불기 기법이 발명된 이후 금형을 활용한 유리 제조기법은 점차 도태되기 시작했다.[7] 그렇기 때문에 로스톱체프는 하남성의 한나라 무덤에 부장된 이집트의 금형으로 만든 유리기물이 기원전 2세기 이전에 제작됐을 것으로 추정했다.

『한서』「지리지」에서는 또 황하 서쪽 하서 지역의 여간현驪靬縣이라는 곳을 언급했는데 그 여간은 바로『사기』「대완열전」과『한서』「서역전」에 나오는 여간黎靬이다. 이름 그대로 이곳은 외국 교민인 여간인黎靬人들이 모여 사는 곳이었다. 기원전 30년에 로마의 황제 아우구스투스가 이집트를 점령하고 이집트의 톨레미 왕국은 그 후부터 로마제국의 속주Provincia가 됐다. 그래서『위략魏略』「서융전西戎傳」에서는 "대진국은 또 여간이라 불렸다(大秦國, 一号犂靬)"고 말했다. 일부 학자들은 여간驪靬과 대진

---

7   Alan Macfarlane · Gary Martin, 管可穠 譯,『玻璃的世界』, 北京 : 商務印書館, 2003.

7-7 이집트의 톨레미 왕국에서 생산된 금형으로 만든 유리기물, 기원전 2세기

을 완전히 동일한 것으로 보는데 그것은 옳지 않다. 사실상 여간驪軒 또는 여간黎軒(犁軒)은 이집트 톨레미 왕국을 가리키고 대진은 유럽의 로마 공화국과 훗날의 로마제국을 가리킨다. 따라서 로마제국이 톨레미 왕국을 지배하기 이전의 여간과 대진은 완전히 동일한 것이 아니다.[8] 『한서』 「장건전」의 안사고顏師古 주해에 따르면 "여간犂軒[9]은 곧 대진국이다. 장액군 여간현은 이 나라 이름을 따서 지었다(犂軒卽大秦國. 張掖驪軒縣, 盖取此國爲名)"고 주장했다. 이 주장은 기본적으로 정확하다고 볼 수 있다. 장건이 보낸 사절들이 과연 이집트의 알렉산드리아에 도착했는가? 한나라 시기의 여간현驪軒縣에는 정말로 외국 이주민들이 있었는가? 이에 대해 의문을 가지는 사람들이 많다. 거연한간巨延漢簡의 발견은 이 수수께끼를 푸는 데 중요한 단서를 제공해 주었다.

거연한간은 한나라 시기의 목간으로서 한나라 시기에 서역에서 중국으로 건너와 생활한 검은 피부의 서역인들에 대해 기록하고 있으며 약 46편의 목간에서 검은 피부의 서역인들이 하서주랑의 곳곳에 흩어져 살고 있다고 언급했다.[10] 거연에서 과소過所 문서(일련번호 334.33) 한 부가 발견됐는데 그 내용을 보면 다음과 같다.

여간현 만세리의 공승 예창은 나이가 서른이고 키는 일곱 자 두 치요, 피부색이 까맣고, 검을 가졌고 입적했으며 수레 한 대를 가지고 있었다.[11]

---

8 余太山, 『兩漢魏晉南北朝與西域關系史硏究』, 北京 : 中國社會科學出版社, 1995, 13쪽.

9 [역주] : 중국어로 犂軒, 驪軒, 黎軒, 犁軒, 郦軒의 발음이 모두 'li gan'으로 동일함.

10 張春樹, 「居延漢簡中所見漢代人的身型與膚色」, 『慶祝李濟先生七十歲論文集』 下冊, 臺北, 1967, 1033~1045쪽.

11 謝桂華 外, 『居延漢簡釋文合校』 下, 北京 : 文物出版社, 1987, 524쪽. "驪軒万歲里公乘倪倉, 年卅, 長七尺二寸, 黑色, 劍一, 已入, 牛車一兩."

여간현 만세리의 검은 피부의 서역인은 아마도 이집트의 알렉산드리아에서 온 아프리카인, 즉 한나라 시기의 문헌에 기재된 이른바 '여간黎軒' 또는 '여간驪靬' 사람일 것으로 추정된다. 여간현 외에도 거연한간에서는 장액군의 거연, 낙득樂得, 소무昭武 등 세 개의 현, 내지는 중원의 하남현河南縣에도 검은 피부의 서역인들이 잡거하고 있다고 언급했다. 거연한간(157.24)에는 다음과 같이 적혀 있다.

정월 계유날, 하남도위 충과 승 아무개가 여러 군의 태수와 제후상들에게 문서를 내려보내니 문서의 내용에 따라 실행할 것―'실'이라는 사람의 자는 자공이고, 쉰여섯 살에 키가 훤칠하고 피부색이 검으며 수염이 길다. 건소 2년(기원전 37) 팔월 경신일에 달아났다. (실이)장안 당리리에서 타양살이를 하는 낙양 상상리 출신의 범의를 방문하여 임오일에 자신이 탈 수레를 사고 다시 붉은 수컷말을 바꾸어 탔다. 백촉거, 칠포와 도재포.[12]

이 목간은 하남도위가 검은 피부의 서역 상인 실實모 씨에게 발급한 통행증으로서 그가 탄 마차와 운반한 포목이 모두 장안에 머물고 있는 낙양 사람 범의范義에게서 합법적으로 구매한 것임을 증명하니 거연의 관문을 지키는 병사들에게 통과시켜 달라는 내용이다.

근래 새로 출토된 돈황 현천한간懸泉汗簡은 하서의 여간에 관한 역사 자료를 더욱 많이 보여주었다. 가장 일찍 여간驪靬을 언급한 현천한간은 신작神爵

---

12 謝桂華 外, 『居延漢簡釋文合校』上, 北京 : 文物出版社, 1986, 258~259쪽. "正月癸酉, 河南都尉忠丞下郡太守諸侯相, 承書從事, 下当用者. 實, 字子功, 年五十六, 大狀, 黑色, 長須, 建昭二年(公元前37年)八月庚辰, 亡過. 客居長安当利里者, 洛陽上商里范義. 壬午, 實買所乘車馬, 更乘騂牡馬, 白蜀車, 漆布, 併塗載布."

2년(기원전 60)의 호적목간 두 매ᵗᵗ이고 기원전 60년에 알렉산드리아의 이집트 상인들이 이미 이곳에서 촌락을 형성했으며 한나라에서는 이들을 위해 여간현驪軒縣을 설치했음을 알 수 있다.[13] 그리고 위진 시기까지도 여간인들이 활동하고 있었다. 『위명신주魏名臣奏』에서 옹주자사雍州刺史 장기표張旣表는 "장액군의 번합, 여간 두 현의 관리와 백성, 그리고 여러 오랑캐들이 개과천선하여 관구흥毌丘興에게 나오니, 관구흥은 이들을 위로하고 불쌍히 여겼으며 농사에 힘쓰도록 했다(張掖番合, 驪軒二縣吏民及郡雜胡棄惡詣興, 興皆安恤, 使盡力田)"[14]고 했다. 『진서晋書』 「장조전張祚傳」에서는 장조가 "부하 장수 화호和昊를 파견해 군사를 이끌고 여간융을 토벌하러 남산에 갔다가 크게 패하고 돌아왔다(遣其將和昊, 率衆伐驪軒戎於南山, 大敗而還)"는 내용을 언급했다. 여간잡호驪軒雜胡와 여간융驪軒戎은 바로 서한 이래 이집트의 알렉산드리아에서 하서주랑으로 이주한 이집트 교민이었다.

3. 안식국安息國

안식은 지금의 이란이며 서양의 역사 문헌에서는 파르티아, 중국의 역사서에서는 파르티아 왕족의 성을 따라 '안식'이라고 칭하며 안식인들에게 안安씨 성을 붙여주었다. 동한 말년에 중국으로 선교활동을 하러 온 안세고安世高, 안현安玄 등은 모두 안식인이다.

---

13 張德芳, 「漢簡確證 : 漢代驪軒城與羅馬戰俘無關」, 『敦煌懸泉漢簡釋粹』, 上海 : 上海古籍出版社, 2001, 222~229쪽.
14 『三國志』 「魏書」 「毌丘儉傳」, 裴松之 註釋.

기원전 246~기원후 227년까지 파르티아인들은 서아시아에서 군림하며 동쪽으로 대하국, 서쪽으로는 유프라테스강에 이르는 거대한 제국을 건립했다. 장건은 2차 서역 출사 때 안식에 부사를 파견한 적이 있었다. 『사기』「대완열전」에 의하면 다음과 같다.

옛날에, 한나라 사절이 안식에 도착했을 때 안식왕이 이만 기병으로 동쪽 국경에서 맞이하게 했다. 동쪽 국경에서 도성까지 수천 리 떨어져 있다. 사절이 도성까지 가는데 수십 개 성읍을 거쳤고 거치는 곳마다 백성의 수가 매우 많았다. 한나라 사절이 돌아갈 때 뒤따라가 한나라의 광대함을 보고 한나라에게 큰새의 알과 여현의 마술사를 받쳤다. 이어, 대완 서쪽의 환잠, 대익, 대완 동쪽의 고사, 우온, 소해 등 작은 나라들이 한나라 사절의 뒤를 따라서 천자를 조현했다.[15]

실크로드의 국제 무역이 점차 발전함에 따라 파르티아의 물품들이 끊임없이 중국으로 전래됐음을 보여 준다.

근래 신강 차말현且末縣 자군루커紮滾魯克의 한나라 무덤에서 아주 잘 보존된 목제 공후箜篌 한 점이 발견됐는데 선선鄯善국 시기의 것으로 약 1세기경에 제작된 것으로 추정된다.[16] 『수서隋書』「음악지音樂誌」의 기록에 의하면 공후는 서아시아의 악기로서 "오늘날의 곡항비파와 수공후는 서역에서

---

15 『史記』「大宛列傳」. "初, 漢使至安息, 安息王令將二万騎迎於東界. 東界去王都數千里. 行比至, 過數十城, 人民相屬甚多. 漢使還, 而後發使隨漢使來觀漢广大, 以大鳥卵及黎軒善眩人獻於漢. 及宛西小國驩潛, 大益, 宛東姑師, 扜罙, 蘇薤之屬, 皆隨漢使獻見天子."
16 공후에 관한 최신 연구 결과는 馬健,「公元前8~前3世紀的薩彦－阿爾泰－中亞東部草原早期鐵器時代文化交流」, 北京大學考古文博學院 碩士論文, 2004, 32쪽 참조.

7-8 이집트와 차말에서 출토된 공후

전해온 악기들이고 화하에서 전해 내려온 악기는 아니다(今曲項琵琶, 豎頭箜篌之徒, 並出自西域, 非華夏舊器也)"라고 했다. 사실 공후는 북아프리카의 이집트에서 유래됐으며 기원전 3000년~기원전 2000년 사이 파라오의 무덤에서 최초로 발견됐고 이집트인들은 이를 harp(하프)라고 불렀다. 기원전 2004년~기원전 1595년에 공후가 이집트에서 바빌론으로 전래됐고 미국 시카고대의 고고학연구팀이 바빌론 유적에서 공후를 연주하는 악사의 부조 흙판을 발견했고 그것은 차말에서 출토된 공후와 거의 똑같았다.

메소포타미아 유역의 고대 문명은 훗날 아시리아인들이 이어받았고 아시리아인들은 이런 고대악기의 이름을 Cank(공후)로 바꾸었다. 소련의 고고학자 마송V.M.Masson은 우즈베키스탄의 테르메스에서 북쪽으로 18km 떨어진 아일탐Airtam 유적에서 1~2세기의 불교사원 유적 한 곳을 발견했다. 이 사원의 돌기둥머리 부조에는 공후와 비파, 가죽북을 연주하는 악대樂隊의 모습이 새겨져 있었고 그중 여자악사의 의상과 차림새는 페르시아 왕궁의 부조 속 파르티아 여성과 똑같은 모습이었다. 이 발견은 1~2세기 때 공후가 이미 파르티아에서 중앙아시아로 전래됐음을 보여 준다.

『한서漢書』「교사지상郊祀誌上」의 기록에 의하면 한 무제 시기에 공후가 서역에서 중원으로 전래됐다. "(한 무제의) 총신 이연년은 아름다운 노랫소리를 진헌해 천자를 배알했다. (…중략…) 게다가 가수도 불렀다. 스물다섯 현의 공후와 거문고가 이때부터 제작되기 시작했다(嬖臣李延年以好音見 (…中略…) 益召歌兒, 作二十五弦及空侯琴瑟自此起)."[17] 공후에는 와공후臥箜篌, 수공후豎箜篌, 봉공후鳳箜篌 등의 여러 종류가 있고 한나라 시기에 중국으로 전래된 것은 수공후이다. 『구당서舊唐書』「음악지音樂志」의 기록을 보면 "수공후는 한 영제가 좋아하는 오랑캐의 악기이다. 몸체는 구부러지며 길고, 스물두 개의 현으로 이루어졌다. 이 악기를 품고 두 손을 같이 써서 연주하는데 이를 속된 말로 벽공후라 부른다(豎箜篌, 胡樂也. 漢靈帝好之. 體曲而長, 二十二弦, 豎抱懷中, 用兩手齊奏, 俗謂擘箜篌)"고 했다. 차말의 한나라 무덤에서 출토된 목제 공후는 바로 한나라 시기에 장안으로 전래된 그런 수공후였으며 서아시아 고대 악기가 어떻게 실크로드를 따라 중국에 전래됐는지를 연구하는 데 중요한 실물 증거를 제공했다. 중국어의 '공후'는 아시리아어의 Cank와 발음이 매우 유사한데 이는 한나라 시기의 공후가 서아시아를 제패했던 파르티아제국에서 직접 전래됐음을 보여 준다.

니아尼雅 고분과 공작하孔雀河 삼각주 중기의 고분에서 모두 비교적 온전하게 보존된 복합궁複合弓이 출토됐는데 이런 복합궁은 초기 유라시아 초원에서 유행했던 스키타이의 뱀 모양의 궁과는 서로 다른 두 가지의 계통을 대표한다. 이와 유사한 복합궁은 유프라테스강의 베그하우즈Baghouz 고분에서도 볼 수 있었고[18] 트라야누스 황제의 승전 기념비Trajan's Column에서도

17 동한東漢 말기 학자 응소應劭가 편찬한 『풍속통風俗通』과 『후한서』「오행지」에도 이에 대한 기술이 있다.

볼 수 있다. 이 승전 기념비에는 로마와 파르티아 군대의 전투모습이 그려져 있는데, 그림 속 파르티아 병사의 수중에 든 복합궁도 니아의 동한묘東漢墓에서 출토된 파르티아식 복합궁과 완전히 일치했다. 이런 유형의 복합궁은 타림분지에서 상당히 유행했는데 이는 서역의 각 나라와 파르티아제국 간의 문화적 교류의 결과임이 분명하다. 선선 지역 말기의 고분에서도 실크로드를 따라 전래된 파르티아 문화의 요소들이 곳곳에서 보였는데 차말의 자군루커 3기 고분에서 유리잔 한 점이 출토됐는데 학자들은 이것이 사산왕조의 유리기물로서 3~6세기에 제작됐을 것으로 추정했다.[19]

그러나 차말의 자군루커 3기 고분 부장품에서는 사산왕조 페르시아의 문물이 전혀 없었기 때문에 이 같은 주장에는 많은 의문이 존재한다. 벌집무늬는 아시리아와 엘람예술의 대표적인 문양 중의 하나이며 현재 대영박물관에 소장된 파르티아의 은그릇에도 벌집무늬가 장식돼 있다. 파르티아 예술은 훗날 사산왕조 페르시아 장인에게 전승됐고 현재 미국 메트로폴리탄미술관에 소장된 사산왕조 페르시아의 유리잔에도 벌집무늬가 장식돼 있으며 제작 시기는 5세기~7세기인 것으로 추정된다. 이에 비해 차말에서 출토된 벌집무늬 유리그릇은 기형器形이 길고 호리호리하며 사산왕조 페르시아의 땅딸막한 형태의 벌집무늬 유리잔보다 이른 시기의 형태이다. 비록 로마의 황제 트라야누스가 116~117년에 파르티아인들에게서 시리아를 빼앗아갔지만 시리아 장인들은 그 이후에도 유리기물을 제작할

18 F. Bergman Archaeological Researches in Sinkiang especially the Lop-Nor Region. Archaeology. Reports from the Scientific Expedition to the North-Western Provinces of China Under the Leadership of Dr. Sven Hedin : The Sino-Swedish Expedition 7.1, Stockholm : Bokförlags Aktiebolaget Thule, 1939, 122.
19 安家瑤, 「北周李賢墓出土的玻璃碗－薩珊玻璃器的發現與研究」, 『考古』第2期, 1986, 173~181쪽.

파르티아의 벌집무늬 은그릇. 기원전 2세기~기원전 1세기

차말에서 출토된 파르티아의 유리잔. 3세기

한국 경주의 천마총에서 출토된 로마의 유리잔,
5세기~6세기

이란에서 출토된 사산왕조 페르시아의 유리그릇,
5세기~7세기

7-9 파르티아의 벌집무늬 은그릇과 유리기물, 그리고 사산왕조 페르시아와 로마의 유리기물

때 파르티아의 예술양식을 어느 정도 남겨두었다. 예를 들면 1973년에 한국 경주의 천마총天馬塚에서 발견된 시리아의 유리그릇에는 파르티아 양식의 벌집무늬가 장식돼 있었고 제작 시기는 5세기 말에서 6세기 초로 추정된다.

1971년에 하북성 만성滿城에서 서한 중산정왕中山靖王 유승劉勝과 그의 아내 두관竇綰의 무덤이 발굴됐다. 유승은 한경제漢景帝 유계劉啓의 아들 이자 한 무제 유철劉徹의 배다른 형님이었다. 경제 전원前元 3년(기원전 154)에 중산왕으로 책봉됐고 무제 원정 4년(기원전 113)에 죽었다. 유승 과 두관의 무덤에서 출토된 유물은 품목과 종류가 매우 다양하고 수량 이 놀라울 정도로 많았다. 금, 은, 동, 철, 옥, 돌, 도기, 칠기 등의 다양 한 문물 만여 점이 출토됐고 그중에서 상등품만 해도 4,000여 점에 달 했으며 그중에서도 특히 금루옥의金縷玉衣, 장신궁등長信宮鐙, 착금박산로 錯金博山爐 등이 가장 진귀했다. 여기서 주목할 점은 만성의 한나라 무덤 부장품에서 파르티아 예술양식의 날개 달린 신수神獸가 발견됐다는 것 이다. 날개 달린 신수는 아시리아 예술에서 시작됐고 페르시아인들에 의해 전승됐다. 유명한 아무다리야강의 보물에는 고대 페르시아의 예 술품들이 모여 있었는데 그중에는 매우 정교한 날개 달린 신수의 황금 예술품 한 점이 포함돼 있었다. 파르티아인들은 셀레우코스왕조를 무 너뜨린 후 페르시아 문화를 부흥시켰는데 대영박물관에 소장된 날개 달린 신수가 바로 파르티아인의 걸작이었다. 만성의 한나라 무덤에 부 장된 날개 달린 신수는 고대 페르시아와 파르티아예술의 날개 달린 신 수와 한 계통을 이어받은 것으로서 한나라와 파르티아 왕조 사이에 문 화적 교류가 있었음을 증명하는 실물 자료가 되고 있다.

아무다리야강 유역에서 출토된 그리핀

대영박물관에 소장된 파르티아의 그리핀

만성의 한나라 무덤에서 출토된 그리핀. 기원전 2세기

7-10 파르티아 양식의 그리핀

20세기 초에 스웨덴의 탐험가 스벤 헤딘Sven Anders Hedin이 누란의 LB. II 불교사원 유적에서 그리스 로마의 예술양식을 띤 대량의 목조木彫 구조재를 발견했고 그중에는 날개 달린 신수의 형상을 한 목각 한 점이 있었는데 남은 부분의 높이가 70cm이고 상하 가장자리에 모두 사개가 있으며 사자 몸뚱이의 형상이 남아 있었다. 허리는 가늘고 활처럼 구부린 형태이고 허리 앞에는 날개 깃털이 한 개 비스듬하게 꽂혀 있으며 뒷다리는 남겨두고 꼬리는 S자 모양을 하고 있으며 오른쪽 다리 앞부분에는 치아 자국이 여전히 남아 있었다. 베리만Folke Bergman은 그에 대한 복원 작업을 진행했다. 스타인도 LB. II 유적에서 목조사자상을 발견했다. 그는 보고서에서 자신이 발견한 목조품의 입과 코, 신체, 다리, 깃털, 치아 등이 스벤 헤딘의 수집품과 매우 유사하며 가장자리에 모두 사개(상자 따위의 네 모퉁이를 요철형으로 만들어 서로 어긋물려 꽉 끼워지게 된 짜임새-역자)가 남아 있고 크기도 서로 잘 맞물린다고 밝혔다.[20]

스벤 헤딘은 누란LB. II 유적에서 또 목조화병 한 점을 발견했는데 이 목조품은 테두리가 사각형으로 조각하고 중앙에 화병을 하나 새겨져 있다. 화병의 양쪽으로 각각 꽃가지 하나가 뻗어나가 대칭을 이루고 있고 화병의 밑바닥에는 나뭇잎 여덟 개가 배열되어 있으며 병목에는 마름모꼴무늬의 띠가 장식되어 있다. 놀라운 점은 날개 달린 신수와 목조화병이 모두 액자 같은 틀을 갖추고 있고 크기도 같은 것으로 보아 서로 연관이 있는 것이 확실하다. 대영박물관에 소장된 그리핀Griffon(사자의 몸통에 독수리의 날개와 부리를 지닌 상상의 괴물-역자)이 화병을 수호하는 모

---

20 For LB. II. 0011~0013, 0021, cf. M. A. Stein, *Serindia*, 1921, p.442.

누란LB 사원에서 출토된 파르티아 양식의 목조예술. 2세기

파르티아의 화병을 수호하는 그리핀 부조석판. 기원전 1세기~기원후 2세기

7-11 누란LB 사원에서 출토된 파르티아 양식의 목조

습을 새긴 부조석판은 날개 달린 사자와 화병의 조합이 예술적으로 오랜 역사가 있음을 증명해 주고 있다. 이 석판 속에는 날개 달린 사자 두 마리가 서로를 마주보고 서 있고 발은 발굽 모양을 하고 있지만 발가락을 벌린 상태이다. 그리고 입은 약간 벌리고 이빨을 드러내고 있고 콧등이 높게 솟아 있으며 꼬리는 위로 올라가 S자 모양을 이루고 있다. 두 사자의 중간에는 화병을 새겨 넣었는데 화병의 모양은 LB 유적에서 출토된 목조화병과 유사한 형태이며 양쪽으로 꽃가지를 뻗고 있었다. 이를 근거로 우리는 LB 유적에서 출토된 목조품에 대해 복원을 실시했다. 분명한 것은 파르티아석판은 날개 달린 사자와 화병의 조합이 예술작품의 소재가 된 첫 시작이었을 것이다.[21]

1995년에 중일니아합동조사팀이 신강 민풍현 북쪽의 사막 오지에 있는 니아 유적에서 고대 묘지 한 곳을 발견했고 그중 8호 무덤에서 '오성이 동방에서 떠오르니 중국에 이롭다'는 뜻의 '오성출동방이중국五星出東方利中國'이라는 이름의 채색무늬비단 직금織錦(은실이나 금실로 무늬를 섞어 짠 직물—역자)이 출토됐다. 이 무덤의 연대에 대해 학계에서는 상당히 많은 논란이 존재하며 일부 학자들은 위진 전량前涼 시기일 것으로 믿고 있다. 사실상 이 무덤은 한나라 말기 정절국精絶國 왕공귀족의 무덤이다. 고증에 의하면 이 직금 위의 동물과 새의 문양은 모두 외래의 것이며 날개 달린 신수 외에도 아프리카의 사자, 베트남의 앵무새, 그리고 서아시아의 타조도 있었다.[22]

증거 자료에 따르면 한나라 시기의 날개 달린 신수는 파르티아 예술의

---

21 陳曉露, 「樓蘭佛寺考」, 北京大 學士論文, 2005.
22 李零, 「'五星出東方利中國' 織錦上的文字和動物圖案」, 『文物天地』, 第6期, 1996, 26~30쪽.

7-12 니아의 동한묘에서 출토된 '오성출동방이중국' 직금

영향을 받아 탄생한 것이며 '오성출동방이중국'은 파르티아의 날개 달린
신수가 한나라 예술창작에 영향을 미쳤다는 증거를 제공해 주었을 뿐만
아니라 파르티아의 타조가 한나라의 예술에 영향을 미쳤다는 새로운 소재
를 제공하기도 했다. 중국에는 타조가 없었고 이런 몸집이 거대한 새는
아프리카와 서아시아에서만 생활했다. 장건이 서역을 다녀온 후 서양의
사절들이 타조알과 타조를 공물로 중국에 바쳤고 한나라 시기에는 이를
'대조大鳥' 또는 '안식작安息雀'이라 불렀다. 『사기』 「대완열전」에 보면 안식
국은 사신을 파견해 "한나라의 사신을 따라가서 한나라의 넓고 광활함을
관찰하고 타조의 알과 여간의 마술사를 한 무제에게 바쳤다(隨漢使來觀漢廣
大, 以大鳥卵及黎軒善眩人獻於漢)"고 적혀 있다. 『후한서』 「서역전」에 보면 영
원永元 13년(101)에 "안식왕 만굴이 또다시 사자와 조지국의 타조를 바쳤

는데 당시에 그것을 안식작이라고 불렀다(安息王滿屈復獻師子及條支大鳥, 時謂之安息雀)"고 적혀 있다. 중국의 고대문헌에는 최초에 타조를 '대작大爵' 또는 '대조大鳥'라고 불렀다. 곽의공郭義恭의 『광지廣志』에서는 "타조의 목은 길고 몸은 매와 같고 발굽은 낙타와 비슷하고 푸른빛을 띠고 있다. 머리를 들면 여덟아홉 척이고 날개를 펴면 한 장 남짓하다. 주로 보리를 먹는다(大爵, 頸及(長), 膺身, 蹄似駱駝, 色蒼. 擧頭高八九尺, 張翅丈餘. 食大麥)"[23]고 적혀 있다.

한 무제는 타조를 키우는 것 외에도 태액지太液池에 타조의 석상을 만들었다. 『한서』「교사지하」의 기록에 의하면 "못 가운데는 바다 속의 신산, 거북이, 물고기 같은 것을 본따서 봉래, 방장, 영주, 호량을 만들었는데, 바닷속에 있는 삼신산과 거북이 · 물고기 무리를 상징한다. 남쪽에는 옥당, 벽문, 타조 무리가 있다(池中有蓬萊, 方丈, 瀛洲, 壺梁, 象海中神山, 龜, 魚之屬. 其南有玉堂, 璧門, 大鳥之屬)"고 한다. 안사고의 주해에는 "타조의 상을 세웠다(立大鳥象也)"고 했다. 『삼보황도三輔黃圖』 4권에서는 『한서』를 인용해 "건장궁 북쪽에 큰 못을 만들었는데 그 이름이 태액지였다. 못 가운데 영주, 봉래, 방장을 본 따서 삼신산을 만들었고 금석에 물고기, 용, 기이한 짐승 무리를 새겨 넣었다(建章宮北治大池, 名曰太液池. 中起三山, 以象瀛洲, 蓬萊, 方丈, 刻金石爲魚, 龍, 奇禽異獸之屬)"고 했다.

---

23 『漢書』「西域傳」, 顏師古 註釋.

4. 대진국大秦國

장건이 서역에 다녀온 후 얼마 지나지 않아 중국의 비단이 유럽으로 전해졌고 곧 로마제국 전역에서 돌풍을 일으켰고 한나라 시기에는 로마제국을 '대진'이라 불렀다.[24] 로마에서는 심지어 비쿠스 투스쿠스Vicus Tuscus 라고 하는 전문 비단 시장이 개설됐다.[25] 유럽인들은 아마포와 양모로 섬유를 짜서 옷을 지어 입었는데 방직 기술이 그다지 발달하지 않았던 고대에 이 두 가지 원료로는 가볍고도 몸에 잘 맞으며 인체의 아름다운 곡선을 충분히 표현할 수 있는 옷을 만들어 낼 수 없었다. 호남성湖南省 장사長沙 마왕퇴馬王堆에서 출토된 소사선의素絲禪衣는 옷의 기장이 128cm, 소매의 길이가 195cm, 소매의 폭이 29cm, 허리가 48cm, 밑단의 폭이 49cm이지만 중량은 48g에 불과하고 마치 종잇장처럼 얇고 투명해 한나라의 방직공예 기술을 매우 생동하게 보여주고 있다.

1세기 이전에 중국의 역사학자들은 유럽이 존재한다는 것조차도 몰랐다. 『후한서』「서역전」에는 동한 시기의 서역도호西域都護 반초班超가 동한 화제和帝 영원 9년(97)에 "감영을 대진국에 사신으로 파견하여 조지국에 도착했고(遣甘英使大秦, 抵條支)"라고 기록되어 있다. 이를 통해 당시 서아시아의 패주인 안식국을 방문했음을 알 수 있다. 대진이 바로 로마제국(기원전 27~기원후 476)이다. 조지국은 페르시아만 연안의 티그리스강과 유프라

---

[24] 중국의 고서에서 대진은 서로 다른 세 개의 서양 국가를 가리킨다. 기원전 30년 이전에는 '여간黎靬'(이집트의 톨레미 왕조), 기원전 30년~기원후 395년 사이에는 '로마제국'을 대진이라 불렀고 기원후 395년에 로마제국이 분열된 이후에는 흔히 '동로마제국'을 대진이라 불렀다.

[25] 夏鼐, 『中國文明的起源』, 北京 : 文物出版社, 1985.

7-13 감영이 발길을 멈추고 망설이다가 되돌아온 페르시아만의 현재 모습

테스강이 바다로 흘러드는 곳에 위치하고 있다. 감영이 안식국을 다녀온 후에야 중국인들이 서양에 또 다른 고대 문명국가 로마제국이 존재한다는 사실을 알았다. 그렇지만 중국의 역사학자들을 그들을 '로마'라 부르지 않고 '대진'이라 불렀다. 감영은 원래 대진을 방문할 예정이었으나 페르시아만에서 발길을 멈추고 망설이다가 끝내 되돌아왔다. 감영은 비록 로마제국에 도달하지 못했지만 실크로드의 상인들과 서양 각국에 중국의 광활함과 부유함을 알렸고 이를 통해 서양의 사신과 상인들이 중국을 방문하게 유도했다. 중국의 역사학자들은 그들을 통해 안식국 서쪽에 있는 로마제국에 대해 전해 듣게 됐고 아울러 로마인들도 이 루트를 통해 중국을 알게 됐다.

로마의 지리학자 마리누스의 『지리학geography』에 의하면 동한 초년에 동양 무역에 종사한 메스라는 마케도니아 거상이 있었다고 한다. 그는 기원후 99년경에 대리인을 통해 상단을 꾸렸는데 로마제국의 마케도니아 와 티레Tyre 출신 사람들로 이루어졌다. 그들은 지중해 동부에 있는 티레에 서 출발해 안식국의 수도인 화독성和櫝城, 안식국 동부에 있는 아리亞里와 목록성木鹿城을 지나서 쿠산 왕조 국경에 진입했다. 계속해 대하국의 옛 수도인 남씨 성을 거쳐 타스쿠얼간을 통해 중국에 진입했고 실크로드의 남쪽 길의 우전, 묵산국墨山國, 누란, 돈황 등을 따라 마침내 기원후 100년에 낙양에 도착했다. 동한 황제는 그들을 궁으로 불러 접견했고 '금인자수金印 紫綬(금도장과 거기에 매달려 관직을 나타내는 자주색 끈−역자)'를 하사했다. 이 일은 동한왕궁의 사관에 의해 기록됐고 범엽范曄의『후한서後漢書』「화제본 기和帝本紀」에 적혀 있다.

　1~2세기에 로마 상인들이 실크로드에서 활발하게 활동하면서 로마 의 유리기물을 타림분지 내지는 동한의 수도 낙양으로 가져왔다. 1979 년, 소련과 아프가니스탄의 합동고고학연구팀이 아프가니스탄의 북서부 에서 대월지 왕릉을 발견했고 그 속에서 로마의 유리기물 두 점을 발굴했 는데 그중 하나가 교태攪胎(서로 다른 색깔의 흙을 엇갈려 배치시켜 독특한 무늬를 만들어내는 제조기법−역자) 유리병이었다. 무덤에서 출토된 로마화폐로 미 루어 볼 때 이 대월지왕은 기원후 30년에 매장됐을 것으로 추정된다.

　1987년에 낙양의 동쪽 변두리에 있는 2세기의 동한묘에서 상당히 잘 보존된 목이 긴 유리병 한 점이 출토됐다. 황록색에 반투명이고 병 전체에 흰색 띠가 장식돼 있으며 아가리의 지름이 4cm, 복부의 지름이 7.5cm, 높이가 13.4cm이다. 형태가 매우 아름다운 이 유리병은 전형적인 로마의 불기 기법으로 제조한 연리문連理紋 유리제품이다.

이집트에서 출토된 로마의 교태 유리병,
기원후 1세기

대월지왕릉에서 출토된 로마의
교태 유리병, 기원후 30년

낙양 동한묘에서 출토된 로마의
교태 유리병, 기원후 2세기

7-14 낙양 동한묘에서 출토된 로마 교태기법의 유리향수병

기원전 1세기에 지중해 동해안의 장인들은 불기 기법을 발명해 아름다운 구형球形의 유리기물을 제조했다.[26] 낙양에서 출토된 로마의 연리문 유리기물은 로마상인들이 낙양에서 활동했던 것과 밀접한 관련이 있는 것이 분명하다. 로마인들의 유리 제조 기술은 알렉산드리아의 그리스 장인에게서 전승됐는데 이집트에서 기원전 1세기에 교태기법으로 제작된 매우 정교한 향수병이 출토됐다. 로마의 장인들은 또 이 기술로 유리구슬을 제작했는데 로마 본토와 이집트, 이란 그리고 실크로드에 있는 여러 도시에서 이런 유리구슬이 출토됐다.

로마인들이 제작한 교태 기법의 유리구슬은 실크로드를 따라 중국으

---

26 宿白, 「中國古代金銀器和玻璃器」, 『中國文物報』, 1992; 徐苹芳, 「考古學上所見中國境內絲綢之路」, 『燕京學報』新1期, 1997, 291~334쪽.

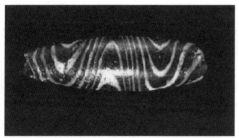

로마의 교태 유리. 기원전 1세기에서 기원후 1세기

이란에서 출토된 로마 교태 유리

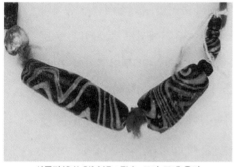

산푸라(84LSIM45 : 7b). 로마 교태 유리

니아 동한묘에서 출토된 로마 교태 유리

그리스의 교태 유리. 기원전 1세기

7-15 그리스 로마의 교태 유리기물

로 전래됐다. 신강의 고고학자들은 화전 산푸라의 한나라 무덤과 니아의 동한묘에서 로마 교태 기법의 유리구슬이 출토됐다. 1980년에 신강의 누란고성에서 구슬꿰미 한 점이 발견됐는데 그중에서 세 개의 구슬이 교태 기법의 유리구슬이었으며 1세기~2세기에 제작된 것이었다.[27]

누란의 교외에 있는 동한묘에서는 또 로마 교태 기법의 유리장식품 두 점과 유리구슬 두 개가 출토됐는데 이와 유사한 유리장식품은 홍해의 유명한 로마 고대 항구였던 베레니스Berenice 유적에서도 출토됐다. 출토 상황을 보면 이 교태 유리 장식품과 유리구슬은 누란 무덤주인의 귀 부위에 위치하고 있었다. 따라서 이들은 동한 시인 신연년辛延年이 「우림랑羽林郎」에서 언급한 '대진주大秦珠'일 가능성이 매우 높다. 이 시에서는 "옛날에 곽 씨네 집에 종이 있었으니 성은 풍 씨요 이름은 자도라네. 장군의 권세를 믿고 술 파는 오랑캐 계집을 희롱하네. 계집의 나이는 열다섯, 봄날 혼자 주막 장사를 하는 데 긴 치마에 허리띠 매고 넓은 소매에 합환 저고리를 입고 머리에는 남전의 옥비녀, 귀 뒤에는 대진의 구슬을 꽂았네. 두 갈래 머리는 어찌나 고운지 이 세상에 다시는 없을 것이네(昔有霍家奴, 姓馮名子都. 依倚將軍勢, 調笑酒家胡. 胡姬年十五, 春日獨當壚. 長裾連理帶, 廣袖合歡襦. 頭上藍田玉, 耳後大秦珠. 兩鬟何窈窕, 一世良所無)"라고 읊고 있다.

중국에 전래된 로마의 유리구슬은 일찍이 20세기 초기에 이미 발견된 바 있다. 스타인이 신강 화전에서 채집한 채색상감 유리구슬이 바로 전형적인 서양의 제품이며 로마제국에서 상당히 유행했다.[28] 이런 종류의 로

---

27 新疆樓蘭考古學研究組, 「樓蘭古城址調査與試掘簡報」, 『文物』, 第7期, 1988, 1~39쪽. 하내는 흑백도판을 보고 이 세 개의 교태유리구슬을 식화육홍석수주蝕花肉紅石髓珠(카넬리안)로 착각했다.
28 Sir Aurel Mark Stein, 『西域考古圖記』 第1卷, 南寧 : 廣西師範大學出版社, 1998, 55・74

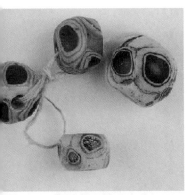

산푸라에서 출토된 대진의 구슬. 1세기

니아에서 출토된 대진의 구슬. 2세기

로마의 유리목걸이. 1~2세기

7-16 산푸라와 니아의 동한과 서한 무덤에서 출토된 대진의 구슬

마 유리구슬은 화전의 산푸라 한나라 무덤과 니아의 동한묘에서도 여러 차례 발견됐고 일명 '잠자리구슬'이라고 불렸다.

　로마의 장인들이 생산한 유리구슬은 종류가 매우 다양했다. 예를 들면 화전 산푸라 한나라 무덤에서 로마의 배화단 모양의 유리구슬 장식품 한 점이 발견됐다. 같은 종류의 유리구슬 장식품은 홍해 연안의 고대 로마 무역항구인 베레니스 유적에서도 발견됐다. 중일니아합동조사팀이 니아

쪽. 도판은 제4권 도판 Ⅳ 참조.

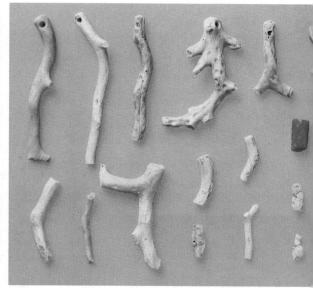

이집트에서 출토된 로마의 붉은 산호 목걸이,
1세기~2세기

니아 유적에서 출토된 로마의 붉은 산호

7-17 이집트와 니아 유적에서 출토된 대진의 붉은 산호

의 동한묘에서도 또 로마에서 생산된 금박유리를 발견했다. 로마의 유리
구슬은 종류가 이처럼 매우 다양했기 때문에 장안의 오랑캐 여인이 착용한
대진의 구슬이 구체적으로 어떤 구슬이었는지는 아직 확실하게 알 수가
없다.

　한나라 시기의 문인들이 장안 교외에 있는 황실 식물원인 상림원上林苑
에 산호나무가 있었다고 했다. 사마상여司馬相如는 「상림부上林賦」에서 상
림원을 "붉은 색과 녹색의 눈부신 옥들이 곳곳에 널려 있고 아름다운 산
호가 떨기를 이루어 곳곳에 우뚝 솟았다(玫瑰碧琳, 珊瑚叢生)"고 묘사했고
반고班固는 「양도부兩都賦」에서 장안의 황궁에 "산호와 벽옥 나무가 궁전
의 한 구석에 자라고 있네(珊瑚碧樹, 周阿而生)"라고 했다. 산호는 바다생물

로서 중국 남동부 연해 지역과 홍해, 지중해 등에서 생산된다. 상림원의 산호는 그 출처가 각기 다르며 일부는 중국 남동부 바다에서 생산된 것이다. 예를 들면 상림원에는 높이가 열두 척에 달하는 커다란 산호나무가 있었는데 남월왕南越王이 바친 진상품이라고 한다.[29] 고증에 의하면 중국어의 '산호珊瑚'는 고대 페르시아어의 sanga(돌멩이)에서 번역된 것이라고 하는데[30] 그렇다면 산호는 서양에서 중국으로 전래됐을 가능성이 높다. 그런데 페르시아에는 산호가 나지 않으므로 아마도 서양의 대진국에서 유래됐을 가능성이 높다.

대진에서 전래된 물건 중에서는 호박琥珀도 있었으며 한나라 시기에는 '호백虎魄'이라고 불렸다. 서양에서 호박은 주로 발트 해 연안에서 생산되는데 예를 들면 러시아의 칼리닌그라드, 폴란드, 리투아니아, 덴마크, 독일 등의 지역에서 나는 호박을 '발트 해 호박'이라 통칭한다. 아랍인들의 선조인 페니키아인들이 가장 먼저 호박 무역을 시작했고 영어로 amber(호박)이라는 단어는 바로 아랍어에서 유래했다. 그러나 한자 '호박'의 어원은 이와 다르다. 미국의 중국학자 셰퍼Shaffer는 한자의 '호박'이 시리아어의 harpax(호박)에서 유래했다고 주장했다.[31] 『한서』「서역전」에는 계빈과 대진에서 '산호, 호박'이 난다고 기록돼 있다. 그렇다면 대진의 이 두 보물은 간다라를 통해 중국에 유입됐을 것이다. 유럽의 호박은 아주 일찍부터 서양의 잠자리구슬과 함께 중국으로 전래됐다. 예를 들면 내몽고의 어얼둬쓰鄂爾多斯 타우훙바라桃紅巴拉에 있는 춘추묘春秋墓와 모경

---

29 『酉陽雜俎』卷十.
30 謝弗, 吳玉貴 譯, 『唐代的外來文明』, 北京 : 中國社會科學出版社, 1995, 523쪽.
31 위의 책, 524쪽.

내몽고 서구반西溝畔의 서한 44호 무덤에서
출토된 로마의 호박목걸이, 기원전 2세기

누란에서 출토된 로마의 호박목걸이, 1세기

로마의 호박목걸이

7-18 내몽고, 누란과 로마에서 출토된 호박·유리목걸이

구毛慶溝에 있는 전국 시대 5호 무덤에서 기원전 5세기~기원전 4세기에 제작된 것으로 추정되는 호박목걸이가 발견됐다.

이란과 중국 사이에 위치한 간다라(지금의 파키스탄 북부와 아프가니스탄 남부)는 예로부터 동서양 문화교류의 중요한 통로였으며 한나라 시기에는 '계빈', 그 이후에는 '간다라'로 불렸다. 『한서』「서역전」에는 계빈국에서 주기珠璣, 산호珊瑚, 호박虎魄,琥珀, 벽유리璧流離 등의 4대 보물이 난다고 적혀 있다. 불교가 성행하기 시작한 후 계빈의 4대 보물은 불교 칠보七寶 보물로 꼽혔으며 『대반야경大般若經』에서는 '금金, 은銀, 유리琉璃, 차거硨磲, 마노瑪瑙, 호박虎珀, 산호珊瑚, 적주赤珠'를 칠보로 꼽았다.[32] 로마가 동양

32 불교서적에는 칠보에 대한 여러 가지 해석이 있다. 1980년대에 요녕성 조양시의 남북쌍탑

과의 무역을 시작하고 불교가 전파되기 시작하면서 호박은 실크로드를 따라 중앙아시아와 중국으로 전해졌다. 영국의 고고학자 마셜J. Marshall은 탁실라 유적에서 1~3세기에 제작된 호박 일곱 점을 발굴했다.[33] 신강의 타클라마칸 사막 중심에 있는 니아 유적,[34] 청해성青海省 서녕西寧 및 감숙 성甘肅省 돈황의 한나라 무덤에서 끊임없이 호박이 발견됐다.[35] 이것들은 모두 계빈국에서 중국으로 전래된 대진국의 호박이다.

선비족이 흉노족을 대체해 서역 지역에 진입한 후 내몽고의 선비족 무덤 에서 호박이 출현하기 시작했다. 예를 들면 통료시通遼市의 과좌중기科左中旗 육가자六家子 선비묘鮮卑墓에서 도기, 금은기, 유기, 철기, 호박, 옥돌 등의 유물이 발견됐다.[36] 그 외에도 이민伊敏강의 선비묘 중 맹근초로孟根楚魯 M1 에서는 호박으로 만든 '목걸이장식(활 모양에 양쪽 끝이 고리 모양을 이루고 있고 그 가운데에 호박구슬 두 개가 끼워져 있음)'이 발견되기도 했다.[37]

2004년에 청해성 서녕시에서 한나라 시기의 고분군이 발견됐는데 제 작 시기는 서한 말기에서 동한 초기인 것으로 밝혀졌다. 각 무덤마다 도기 가 두세 개씩 들어 있었고 유기, 호박, 마노, 칠기 등의 귀한 물건들도 부장 돼 있었다.[38] 호박이 선비족의 무덤에서 대량으로 출현한 것은 선비족이

유지보수 과정에서 지궁과 천궁이 발견됐고 금, 은, 마노, 산호, 진주, 호박, 유리 등 '칠보물'로 제작한 희귀한 불교 문화재가 출토돼 『반야경』의 서술이 옳은 것임이 증명됐다.

33 Marshall, 秦立彦 譯, 『塔克西拉』, 昆明 : 雲南人民出版社, 2002.

34 趙豐, 於誌勇 編, 『沙漠王子遺寶』, 杭州 : 中國絲綢博物館·烏魯木齊 : 新疆文物考古學研究所, 2000, 95쪽.

35 呂雪莉·劉曉强, 『西寧發現具有較高價值的漢代墓葬群』, 신화망新華網 청해青海 채널 서녕西寧 2004년 9월 29일 자 방송(http://unn.people.com.cn/GB/14788/21767/2893859.htm l). 돈황에서 호박으로 새긴 유니콘이 발견됐는데 돈황 양가교楊家橋의 한나라 시기 무덤에서 출토된 것으로 알려졌다. 출토 당시 망자가 입 속에 물고 있었다고 한다.

36 張柏忠, 『內蒙古科左中旗六家子鮮卑墓群』, 『考古』 第5期, 1989.

37 程道宏, 「伊敏河地區的鮮卑墓」, 『內蒙古文物考古』 第2期, 21~22쪽, 圖.5-4.

7-19 로마의 상업의 신 머큐리의 조각상과 누란에서 출토된 로마의 방직물, 1세기~2세기

흉노족을 대체해 동한 왕조와 서역을 쟁탈한 것과 관련이 있어 보인다.

로마의 상인들이 중국으로 가져온 물품에는 소아시아에서 생산된 털실로 수놓은 견직물도 있었다. 영국의 고고학자 스타인은 두 차례(1906·1914년) 누란에 탐험을 다녀왔는데 누란성 교외의 LC묘지에서 그리스 예술양식의 모로 수놓은 채색의 견직물 조각을 발견했다. 그의 연구에 의하면 이 두상은 바로 그리스신화 속의 전령의 신 헤르메스Hermes이며 로마 신화 속의 상업의 신 머큐리Mercury에 해당된다. 그리스신화에서 헤르메스는 신들의 전령으로서 손에 카두세우스Caduceus라는 지팡이를

---

38 薪華社, 「考古人員在西寧發現具有較高價値的漢代墓葬群」 인터넷 기사 참조(http://tech.163.com/04/1026/21/13LCFSMI0009rt.html).

들고 인간 혼령들을 저승으로 인도했다고 한다. 스타인은 이 무덤이 기원전 1세기~기원후 1세기 사이에 제작됐을 것으로 추정했다.[39] 그런데 무슨 이유에서인지 그는 무덤 속의 유물들을 철저하게 발굴하지 않았다. 1980년에 신강문물고고학연구소 누란고고학연구팀이 같은 무덤에서 한 무제 말기의 화폐인 오수전五銖錢, 한나라 시기의 칠기 그리고 거로문佉盧文이 쓰여 있는 비단 조각 등을 발굴했다. 탄소14 연대 측정에 의하면 이 무덤은 지금으로부터 1880±50년에 제작된 것으로 동한 시기에 해당된다.[40]

최근에 새로 발견된 서역예술품 중에 로마 예술양식의 모직물이 한 점 더 있는데 바로 1995년에 울리현尉犁縣 공작하孔雀河 남안 영반고성營盤古城 부근에 있는 고분(15호)에서 발견됐다. 이 무덤의 형제와 부장품은 누란LC 동한묘와 유사하며 발굴자는 이 무덤이 동한 말기에 제작됐을 것으로 추정했다.[41] 『한서』 「서역전」의 기록에 의하면 공작하 상류는 한나라 시기에는 묵산국墨山國의 영토에 속했으며 동한 말기에는 언기국焉耆國

7-20 영반 5호 무덤에서 출토된 로마 양식의 모직물 도포를 입은 고대 사신

39 M. A. Stein, *Innermost Asia*, vol.1, Oxford, 1928, pp.233~235.
40 新疆文物考古學硏究所樓蘭考古隊, 「樓蘭城郊古墓群發掘簡報」, 『文物』 第7期, 1988, 23~29쪽.
41 新疆文物考古學硏究所, 「尉犁縣營盤15號墓發掘簡報」, 『新疆文物』 第2期, 1998, 1~11·20쪽.

에 의해 통합됐다고 한다. 그렇다면 그리스 로마 예술양식을 띤 이 도포는 한나라 시기 묵산국의 물건일 것이다. 방직 기술로 보면 누란과 영반에서 출토된 모직물은 모두 오랑캐의 모직물罽에 속한다. 이런 방직 기술의 발원지는 소아시아의 길란이며 한나라 문헌에서는 모직물을 '계罽'라고 불렀는데 바로 페르시아어의 지명 gilim(길란)과 관련이 있다.

신강박물관의 무민武敏이 연구한 내용에 의하면 신강에서 출토된 외래 모직물은 중앙아시아, 서아시아 내지는 지중해 연안의 여러 지역 등 생산지가 상당히 복잡하며[42] 누란과 영반에서 출토된 로마의 모직물은 로마 상인들이 실크로드에서 활동했다는 사실을 입증하는 중요한 증거 자료를 제공하고 있다.

---

[42] 武敏,「新疆近年出土毛織品研究」,『西域研究』第1期, 1994, 1~13쪽; 武敏,「從出土文物看唐以前新疆紡織業的發展」,『西域研究』第2期, 1996, 5~14쪽.

머나먼 고대에 로마, 인도, 세일론, 부남 등의 나라들과 중국 사이에는 이미 상당히 빈번한 무역 왕래가 이루어졌다. 기원전 1세기 말에 아우구스투스(기원전 27~기원전 14)가 이집트를 로마에 귀속시키면서 알렉산드리아항은 로마인들이 동방으로 통하는 중요한 창구가 되었다. 안식인들이 실크로드의 육로 교통을 독점하였기 때문에 로마인들은 줄곧 바다를 통해 동방으로 가는 길을 모색했다. 아우구스투스는 아랍인들이 무역으로 축적한 황금을 부러워했고 이로 인해 동방 국가와의 해상 무역에 적극 나섰다.

그리스의 지리학자 스트라보Strabo(기원전 63~기원전 21)의 기록에 따르면 로마제국의 사회와 문화 발전의 수요를 만족시키기 위해 향료와 보석, 비단 등의 사치품을 대량으로 수입했고 동방으로 호박, 산호, 포도주 등을 대량으로 수출했다. 그 과정에서 거액의 대외 무역 적자가 발생했고 로마제국은 그동안 비축했던 대량의 금은화폐를 사용할 수밖에 없었다.[1]

로마인들은 그리스의 선박 제조 기술을 계승하여 뱃머리에 선루船樓를 만들었고 외관도 그리스의 선박과 거의 비슷했으며 선체의 길이가 27m, 너비가 9m이며 화물 250t 또는 사람 300명을 태울 수 있었다. 하지만 로마인들은 돛 기술을 한층 더 발전시켜 역풍을 맞으며 돛을 펼칠 수는

---

1 George Coedès 編, 耿昇 譯, 『希臘拉丁作家遠東古文獻輯錄』, 北京 : 中華書局, 1987.

없지만 45도 각도로 바람을 맞으면 전진할 수 있을 정도에 이르렀다. 로마의 범선帆船은 뛰어난 원양 항해가 가능하여 로마에서 영국까지 항해하곤 했다. 고대 로마의 부조작품에서 로마 코르비타córbīta 화물선의 멋진 모습을 찾아볼 수 있다.

고대 항해 기술의 가장 큰 진보는 바로 계절풍을 이용한 항해이다. 아랍인들이 가장 먼저 계절풍을 이용한 항해를 시작했다. 여름 계절풍이 동북향으로 불어올 때 상선들은 계절풍을 빌려 돛을 올려 항해를 했는데 해안선을 따라 항해하는 것보다 속도가 훨씬 더 빨랐다. 기원전 1세기 중엽에 지중해의 로마 상인들도 계절풍의 실용성을 느끼게 되었다. 과거 서양학자들은 프톨레마이오스 왕조 말년에 그리스의 항해사 히팔루스Hippalus가 계절풍을 발견했다고 주장했는데 사실 그리스어의 monsoon(계절풍)이라는 단어는 아랍어의 mauzim(계절풍)에서 유래했고 히팔루스는 단지 최초로 계절풍을 이용해 항해한 그리스인이었을 것이다.[2] 그러나 로마인들은 아랍인보다 해상 무역에 더욱 열중했으며 로마에서 알렉산드리아항 사이의 지중해 항로를 빈번히 왕래했을 뿐만 아니라 나일강을 타고 올라가 베레니스항에서 인도까지의 홍해 항로를 개척함으로써 안식인들이 비단 무역을 독점하는 상황을 타개하고자 했다. 『후한서』 「서역전」에는 대진大秦(즉 로마)이 "안식, 인도와 바다에서 교역했다(與安息, 印度交市於海中)"고 적혀 있는데, 이는 로마인들이 해상 무역에 적극적으로 종사했음을 증명해 주는 것이다.

1. 홍해 옛 항구의 변천

홍해는 예로부터 동서양 교통의 중요한 항로였고 베레니스Berenice항구는 홍해 연안의 가장 유명한 고대 항구의 하나로서 이집트 프톨레마이오스 왕조 때 최초로 건설됐다. 베레니스의 건설은 프톨레마이오스 2세가 아프리카 코끼리로 군대를 무장하려고 시도했던 것과 관련이 있다고 한다. 고대 인도에서 코끼리는 일찍이 전쟁에 사용됐다. 기원전 4세기 중엽에 알렉산더 대왕이 그리스 원정군을 이끌고 북인도를 공격했을 때 인도코끼리 부대의 완강한 저항에 부딪히며 그리스인들은 처음으로 코끼리의 위력을 맛보았다.

메소포타미아 지역의 셀레우코스 왕국(기원전 305~기원전 280)을 이기기 위해 이집트의 헬레니즘 왕국 프톨레마이오스 2세는 코끼리로 자신

---

2   Romila Thapar, 林太 譯, 『印度古代文明』, 杭州 : 浙江人民出版社, 1990, 104쪽.

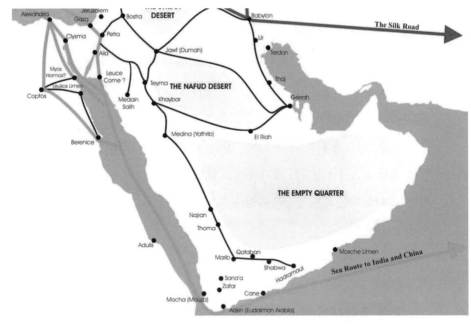

8-2 베레니스항구의 위치

의 군대를 무장하고자 에티오피아에서 대대적으로 코끼리를 포획하여 홍해에서부터 이집트로 운송하려고 시도했다. 코끼리를 운송하기 위해 프톨레마이오스 2세는 베레니스항구를 건설하도록 지시했고 또한 사막 중부에서 이드푸^dfu까지 가는 통로를 개척했다. 그리스의 지리학자 스트라보는 베레니스항구가 기원전 3세기~기원전 2세기 전략적 항구로서의 얼마나 중요한 역할을 했는지를 특별히 강조했다.

그리스 로마인들이 동방과의 무역을 처음 시작한 항구는 홍해 연안에 위치한 호르무즈^Hormuz항구이다. 로마인들은 이 항구와 나일강 사이에 육로 통로를 개척했다. 대 플리니우스의 『자연사^Naturalis Historia』에 의하면 콥트^Copt에서 낙타를 타고 행진하다보면 식수 보급을 위한 중계점 몇

8-3 베레니스항구에서 출토된 로마 문물

곳을 지나가게 된다. 첫 번째 중계점은 22로마마일 정도 떨어져 있는 곳이고 두 번째 중계점은 사막 중간에 있어 첫 번째 중계점에서 두 번째 중계점까지 가려면 하루를 걸어야 한다. 세 번째 중계점은 식수보급소로서 콥트에서 85로마마일 거리에 있다. 그곳에서 계속하여 사막의 중심으로 깊숙이 들어간다. 그렇게 사막을 지나서야 콥트에서 236로마마일 떨어진 새로운 식수보급소에 도착한다. 콥트에서 287로마마일을 지나면 홍해 연안에 있는 호르무즈항구에 도착한다. 한낮의 무더위를 피하기 위해 대부분의 노정은 밤에 이루어진다. 이렇게 계산하면 사막의 상인들은 일반적으로 매일 30여 km씩 12일을 걸어야만 전체 노선을 완성할 수 있다.

프랑스의 고고학팀이 이 상로商路의 첫 번째 우물과 중계점 등 8개 군사 요새에 대한 발굴을 진행했는데 각각 Qusûr al Banât, Krokodilô, Bi'r al-Ham mâmât, Maximianon, al-Hamrâ, Bi'r Sayyâta, Siniou, Dawwî, Didymoi 등이다. 이 발굴들을 통해 우리는 다시 연대별로 이 상로들의 발전과 변화를 기술할 수 있게 되었고 또한 당시 로마인들의 동방과의 무역이 얼마나 활발하게 이루어졌는지를 보다 잘 이해할 수 있게 됐다.[3]

아우구스투스의 통치 말기, 즉 1세기 초엽에 베레니스항구는 중요한 역할을 하기 시작했고 1세기 70년대에 호르무즈항의 지위를 뛰어넘기에 이르렀다. 이런 변화는 인도 남부로 향하는 상인대열이 증가한 이유일 것이다. 콥통와 베레니스 사이의 직통 상로의 개통이 호르무즈항의 쇠퇴를 초래했으며 게다가 이 항구는 원래부터 소형 선박의 정박을 목적으로 사용됐다.

베레니스항구에 대해 상세하게 기록한 책이 있는데 바로『에리스리안해의 항해 안내Periplus of the Erythraean Sea』이다. 에리스리안해는 지금의 홍해, 오만해 내지 인도양의 일부 해역을 가리킨다. 이 책은 항해일지 또는 상업지침서에 가까우며 1세기 중엽에 완성된 것으로 알려진다. 저자는 베레니스에 사는 그리스 상인으로서 이집트와 인도 사이의 해상 무역에 종사하는 사람으로 알려졌다.

69~79년, 대 플리니우스의『자연사』에는 "진주 한 품목만 해도 로마제국은 매년 1억 은화를 인도와 중국 그리고 아랍 국가들에게 지불했다"고

---

3   Centre Jean Berard, 盛潔 編,『經由埃及東部沙漠和紅海而建立起來的羅馬帝國與東方諸國的商貿關系』, 歐亞非考古與文明系列講座, 北京國家圖書館北海分館, 2015.4.21. 이 글에서 인용한 베레니스 고고학 자료들은 주로 해당 강연을 근거로 한 것이며 일일이 모두 주석을 추가하지 않은 점을 양해 바란다.

240   실크로드 고고학 강의

적혀 있다. 로마의 동방과의 무역활동은 베레니스항에서 처음 시작됐고 서양의 고고학자들은 베레니스에서 로마 시대의 고대 항구도시 유적 해구 Trench를 발견했고 그속에서 로마 신전, 포도주를 담는 항아리 암포라 Amphora, 그리스문자가 새겨진 도기조각, 비너스 조각상, 이집트 유리구슬 등의 유물을 발굴했다.

2004년에 미국의 고고학자들이 베레니스의 고대항구 한 곳에 대한 대규모 발굴 작업을 진행했다. 이 고대항구는 오랜 세월 동안 버려진 이집트 홍해 항구로 술탄Sultan 국경과 가까운 곳에 있었다. 고고학자들은 이곳 로마제국 시대의 건축 유적에서 대량의 유자나무를 발견했다. 유자나무는 인도 본토와 지금의 미얀마 일대에서 자라는 나무 종류로 이집트와 아프리카, 유럽 등지에서는 자라지 못한다. 발굴자들은 이 1세기의 유자나무들은 이곳 항구로 원양을 온 동방 선박의 것이었고 베레니스 주민들이 폐기된 선박 재료를 건축자재로 활용했을 것으로 믿었다. 미국의 고고학팀은 또 구리못과 금속판넬 등의 선박 제조용 재료를 발견했다. 또한 사람들은 이집트 대륙의 맹그로브와 아라비아고무가 발견되기를 기대했지만 실제로는 유자나무가 많이 발견됐다고 했다.

홍해 연안에서 고고학자들은 고대 인도의 물품을 대량 발견했는데 그중에는 고대 로마제국 시기에 제작된 후추를 담는 용량 16파운드의 대형 옹기를 발견하기도 했다. 1세기때 이런 후추는 인도 남부에서만 재배됐다. 이집트의 건조한 기후 덕분에 인도에서 건너온 유기물이 보존될 수 있었고 그중에는 30~70년의 범포帆布와 1세기~2세기의 바구니, 돗자리 등도 있었다. 고고학팀은 로마 시대의 저장실에서 인도산 코코넛과 1세기의 면 원단 그리고 보석을 발견했는데 그중에는 스리랑카산 사파이어와 유리구슬, 인도산 마노가 포함돼 있었다. 고고학 발굴 지점에서는 유리구슬 세 개가 발견됐다. 그중 하나는 인도의 자와티무르 주, 다른 두 개는 베트남이나 태국산으로 추정되지만 시기는 불분명하다. 베레니스와 인도의 자와티무르 주, 베트남과 태국 사이에는 직접 교역이 이루어지지 않았기 때문에 아마도 인도를 통해 이집트에 유입되었을 것으로 추측된다. 인도와 이집트 사이에 항해활동이 이루어졌음을 입증하는 증거들이다.

베레니스는 1세기~2세기에 로마제국의 통제하에 있었다. 그때 인도에서 파키스탄, 이란, 메소포타미아를 거쳐 유럽으로 가는 육로가 로마제국의 라이벌인 파르티아제국의 통제하에 있었기 때문에 로마의 상인들이 육로 무역을 할 수가 없었다. 그 외에도 로마의 역사기록에 의하면 당시 육로 무역이 해상 무역보다 비용이 20배나 더 많이 들었다. 육로 무역이 막히자 로마제국 최남단에 위치한 이 항구가 크게 발전했다. 인도에서 온 화물을 접수하여 나일강을 통해 이집트의 알렉산드리아항구로 운송한 후 다시 알렉산드리아에서 지중해를 거쳐 로마의 여러 항구에까지 운송했다.

베레니스는 홍해 연안의 가장 중요한 항구 중의 하나로서 500년까지 번영을 이어갔다. 베레니스의 항해활동은 중세기의 문헌에 많은 기록이 남아 있지만 항구의 구체적인 위치는 줄곧 확인되지 못하고 있다가 1994년에 캘리포니아대 LA 분교와 델라웨어대의 고고학자 웬드릭Willeke Wendrich과 세드버그샘Sedberghsam이 이집트에서 대규모의 고고학 발굴 작업을 진행하면서 이 고대 '향료의 길'에서 매우 중요한 항구인 베레니스의 비밀이 밝혀졌다.[4]

『홍해항해기』에는 인도 서해안 마르바르Marbar의 무지리스Muziris와 바

카레Bakare항구에서 중국 비단과 인도 향료를 살 수 있다고 적혀 있다.[5] 최근의 고고학적 발견에 따르면 로마 상인들은 남인도의 마르바르 해안에 상업 거점 내지는 아우구스투스대제신전을 세웠다. 이 신전은 1세기에 건설된 것으로 그리스 로마 상인들이 세웠을 것으로 보인다.

스트라보의 통계에 의하면 기원전 1세기 초에 로마제국은 인도로 가는 배를 20여 척밖에 갖고 있지 않았지만 아우구스투스 시대에는 여섯 배로 늘었다. 이 길은 줄리어스 시저Julius Caesar가 기원전 1세기에 군사적 수단을 이용해 아랍인들의 봉쇄를 뚫고 열어 놓은 것이었다. 로마제국은 관세제도를 설립하여 수입을 늘리기도 했다. 그 후부터 인도와 직접 무역을 한 역사기록이 점차 많아졌다. 서양의 역사 자료와 고고학적 발견에서 유난히 눈에 띄는 기록이 세 가지가 있다.

첫째, 이탈리아 나폴리 부근의 고대 도시 폼페이에서 남인도의 안드라Andhra 예술양식의 상아조각상 두 점이 발견되었는데 이 로마의 고대도시는 79년 베수비오 화산이 폭발하면서 화산재에 파묻혔다. 이곳에서 출토된 인도의 상아조각상은 로마 시기의 동방과의 무역상황을 연구하는 데 실질적인 증거를 제공했다.[6]

둘째, 클라우디우스 카이사르(41~54)의 통치하에 플로카무스Annius Plocamus 가문의 석방된 노예 한 명이 홍해를 항해하던 중 폭풍을 만나 실론(현 스리랑카)에 표착하였는데 실론왕의 극진한 대접을 받았다. 그 후 실론왕은 로마에 사신 네 명을 파견했다.

---

4   夢飛, 「考古發現古代海上'香料之路'重要港口」(2004.2.10)(http://www.enoth.com.cn).
5   George Cades, 耿昇 譯, 『希臘拉丁作家遠征古文獻輯錄』, 北京 : 中華書局, 1987.
6   J. Ph. Vogel, "Note on an Ivory Statuette from Pompei", *Annual Bibliography of Indian Archaeology*, vol.XIII, 1938.

8-4 아우구스투스상과 폼페이에서 출토된 인도 상아조각상

셋째, 네로 황제^{Néron}(54~68) 재위 시절에 헤르메로스^{Herméros}라는 이름의 상인이 있었는데 아빈^{亞濱}에서 온 아랍인 아테니온^{Athénion}의 아들로 베레니스항구를 오가며 포도주 국제 무역사업을 운영했으며 인도 반도 남부에서 현지 상품 특히 후추, 계피 등을 대량으로 구매했다.

2. 인도의 고대 항만 – 아리카메두Arikamedu

아리카메두는 남인도 동해안의 칸치푸람Kanchipuram시 부근에 있는 고대 항만으로 저자 미상의 그리스소설 『에리트리아해 항해지Periplus Maris Erythraei』에 서는 '포두커Podouke'라 불렸고 『한서漢書』 「지리지地理志」에서는 '황지국黃支 國', 『대당서역기大唐西域記』에서는 '건지보라국建志補羅國'이라 불렸다. 이 두 개의 고대 한어 지명은 산스크리트어의 Kancipura(건지성建志城)에서 유래됐 으며 남인도의 칸치푸람시는 지금까지도 이 옛 이름을 그대로 사용하고 있다.[7]

1930년대에 프랑스의 고고학자 파타비라민P.Z. Pattabiramin이 남인도의 칸치푸람에서 멀지 않은 해변가에서 고대 로마 항만 유적을 발견했다. 이곳은 퐁디셰리Pondicherry에서 약 3km 떨어져 있으며 오늘날 '아리카메 두' 유적으로 불린다.

1945년에 영국의 고고학자 모티머 휠러 경Sir Mortimer Wheeler이 아리카 메두에서 대대적인 고고학 발굴을 진행하여 로마 또는 시리아, 이집트 등의 지중해 동해안 상인들이 직접 경영했던 점포와 상점, 무명천을 염 색했던 구덩이 등을 발견했다. 그리고 그 속에서 연대와 명문銘文이 새겨 진 도기 20점을 발굴했는데 명문은 브라흐미Brahmi문자로 타밀Tamil어를 표기했으며 연대는 약 기원전 2세기에서 기원후 1세기의 것으로 추정된 다. 그 외에도 암포라 항아리, 아레타인Arretine 도기, 로마 유리기물, 녹유 綠釉 도자기 파편, 로마 화폐 등의 유물과 인도 중부 혹은 남부 각 지역에

7 　藤田豊八, 何建民 譯, 「前漢時代西南海上交通之記錄」, 『中國南海古代交通叢考』, 北京 : 商務 印書館, 1936; Ferrand, 馮承鈞 譯, 『崑崙及南海古代航行考』, 北京 : 中華書局, 1957.

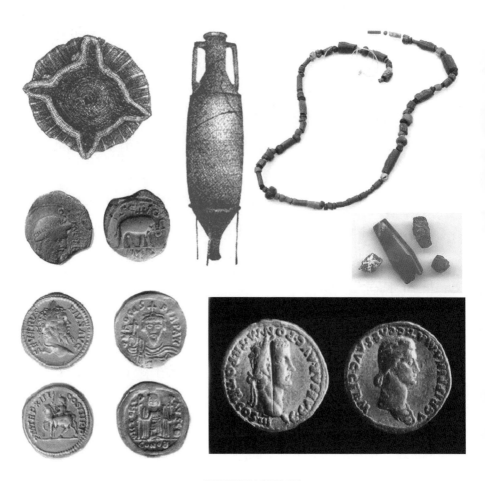

8-5 아리카메두에서 출토된 유물

8-6 아리카메두 고대항만의 발굴현장

서 생산된 향료와 보석, 진주, 얇은 섬유직물 등이 발견됐다. 이것으로
보아 기원전 2세기에서 기원후 1세기까지 아리카메두는 로마의 동양 무
역 중심지 중의 하나였을 것이다.[8]

　동양과 관련된 지식은 바로 이 시기에 로마 상인들에 의해 서양으로
전해졌으며 스트라보, 대ᵗ 플리니우스, 프톨레마이오스 등 유명한 로마의
지리학자들이 거의 모두 이 시기의 사람들이다. 프톨레마이오스Ptolemy(87~
150)는 이집트에서 태어났고 부모님이 모두 그리스인이다. 127년에 부모님

8　M. Wheeler, "Arikamedu: An Indo-Roman Trading-Station on the East Coast of India",
　　Ancient India, No.2, Delhi, 1946; M. Wheeler, *Rome beyond the Imperial Frontiers*, London : Bell
　　and Sons, 1954.

은 프톨레마이오스는 알렉산드리아에 공부하러 보냈다. 그는 알렉산드리아 도서관에서 대량의 책을 읽었고 수학과 천문학, 지리학, 광학 등 다양한 영역의 지식을 아우르며 자신만의 학설을 정립하기도 했다.

130년에 프톨레마이오스는 세계 최초의 세계지도를 제작하여 자신이 저술한 『지리학 안내』라는 책의 부록에 첨부했다. 중세 시대 내내 유럽은 기나긴 '어둠의 시대'에 처해 있었고 프톨레마이오스의 탁월한 공헌도 점차 사람들에게 잊혀졌다. 1400년에 〈프톨레마이오스 세계지도〉가 터키의 콘스탄티노폴리스에서 다시 발견됐다. 1538년에 메르카토르가 세계지도를 제작할 때 〈프톨레마이오스 세계지도〉의 성과를 많이 수렴했다.

로마인들이 인도에서 철수한 후 아리카메두는 여전히 중요한 항구로서 몇 세기 동안 번성했다. 현지에서 남송 시기 용천요龍泉窯의 도자기 파편이 출토된 것을 보면 이 항구는 대략 12세기부터 쇠퇴하기 시작한 것으로 보인다.

3. 부남국扶南國의 옛 항구—옥애오Oc-Éo

로마인들은 아주 일찍부터 인도차이나에 대해 알고 있었다. 로마 작가 마린노스의 기록에 의하면 그곳에서부터 석탑을 거쳐 대하大夏로 가는 길이 여러 갈래가 있었고 그중에는 화씨성華氏城(지금의 인도 갠지스강 중류 지역)을 경유하여 인도로 가는 길도 있었다. 로마인들은 또 장안에서 남서방향으로 가면 카티가라Kattigara 항구에 도착할 수 있다고 말했다. 고증에 의하면 로마인들이 말한 이른바 '카티가라'는 바로 『한서』「지리지」에 나오는

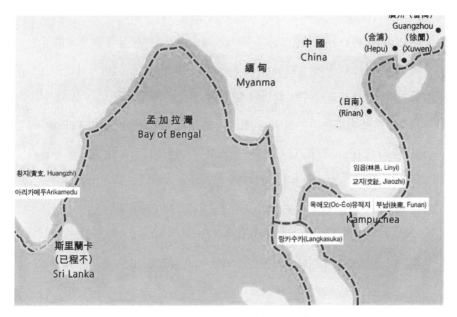

8-7 동서양 해상교통 항로에서 옥애오의 위치

'교지交趾'이며 이곳은 지금의 베트남 다낭 항구[9]이다. 그리스의 지리학자 프톨레마이오스는 티레Tyre 지역 선원의 말을 인용하여 "알렉산더라는 이름의 항해가가 카티가라보다 더 먼 진나Thinae라는 나라에까지 다녀왔다"고 했다. 여기서 로마인들이 말하는 Thinae는 바로 중국을 가리킨다.

1) 옥애오 유적지의 발견과 시기 구분

1940년대, 메콩삼각주 남단에 있는 옥애오Oc-Éo 지역에서 넓은 면적의 고대 유적지가 발견됐다. 1942~1944년에 프랑스의 고고학자 루이 마를레L. Malleret가 이곳에서 대규모 발굴 작업을 진행하여 로마의 동방무역과 관련된 많은 유물을 발견했는데 이곳을 오늘날 '옥애오 유적지'

9   George Coedès 編, 耿昇 譯, 『希臘拉丁作家遠東古文獻輯錄』, 北京 : 中華書局, 1987, 27쪽.

라고 부른다. 1959~1963년에 옥애오 보고서인『메콩삼각주 고고학기록』총 7권이 잇달아 발표됐다.[10] 옥애오는 오늘날에는 해변에서 25km 떨어져 있으나 당시에는 해변에 있었던 것으로 추정된다.

옥애오의 건축물은 주로 세 단계로 구분된다. 1단계는 인도에 교화되기 이전인 1세기~4세기이다. 옥애오의 초기 문화는 인도차이나 반도의 동선문화Dong Son(청동 북의 사용이 특징인 청동기 문화)에 속한다. 이 시기의 옥애오는 사람이 거주하기에 매우 적합한 환경을 갖고 있었고 최초의 거주 지점은 주로 퇴적평야의 작은 구릉이나 바타이산巴泰山 낮은 언덕이었다. 가옥은 난간식 목조건물이고 나무대들보로 집을 받치는 구조였다. 오늘날 인도네시아(옥애오 지역의 환경과 유사함)의 원두막처럼 생긴 고상가옥을 보면 이같은 건축물의 구조를 알 수 있다. 일부 건축물은 꼭대기에 진흙으로 구워 만든 기와를 얹었는데 모양과 구조가 인도 남부 아리카메두Arikamedu 유적지에서 출토된 기와와 매우 유사했다. 동남아시아의 선사 시대 말기와 원시 시대에는 시체를 독이나 항아리에 넣어서 매장하는 이차장二次葬 전통이 있었다. 이때는 인도와 동남아시아의 경제 교류가 이미 매우 빈번했다.

1단계의 말기에 사람들은 성 주위에 해자垓子를 만들기 시작했다. 또한 성안팎의 수리시설을 구축하였으며 특히 성안에 대운하를 팠는데 도시 전체가 대운하에 의해 양분되어 각각 바다와 메콩강, 앙코르톰Angkor Thom 등과 연결되게 했다. 대운하 건설의 목적은 평야 지역의 배수 문제를 해결하여 사람들이 해자를 경계로 성안에서 거주하게 하기 위해서였다. 이 단계에

---

10 Louis Malleret, *L'archaeologie du Delta du Mekong*, Paris : Ecole francaise d' Extreme-Orient, 4 tomes en 7 vols, 1951~1963. 이 글에서 인용한 옥애오 고고학 자료들은 주로 해당 보고서를 근거로 한 것이며 일일이 주석을 추가하지 않은 점을 양해 바란다.

8-8 옥애오 유적지의 발굴현장

서는 바라문교 또는 불교 조각상이 세워진 대형 건축물이 발견되지 않았고 이는 이 시기의 부남국이 아직 인도에 교화되지 않았음을 보여 준다.

2단계는 인도에 교화된 이후의 5세기~7세기이다. 이 시기의 목조건물인 고상 가옥은 구릉에서 홍수에 잠길 수도 있는 평원이나 바타이산의 낮은 언덕으로 이동했고, 구릉과 바타이산 한쪽 비탈에서 힌두교 또는 불교 유적이 발견된 것으로 보아 옥애오가 이미 인도 문화에 교화되었다는 것을 알 수 있다.[11] 당시 이미 성안에 수로를 건설하기 시작했고 벼 재배업도 바로 이 시기부터 시작됐다. 현지인들은 도기와 기와를 빚을 때 벼 잎사귀와 껍데기를 불에 태워 섞어 넣음으로써 점토의 점성을 낮추어 갈라지지

---

11 일부 학자들은 탄소14 연대 자료를 근거로 4세기~7세기라고 주장한다.

않도록 했다. 프랑스 고고학연구팀은 옥애오평원에서 종교 유적지 한 곳을 발굴했는데 7세기 이전의 부남국 시대, 7세기~8세기의 앙코르기 이전 시대, 9세기~12세기의 앙코르 왕조 시대 등 세 개 층으로 나눌 수 있었다.

3단계는 앙코르기 이전 시대와 앙코르 왕조 시대를 포함한 7세기~12세기이다. 이 단계는 인도차이나 역사상 앙코르기 이전 시대와 앙코르 왕조 시대에 속하며 이때의 부남 왕조는 이미 사라지고 강성한 크메르국가가 부남 왕조를 대체했다. 앙코르 왕조는 9세기에 유명한 앙코르톰을 건설했는데 이 시기의 메콩삼각주는 외곽으로 확장하기 시작하면서 지역 중심이 바다가에서 점점 멀어져 내륙에 위치한 훗날의 앙코르톰에 가까워졌다. 이에 따라 옥애오평원의 거주 지역과 종교사원들이 점차 버려졌고 수리시설로 막히거나 매립됐다. 바타이산 비탈에 건설된 일부 종교건축만이 여전히 앙코르 문화와의 연관성을 증명하고 있다.

옥애오는 동서양 교통의 중추로서 로마와 인도, 중국으로부터 대량의 상품이 유입됐는데 주로 다음과 같이 나누어 볼 수 있다.

2) 로마와의 관계

중국의 고서에서는 로마제국을 '대진大秦'이라 불렀다. 『후한서』「서역전」의 기록을 보면 다음과 같이 적고 있다.

천축국 (…중략…) 서쪽에 있는 대진(로마)과 가깝고 대진의 희귀한 보물이 있다. (…중략…) 한나라 화제 때 여러 번 사절을 파견하여 공물을 바쳤으나 서역이 반란하여 끊겼다. 환제 연희 2년, 4년에 이르러 자주 일남日南(지금의 베트남) 변방으로부터 헌상했다.[12]

8-9 로마 황제 마르쿠스 아우렐리우스의 조각상과 주화

환제 연희 9년(166) 대진의 왕 안돈安敦이 사절을 파견하여 일남 변방으로부터 한나라에 들어와서 상아, 서각犀角, 대모玳瑁를 헌상함으로써 양국이 처음으로 왕래하게 되었다.[13]

안돈은 바로 로마의 황제 마르쿠스 아우렐리우스M. A. Antoninus(161~180)이다. 옥애오에서 발견된 유물 가운데 네 가지의 로마 문물이 있어 세간의 큰 주목을 끌었다.

---

12 『後漢書』「西域傳」. "天竺國 (…中略…) 西與大秦近, 有大秦珍物 (…中略…) 和帝時, 數遣使貢獻, 後西域反畔, 乃絶.至桓帝延熹二年, 四年, 頻從日南, 徼外來獻."
13 『後漢書』「西域傳」. "至漢桓帝延熹九年, 大秦王安敦遣使自日南徼外獻象牙, 犀角, 玳瑁, 始乃一通焉."

첫째, 옥애오에서 152년과 110년~180년 사이의 로마 주화가 발견됐는데 한나라 역사 자료에서 언급된 대진의 왕 안돈의 재위 시절Marcus Aurelius Antonius(121~189)에 발행된 화폐였다.

둘째, 옥애오에서 로마의 유리구슬과 유리조각이 대량 출토됐는데 그중 한 점이 로마의 연리문 유리이며 영국 박물관에 온전한 기형器形이 소장되어 있으며 기원전 1세기에 제작된 것이다. 그런데 중국 동남부 연해 지역의 한진漢晉 시기 고분에서 출토된 로마의 유리제품 중 상당 부분이 옥애오에서 중국으로 유입된 것이다.

셋째, 옥애오에서 전형적인 로마의 도장이 발견됐는데, 이는 2세기~4세기에 로마 상인이 메콩삼각주에서 국제 무역에 종사했다는 사실을 분명하게 보여 준다.

넷째, 옥애오 유적에서 '다면체 금구슬'이라는 로마의 보석이 발견됐다. 투조 기법으로 제작된 다면체 금구슬로 지름이 1.4cm에 불과하고 십이면체 마름모꼴 형태에 모든 면의 중앙에 원형 구멍이 하나씩 뚫려 있으며 모서리마다 동그란 구슬 네 개가 돌출해 있는데 낱알 기법granulation으로 제작되었다. 즉 먼저 접착제로 금구슬을 다면체의 표면에 고정시킨 후 가열하여 용접하는 것이다.

낱알기법은 기원전 4000년~기원전 3001년에 메소포타미아 지역의 우르Ur 제1왕조에서 최초로 출현했고 훗날 이집트와 그리스, 페르시아 등 지역으로 전해졌다. 알렉산더 대왕의 동방원정 후에는 다시 인도로 전해졌다. 영국의 고고학자 마셜이 파키스탄의 탁실라 유적에서 많은 다면체 금구슬을 발견했다. 이같은 낱알 기법으로 다면체 금구슬을 제작하는 기법은 미케네 시대(기원전 1600~기원전 1100)의 그리스에서 시

8-10 옥애오에서 출토된 로마양식의 도장. 2세기~4세기

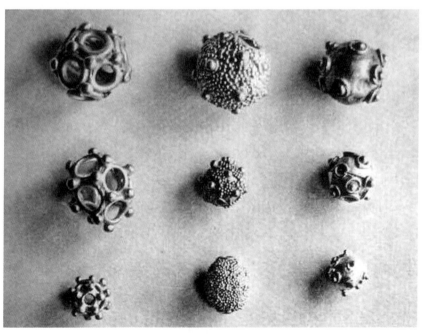

8-11 옥애오에서 출토된 다면체 금구슬

작됐다. 서양에서 유행한 금구슬은 다 십이면체였기 때문에 '십이면체 금구슬dodecahedron'이라 불렀다. 광주의 동한 초기 고분(번호 4013)에서도 다면체 금구슬이 발견됐는데 로마인의 적극적인 동방 무역의 산물일 것으로 추정된다.

3) 중국과의 관계

부남국은 형성 초기에 중국 문화의 영향을 거의 받지 않았다. 이 점은 부남국 북쪽의 이웃나라 임읍林邑(지금의 베트남 중부의 다낭)과 완전히 달랐다. 임읍이 있던 지역에서는 한나라 시대의 문물이 많이 발견됐고 분포지점이 지금의 베트남 동부 해안까지 뻗어져 있었는데, 중국의 문물은 4세기~5세기 이전의 부남국 유적에서는 매우 보기 드물었고 현재는 옥애오에서 서한 시기의 봉황 두 마리 문양이 새겨진 거울 대봉문경對鳳紋鏡 한 점이 발견된 것이 전부다. 이런 현상은 한나라 시기 역사문헌의 기록과 일치하며 그 이유는 옥애오는 한나라 시대 해상통로 노선에 있지 않고 인도차이나 반도의 한나라 시기 항구가 교지(지금의 베트남 중부의 다낭)에 있었기 때문이다.

옥애오에서 출토된 중국 문물은 주로 두 종류다. 하나는 동제銅製 불상으로 프랑스학자들은 이것이 5세기 북위北魏의 불상과 놀라울 정도로 비슷하다고 생각했다.[14] 다른 하나는 동제거울로 제작연대는 동한 시기의 것이다. 중국과 부남국이 일상적인 무역관계를 형성하기 훨씬 이전부터 동한 시기의 동제 거울이 이미 옥애오에 전해졌음을 알 수 있다. 이런 양식의 동제 거울은 베트남 북부의 일부 유적에서도 끊임없이 발견되고 있다.

---

14 중국사회과학원 고고학연구소의 이유군李裕群 박사는 옥애오에서 출토된 불상은 실제로 남조의 불상에 더 가깝다고 주장했다.

8-12 옥애오에서 출토된 동한 시기 대봉문경對鳳紋鏡, 2세기

4세기~5세기에 옥애오는 부남국의 중요한 항구가 되어 중국과 접촉하기 시작했다. 서진 시기의 갈홍葛洪은 부남국에 다녀온 후 이렇게 말했다. "나는 어려서 도를 배우는 데 뜻이 있어 먼 외방으로 떠돌아다녔는데 처음에는 한가한 날이 적어 남쪽으로 갔는데 교령交嶺을 보기 위함이었다. 나중에 기회가 되자 곧 부남으로 갔다(余少欲學道, 誌遊遐外, 昔以少逸, 因旅南行, 初謂觀交嶺而已. 有緣之便, 遂到扶南)."[15] 진국부陳國符의 『도장원류고道藏源流考』에 의하면 갈홍이 부남국을 다녀왔을 때가 동진 광희光熙 원년(306)이었다.

위진남북조 시기에 부남국은 빈번하게 사절을 파견하여 헌상했는데 부남의 불상이 중국에 유입된 것은 아마 이때였을 것이다. 중국문헌의 기록에 의하면 양나라 무제 천감天監 2년(503)에 천축국 출신의 부남왕 발마跋摩가 다시 사절을 파견하여 산호와 불상, 그리고 지역 특산물을 바쳤

---

15 『道藏』「洞神部」「太淸金液神丹經 下卷」.

다. 얇은 옷을 입고 신체가 다 드러나게 조각된 부남의 불상이 중국에 유입되어 중국 불교의 양식에 또다시 영향을 미쳤고 중국 불상은 인도 문화의 영향을 받아 제2시기에 진입했다. 최근 청주青州에서 출토된 불상은 얇은 옷을 신체에 밀착시켜 표현했다. 이것은 기존의 두꺼운 통견을 걸친 간다라식 불상 양식과는 판이했는데 아마도 부남 불상의 영향을 받았기 때문일 것이다. 부남의 불상은 남인도 조각예술의 중요한 유파 중에 하나인 아마라바티Amaravati 조각미술에서 비롯되었을 가능성이 높으며 인도 본토의 문화전통이 이 유파에서 가장 잘 드러나고 있다. 아마라바티는 간다라, 마투라Mathura와 더불어 쿠샨 왕조 시대의 3대 예술 중심지였다. 아마라바티 조각과 비교했을 때 이곳의 부조상은 구도가 보다 더 생동감 있고 인물 형상도 더 부드럽고 날씬하며 공간배치도 더 노련했다. 이런 아마라바티 양식의 불상은 스리랑카와 동남아시아의 여러 나라에 전해진 바 있다.

1950~1960년대에 서양학자들은 남북조 시기 북조 불교예술이 주도적 위치에 있었고 미국 뉴욕대의 소퍼Alesander Soper 교수가 「중국 육조 불교예술에 대한 남조의 공헌中國南朝對六朝佛敎藝術之貢獻」이라는 논문에서 북조 불교미술의 유물이 많이 전해지고 있지만 문헌기록에 의하면 남조 시기에 불교가 융성했고 예술적 성과가 매우 높았으며 북조 불교 예술양식의 변화에 결정적인 영향을 미쳤다고 주장했다. 소퍼 교수는 또 남조 양梁나라의 화가 장승요張僧繇의 요철화凹凸畫라고 부르는 새로운 양식의 장식화가 바로 남쪽의 해로로부터 인도네시아와 말레이 반도를 거쳐 전해졌을 것이라고 주장했다.[16]

---

16 Alexander C. Soper, "South Chinese Influence on the Buddhist Art of the Six Dynasties Period", *BMFA*, No.32, 1960, pp.47~112.

4) 인도와의 관계

현지의 고대 역사와 전설에 따르면 인도에서 온 카운딘야Kaundinya라고 불리는 브라만Brahman(브라만교의 성직자)이 부남의 여왕 유엽柳葉Soma과 혼인하여 "자식을 낳아 일곱 읍에 나누어 왕이 되게 하고(生子分王七邑)" 부남국을 세웠다고 한다. 4세기 때에도 인도의 브라만이 인도에서 반반국盤盤國으로 갔다가 다시 부남으로 가서 왕에 옹립됐다.[17] 따라서 옥애오 고고학 연구의 중점은 인도식 도기를 식별하는 데 두었다. 옥애오에서는 무려 2t에 가까운 도기가 발굴됐다. 1세기~4세기의 도기 중에서 인도 양식의 도기가 상당히 많은 비율을 차지했으며 귀중품이 아닌 일반 백성들이 흔히 사용하는 일상적인 생활용품이었다.

5세기~7세기 인도에 교화되기 훨씬 이전에 옥애오와 인도 사이에는 이미 상당히 빈번한 문화교류가 이루어지고 있었으며 심지어는 중앙아시아 쿠샨 왕조와도 무역관계가 있었다. 삼국 시기에 동오東吳의 손권孫權이 황무黃武 5년(226)에 주응周應, 강태康泰 등을 부남(지금의 캄보디아)에 사절로 파견하여 중국과 남해의 통로를 개척했다. 강태의 『오시외국사吳時外國史』에서는 다음과 같이 적고 있다.

가영국의 왕이 말을 좋아하여 월지의 상인들이 자주 배로 말을 가영국으로 실어나르면 왕이 모두 사들였다. 설령 길에서 문제가 생기더라도 말의 머리와 가죽을 가져다 주면 왕이 반값에 사들였다.[18]

---

17 『梁書』「諸夷傳」.
18 이 부분은 『태평어람』 359권에 인용됐다. "加營國王好馬, 月支賈人常以舶載馬到加營國, 國王悉爲售之. 若於路羈絆, 但將頭皮示王, 王亦售其半價."

쿠산왕 염고진(閻膏珍, 우에마 카드피세스) 주화

쿠산왕 염진(閻珍, 비마 카드피세스) 주화

8-13 옥애오에서 출토된 쿠산 왕조의 주화와 간다라 여신상

월지가 바로 중앙아시아와 북인도 지역을 제패했던 쿠샨제국이다. 가영加營은『낙양가람기洛陽伽藍記』4권에서는 '가영歌營'으로 적고 있다. 이에 대해 일부 학자들은 '가영歌營'이 바로 남인도 Koyam(Padi) 혹은 Koyam(Muturu)의 초역이라 주장하고[19] 또 다른 일부 학자들은 가영歌營이 말레이 반도에 위치한다고 주장했다.『오시외국사』는 동남아의 지역 풍속을 소개하는 서적이므로 말레이 반도에 위치한다는 주장이 비교적 신빙성이 있으며 다만 확실한 위치는 아직 알지 못한다.『낙양가람기』4권에는 가영국歌營國의 승려 보리발타菩提拔陀가 북위의 수도 낙양에 다녀왔었다고 적고 있다.『삼국지三國志』「오지吳志」「사섭전士燮傳」에서 "사섭형제는 교주交州 일대 여러 군을 병합하여 주를 만들어 비록 만 리 밖에 있지만 이곳에 군림하여 그 존엄이 그지 없었다(燮兄弟並爲列郡, 雄長一州, 偏在萬里, 威尊無上)"고 했다. 또한 외출할 때마다 "수레가 길에 가득 찼고 오랑캐가 수레 옆에서 수십 명이나 향을 피웠다(車騎滿道, 胡人夾轂焚燒香者常有數十)"고 했다. 여기서 '오랑캐'는 중앙아시아의 월지인 또는 소그드인을 가리키는 것으로, 삼국 시기에 많은 중앙아시아인들이 인도차이나 반도에서 상업에 종사했음을 알 수 있다.

옥애오에서는 쿠샨 왕조의 화폐가 많이 출토됐는데 특히 인도 여신상이 기원전 1세기 간다라에서 출토된 인도 여신상과 매우 흡사했다. 그러나 나머지 불상들은 대부분 남인도식이었다. 3세기~4세기의 옥애오 문화는 인도 문화의 영향을 깊숙이 받았으며 특히 종교와 예술 방면에서 강한 힌두교 예술양식을 드러냈다. 5세기~6세기의 부남 문화는 이와 달리 불

---

19 楊衒之, 範祥雍 譯,『洛陽伽藍記』, 上海 : 上海古籍出版社, 1978, 173~174쪽.

확실한 특성을 띄었으며 불교와 힌두교 예술이 공존했다. 옥애오 유적에서 5세기~7세기의 불상과 4세기~7세기의 힌두교 조각상(예를 들면 대좌가 달린 비슈누Vishnu 좌상)이 발견된 것으로 보아 옥애오 문화와 인도 문화의 관계가 매우 밀접했던 것으로 보인다.

부남문자와 관련하여 『진서晉書』 「사이전四夷傳」에서는 이렇게 적고 있다.

> "부남은 입읍林邑까지 삼천 여리가 되는 섬라만에 위치했다. 국토는 삼천 리나 되고, 성읍과 궁전이 있다. 이곳 사람은 생김새가 추하고 까맣고 곱슬머리에 벌거숭이로 맨발로 다녔다. (…중략…) 또한 글을 새기고 조각하기를 좋아했다. 식기는 대부분 은으로 만들었고 금, 은, 구슬, 향료를 진상물로 받치곤 한다. 이곳에는 문서와 재물과 병기를 두는 곳이 있고 문자는 오랑캐 글과 비슷하다.[20]

옥애오 유적에서는 금장식 또는 금잎사귀가 일부 발견됐는데 위에 4세기~5세기의 브라흐미Brahmi 문자가 새겨져 있는 것으로 보아 부남국은 고대 인도의 문자를 사용했다는 것을 알 수 있다. 부남 시기의 유물에서는 주석제품이 많이 발견됐는데 예를 들면 주석으로 만든 반지, 귀걸이, 비녀 등의 장신구와 작은 인물상, 주석귀걸이 주조를 위한 돌 거푸집石范 등이다. 이 거푸집들은 현지 거주민들이 앞의 주석제품들을 스스로 생산했음 증명할 수 있다. 주석으로 주조한 인물상은 생김새가 인

---

20 『晉書』「四夷傳」, "扶南西去林邑三千余里, 在海大灣中, 其境廣袤三千里, 有城邑宮室. 人皆醜黑拳發, 倮身跣行 (…中略…) 又好雕文刻鏤, 食器多以銀爲之, 貢賦以金銀珠香. 亦有書記府庫, 文字有類於胡."

8-14 옥애오에서 출토된 인도 브라흐미문자가 새겨진 금잎사귀

도와 중앙아시아인과 유사했다. 주석제품은 금제품보다 많았다. 주석
으로 만든 일부 도장과, 파편 그리고 금박에는 인도 브라흐미문자로 인
도 속담을 새겨 넣었다.[21]

---

21 Pierre-Yves Manguin, 陳曉露・盛潔 編, 『關於扶南國的考古學新硏究─位於越南湄公河三
角洲的沃奧遺址』, 歐亞非考古與文明系列講座, 北京國家圖書館北海分館, 2005.

4. 중국 동남연해 지역의 박래품

『한서』「지리지」의 기록에 의하면 다음과 같다.

일남의 장새, 서문, 합포에서 배를 타고 다섯 달을 가면 도원국이 있고 또
배를 타고 넉 달을 가면 읍로몰국이 있으며 또 배를 타고 이십일을 가면 심리국
이 있다. 그리고 걸어서 열흘 남짓이면 부감도로국이 있다. 부감도로국에서
배를 타고 두 달을 가면 황지국(지금의 남인도 관리구역)을 지나는데 이곳 풍속
은 주애와 비슷하다. 땅이 넓고 인구가 많으며 기이한 물건이 많다. 무제 때부
터 공물을 바치고 왕을 찾아 뵈었다. 황문에 속하는 통역이 있는데 응모하는
사람과 함께 구슬과 벽유리, 기이한 돌과 물건을 들여오고 황금과 비단을
싸가지고 갔다. 황지의 남쪽에는 이정불국(지금의 스리랑카)이 있는데 한나라
의 역관이 여기서 돌아왔다.[22]

이로 미루어 볼 때 한나라 시기의 서양으로 가는 해상교통 출발항은
지금의 광동성廣東省 서문현徐聞縣일 것으로 추측된다.

서문은 한 무제 원정元鼎 6년(기원전 111)에 현을 세웠고 합포군合浦郡 관
할에 속한다. 또한 뇌주반도雷州半島 남단에 위치하여 이곳의 한나라 시기
유물은 서문현 화풍촌華豊村 일대에 집중되어 있다. 마을에서 남서쪽으로
3km 떨어진 곳에 '칠왕항七旺港'이라는 현대 항구가 있고 한나라 시기의

22 『漢書』「地理志」. "自日南障塞, 徐聞, 合浦船行可五月, 有都元國; 又船行可四月, 有邑盧沒國; 又
船行可二十餘日, 有諶離國; 步行可十餘日, 有夫甘都盧國. 自夫甘都盧國船行可二月余, 有黃支
國, 民俗略與珠厓相類. 其州廣大, 戶口多, 多異物, 自武帝以來皆獻見. 有譯長, 屬黃門, 與應募者
俱入海市明珠, 璧流離, 奇石異物, 賫黃金雜繒而往. 黃支之南, 有已程不國, 漢之譯使自此還矣."

서문항도 이 일대에 위치한다. 한나라 시대의 서문현은 북해시北海市 합포현에서 북동쪽으로 13km 떨어진 고성두촌古城頭村에 위치하여 진주가 많이 나는 곳으로 유명하다. 고성두촌은 고대의 중요한 수로 교통 요도에 자리하고 있다. 북부만北部灣으로 흐르는 본류인 남류강南流江에서 갈라져 나온 주강周江이 마을의 서쪽을 흘러 지나간다. 주강의 옛 수로가 비록 이미 마르고 막혔으며 농작물이 가득 자라고 있지만 여전히 수로의 흔적을 찾아볼 수 있다. 1960년대에 마을에서 대랑고성大浪古城이 발견됐는데 평면이 정사각형에 한 변의 길이가 220m 정도에 달했다. 성곽과 해자가 모두 뚜렷하게 분별할 수 있었고 동남북쪽 삼면의 해자는 인공으로 팠고 서쪽의 해자는 직접 주강을 이용했다.[23]

고대의 서문은 교통여건이 번우番禺(지금의 광주)와 합포(지금의 북해)처럼 발달되지 않았고 하천을 이용해 내륙까지 통할 수 있었다. 외진 곳에 있는 이 작은 어촌이 한나라 시대 원양 항해의 출발항이 될 수 있었던 이유는 고대의 해상교통이 아직 발달하지 않았고 선박들이 여전히 해안선을 따라 항해해야 했기 때문이었다. 최근 중국의 동남부 연해 지역에서 한나라 시대 해상교통과 관련된 문물들이 잇달아 발견되고 있는데, 이는 로마인들이 이 시기 동서양의 해상교통을 개척하는 데 중요한 기여를 했다.

광주 남월왕묘南越王墓에서 많은 박래품이 출토됐다. 1983년에 광주 상강신象崗山의 서한 시대 남월왕묘에서는 아프리카의 상아, 이집트의 은합銀盒 외에도 홍해의 산호珊瑚와 유향乳香이 발견됐다. 이 무덤은 2대 남월왕인 주매周眛의 무덤으로 한 무제 원수元狩 원년(기원전 122)에 매장

23 梁思奇, 「廣西發現西漢「海上絲路」始發港碼頭」, 『中國旅遊報』, 2003.8.25.

8-15 광주 남월왕묘와 운남 전왕묘에서 출토된 열판문 금속합

된 것으로 보아 광주와 중동 여러 나라들과의 해상 교역은 장건의 서역
출사보다도 훨씬 일찍 이루어졌다는 것을 말해 준다.[24] 가장 주목을 끄
는 점은 이국적 느낌의 은합이다. 높이가 10.3cm, 지름이 13cm이며
권족圈足(둥근밑 다리)과 뚜껑은 모두 나중에 맞춘 것이며 뚜껑에는 한자
명문銘文이 새겨져 있고 출토될 때 은합 안에 환약이 숨겨져 있었다.

운남雲南 진녕晉寧 석채산石寨山의 서한전왕묘西漢滇王墓(12호묘)에서도 이
집트 예술양식의 열판문裂瓣紋금속합이 발견됐다. 높이가 12.5cm, 지름이
14cm이며 현재 운남성박물관에 소장돼 있다. 다만 이 이국적 느낌의 금속
합은 청동으로 주조하고 표면에 주석 도금을 한 것이 달랐다.[25]

남월왕묘의 이실耳室(부속방)에서 출토된 한 칠합漆盒 안에 홍해 유향乳香
이 숨겨져 있었는데 수지 형태에 무게가 26g에 달했다. 인도양 연안의

---

24 劉瑞・馮雷,「廣州象崗南越王墓的墓主」,『考古與文物』, 2002, 183~190쪽.

25 中國國家博物館・雲南省文化廳 編,『雲南文物之光－滇王國文物精品集』, 北京：中國社會科
    學出版社, 2003, 15・195쪽.

8-16 오만의 유향과 남월왕묘에서 출토된 아프리카의 상아

여러 나라들이 모두 유향을 생산하지만 최상급의 유향은 홍해 연안의 오만에서 생산한 유향이다. 이집트 파라오의 무덤은 일찍부터 홍해 유향을 방부제로 사용했다. 그 외에도 남월왕묘에서는 아프리카 상아가 출토됐다. 당시는 로마인들이 적극적으로 홍해에서 인도에 이르는 항로를 개척하고 있던 시기였으며 홍해 유향과 아프리카 상아는 아마도 로마상인들이 광주로 가져왔을 가능성이 높다.

홍해에서는 산호가 많이 나며 한나라 시기 이래 대량으로 홍해 산호를 수입했다. 한나라 시기의 문인들은 장안 밖에 있는 임금의 원림인 상림원上林苑에 산호나무를 심었다고 언급했다. 마환馬歡의 『영애승람瀛涯勝覽』에는 영락永樂 19년(1421)에 정화의 함대가 아단阿丹(지금의 아덴)에서 "키가 두 척인 산호나무 여러 그루를 샀고 또 산호나뭇가지 다섯 궤를 샀다(珊瑚樹高二尺數株. 又買得珊瑚枝五櫃)"고 적혀 있다. 이를 통해 볼 때 홍해산호는 크기가 매우 컸음을 알 수 있다.

산호

청금석

터키석

8-17 강소성 서주의 동한묘에서 출토된 유금 동제 벼루함

1969년에 강소성江蘇省 서주徐州의 동한묘(동한 시기 무덤)에서 각종 진귀한 보석을 상감한 동물 모양의 동제銅製 벼루함이 발견됐다. 한나라 시대 공예 기법의 최고 수준을 보여주는 이 희귀한 공예품에는 청금석靑金石, 터키석 외에도 붉은 산호가 여러 개 박혀 있었다.[26] 지중해 연안의 이탈리아와 모로코에서 붉은 산호가 많이 나며 로마가 바다를 통해 동방과 무역을 하는 데 가장 중요한 수출상품이 되었다. 강소성은 중국 동남부 연해 지역에 위치하기 때문에 이 붉은 산호들은 아마도 당시 로마 상인들이 해로를 통해 수입해 온 박래품일 것이다.

광주 횡지강橫枝崗 서한묘(번호M2061)에서는 또 로마유리의 파편이 발견됐는데 그 파편들을 접합하여 두 점의 온전한 유리기물을 조합해냈고 나머지 한 점은 3분의 1이 부족한 상태다. 화학적 분석을 진행한 결과 이 유리파

26 夏鼐, 「無産階級文化大革命中的考古新發現」, 『考古』 第1期, 1972; 吳學文, 「銀鏤玉衣, 銅硯盒, 刻石」, 『光明日報』, 1973.4.7; 王進玉, 「神秘的青金石」, 『中國文物報』, 1994.3.13.

대영박물관에 소장된 로마 연리문 유리그릇. 1세기

강소성 감천 2호 동한묘에서 출토된 로마 연리문 유리그릇 파편

로마 연리문 유리구슬

8-18 강소성 감천과 낙양에서 출토된 로마 연리문 유리

편들은 서양의 나트륨-칼슘 유리에 속하며 기원전 1세기 로마유리의 주요 산지에서 생산된 것으로 보인다. 광동廣東과 광서廣西 지역의 한나라 무덤에서는 또 서양의 유리구슬이 많이 발견됐는데 일부는 투명유리이며 역시 서양의 나트륨-칼슘 유리계열에 속한다. 횡지강 서한묘는 한나라 중기에 세워진 것으로 이곳에서 발견된 유리는 현재 중국에서 발견된 최초의 로마유리기다. 또한 광주 횡지강의 서한 중기묘에서는 또 짙은 남색의 유리그릇 세 점이 발견됐는데 화학성분과 제작 기법 모두 지중해 남해안 로마유리 주요 산지의 기원전 1세기 제품과 유사하다.[27]

27 安家瑤, 「中國早期玻璃器」, 『考古學報』 第4期, 北京 : 考古雜誌社, 1984, 418쪽.

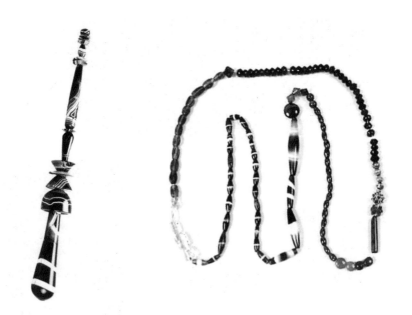

8-19 신바빌로니아의 왕홀과 광주의 한나라 무덤에서 출토된 서아시아의 마노목걸이

1950년대 이래 중국 내륙에서는 끊임없이 로마 예술양식의 유리기물들이 발견됐다. 예를 들면 강소성 한강^{邗江} 감천^{甘泉} 2호 동한묘에서 로마의 연리문^{連理紋} 유리그릇 조각이 발견됐다. 낙양의 동한묘에서는 온전한 형태의 연리문 유리향수병이 발견됐다. 영국 1세기의 유적에서도 이와 유사한 연리문 유리가 발견됐으며 현재 대영박물관에 소장돼 있다.[28] 옥애오 유적에서도 로마의 연리문 유리조각이 발견됐으며 이는 한나라 무덤에서 출토된 로마의 연리문 유리 중 일부는 바닷길을 통해 중국으로 유입됐음을 말해 준다.

광주의 서한 말기 무덤에서는 또 식화육홍석수주^{蝕花肉紅石髓珠}(카넬리

28 위의 책, 418쪽.

안) 두 알이 발견됐다.[29] 서한 말기 남월왕南越王묘에서 출토된 식화석수주는 모양이 매우 독특하며 페르시아(지금의 이란 또는 아프카니스탄) 지역에서 생산됐을 가능성이 높다. 이런 구슬은 또 '쉴레이만 마노Solimani banded agate'라고도 불렸으며 주로 기원전 250년~기원후 6세기 사이에 유행했다.[30]

신바빌로니아 시기(기원전 605~기원전 539)의 한 신전에서 '쉴레이만 마노 공예기법으로 제작한 왕홀王笏(통치하는 유럽계 군주의 손에 쥐는 장식이 화려한 상징적인 지휘봉)이 발견된 바 있다. 쉴레이만 마노가 실크로드에서 아직까지 발견된 적이 없었던 점을 감안할 때 남월왕묘에서 출토된 이런 식각蝕刻보석들은 바다길을 통해 유입된 서아시아의 예술품일 가능성이 매우 높다.[31]

29 廣州市文物管理委員會・廣州市博物館 編, 『廣州漢墓』上冊, 北京 : 文物出版社, 1981, 291쪽. 대응되는 사진은 하권 참조.
30 The Ancient world Webpage(http://www.oldbeads.com/ancient.html) 참조.
31 Dale Brown, 李旭影 外譯, 『美索不達米亞』, 北京 : 華夏出版社・南寧 : 廣西人民美術出版社, 2002, 164~165쪽.

제9강
누란 문명

1. 나포박羅布泊에서 선선鄯善강까지

신강의 타림분지에 위치한 타클라마칸사막은 세계에서 두 번째로 큰 사막으로 총면적이 33.7㎢에 달한다. 북쪽은 천산天山, 남쪽은 곤륜산崑崙山, 서쪽은 파미르고원, 동쪽은 하서주랑河西走廊과 인접해 있다. 법현法顯 스님이 인도로 불법을 구하러 가는 길에 이곳을 직접 거쳐갔다고 한다. 그는 『법현전法顯傳』에서 다음과 같이 기술했다.

> 사하沙河에는 귀신과 뜨거운 바람이 많다. 이를 만나면 죽는데 온전한 이는 아무도 없다. 하늘에는 나는 새가 없고 땅에는 기어 다니는 짐승도 없다. 끝이 안 보여 가는 곳을 짐작할 수 없고, 오직 죽은 이의 뼈로 표식을 할 수밖에 없다.[1]

기원전 2세기에 바로 이 사막에 있는 오아시스와 주변 지역에 번화한 도시국가들이 세워졌는데 역사상 이들을 '서역 36국西域三十六國'이라

---

1 『法顯傳』. "沙河中多有惡鬼熱風, 遇則皆死, 無一全者. 上無飛鳥, 下無走獸, 遍望極目, 欲求度處, 則莫知所擬. 唯以死人枯骨爲標誌耳."

불렀으며 누란도 그중 하나였다. 누란은 원래 타림분지 동쪽의 나포박호 서안西岸에 있는 아주 작고 약한 나라였다. 원봉元鳳 4년(기원전 77)에 누란왕이 나포박 북서쪽의 LE성에서 남쪽에 있는 체르첸Cherchen강 유역의 우니성扞泥城으로 이전하였으며 그 옛터는 지금의 약강현若羌縣 부근이다. 누란은 이로써 선선鄯善으로 개명했는데, 체르첸은 '선선'에서 발음을 따왔다고 한다.[2] 동한 말년에 선선왕이 타림분지의 동부 지역을 통일하면서 누란, 정절精絶, 차말且末, 소완小宛 등 실크로드 남도南道에 있는 작은 나라들이 모두 선선 왕국에 편입됐다.[3]

타림분지는 원래 원성圓城, 즉 둥근 형태의 성이 성행했다. 예컨대 커리야강克里雅河 강변의 원사고성圓沙古城, 니아고성尼雅古城, 그리고 공작하孔雀河 강변의 묵산성墨山城 등이 바로 그렇다. 니아에서 출토된 위진魏晉 시기의 문서에서는 이를 '원성元城'이라 불렀다.[4] 흉노족의 침범을 막고 비단길을 통한 교역의 안전을 보장하기 위해 한 무제는 수십만 명의 백성을 동원하여 중국의 서부에 만리장성을 쌓았으며 서쪽으로 가장 멀리 고묵姑墨(지금의 신강 아커쑤阿克蘇)까지 뻗어 갔다. 『한서』「서역전」의 기록을 보면 "돈황에서 염택까지 곳곳에 봉화대를 세웠고 윤대, 거리에는 모두 변방을 지키는 병사 수백 명이 있고 사신과 교위를 두어 통솔하고 보호하며 외국으로 가는 사신의 수요를 공급해 준다(於是自敦煌西至鹽澤往往起亭, 而輪臺, 渠犁皆有田卒數百人, 置使者, 校尉領護, 以給使外國者)"고 했다. 여기서 말하는 정亭, 즉 봉화대는 바로 만리장성의 봉화대를 가리킨다.

---

2 林梅村,「樓蘭國始都考」,『文物』第5期, 1995, 91~98쪽.

3 『史記』「大宛列傳」;『漢書』「西域傳」.

4 이 문서에는 다음과 같이 기록되어 있다. "去三月 一日, 騎馬詣元城收責; 期行當還, 不克期日, 私行无過(所)."(林編687), 林梅村,『樓蘭尼雅出土文書』, 北京 : 文物出版社, 1985, 86쪽.

9-1 공작하 강변의 한나라 시기 봉화대—흥지 봉화대

　지금의 공작하 연안에는 여전히 잘 보존되어 있는 한나라 시기의 봉화대
를 볼 수 있다. 예를 들면 신강 울리현^{尉犁縣} 흥지^{興地}에 한나라 시기의 봉화대
하나가 남아 있다. 위치는 쿠루커타거^{庫魯克塔格}산의 남쪽, 공작하 옛 수로의
북쪽에 있으며 쿠얼러^{庫爾勒}시에서 약 170km 떨어져 있다. 이 봉화대는
높이가 약 10m 정도에 달하고 외관은 입체형 계단 형태이며 흙벽돌 구조
로 흙벽돌 한층에 진흙 한층을 발랐으며 진흙 속에는 갈대가 섞여 있고
30~40cm 간격으로 유프라티카 포플러나무가 첨가됐다. 봉화대의 주위
에 담벼락이 둘러져 있고 서쪽에 계단 입구가 있어 계단을 통해 봉화대
꼭대기까지 올라갈 수 있다. 세월이 오래 지나서 계단이 흙비탈로 변해
있었다. 흥지봉화대는 지금까지 한나라 시기 실크로드 간선도로에서 발견
된 봉화대 중에서 가장 잘 보존된 봉화대로 손꼽힌다.

　신작^{神爵} 2년(기원전 60)에 한 선제^{漢宣帝}가 서역도호^{西域都護}라는 관직을

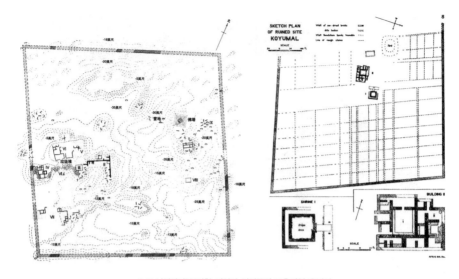

9-2 서역장사부 관할 지역과 선선국의 도읍지인 우니성

설치하여 서역을 한나라의 영토에 편입시켰다.

중원 지역의 건축 기술도 이와 함께 타림분지에 전해졌다. 스타인의 조사에 의하면 누란 경내에서 가장 오래된 고성인 LE성이 바로 돈황의 한나라 만리장성의 건축방법을 본떠 지은 것이었다. 중원 한나라 문화의 영향을 받아 타림분지 동부에서는 네모 형태의 성을 짓기 시작했다. LE 성 외에도 서역장사부西域長史府가 관할하는 LA성과 체르첸강변의 선선鄯善 국 수도 우니성扜泥城도 중원 문화의 색깔이 짙은 네모 형태의 성으로 지어 졌으며 중앙아시아 건축의 특징인 둥근 형태의 성과 선명한 대조를 이루 었다.[5]

최근 신강 고고학 연구의 중요한 성과 중에 하나가 바로 고고학 문화의 연대 서열을 정립한 것이다. 타림분지 동부의 한나라 시기 유적은 차말현

5   林梅村, 『樓蘭─一個世紀之謎的解析』, 北京 : 中央黨校出版社, 1999, 125~131쪽.

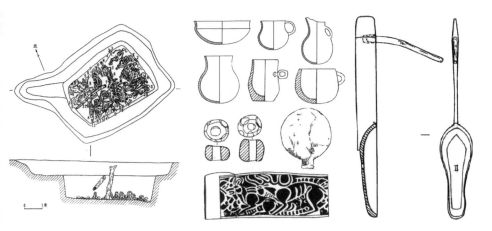

9-3 타림분지 동부의 서한묘

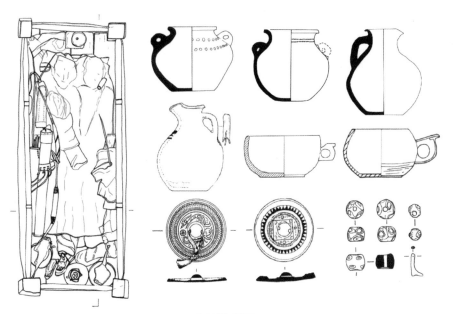

9-4 니아 동한묘

자군루커粲袞魯克 1호 묘지가 가장 대표적이다. 이 묘지에서는 총 102기의 무덤이 발굴됐고 그중 절대다수(90기)가 서한 말기의 것이다. 무덤 속에는 양식이 동일한 수제 흑색 도기[6]가 부장되어 있고 무덤의 구조는 합장묘合葬墓 형식이고 그것은 또 수혈식竪穴式 토갱묘土坑墓와 칼모양의 '도형묘刀形墓' 두 종류로 나뉜다. 후자는 매우 널리 분포되어 타림분지 남서쪽의 산푸라山普拉 초기 묘지에서도 발견됐으며 기원전 1세기~기원후 1세기경에 제작된 것이다. 20세기 초에 스웨덴의 고고학자 베르그만Folke Bergmann이 차말현에서 고분 몇 기를 발굴했는데 무덤 속에 수제 흑색 도기가 부장된 것으로 보아 서한 말기의 것으로 추정된다.[7]

자군루커 1호 묘지의 두 종류 무덤 속에는 흔히 활과 화살, 마구馬具가 부장되어 있으며 나무 방륜紡輪(실패 추)과 나무 빗에 초원 예술양식의 사슴 무늬가 새겨져 있어 서역 각 나라와 초원유목 문화의 관계를 보여주고 있다. 그 외에도 자군루커 2호 묘지에서 출토된 '휘장형 청동거울'도 초원 문화와의 연관성을 보여 준다. 이런 청동거울은 몽골 초원 서부 울란곰Ulaan gom 문화의 대표적인 기물로서 중원 지역에서 생산된 청동거울과는 완전히 다른 두 개의 계통에 속한다.[8] 서한 시기 흉노와 한나라는 줄곧 타림분지를 두고 쟁탈전을 벌였고 이 때문에 누란왕은 어쩔 수 없이 장안과 흉노에 각각 왕자 한 명을 인질로 보냈다. 자군루커 1호 묘지가 초원 문화의 요소

---

6 신강박물관 왕박王博의 조사에 따르면 위룽커스玉龍喀什강, 객랍옥이곤喀拉玉爾滾강, 커리아克里雅강, 니아尼雅강, 체르첸車爾臣강 등 5개 수계 유역에 모두 수제 흑색 도기가 분포되었으며 동서한 시기 타림분지 오아시스 국가들의 고고학 문화를 대표한다. 王博, 「新疆考古出土手制黑衣陶器初探」, 『西域研究』 第3期, 2002, 41~49쪽.

7 F. Bergman, *Archaeological Researches is Sinkiang especially the Lop-Nor Region, Archaeology*, Stockholm : Bokförlags Aktiebolaget Thule, 1939, pp.204~218.

8 울란곰 문화의 청동거울에 관해서는 馬健, 『公元前8~3世紀的薩彦─阿爾泰─早期鐵器時代歐亞東部草原文化交流』, 北京大學碩士論文, 2004, 23쪽 참조.

를 갖고 있었던 것은 흉노족이 타림분지를 통치했던 것과 연관이 있는 것이 분명하다.

최근 신강 고고학 연구의 또다른 중요한 성과가 바로 니아 동한묘의 발견이다. 이 묘지는 타클라마칸 사막의 중심에 위치하고 있으며 1901년에 영국의 고고학자 스타인이 처음으로 이곳에서 고대 유적을 발견했고 오늘날 '니아 유적'이라고 불린다. 그 후 스타인은 니아를 네 차례 더 방문하여 불탑과 민가 등을 비롯하여 모두 40여 곳의 유적에 대해 고고학 조사를 진행했다. 스타인은 주로 지상의 유적을 집중적으로 조사했고 바람 때문에 모습이 드러난 고대 묘지 한 곳 외에는 니아 고분을 거의 발굴하지 않았다.[9] 1959년에 신강박물관의 이우춘李遇春 관장이 니아에서 고대묘지를 발견했지만 당시 환경이 매우 열악하여 그중의 한 기(59MNM001)에 대해서만 발굴 작업을 진행했고 동한 시기의 무덤인 것으로 확인했다.[10]

니아 동한묘에 부장된 도기는 역시 수제 흑색 도기였고 타림분지 서한묘의 문화전통을 그대로 답습했다. 하지만 무덤의 구조는 수혈식 토갱묘를 사용했고 서한 시기 유행한 칼모양의 무덤인 '도형묘'는 찾아볼 수 없었다. 또한 니아 동한묘는 상자식 나무널을 사용하기 시작했다. 스벤 헤딘이 소하小河 6호 묘지에서 상자식 나무널을 발견한 바 있으며 스타인도 누란의 LH묘지에서 유사한 목관을 발견한 적이 있다.[11] 동한 시기 유행했던 상자식 나무널은 표면에 아무런 장식이 없었고 위진 시기 유행했던 채색 문양

9 M. A. Stein, *Serindia*, Oxford, 1921, pp.236~237.
10 新疆維吾爾自治區博物館,「新疆民豐縣北大沙漠中古遺址墓葬區東漢合葬墓的淸理簡報」,『文物』第6期, 1960, 9~12쪽.
11 F. Bergman, *Archaeological Researchesin Sinkiangespecially the Lop-Nor Region Archaeology*, Stockholm : Bokförlags Aktiebolaget Thule 1939, pp.111~112, PI, XII, b.

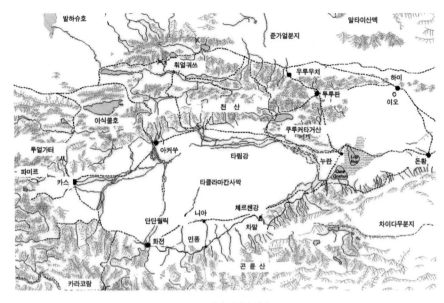

9-5 누란의 지리적 위치

의 나무널과 뚜렷한 대조를 이루었다.[12] 니아 동한묘에서 출토된 '오성출
동방이중국五星出東方利中國'이라는 이름의 채색비단이 특히 눈길을 끌었다.
이는 같은 무덤에서 출토된 '토남강討南羌' 채색비단과 한 필이었는데, 잘라
서 활로 사냥할 때 사용하는 팔 보호대를 만들었다.[13]

고고학 자료가 점차 누적됨에 따라 타림분지 동부의 서진묘西晉墓도 자군
루커 제3기 문화를 대표로 하며 시기는 3세기 중기에서 4세기 초기인
것으로 확인됐다. 수혈식 토갱묘를 그대로 사용한 것 외에 무덤의 구조에
과거에는 볼 수 없었던 편동실묘偏洞室墓가 출현했다. 또한 영반營盤과 누란

---

12 최근 일부 학자들이 이 무덤의 연대에 대해 의문을 제기하며 가장 늦은 시기로는 위진
16국으로 추정했다. 그러나 니아동한묘의 발견, 산푸라山普拉 한나라 시기 묘지 그리고
차말 자군루커 한나라 시기 묘지의 발견은 이 니아고분의 연대가 동한이 틀림없음을 재
차 증명하고 있다.

13 李零, 「"五星出東方利中國"織錦上的文字和動物圖案」, 『文物天地』第6期, 1999, 26∼30쪽.

두 지역의 위진묘魏晉墓에서 채색나무널이 출현했다. 부장된 도기는 한나라식 회색 도기가 수제 흑색 도기를 대체했다. 자군루커 M73에서 종이 문서가 출토됐는데 내용으로 보아 집으로 보내는 가서家書일 것으로 추정된다.[14] 그 외에도 무덤 속에 칠기, 넉가래(농기구의 일종) 등이 부장된 것으로 보아 위진 시기의 선선 문화는 중원 문화의 큰 영향을 받았음을 알 수 있다.

누란은 중국과 서방의 교통요충지에 자리하며 지금의 홍콩이나 싱가폴의 지위에 해당된다. 동서양의 서로 다른 문화가 누란에서 만나고 어우러졌다. 실크로드 무역이 발전함에 따라 한진漢晉 시기의 서역 문화는 끊임없이 파르티아 문화, 쿠샨 문화, 로마 문화의 영향을 받았다. 영반묘지의 편동실묘에서 거로佉盧, Kharosthi문자로 된 서찰과 로마예술 양식의 모직물이 발견됐고 자군루커묘지에서 파르티아 양식의 유리잔이 발견됐으며 누란고성 부근의 고분에서 로마의 연리문 유리와 대진의 구슬이 발견됐다.

14 新疆維吾爾自治區博物館 外,「新疆且末紮滾魯克一號墓地發掘報告」,『考古學報』第1期, 北京 : 考古雜誌社, 2003, 130쪽.

2. 서양으로 전파된 한나라 문화

20세기 초에 영국의 고고학자 스타인이 타클라마칸 사막의 중심에 있는 니아 유적에서 서한 시기의 죽간 수십 개를 발견했고 중국-스웨덴 서북 과학탐험대의 황문필黃文弼이 나포박 서북 연안의 토은土垠 유적에서도 서한의 죽간을 발견했다. 이 죽간들은 모두 서역도호가 서역을 다스린 중요한 물증이며 타림분지에서 가장 먼저 사용된 문자가 한자라는 사실을 설명해 준다.[15] 동한에서 16국 시기까지 중원의 왕조는 서역장사부를 설치하여 서역을 관할했고 관청은 바로 나포박 서안의 누란LA성에 두었다. 그 후 누란은 한漢 문화를 서역에 전파하는 중요한 창구가 되었다.

1901년에 스웨덴의 탐험가 스벤 헤딘이 처음으로 누란LA성을 고찰하여 대량의 위진 시기 목간과 종이조각을 발견했다. 위진의 서예작품은 지금까지 극히 적은 수량만 전해지고 있으며 진晉나라 육기陸機의 〈평복첩平復帖〉, 왕희지王羲之의 〈쾌설시청첩快雪時晴帖〉 등 손에 꼽을 정도이며 역대 소장자들이 귀한 보물로 여겨 꽁꽁 숨기고 세상에 모습을 드러내지 않았다. 그런데 스벤 헤딘이 누란에서 한 차례의 발굴을 통해 얻은 위진 시기의 문서가 무려 150여 점에 달했다. 그의 뒤를 이어 영국 탐험대의 스타인과 일본 오타니 고즈니大谷光瑞 탐험대의 다치바나 즈이초橘瑞超가 누란의 한 고성에서 위진 16국 시기의 문서 수백 점을 발굴했다.

한 영제漢靈帝 희평熹平 4년(175)에 동한이 무기교위戊己校尉와 서역장사를 파견하여 구미拘彌를 침범한 우전왕 안국安國을 평정했다. 이는 동한이 마지

---

15 林梅村, 「尼雅漢簡與漢文化在西域的初傳 — 兼論懸泉漢簡中的相關史料」, 『中國學術』 第6輯, 北京 : 商務印書館, 2001, 240~258쪽.

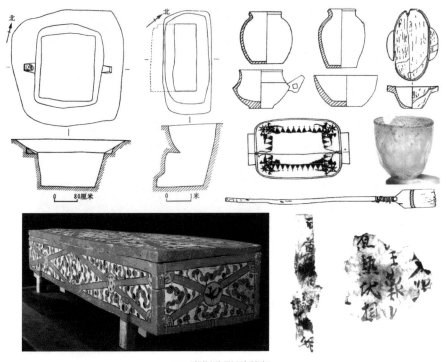

9-6 타림분지 동부의 위진묘

막으로 서역의 질서를 유지한 것이다. 얼마 후 동한은 서역에서 군대를 철수했고 총령蔥嶺 이동에서 하서주랑에 이르는 수백 리 지역이 정치적 공백 지대가 되었다.[16] 중원 왕조가 타림분지에 대한 통제권을 다시 잡은 것은 조위曹魏 초년으로 "문제文帝가 즉위(220)하고 첫 도읍을 양주涼洲로 정했다(文帝即王位, 初置涼洲)." 황초黃初 3년(222)에 고창高昌에 무기교위를 설치하고 태화太和 4년(230)에 누란에 서역장사를 설치했다. 누란에서 출토된 문서들은 주로 중원과 서역장사부 간에 오간 공문서와 사적인 서찰이

---

16 『後漢書』「西域傳」.

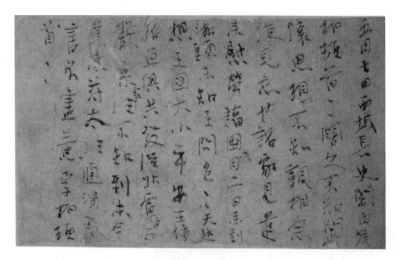

9-7 누란에서 출토된 이백문서

며 기년문서 중에 가장 이른 시기의 문서는 조위 가평嘉平 4년(252)이고
가장 늦은 시기의 문서는 전량前凉 장준張駿 건흥建興 18년(330)이다.[17] 그
유명한 '이백문서李柏文書'가 바로 일본 오타니 고즈니 탐험대의 다치바나
즈이초가 누란에서 발견한 것이며 현재 교토의 류코쿠대 도서관에 소장돼
있다.[18] 이백은 전량이 누란에 파견한 서역 장사이며『진서晉書』「장준전張
駿傳」에서 그에 관한 기록을 찾아볼 수 있다.

일본의 오타니 탐험대는 스벤 헤딘보다 늦게 누란에 갔는데 왜 스벤
헤딘이 수집한 누란문서는 다 잔여 조각이고 오타니 탐험대는 완전하
게 보존된 이백문서를 발견할 수 있었을까? 이 비밀은 드디어 1980년
대에 밝혀졌다. 알고 보니 스벤 헤딘은 완전하게 보존된 누란문서를 별
도로 보관하고 유럽의 중국연구 학자들에게 보여주지 않았던 것이다.

17 林梅村,『樓蘭尼雅出土文書』, 北京 : 文物出版社, 1985.

18 片山張雄,「李柏文書の出土地」,『中國古代の法と社會 : 栗原益男先生古稀紀念論集』, 東京 :
    汲古書院, 1988, 161~179쪽.

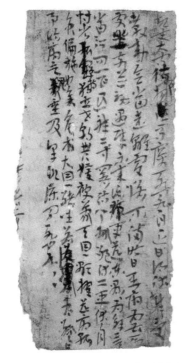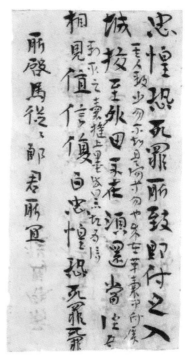

9-8 누란고성에서 출토된 위진 시기의 종이조각

다섯 장의 노란색 삼베종이에 쓰인 이 문서들은 1980년대에 스톡홀름의 스웨덴 민족학박물관에서 다시 발견됐는데, 대부분 가차자假借字를 많이 사용했다. 온전하게 보존된 이 문서들은 위진의 척독尺牘(서간)제도를 연구하는 데 중요한 자료가 되고 있다.[19]

누란문서 중에는 또 『좌전左傳』 「소공昭公」, 『전국책戰國策』 「연책燕策」, 『효경孝經』, 『급취장急就章』, 『구구술九九術』 그리고 다양한 처방전 죽간 파편들이 있었는데 위진 16국 시기의 고전문헌을 연구하는 중요한 자료가 되고 있다.

19 陳凌, 「斯文赫定收集品的新刊樓蘭文書」, 『歐亞學刊』 第5輯, 北京 : 中華書局, 2005, 105~132쪽.

3. 누란의 인종 문제

『한서』「서역전」에는 다음과 같이 적혀 있다.

> 누란국은 가장 동쪽 변방에 있고 한나라와 가깝다. 백룡퇴^{白龍堆}에는 물과
> 풀이 적다 (…중략…) 땅이 염기성이 강하고 밭이 적다. 양식은 이웃나라에
> 의존한다. 이 나라에는 옥이 나오고, 갈대와 정류, 호동, 백초가 많다. 백성들은
> 목축을 위해 물과 풀이 무성한 데로 간다. 당나귀와 말이 있고 낙타가 많다.[20]

백룡퇴^{白龍堆}는 심각하게 알칼리화된 아단 지대^{雅丹地帶}이고 사로^{沙鹵}는
토양 사막화와 알칼리화의 산물이다. 핍수초^{乏水草}, 즉 물과 풀이 부족하
다. 이로 보아 누란의 사막화 현상은 이미 오래되었으며 아마 서한 시기
부터 시작되었을 것이다.

누란에서 나는 옥돌은 실제로 쓸모가 별로 없는 옥돌이었고 갈대, 고리
버들, 포플러, 띠 등과 같은 가문 땅에서 자라는 식물로 나귀나 낙타를
키웠지만 인간의 목숨을 유지하는 데 가장 중요한 식량은 다른 나라에서
수입해야만 했다. 「이릉답소무서^{李陵答蘇武書}」에서 묘사한 것처럼 "오랑캐
땅에는 얼음이 두껍고 변방땅은 얼어 갈라져 들리는 것은 슬픈 바람 소리
뿐이다(胡地玄冰, 邊土慘裂, 但聞悲風蕭條之聲)"라고 했다. 서역 변방의 군졸들
은 누란을 "머나먼 곳이고 끝이 없으며 위험함이 그지없다(絶域之地, 遲曠,
險無崖)"고 묘사했다.[21]

---

20 『漢西』「西域傳」. "樓蘭國在東垂, 當白龍堆, 乏水草 (…中略…) 地沙鹵少田, 寄田仰谷分國,
    國出玉, 多霞葦, 枝柳(紅柳), 胡桐, 白草. 民隨畜牧, 逐水草. 有驢馬, 多駱駝."

9-9 누란고성

　그러나 하느님은 언제나 자신의 백성들에게 다양한 자원을 아주 공평하게 나눠주었고 누란에게는 최고의 미인을 하사했다. 누란의 미인들은 실크로드에서 아주 명성이 자자하여 서역의 왕공귀족들은 모두 누란 공주를 아내로 삼았다. 돈황의 한나라 장성에서 출토된 죽간에는 "동엽(한나라)이 흡후와 싸워 이겼고, 그리하여 언기후가 현지의 여인 즉 선선의 여인을 사로잡아 아내로 삼았다(東葉捷翕侯, 故焉耆侯虜坤妻卽鄯善女)"라고 적혀 있다. 언기후는 바로 언기국의 왕이며 왕망王莽이 나라의 제도를 변경하면서 서역의 왕을 '후侯'로 낮춘 점을 감안하면 이 죽간은 아마도 서한 말년에 쓴 것일 가능성이 높다. 1930년대에 낙양洛陽의 망산邙山에서 중원으로 이주한 서역인의 무덤이 발견됐다. 묘지명의 내용에 의하면 무덤의 주인은 이름이 선월광鄯月光이고 거사국車師國 전부前部의 왕인 차백생車伯生의 태자와 혼인한 사이였다. 선월광의 성 씨가 선 씨인 것을 보아 누란 여인일 가능성이 높다. 『대당서역기』에는 동쪽 나라의 공주가

21　林梅村, 『樓蘭尼雅出土文書』, 北京 : 文物出版社, 1985, 45쪽.

우전왕에게 시집을 간 이야기가 있는데 우전의 동쪽에 있는 이웃나라는 바로 누란인의 나라 선선 왕국이다.

326년에 돈황을 할거하고 있던 장준張駿이 세상이 혼란한 틈을 타 장군 양선楊宣을 파견하여 선선국을 침공했다. 선선의 왕 원맹元孟은 하는 수 없이 누란의 미인을 장준에게 바쳐 전쟁을 그치게 했다. 스타인은 미란米蘭의 불교사원에서 2세기~3세기의 벽화를 발견했는데 그림 속에서 누란 여성의 생김새를 확인할 수 있었다. 이 벽화들은 간다라 예술양식의 작품이었다. 벽화 머리말의 내용으로 판단하건데 이 벽화는 중앙아시아의 대하국에서 데려온 그리스 또는 로마계 화공이 그린 것이고 화공의 이름은 Titasa (=라틴어 Titus)이며 기원후 1세기의 로마 황제와 같은 이름이다. 이 벽화는 그림 값이 당시 인도화폐로 3,000전으로 그야말로 천금을 주고도 얻기 힘들 정도였다.

누란에서 미인이 많이 나는 이유가 뭘까? 인류학자들이 마침내 이 비밀을 밝혀냈다. 독일의 인류학자들은 베르그만Folke Bergmann이 유럽으로 가져온 누란인의 두개골을 연구한 결과 누란인이 인도-유럽계 인종에 속한다는 사실을 확인했다. 유럽인종(캅카스인종)은 동방으로 가장 멀리는 누란까지 분포됐고 몽골인종(황색인종)과 유럽인종의 경계는 누란과 돈황 사이다. 소위 누란 미인은 사실상 유럽-아시아계 혼혈이며 스벤 헤딘이 누란에서 발견한 고대의 시체들은 서양의 체질인류학자들의 검증 결과 그중에는 유럽-아시아 혼혈이 여럿이 있었다. 베르그만은 누란 서부의 한나라 시기 묘지에서 온전하게 보존된 여성 시체 한 구를 발견했는데 2천 여 년의 세월이 무색할 만큼 아름다운 모습을 그대로 간직하고 있어 '누란 여왕'이라는 별칭을 얻기도 했다.[22]

신강의 미란 불교사원에서 출토된 간다라벽화. 2~3세기   2003년 미스아프카니스탄

9-10 미란 벽화 속 누란 여성과 2003년 미스아프카니스탄

　흥미로운 것은 미란 벽화 속의 누란 소녀는 2003년 미스아프카니스탄
과 매우 닮았으며 특히 눈매가 비슷했다. 현대 아프카니스탄인은 토카라
계통의 유목민인 대월지인과 그리스 이주민이 서로 융합하여 탄생한 민족
이고 누란인은 토카라계통의 오아시스 정주민족이므로 서로 간에 유사한
점이 상당히 많다.

22 　林梅村, 『樓蘭』, 北京 : 中央黨校出版社, 1999, 102~105쪽.

4. 누란의 새로운 고고학적 발견

2003년 겨울, 누란LE성 부근에서 대형 벽화무덤이 발견됐는데 1998년에 이 지역에서 발견된 누란의 채색관과 거의 똑같은 채색관이다. 다른 점이라면 과거에 발견된 채색관은 수혈식 토갱묘(길이 2.4m, 너비 1m, 깊이 1.5~1.7m)에서 출토됐고 널 위에 나무 천막, 갈대로 엮어 만든 돗자리, 양탄자가 덮여 있었고 널 안에는 면 소재의 의복과 칠기가 부장돼 있었다. 새로 발견된 누란벽화묘는 규격이 비교적 높았고 이를 두고 언론에서는 '누란왕릉'일 것이라며 대대적으로 보도했다. 지금까지 밝혀진 바에 의하면 한진漢晉 시기 하서주랑에서는 벽화묘가 성행했고 대부분 무덤 속에 채색관을 사용했다. 이런 매장 풍속은 아주 오래전부터 타림분지에 전해졌다. 공작하 유역의 영반묘지 15호묘가 바로 채색관을 사용했고 연대는 동한 말기의 것으로 확인됐다.

일찍이 기원전 77년에 누란왕이 LE성에서 남쪽의 선선강(지금의 체르첸강) 유역으로 이동했기 때문에 누란왕릉이 나포박호의 북쪽 기슭에 만들어졌을 리가 없다.[23] 또한 누란벽화묘의 벽화 속 인물들은 모두 손에 술잔을 들고 있었으며 회화양식도 중앙아시아의 펜지켄트성City Site at Pyanjikent 유적에서 발견된 소그드인들이 연회를 열고 술을 마시는 내용의 벽화와 유사하여 일부 학자들은 벽화 속 인물이 실크로드 상의 소그드 상인일 것으로 추측했다.[24]

---

23 「'樓蘭王陵'疑判斷有誤」, 『北京靑年報』, 2003.2.21.
24 孟凡人, 「樓蘭考古學的重要性與開展樓蘭考古工作緊迫性、艱巨性、復雜性和可行性」, 『新疆文物』第2期, 2003, 74~84쪽.

우리의 연구에 의하면 누락벽화묘는 사실상 누란에 이주한 쿠샨 대월 지인의 무덤이다. 동한 건초建初 원년(76)에 쿠샨 대월지가 "군사를 보내 어 한나라를 도와 거사국(투루판)을 물리쳤다(誉發兵助漢擊車師)."[25] 동한 영제 시기에는 또 쿠샨 대월지인들이 대거 중국으로 이주했다. 양승우梁 僧佑의 『출삼장기집出三藏記集』「지겸전支謙傳」에는 "지겸은 자가 공명이고 대월지 사람이다. 조부가 법도인데 한 영제 때 나라 백성 수백 명을 이끌 고 귀화하여 솔선중랑장의 벼슬을 하사받았다(支謙字恭明, 大月氏國人也, 祖 父法度, 以漢靈帝世率國人數百歸化, 拜率善中郞將)"고 했다. 동한 영제 시기에 쿠샨의 대월지인들이 중국으로 대거 망명해 왔으며 끝내 동한의 도읍인 낙양에 도착한 대월지인이 수백 명에 달했음을 알 수 있다. 북경대 새클 러고고학예술박물관에 소장된 거로문佉盧文 정란井闌(성을 공격하는 데 사용 하는 무기 – 역자)은 낙양 한위고성漢魏故城 부근에서 출토된 것으로 바로 동 한 시기 낙양으로 망명한 대월지 교민의 유물이다.[26]

아울러 많은 쿠샨 대월지인들이 누란에 정착했다. 위진 16국 시기에 이르러서도 많은 쿠샨 군사들이 서역 장사를 도와 서역의 질서를 유지했다.

쿠샨 대월지인들이 누란에서 활동한 흔적은 누란에서 출토된 위진 목간 파편에서도 자주 보인다. 예를 들면 임편林編 239호의 "죽 삼십일 곡 칠 말 육 되를 장윤의부 병사 호지란 열두 사람에게 주어 (…중략…) 태시 2년(226) 10월 11일(出糜卅一斛七鬥六升, 給稟將尹宜部兵胡支蘭十二人 (…中略…) 泰始二年十月十一日)", 임편 293호의 "호지득은 갑옷 한 벌, 투구 한 개, 각궁 한 자루, 화살 서른 개, 거문고 한 대를 잃었는데 고창에서 사망했다(胡支得

25 餘太山,「第一貴霜考」,『中亞學刊』第4輯, 北京 : 北京大學出版社, 1995, 87쪽.
26 林梅村,「貴霜大月氏人流寓中國考」,『西域文明』, 北京 : 東方出版社, 1995, 33~67쪽.

失皮鎧一領, 皮兜鍪一枚, 角弓一張, 箭卅枚, 木桐一枚, 高昌物故)", 임편 434호의 "병지 호박성, 호중인이 얻었다(兵支胡薄成, 兵支胡重寅得)", 임편 605호의 "병지 호관지, 조군풍명성(兵支胡管支, 趙君風明省)" 등이 있다.[27] 이를 통해 타림분지로 이주한 쿠샨 대월지 군사들이 서역장사의 지시를 따르며 중원왕조를 도와 서역의 질서를 유지했음을 알 수 있다. 그리고 새롭게 발견된 누란벽화묘는 바로 누란으로 이주한 쿠샨 이주민들의 무덤일 것이라 추정된다.

2004년에 중국의 CCTV 방송국과 NHK의 〈신新 실크로드〉 제작팀이 누란벽화묘를 탐방하던 중 무덤의 전실前室에서 거로문자로 쓰인 제기題記를 발견했다. 미국 워싱턴대의 앤드류 글라스Andrew Glass 교수의 해석에 의하면 이 제기는 벽화 작가가 남겼을 가능성이 높다.[28] 주지하다시피 거로문자는 쿠샨 왕조의 3대 공식문자 중의 하나이며 거로문자로 표기한 언어를 '간다라어'라고 부르며 바로 간다라예술 창조자들이 사용한 언어다. 영국의 고고학자 마셜J. Marshall의 연구에 의하면 간다라 초기 예술작품에 음주 장면이 들어간 소재를 자주 사용했는데 주로 석제 부조의 형식으로 표현했다.

7세기 초에 현장법사가 간다라에서 카니슈카Kanishka 대불탑을 추모했다. 그는 『대당서역기』 2권 간다라편에서 이 불탑에 대량의 석조 불상이 있을 뿐만 아니라 불교그림도 있다고 적고 있다. 그 내용은 다음과 같다.

솔도과 돌계단 남면에 불상이 그려져 있는데, 그 높이가 한 장 여섯 척이다. 가슴 위는 두 개 몸으로 나누어져 있는데 가슴 아래는 한 몸으로 합해져

---

27 林梅村, 『樓欄尼雅出土文書』, 北京 : 文物出版社, 1985.
28 戴維, 「漢晉鄯善墓與絲綢之路」, 北京大學考古文博大學碩士論文, 2005.

9-11 누란벽화 속의 술 마시는 그림 및 중앙아시아의 고대 주기(酒器)

있다. 옛 사람의 말에 의하면 옛날에 가난한 선비 한 사람이 품팔이로 살아가는데 돈 한 푼을 얻고는 불상을 만들고 싶었다. 솔도파에 이르러 화공에게 이르기를 오늘 여래의 상을 그리고 싶은데 돈이 적어서 값이 부족하니 품은 뜻이 어긋날까 걱정이요 가난에 쪼들린다고 하였다. 화공이 그의 정성으로 값을 따지지 않고 허락하였다. 또 한 사람이 와서 앞의 사람과 같이 돈 한 푼을 가지고 와서 불상을 그리기를 부탁하였다. 화공이 두 사람의 돈을 받고 좋은 단청을 구하여 그림 한 점을 그렸다. 두 사람이 같은 날에 인사 드리러 왔는데 화공이 그 그림을 두 사람한테 가리키어 말하기를 이 그림이 바로 부탁한 불상이라 하였다.[29]

그러나 쿠샨 시대의 간다라 불교회화는 본토에서는 보존되지 못했다. 프랑스-아프카니스탄 고고학연구팀과 구소련 고고학연구팀이 대하국의 불교 유적에 대한 조사를 진행하면서 쿠샨 시대의 간다라 불화佛畵가 점차 알려지기 시작했다. 우즈베키스탄의 달베르진 테파Delverjin Tepe 쿠샨 신전에서 쿠샨 시대(2세기~3세기)의 〈연음도宴飮圖〉가 발견된 바 있다.30 이 그림은 누란벽화묘의 술 마시며 잔치를 벌이는 그림과 아주 비슷했다.

누락벽화의 부장품은 거의 다 도난당하고 목관의 파편만 일부 남아 있을 뿐이다. 그 파편들로 미루어 볼 때 누란벽화묘는 합장묘이며 최소 세 구 이상의 널이 함께 묻혔다. 만약에 부부합장이라면 마침 무덤주인이 여섯 명이고 벽화 속 여섯 명의 인물과도 서로 대응된다. 이 여섯 명은 모두 손에 술잔을 들고 있으며 술잔의 생김새가 전형적인 쿠샨의 기물이다. 벽화 속 세 쌍의 부부는 조부에서 손주까지 삼대일 것으로 추정된다. 만약에 한 세대를 30년으로 계산한다면 첫 세대는 대략 동한 영제 시기의 사람으로 쿠샨 대월지인들이 타림분지로 대규모 이동을 한 시기와 맞먹는다. 그러므로 누란벽화묘의 주인은 쿠샨 대월지인일 가능성이 더욱 높다.

누란벽화묘의 벽화에는 세 가지 각기 다른 문화요소가 융합되어 있다.

---

29 季羨林 外, 『大唐西域記校注』, 北京 : 中華書局, 1985, 242쪽. "大窣堵波石階南面有畵佛像, 高一丈六尺, 自胸以上, 分現兩身, 從胸以下, 合爲一體. 聞諸先誌曰 : 初有貧士, 傭力自濟, 得一金錢, 願造佛像, 至窣堵波所, 謂畵工曰 : '我今欲圖如來妙相, 有一金錢, 酬功尙少, 宿心憂負, 迫於貧乏' 時彼畵工鑒其至誠, 無云價直, 許爲成功. 復有一人, 事同前跡, 持一金錢, 求畵佛像. 畵工是時受二人錢, 求妙丹靑, 共畵一像. 二人同日俱來禮敬, 工乃同指一像示彼二人, 而謂之曰 : '此是汝所作之佛像也'."
30 樋口隆康, 『シルクロード考古學』, 京都 : 法藏館, 1986, 123쪽.

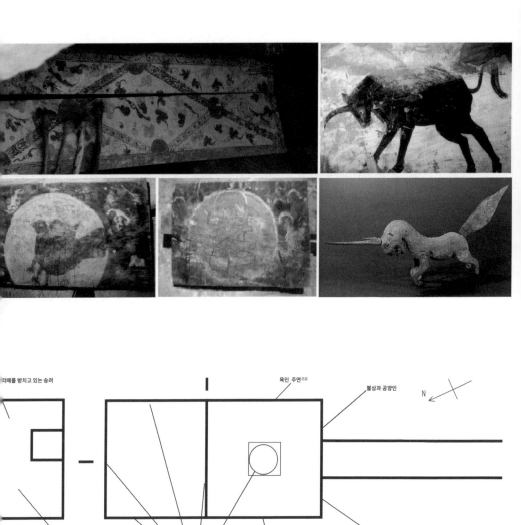

9-12 누란벽화묘 및 그 평면도

첫째는 중원의 한漢 문화이고 둘째는 로마 문화이며 셋째는 쿠샨 문화이다.

누란벽화묘의 채색관에 새겨진 주요 문양은 운기문雲氣紋이다. 양끝에는 해(안에 삼족오)와 달(안에 두꺼비)의 문양이 그려져 있는데 각각 고대 신화와 전설 속 복희伏羲와 여와女媧를 상징한다. 1998년에 누란성에서 북쪽으로 23.1km 떨어진 아단雅丹(건조 지대에서 바람에 의해 형성되는 풍식 지형-역자)에서 채색관 한 구가 발견됐는데 같은 도안이 그려져 있었다. 채색관에 운기문과 일월 문양이 그려진 것은 중원 한 문화의 영향을 받은 것이 분명하다. 1988년에 감숙성甘肅省 주천시酒泉市 단돈자탄單墩子灘 위진묘에서 채색관 한 개가 발견된 바 있다. 주요 문양은 역시 운기문이고 운무雲霧 속에는 복희와 여와 문양이 그려져 있었는데 모두 사람의 머리에 뱀의 몸통을 가졌다. 복희의 가슴에는 불타는 해(안에 삼족오)가, 여와의 가슴에는 밝은 달(안에 두꺼비)이 그려져 있었다.[31] 선진先秦 시기의 문헌『산해경』에서 이미 복희와 여와가 언급됐다. 복희는 팔괘八卦를 만들고 그물을 창조한 천지개벽의 황제이고 여와는 오색빛이 나는 돌로 갈라진 하늘의 틈을 메운 여제다. 한나라 문헌에서부터 이 둘은 인류의 시조, 즉 중국의 아담과 이브로 불리기 시작했다. 〈복희여와도〉를 부장하는 풍속은 한나라 시기부터 시작되어 당나라 시기까지 전승됐다. 예컨대 투루판 지역의 당나라 고분에서도 복희여와의 비단그림이 발견됐다.

누란벽화묘의 무덤 문 서쪽에는 뿔싸움하는 모양의 일각수一角獸(유니콘) 한 마리가 새겨져 있었는데 이런 종류의 일각수를 무위현武威縣 뇌대雷臺의 서진묘에서도 볼 수 있다. 이런 종류의 일각수는 하서河西 지역의

---

31 甘肅省文物隊 · 甘肅省博物館 · 嘉峪市文物管理所,「嘉峪關壁畫墓發掘報告」, 北京 : 文物出版社, 1985, 23쪽.

진晉나라 무덤에서도 많이 출토됐는데 최초로 발견된 곳은 섬서성陝西省 신목현神木縣 대보당大保當의 동한 화상畫像 석묘石墓이며 무덤 문의 위치에 배치되어 있다.[32] 이런 일각수는 바로 문헌에 나온 이른바 '해치獬豸'이며 무덤을 지키는 진묘수鎭墓獸로 사용됐다.[33] 누란벽화묘에 그려진 일각수가 하서 지역 한 문화의 영향을 받은 것이 분명하다.

한나라 시기 이래 중국은 로마제국과 빈번하게 왕래하기 시작했고 이로 인해 누란 유적지와 고분에서는 로마 예술양식의 모직물, 유리기물 등이 많이 발견됐다. 누란벽화묘에서 발견된 〈비마도飛馬圖〉는 중국과 로마의 예술교류를 연구하는 데 새로운 자료를 제공했다. 주지하다시피 비마飛馬(달리는 말) 형상은 그리스-로마예술에서 자주 사용한 소재다. 예컨대 대영박물관에 소장된 로마예술가가 제작한 달리는 말 청동상, 아테네고고학박물관에 소장된 그리스의 달리는 말 청동조각상 등이 있다. 누란벽화묘에서 출토된 비마는 바로 로마예술의 영향을 받아 탄생한 것이다. 뇌대의 서진묘에서 출토된 하늘을 나는 모습의 동분마銅奔馬는 중국 전통 문화에서는 그 뿌리를 찾아볼 수 없으며 새로 발견된 로마 예술양식을 지닌 누란벽화 속 비마를 보면 로마예술에서 비롯되었을 가능성이 매우 높다.

누란벽화묘의 벽화에서 가장 중요한 문화요소는 간다라예술이다. 벽화묘의 전실 중앙에 지름 50cm의 기둥이 있었다. 당시 도굴자들이 위에서 아래로 구멍을 뚫다가 마침 이 기둥에 닿아서 전실의 천장과 중앙

---

32 陝西省考古學硏究所·楡林市文物管理委員會辦公室 編,『神木大保當－漢代城址與墓葬考古報告』, 北京 : 科學出版社, 2001.
33 孫機,『漢代物質文化資料圖說』, 北京 : 文物出版社, 1991, 405쪽.

대영박물관에 소장된 달리는 말 청동조각상. 1세기~2세기

누란벽화묘에서 발견된 동분마銅奔馬. 3세기

아테네고고학박물관에 소장된 그리스의 달리는 말 청동조각상

감숙성 무위현 뇌대의 서진묘에서 출토된
달리는 말 청동조각상

9-13 누란 벽화묘에서 보여지는 로마문화 요소

기둥의 상단이 모두 훼손됐다. 이 파손된 중앙 기둥에는 바퀴 모양의 문양이 가득 그려져 있었고 무덤의 후실 사방 벽과 천장에도 같은 문양으로 채워졌다.[34] 그 바퀴 모양의 문양이 바로 불교의 '법륜法輪'일 것으로 해석된다.

법륜은 불법의 상징으로 산스크리트어로 Dharmacakra(다르마차크라)라고 한다. 불타佛陀가 정각正覺의 진리를 맨 처음 설한 초전법륜初轉法輪의 땅 녹야원鹿野苑, 당시 그는 다섯 제자에게 생명의 진리를 설법하여 그들로 하여금 불법을 깨우쳐 최초의 비구比丘가 되게 했다. 이 위대한 시각을 기념하기 위해 아소카Asoka 왕이 녹야원에 법륜돌사자기둥을 만들었다. 네 마리의 위풍당당한 수사자가 서로 등지고 사방을 바라보며 머리꼭대기에는 거대한 법륜을 이고 있는 모습을 통해 불법이 사자의 포효소리처럼 세상에 울려 퍼질 것을 상징했다. 아쉽게도 이 원시적인 법륜은 돌기둥이 무너진 후 산산조각이 나버렸다. 그러나 다행스럽게도 원래의 모습이 산치Sanchi 대탑의 문에 새겨졌다. 거꾸로 늘어뜨린 연잎이 새겨진 기둥머리, 기세등등한 모습의 돌사자 네 마리(한 마리는 뒷면에 숨어 있음), 그리고 사자의 등에는 거대한 법륜을 지고 있다. 조각상의 기세가 녹야원의 돌기둥과 차이가 없었다.

흥미로운 점은 우즈베키스탄의 파야즈 테페Fayaz tepe에서 1세기~3세기의 불교사원 유적이 발견됐다는 점이다. 사원의 대문과 불당의 연결선은 불당 마당의 중축선中軸線이고 정중앙 위치에 불탑 하나가 세워져 있었는데 불탑의 주위에 원래는 담이 둘러져 탑마당을 이루고 있었으며 벽돌길이

---

34 李文儒, 「被驚擾的樓蘭―樓蘭"王陵"核查, 樓蘭古墓追盜」, 『文物天地』第4期, 2003, 47쪽.

9-14 누란벽화묘의 법륜(1·2)과 대하(3) 및 간다라(4)의 법륜 비교

불당으로 통하고 있었다. 이 대하의 불탑은 개축됐다. 쿠샨의 주화가 출토된 것으로 보아 대략 쿠샨 왕조 카니슈카 시대(2세기 중엽)때 불당마당 좌측의 승방원僧房院을 증축했다. 이번 개축을 통해 초기의 불탑을 보수하여 원래 불탑의 토대 위에 10m 높이의 대탑을 새로 세웠다. 현재 말기의 불탑은 대부분 다 훼손됐지만 안에 쌓인 불탑은 여전히 온전하게 보존됐다. 초기의 불탑은 둥근 기둥형 기단을 갖고 있으며 헬레니즘 시대의 안티오키아 왕국에서 성행한 주춧돌양식과 일치했다. 탑의 본체는 둥근기둥형이고 큰 돌을 쌓아 만들었으며 지름이 약 3m에 달했다. 상륜부는 반구형의 복발覆鉢이고 표면에는 석고를 이용해 백색 연판문蓮瓣紋과 불상 초기 표현양식의 법륜 문양으로 장식했는데 아쉽게도 복발은 보존되지 못했다. 파야즈 테페 불교 사원 유적지의 초기 퇴적물에서는 부처의 두상과 법륜이 그려진 손이 발견되기도 했다.[35]

누란벽화묘의 중앙 기둥은 원형불탑 형식을 사용했는데 우즈베키스탄 파야즈 테페의 대하불탑과 유사하며 위에 모두 법륜이 그려져 있다. 대하불탑은 1세기에 제작됐고 누란벽화묘는 3세기가 제작됐다. 따라서 이들 양자 간에는 영향 관계가 있을 것으로 보인다.

누란벽화묘의 무덤 문 동쪽에는 불상 한 기와 무릎을 꿇은 공양인의 조각상 한 기가 그려져 있었다. 이 불상은 붉은 색 승려복을 입고 머리 부분이 이미 파손됐으며 결가부좌에 두 손은 참선할 때 짓는 수인인 선정인禪定印을 하고 있었다. 파손된 화면에서 볼 때 '배광背光'도 보이는 듯하다. 공양인 한 명이 두 손을 모아 합장(또는 두 손으로 어떤 물건을 받치고 있는)

---

35 加藤九祚 編,「中央アジア北部の仏教遺跡の研究」,『シルクロード學研究』卷4, 奈良 : 奈良絲綢之路研究中心, 1997.

9-15 누란(1), 간다라(2), 대하(3) 세 지역의 공양인상

한 상태로 불상 곁에 무릎을 꿇고 앉아 있었다. 머리와 하반신 일부가 파손됐고 몸에는 파란색 옷을 걸치고 있었다. 의복으로 볼 때, 특히 허리띠로 볼 때 전실 동쪽 벽에 그려진 〈연음도宴飲圖〉 속 세 명의 남자와 의상이 일치하는 것으로 보아 이 공양인은 묘실墓室 벽의 그림 속 여섯 인물의 대표일 가능성이 높다. 우즈베키스탄 파야즈 테페의 쿠샨 시대 대하불교 사원 벽화에도 공양인이 예불하는 그림이 발견된 바 있다. 이 그림은 누란벽화묘와 연대가 비슷하며 모두 3세기~4세기의 것으로 추정된다.[36]

공교롭게도 스타인이 신강 미란 3호 불교사원 유적에서 정교한 불교 벽화를 발견했는데 그림 속에 석가모니불과 그의 여섯 제자가 그려져 있었다. 이들은 모두 눈을 크게 뜨고 중앙아시아 특유의 인물 형상을 보여주고 있으며 틸리아 테페Tilla Tepe 불화에서 묘사한 보리수菩提樹나무 아래에서 도道를 깨우쳤다는 본생담 '수하성도樹下成道' 벽화와 완전히 일치했다. 이로 미루어 볼 때 누란벽화예술은 간다라예술이 아닌 대하불교예술에서 시작됐을 가능성이 높다.

---

36 田邊勝美・前田耕作 編, 『世界美術大全集・東洋編15・中亞』, 東京：小學館, 1997, 119쪽.

9-16 미란 불교사원(상)과 틸리아 테페 불교사원(하)의 간다라불화 〈수하성도도〉

제10강
우전于闐 문명

1. 스키타이인과 우전 도시국가의 흥기

신강 화전和田은 중국과 서양의 교통요충지에 자리하고 있으며 옛 이름이 '우전于闐'이다. 20세기 초에 구미와 일본의 탐험대가 반 세기가 넘는 동안 우전 문물 쟁탈전을 벌이면서 타클라마칸사막의 고성에서 수십만 개에 달하는 정교롭고 아름다운 문물을 발견하여 우전 왕국의 과거의 영광과 고대 동서양 문화교류의 성황을 재현했다. 역사비교언어학 연구에 의하면 우전인은 스카타이인 계통에 속하며 인구어계 이란어 동부 방언을 구사했다. 베를린대 뤼더스Heinrich Lüders 교수의 건의에 따라 학계에서는 우전어를 '스키타이Scythai어' 또는 '사카Saka어'라고 불렀다.[1] 그렇다면 우전인은 어떻게 타림분지로 이동하게 된 것일까?

그리스 작가 헤로도토스의 기록에 따르면 스카타이Scythai인들은 이리伊犁강 유역에서 기원했다. 기원전 7세기에 아리마스페이Arimaspea인의 억압하에 스키타이인들이 서쪽의 카스피해와 흑해 북안으로 이동했고 그리스인과 나중에 강성해진 페르시아인들과 빈번하게 접촉했다. 유목민족이었던 스키타이인들은 우크라이나에서 신강의 이리강 유역까지 넘나드는

---

1 H. Lüders, "Die Sakas und die 'nordarische Sprache'", *SPAW*, vol.23, 1913, pp.406~427.

10-1 페르시아왕궁 부조 속의 스키타이인

등 활동범위가 매우 넓었다. 그들은 일곱 개의 부락이 있었는데 페르시아인들은 그들을 '사카인塞人, Saka'이라 불렀다. 이 일곱 부락은 각각 ① Sakâ paradrayâ, 우크라이나의 사카인 부락, ② Sakesinai, 아르메니아의 사카인 부락, ③ Âpa-Sakâ, 흑해 연안의 사카인 부락, ④ Âpa-Sakâ, 카스피해 동안의 사카인 부락, ⑤ Sakâ tigrakhaudâ, 메디아의 사카인 부락(실제로는 우즈베키스탄에 위치), ⑥ Sakâ Massagetai, 카자흐스탄의 사카인 부락, ⑦ Sakâ haumavargâ, 카자흐스탄의 사카인 부락 등이다.

페르시아제국이 설립된 후 중앙아시아 초원의 스키타이 부락은 페르시아제국의 속국이 되어 페르시아 왕에게 조공했다. 페르세폴리스 왕궁 부조에 스키타이인들이 페르시아 왕에게 바지와 쌍수雙獸목걸이, 전마戰馬를 바치는 광경이 새겨져 있다. 고대 페르시아 왕궁의 조공자 부조에는 두 부류의 스키타이인들이 있었는데 하나는 사카 티그리카우다(뾰족모자를

쓴 사카), 다른 하나는 사카 하우마바르가(마약의 주재료인 마황을 마시는 사카ー
역자)였다.[2]

기원전 3세기에 흉노가 몽골 초원에서 흥기하기 시작했다. 2세기 초엽
묵특선우冒頓單于의 통치하에 흉노가 초원을 제패하기 시작했고 중앙아시
아 초원에서 대규모 민족이동운동을 일으켰다. 우선 흉노가 돈황 이북
초원 지대의 대월지인들을 패배시켰고 이에 대월지인들은 어쩔 수 없이
서쪽의 이리강 유역으로 옮겨갔다.[3] 이리강 유역은 스키타이인들의 태생
적 고향이었는데 대월지인들의 공격 하에 어쩔 수 없이 고향을 떠나게
됐다. 그중 한 부류가 남쪽의 인더스강 유역으로 이동하여 간다라를 중심으
로 새로운 왕조를 건립했는데 역사상 이를 '인도-스키타이 왕조Indo-Scythian
Kingdom'라고 불렀다. 20세기 초에 영국의 고고학자 마셜이 파키스탄 북부
의 간다라 유적지에서 대량의 인도-스키타이 문물과 주화를 발견했다.[4]

대월지인들의 공격을 받은 일부 스키타이인들이 남하해 타림분지 서
부에 이르렀다. 타림분지로 이주한 스키타이인들은 유목민족에서 점차
농경정착민족으로 변화했다. 한나라 서역 36개국 중에서 소륵疏勒, 우전
그리고 우미扜彌 왕국은 모두 스키타이인들이 세운 오아시스 국가이다.[5]

2003년에 곤륜산崑崙山의 해발높이 2,750m 되는 작은 언덕 대지에서
초기 철기 시대의 묘지가 발견됐는데 묘지 서쪽에 '유수流水'라는 이름의
작은 강이 굽이굽이 흐르고 있어서 그 강의 이름을 따 '유수묘지流水墓地'라고
이름지었다. 무덤의 주인은 돌무지무덤, 굴지장屈肢葬 방식을 사용했는데

2 Khalmat 外編, 徐文堪 外譯, 『中亞文明史』第2卷, 北京 : 中國社會科學出版社, 2002.
3 林梅村, 「吐火羅人與龍部落」, 『西域研究』第1期, 1997, 11~20쪽.
4 樋口隆康 等編, 『パキスタン・ガンダーラ美術展圖錄』, 東京 : 日本放送協會出版社, 1984.
5 『史記』「大宛列傳」;『漢書』「西域傳」.

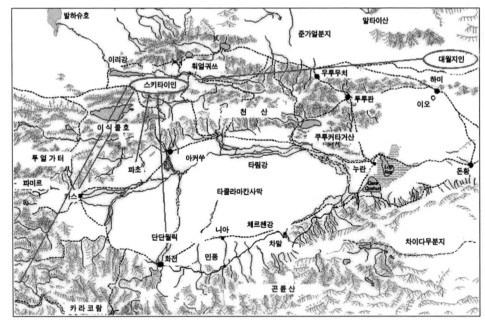

10-2 스키타이인들이 남쪽의 타림분지로 이동한 설명도

이리강 유역의 스키타이인의 석퇴묘와 매우 유사했다. 부장된 도기와 청동 마구馬具의 유형으로 보아 기원전 5세기~기원전 3세기의 것으로 추정된다. 이는 매우 중요한 발견으로서 기원전 5세기~기원전 3세기 사이에 스키타 이인들이 이미 우전으로 남하했음을 증명해 준다.[6]

20세기 초에 중국과 해외의 탐험대가 화전의 웨터간約特干, 아커스피얼阿 克斯皮爾, 단단월릭Dandan Oilik, 원사圓沙 등지에서 많은 고성을 발견했다. 이 고성들은 심각하게 훼손됐거나 타클라마칸사막에 삼켜졌다. 우전국의 도 읍은 화전시에서 서쪽으로 약 10km 떨어진 웨터간 유적에 위치하고 있으 며 총면적이 10만㎢에 달한다. 고대 문화가 지하 3~6m 깊이의 홍적층

---

6 「崑崙山發現3000年前古跡顯現古代眞實生活」, 『都市消費晨報』, 2003.8.11.

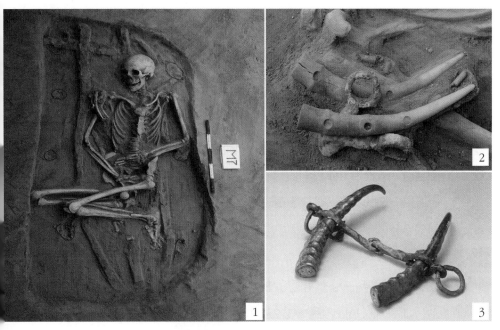

10-3 화전 유수묘지 발굴현장(1·2)과 간다라에서 출토된 스키타이 마구(3)

밑에 묻혀 있었고 골짜기와 낭떠러지 곳곳에서 도기 파편, 인물 또는 동물 모양의 점토조각상을 볼 수 있었다. 1870년대에 중앙아시아의 코칸드 칸국汗國이 사람을 시켜 웨터간에서 수로를 파다가 대량의 고대 유물을 발견했다. 그 후 현지 주민들의 무려 30년간에 이르는 대규모 도굴로 인해 웨터간 유적지는 심각하게 훼손됐고 지금까지도 정식 발굴 작업이 이루어 지지 못했다.

19세기 말에 스웨덴의 탐험가 스벤 헤딘이 웨터간에 현지 조사를 갔다. 그가 그린 웨터간의 풍경화를 보면 당시만 해도 성가퀴(몸을 숨겨 적을 공격할 수 있도록 성 위에 낮게 덧 쌓은 담-역자)가 있었는데 지금의 웨터간은 논밭으로 변해 있었다. 구미와 일본의 탐험대와 중국의 고고학자들은 웨터간에서 대량의 정교한 문물을 수집했으며 왕망화천王莽貨泉, 한거

이체전漢佉二體錢, 객라한전폐喀喇汗錢幣 등의 주화를 발견했다.[7] 북송北宋 대
중상부大中祥符 2년(1009)에 무려 20여 년의 성전聖戰 끝에 우전은 이슬람
교를 믿는 코칸트 칸국에 의해 멸망했고 웨터간은 아마도 이때 버려졌
을 것이다. 다행스럽게도 돈황막고굴 제454호굴의 벽화에 10세기 전후
의 우전국 도성벽화 한 폭이 남아 있어서 이 그림을 통해 우전국 도성이
전체적으로 사각형에 문이 두 개 있으며 성곽 네 모서리에 각루角樓가 있
고 성 밖에는 해자가 성곽을 둘러싸고 있었고 성 안에는 관청과 사원이
있었음을 알 수 있다.[8] 그렇다면 한나라 시기의 우전은 또 어떤 모습이
었을까?

최근에 중국-프랑스 합동탐사대가 커리야克里雅 강변에서 고성을 발견
했는데 현재 '원사고성圓沙古城'으로 불린다. 이곳은 한나라 시기 우미국의
지역으로 동한 말기에 우전에 합병됐다. 『한서漢書』「서역전西域傳」에 따르
면 우미국에는 "3,340호의 가구와 20,040명의 인구가 있으며 3,540명의
군사를 거느리고 있다(戶三千三百四十, 口二萬四十, 勝兵三千五百四十人)"고 했
다. 평면으로 보는 원사고성은 불규칙적인 원형을 띠며 흙덩이로 성벽을
쌓고 남쪽과 북쪽에 문을 각각 하나씩 냈다. 성안에는 옛 집터가 드문드문
남아 있다. 묘지는 성밖에 있었는데 무덤 속에 말의 뼈, 청동패식牌飾(몸장
식), 메달식 청동거울과 도기주전자 등이 부장돼 있었으며 이리강 유역의
스키타이고분과 유사했고 대략 한나라 시기에 제작된 것으로 추정된다.
따라서 우전 경내의 한나라 시기 고성이 거의 전부 훼손된 상황에서 원사

7   G. Gropp, *Archäologische Funde aus Khotan Chinesisch-Ostturkestan*, Bremen : Verlag Friedrich
    Rover, 1974; G. Montell, "Sven Hedin's Archaeological Collection from Khotan", *BMFEA*,
    No.7·10, 1933·1938, pp.145~221·83~99.
8   孫修身 主編, 「佛教東傳故事畵卷」, 『敦煌石窟全集』 12, 香港 : 商務印書館, 1999, 105쪽, 圖.90.

10-4 돈황막고굴 제454호굴 천장 벽화 속의 우전도성, 북송 시기

고성은 서역 36개국의 도시국가 문명의 흥기를 연구하는 데 중요한 자료를 제공해 준다.

『신당서新唐書』 「서역전상西域傳上」의 기록에 따르면 "우전 동쪽 300리에 건덕력강이 있고 700리에는 정절국이 있다. 강 동쪽에 우미국이 있는데 그들이 사는 곳이 건덕력성이고 이를 또 구미성 이른바 영미고성이라 한다. 이들은 모두 작은 나라이다(于闐東三百里有建德力河, 七百里處有個精絶國; 河之東有扜彌, 居達(建)德力城, 亦曰拘彌城, 卽寧彌故城. 皆小國也)"라고 했다. 지리

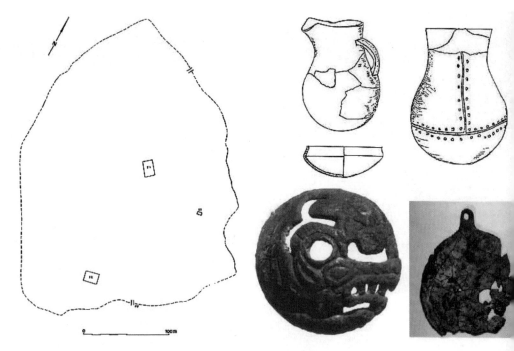

10-5 원사고성 평면도 및 부근의 한나라 시기 무덤에서 출토된 문물, 기원전 2세기~기원전 1세기

적 위치로 봤을 때 건덕력강은 바로 지금의 커리야강이며 우전강 동쪽 삼백리 떨어진 곳에 있는 건덕력성은 건덕력 강변에 세워졌을 것이다.

단단월릭에서 출토된 한문과 우전어 두 가지 언어를 사용한 문서를 보면 이 성은 북위北魏의 양현지楊衒之가 지은 『낙양가람기洛陽伽藍記』에서 비마성媲摩城으로 불렸고 당나라 시기 우전의 여섯 개 진鎭 중의 하나가 됐다. 스타인은 비마성이 바로 화전시에서 북동쪽으로 55마일 떨어진 우준-타티Uzun-tati에 위치한다고 믿었지만 우준-타티 유적에는 한나라 시기의 유물이 없다. 커리야강 유역에는 원사고성만이 한나라 시기까지 거슬러 가며 장건이 방문했던 우미성이 이곳에 있었을 가능성이 있지만 동한말년에 우전이 우미성을 멸망시킨 후 점차 버려진 곳이 되었다.

중앙아시아와 중원의 성의 구조는 뚜렷한 차이를 보였는데 중앙아시아는 둥근 형태, 중원은 네모 형태의 성이 유행했다. 웨터간고성과 누란고성은 모두 중원의 성의 형태를 사용했고 원사고성과 아커스비얼고성은 모두 중앙아시아의 성의 형태를 사용했다. 중앙아시아의 원성圓城은 동쪽은 가장 멀리는 내몽고 서부의 어지나치額濟納旗까지 분포됐고 고고학자들은 어지나치에서 원형의 고성 하나를 발견했는데 원나라 시기까지도 사용됐다고 한다. 하지만 이 고성의 성벽 한 구간이 한나라 시기 유적에 의해 파손된 것으로 볼 때 처음 세워진 시기는 서한 이전인 것으로 추정된다.

2. 문명의 변천

1980년대 이래 화전 지역의 산푸라山普拉묘지에 대한 고고학적 발굴이 이루어지면서 우전 문화에 대해 더 깊이 이해하는 계기가 됐다. 산푸라묘지는 지금의 화전 지역 낙포현洛浦縣 산푸라향의 남서쪽에 위치해 있다. 북쪽의 낙포현 시내에서 14km 떨어져 있고 남쪽으로는 곤륜산맥을 마주하고 있으며 서쪽으로는 화전강의 동쪽 지류인 위룽커스玉龍喀什강에 인접해 있다. 그리고 묘지의 동쪽은 광활한 고비사막의 완만한 비탈로 이루어져 있다. 전체 고분군은 곤륜산 앞의 넓은 고비사막 대지 위에 있으며 몇 개의 상대적으로 독립된 작은 묘지들이 일정한 간격을 두고 분포돼 있다. 전체 고분군은 동서향으로 길이가 약 6km, 남북향으로 너비가 약 1km, 면적이 6만㎢에 달한다. 산푸라묘지의 고고학 연구는 1980년대에 시작

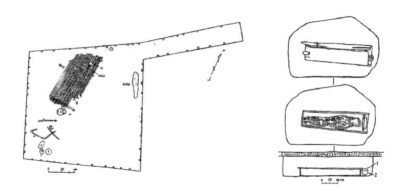

A조
흑색 도기가 주를 이루며 일부는 목부분(어깨 부분)에 기하학적 선이 그려져 있다.
기물의 유형은 주둥이 달린 항아리, 고리가 두 개 달린 항아리, 손잡이가 하나 달린 항아리 등이 있다.

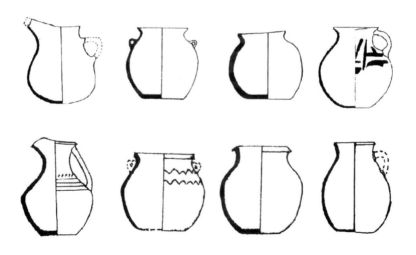

B조
도기의 색깔은 오렌지색이 대부분이며 일부는 목부분(어깨 부분)에 기하학적 무늬가 새겨져 있다.
기물의 유형은 마찬가지로 주둥이 달린 항아리, 고리가 두 개 달린 항아리, 손잡이가 하나 달린 항아리 등이 있다.

10-6 산푸라고분의 시기 분류

되어 2001년에 고고학 보고서를 발표하여 이 자료들을 비교적 체계적으로 이해할 수 있게 됐다.[9]

산푸라묘지는 초기와 말기 두 유형의 고분으로 뚜렷하게 나뉘며 연대가 앞뒤로 서로 이어진다. 초기의 고분은 무덤구덩이가 칼모양인 '도형묘刀形墓'이고 A조 도기를 사용한 것이 특징이며 대부분 모직물을 부장했다. 연대는 기원전 1세기~기원후 1세기로 추정된다. 그에 비해 말기의 고분은 무덤구덩이가 직사각형인 수혈식 토갱묘로 상자식 나무널을 사용했고 B조 도기가 부장된 것이 특징이며 비단직물이 출토되었는데 이중에는 거로문 백서帛書(비단에 쓴 글)도 포함되어 있다. 연대는 2세기~3세기 중엽으로 추정된다.

『후한서』「반초전」에서는 동한 명제明帝 영평永平 16년(73)에 다음과 같이 말했다.

(우전국은) 무당을 믿는 풍습이 있다. 무당이 이르기를 신의 진노가 왜 한나라를 향하는가, 한나라 사신에게 공골말이 있는데 빨리 구하여 신께 제를 드려야 한다.[10]

불교의 계율 중에서 첫 번째가 바로 '살생을 하지 않는 것'이니 말을 죽여 제를 올리는 우전의 종교는 불교가 아님을 알 수 있다. 그렇다면 우전의 무속종교는 무슨 종교였을까?

언어학적 연구를 통해 마침내 이 비밀이 밝혀졌다. 우전인이 숭배한

---

9 新疆文物考古學研究所 編, 『中國新疆山普拉』, 烏魯木齊: 新疆美術撮影出版社, 2001.
10 『後漢書』「班超傳」. "其俗信巫. 巫言: "神怒何故欲向漢? 漢使有騙馬, 急求取以祠我.""

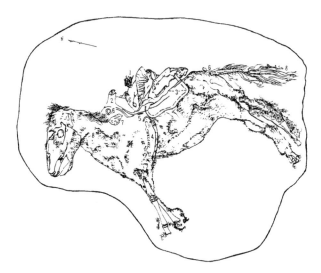

10-7 산푸라 한나라 시기 묘지에서 발견된 제사용 말을 묻은 구덩이

무속종교는 화현교火祆教였고 그렇기 때문에 흔히 화현교의 어휘를 사용하여 산스크리트어 불전을 해석했다. 예컨대 우전어 문서에 나오는 urmaysde(태양)는 바로 화현교의 ahura mazdā(아후라 마즈다, 최고신)이다. 그리고 우전 불경에서는 śrī(인도 여신) 및 산스크리트어 불경 속의 mahādevī(대천녀)를 śśan-drāmatā-로 번역했는데, 이는 화현교의 경전인 『아베스타Avesta』 spanta ārmaiti(신)에서 유래했다. 우전인은 또 『아베스타』에 나오는 세상에서 제일 높은 곳인 Harā 또는 haraiti 등의 어휘를 사용하여 산스크리트어 불전의 sumeru(수미산)를 번역했다.[11] 산푸라묘지에서 발견된 제사용 말을 묻은 구덩이는 한나라 시기 우전 무속을 연구하는 데 중요한 실물 자료

---

11 H. W. bailey, "Saka śśandrāmata", *Festechriftr für Wilhelm Eilers, ein Dokument der internationalen Forschung zum 27,* 1967, pp.136~143; P. O. Skjaervф, "Khotam : An Early Centre of Buddhism in Chiness Turkestan", *Collection of Essays 1993 : Buddhism across Boundaries-Chinese Buddhism and the Western Regions,* Taipei : Foguang Gultural Enterprise Co. Ltd., 1993, pp.265~344.

를 제공했다.[12]

우전은 본래 토장土葬을 했으며 한나라 시기의 산푸라 한나라 시기 묘지가 바로 토장묘다. 불교가 우전에 전해진 후 불교에 귀의한 우전인들은 죽으면 시신을 화장火葬한 후 유골을 함이나 항아리에 담았다. 상급 승려의 묘는 지표 위에 불탑을 지어 유골을 보관했다. 3세기 중엽에 중원의 고승 주사행朱士行이 우전에서 세상을 떠났을 때 "서역의 방식으로 다비하는데, 땔나무가 다 타도 시체가 온전하니 (⋯중략⋯) 뼈를 거두어 탑을 세웠다(依西方法闍維之, 薪盡火滅, 屍猶能全 (⋯中略⋯) 因斂骨起塔焉)"고 한다.[13] 북위의 고승 송운宋雲이 인도로 불법을 구하러 가는 도중에 우전국을 방문했다. 그는 기행문에서 우전인들은 "죽은 사람을 불로 태워 뼈를 거두어서 묻고 불탑을 세웠다. (⋯중략⋯) 오직 왕이 죽은 후에 불로 태우지 않았고 관에 두어 멀리 들에 묻고 사당을 세워 때에 따라 상고하여 기리도록 하였다(死者以火焚燒, 收骨葬之, 上起浮圖 (⋯中略⋯) 唯王死不燒, 置之棺中, 遠葬於野, 立廟祭祀, 以時思之)"고 적고 있다.[14] 3세기 이후의 우전고분을 보기 힘든 이유가 바로 이 때문이었다.

1960년대 말에 웨터간의 남동쪽 아라러바거阿拉勒巴格에서 남쪽으로 15km 떨어진 곳에서 고대의 시체 한 구가 발견됐는데 발견된 지점은 이마무무사 카즈무마자伊瑪姆木沙·卡孜木麻扎 일대이다. 시체는 비단으로 몸을 감싸고 있었으며 10세 전후의 여아로 추정된다.[15] 우전의 장례풍속과

---

12 新疆維吾爾自治區博物館·新疆文物考古學研究所 編, 『中國新疆山普拉－古代于闐文明的揭示與研究』, 烏魯木齊 : 新疆人民出版社, 2001, 12쪽, 圖.26.

13 梁慧皎, 『高僧傳』 「朱士行傳」.

14 楊衒之, 『洛陽伽藍記』 卷五 「宋雲家記」.

15 이 고대 시체는 원래 우전 지역 군중예술관 창고 내에 있었지만 지금은 행방불명됐다. 楊鐮, 『荒漠獨行』, 北京 : 中央黨校出版社, 1995, 264쪽.

달리 여아가 죽은 후 화장을 하지 않은 것으로 보아 무덤의 주인은 아마도 우전의 공주일 가능성이 높다. 1984년에 이마무무사 카즈무마자 부근에서도 또 채색관 세 개가 발견됐다. 그중 한 개는 마름모꼴 문양이 그려져 있고 다른 두 개는 적갈색과 검정색 선으로 사면에 청룡, 백호, 주작, 현무 등 사방의 신수神獸와 쌍을 이룬 오리의 문양이 그려져 있다. 그중 한 무덤의 주인은 흰 비단으로 머리를 감싸고 있으며 비단에 한자로 "부인신부재상이왕아夫人信附宰相李枉兒"라고 쓰여 있었다. 우전왕은 원래 성이 울지尉遲씨였는데 훗날 당나라 왕으로부터 국성인 이 씨를 하사받았다. 따라서 일부 학자들은 이마무무사 카즈무마자 일대가 우전왕릉의 소재지일 가능성이 높다고 주장했다.[16]

1996년에 신강문물고고학연구소의 고고학팀이 이 묘지 중의 무덤 12곳을 발굴했는데 "모두 수혈묘였고 상자식 목관과 목조관木槽棺이 출토됐는데 그중 일부에는 정교하고 아름다운 문양이 장식되어 있었다. 단장묘單葬墓였고 시체와 의복 등이 비교적 잘 보존됐으며 당나라 시기의 주화와 목제기물 등이 부장된 것으로 보아 당나라 시기의 무덤인 것으로 추정된다."[17] 우전왕이 성을 이 씨로 바꾼 것은 만당晚唐 오대五代 시기였으니 이 우전왕족의 묘지는 아마도 오대 시기까지 계속해서 사용하려고 했을 것이다.

스타인도 화전에서 채색관 한 개를 발견한 적이 있는데 표면에 금박을 입힌 불상이 그려져 있었고 현재는 대영박물관에 소장돼 있다. 이 채색관은 아마도 이마무무사 카즈무마자의 우전왕족묘지에서 출토됐을

---

16 李吟屛, 「古代于闐國都再研究」, 『西北史地』 第3期, 1990, 23~26쪽; 『佛國于闐』, 烏魯木齊 : 新疆人民出版社, 1991, 129~130쪽, 圖.10.

17 王炳華・杜根成 編, 『新疆文物考古新收獲(續)1990~1996』, 烏魯木齊 : 新疆美術撮影出版社, 1997, 753쪽.

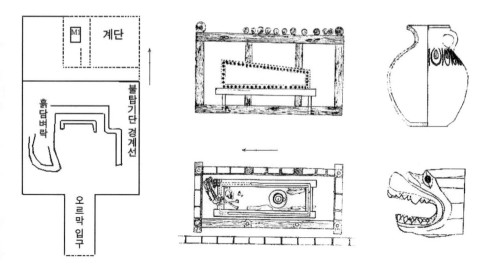

10-8 수바스 고승묘

것이다.[18] 신강 쿠처현庫車縣 수바스蘇巴什에서 고승의 무덤이 발견됐는데 지상에는 불탑, 지하에는 지하궁을 만들고 안에 널을 두었다. 그곳에서 출토된 도기로 분석해 볼 때 대략 위진 시기의 무덤일 것으로 추정된다.[19] 우전왕족묘도 이런 형식을 사용했을 가능성이 매우 높다.

능원에 사원을 짓는 서역의 이같은 양식은 곧 중국 내륙으로 전해졌고 산서성山西省 대동시大同市 방산方山의 북위北魏 개명태후開明太后 영고릉永固陵이 태화太和 5년(481)에 처음 세워졌으며 완성되기까지 장장 8년의 시간이 걸렸다. 태화 14년(490)에 풍馮 씨가 죽고 같은 해에 능원에 묻혔다.

18 R. Whitefield, *The Art of Central Asia : The Stein Collection in British Museum*, vol.1(Panitings from Dunhuang) · vol.2(Paintings from Dunhuang) · vol.3(Textiles, sculpture and other arts), Tokyo, 1982~1985.

19 新疆博物館 · 庫車文物管理事務所, 「新疆庫車昭怙厘西大寺塔墓淸理簡報」, 『新疆文物』第1期, 1987, 10~12쪽.

능원의 건설은 엄청나게 큰 공사였는데 현존하는 무덤은 남향에 바닥이 사각형이며 남북으로 길이가 117m, 동서로 너비가 124m, 높이가 22.887m에 달한다. 무덤 앞에는 직사각형의 영고당永固堂 옛 터가 있는데 주춧돌과 벽돌기와 등 건축자재들이 흩어져 있고 원래 비석을 세우는데 사용했던 돌로 만든 비희贔屭(머리는 용이고 몸은 거북이의 형상을 한 상상 속의 동물 -역자)가 있었다. 무덤 200m 전방에는 또 주위에 회랑이 둘러싼 사각형 탑의 사원영도思遠靈圖 터가 있었는데, 풍 씨가 생전에 독실한 불교신자였고 방산묘지는 본인 스스로 선택한 것이기 때문에 이처럼 묘지와 사원이 결합된 불교 색채가 농후한 구도는 아마도 풍 씨 본인의 뜻에서 비롯되었을 것이며 또한 특별한 북위의 의례를 반영하기도 한다.[20]

서역의 능원사원 양식은 중원의 무덤 형태와 구조의 변화에 크나큰 영향을 미쳤다. 북위 이래 중국 사대부 가문의 묘지 내에는 보통 불교사원을 세웠는데 산서성 하현夏縣의 사마광司馬光 가문묘지도 바로 불교 선원禪院 옆에 지어졌다.[21] 『경정건강지景定建康志』, 『지정금릉신지至正金陵新志』 등의 지방지의 기록에 따르면 진회秦檜의 묘도 분사墳寺, 즉 봉분과 사원 형식을 사용했으며 '정충사旌忠寺'라고 이름지었고 진회 부친의 분사는 '이충사移忠寺'라고 이름지었다. 2004년 1월에 남경시南京市 강녕구江寧區 빈강濱江개발구가 강녕진江寧鎮 건중촌建中村에서 공사를 하던 중에 대형 벽돌 구조의 고분을 발견했는데 무덤의 규격과 매장 시기로 보아 일부 학자들은 그것이 진회묘일 가능성이 높은 것으로 추측했다.[22]

---

20 宿白,「盛京平城一帶的拓跋鮮卑—北魏遺跡」,『文物』第11期, 1977.
21 李志榮,「山西夏縣司馬光墓余慶禪院的建築」,『文物』第6期, 2004, 47~96쪽.
22 國家文物局 編,『2004中國重要考古發現』, 北京 : 文物出版社, 2005, 169~173쪽.

3. 우전 불교

우전은 중국 불교 전파의 중심지로서 19세기 말 이래 다양한 불교유
물이 잇달아 발견됐다. 1890년에 프랑스 탐험대의 듀트뢰유 드 랑^{Dutreuil}
^{de Rhins} 일행이 타람분지 남부에 대한 탐사를 진행했고 화전 북부 사막
위롱커스玉龍喀什 강변의 아커스비얼, 커라커스喀拉喀什 강변의 우각산牛角山
그리고 웨터간 유적지에서 그리스 로마예술과 간다라예술양식을 띤 인
물, 동물 형상의 도자기 조각상, 쿠샨 주화 및 한문 거로문 두 가지 언어
의 주화 등을 대량 채집했다. 특히 주목할 만한 점은 프랑스 탐험대가 화
전에서 자작나무 껍질에 쓰인 거로문불경을 구입했는데 우각산의 어떤
사원 유적에서 발견된 것이라고 했다.

거로문은 고대 인도문자 중의 한 종류이며 기원전 3세기~기원후 2세
기에 간다라 지역(지금의 파키스탄 북부와 아프카니스탄 남부)에서 많이 사용했
다. 화전 우각산에서 출토된 거로문으로 쓰인 『법구경法句經』은 타림분지
의 우전 왕국에서도 거로문이 유행했다는 사실을 최초로 증명했다. 지난
수천 년 동안 불경은 불교 신자들이 꿈에도 선망하는 성물聖物이었다. 불경
원본을 갖는다는 것은 곧 부처의 말씀을 얻는다는 것을 의미하기 때문이
다. 동진東晉의 법현스님, 당唐의 현장법사 그리고 수많은 불교 제자들이
불경 원본을 얻기 위해 온갖 고난과 어려움을 무릅쓰고 이역만리에 있는
인도로 갔다. 신강 화전의 불교 성지인 우각산에서 발견된 거로문『법구
경』은 2세기 말에 필사한 것으로 현재는 상트페테르부르크 에르미타주미
술관과 파리 국립도서관에 분산 소장돼 있으며 지금까지 알려진 것 중에
가장 오래된 불경이다.

10-9 화전 우각산에서 출토된 거로문 『법구경』

우각산 사원은 우전의 유명한 불교 성지이며 한문 역사 자료, 한역 불경, 돈황유서遺書 내지는 돈황벽화에서도 자주 볼 수 있다. 2000년에 커라커스 강변의 쿠마얼庫馬爾산 절벽 사이에서 우각산 사원 유적이 발견됐다. 사원의 지반은 가파른 절벽 위에 착공했으며 중간의 계단식 통로와 양측 행도行道의 흔적이 선명하게 남아 있었다. 화전문물관리사무소는 쿠마얼산 석실에서 북서쪽으로 1.5km 떨어진 곳에서 또 하나의 사원 유적을 발견했는데 담벼락의 흔적이 남아 있었고 남북으로 길이가 약 1,000m, 동서로 너비가 약 100m였으며 커라커스강이 앞으로 흐르고 문

10-10 우전 종교의 성지인 우각산

화층은 약 20cm 이상에 있었다. 채집한 유물 중에는 연꽃 문양 석고 도
범陶范, 거푸집으로 만든 석고 장식품 등이 있었고 부근에서는 또 점토로
조각한 비천飛天 첩벽貼壁을 수집했다. 일부 학자들은 돈황유서와 대조하
여 이 사원이 바로 전설 속의 허공장보살虛空藏菩薩이 서옥하西玉河에서 거
주했던 살가야선사薩伽耶仙寺일 것으로 추정했다.[23]

　『월장경月藏經』의 기록에 따르면 우전불교는 소륵疏勒 왕국으로부터 전
입됐다. 『월장경』에는 다음과 같이 적혀 있다.

　이제 큰 복덕을 지닌 2만 명의 사람이 사제四諦를 보고서 사륵국으로부터
　그곳에 가서 머물렀느니라. 저 2만 명의 복덕 지닌 중생은 큰 힘이 있기 때문에

23　李吟屛, 『于闐史話』, 烏魯木齊 : 新疆人民出版社, 1994.

이 구마사라 향산의 큰 지제支提에 밤낮으로 와서 모든 것을 공양하나니.[24]

20세기 초에 일본의 오타니 고즈이大谷光瑞탐험대가 화전에서 청동 부처 두상 두 점을 발견했는데 우즈베키스탄 파야즈 테페Fayaz-tepe의 쿠산불교 사원에서 출토된 점토로 빚은 부처 두상과 똑같았다. 연대는 3세기로 추정되며 현재는 도쿄 국립박물관에 소장돼 있다.[25]

2세기에 불교가 서역에 전해진 후 회랑이 신전 밖을 한 바퀴 둘러싸고 있는 사각형 사원이 타림분지에서 유행하기 시작했으며 회回 자형 사원이라 통칭했다. 우전 왕국의 유명한 사원 유적인 단단윌릭사원은 보편적으로 회 자형 건축 양식을 사용했다. 투루판 분지에서 이런 오래된 건축 양식이 9세기까지 줄곧 유행했으며 회홀回鶻(위구르족) 사원과 석굴사에 중요한 영향을 미쳤다. 타림분지의 회 자형 사원은 세 개의 초기 사례가 있다.

첫째는 미란米蘭 M.III 사원이다. 1907년에 영국의 고고학자 스타인이 미란의 사막(지금의 신강 약강현若羌縣)에서 불교사원 유적 14곳을 발견했다. 그중에서 미란 M.III 사원은 밖은 사각형, 안은 원형인 건축양식으로 중앙에는 흙벽돌로 쌓아 올린 불탑이 있고 불탑과 주위를 둘러싼 담 사이에 1.2m 너비의 회랑이 형성됐다. 유명한 '날개 달린 천사有翼天使' 벽화가 바로 이 회랑에서 발견된 것이다. 미란사원의 벽화에는 거로문으로 작성된 제기題記가 있었기 때문에 이 사원이 2세기 말~3세기 초에 세워진 것을 알 수 있다. 이로부터 일찍이 2세기 말에 타림분지에 이미 회 자형 사원이

---

24 那連提犁 譯, 『大方等月藏經』. "今有二萬大福德人見於四諦, 從沙勒國而往彼住, 以彼二萬福德衆生有大力故, 於此瞿摩婆羅香山大支提處, 日夜常來一切供養."

25 田邊勝美・前田耕作, 『世界美術大全集・東洋編15・中央』, 東京 : 小學館, 1997, 240쪽.

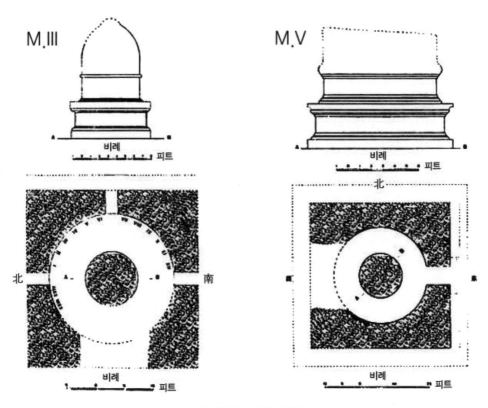

10-11 미란 사원, 2세기~3세기

출현했고 다만 사원의 중심은 불탑이었기 때문에 당시는 역시 불탑이 숭배

대상이었음을 알 수 있다.

둘째는 니아^{尼雅}사원이다. 신강 위구르자치구 민풍현에서 150km 떨어
진 니아 하상^{河床}의 왼쪽 강변에 주위가 낮고 중간이 높은 섬 형태의 대지가
있는데 동서향으로 길고 남북향으로 좁게 형성돼 있다. 중앙의 불당은
기타 집터보다 높은 대지에 있으며 평면은 회 자형이고 문은 동남쪽을
향하고 있다. 벽체는 '목골흙담^{木骨泥墻}' 방식으로 건축되었으며 동서 길이
가 5.3m, 세로 깊이가 5.2m, 면적이 28㎡이다. 불당 중앙은 나무판자로

정사각형을 이루고 네 모퉁이에 각각 나무주춧돌이 하나씩 있으며 위에 장붓구멍을 파서 나무기둥을 세우고 측면에서 나무판자를 고정시킨 후 안에 흙을 채워서 정사각형의 대좌를 형성했다. 대좌 한 변의 길이가 2m이며 사면의 벽 사이에 행도를 형성했다. 행도 동측과 남측의 너비는 1.1m이고 북측의 너비는 1.2m, 서측의 너비는 1.4m이다. 행도의 북동쪽 모서리 지상에서 부처와 보살의 벽화조각이 발견됐다. 사원 동쪽에 문을 설치하고 남쪽은 불당이며 서쪽은 승방僧房과 강경당講經堂이 있으며 북쪽에는 전랑前廊이 달린 집터들이 있다. 유적지의 동부와 남부에는 정류檉柳라는 나무의 가지로 만든 울타리가 있고 남부와 서부에는 대지의 완만한 비탈이 있다. 사원은 다섯 개의 건축물로 구성되어 정연한 구도를 이루고 있다. 스타인은 니아 유적에서 서진西晉 태시泰始 5년(269)이란 연호가 적힌 목간을 발견했고 이를 통해 이 사원이 3세기 중기에 세워졌음을 알 수 있다.

셋째는 커라둔喀拉墩 불당이다. 커라둔 유적은 신강 화전현에서 북쪽으로 약 220km 떨어진 사막의 중심에 위치해 있다. 19세기 말과 20세기 초에 스벤 헤딘과 스타인이 잇달아 이곳을 탐사했다. 1993년에 신강문물고고학연구소와 프랑스과학연구센터 135소가 합동탐사를 통해 커라둔 부근의 불당 유적 두 곳을 발굴했고 각각 N61과 N62로 번호를 매겼다. 이 두 불당은 모두 사막 속에 묻혀 있었고 지표 위에는 목조건물 구조재 일부만 드러나 있었다.

N61 불당은 커라둔 동부의 남쪽에 위치해 있으며 벽은 '목골흙담' 방식으로 구축했고 이중구조로 되어 있다. 안에는 본당이 있고 지면 중앙에 한 변의 길이가 2m인 정사각형 기단이 있으며 주위에 행도가 있다. 그 밖을 담벼락이 둘러싸고 있고 한 변의 길이가 8.5m이며 이중 담벼락 사이

10-12 니아의 '회回' 자형 사원, 3세기 중엽

의 간격은 약 2m다. 불당 전체의 평면은 '회' 자형을 나타내고 있다.

N62 사원은 커라둔 남부에 위치하며 구조와 형태는 N61과 동일하다. 프랑스과학연구센터 135소는 전시회를 개최하고 이 두 불당에 대한 복원 작업을 진행했다. 그들은 불당 중앙에 잔존하는 대좌가 원래는 중심기둥 이었고 구조와 형태가 구자龜兹석굴과 동일하다고 믿었다. 불당에서 대좌 에 가까운 행도에는 무너진 담벼락의 조각들이 쌓여 있었고 그중에는 벽화 도 그려져 있었다. 현존하는 벽화의 내용은 주로 입불과 좌불 등 불상이다. 입불은 불당의 측벽側壁에 배치돼 있고 맨발로 연꽃 위에 서 있는 모습이다. 머리 양측에는 각각 좌불이 하나씩 있고 상단은 좌불상이 한 줄씩 배열돼 있다. 일부 좌불은 결가부좌를 하고 연꽃 위에 앉아 있고 깍지 낀 두 손을 가지런히 배 앞에 놓은 모습이다. 일부는 선정인禪定印을 하고 몸에 걸친 통견가사通肩袈裟는 쌍선으로 주름을 표현했다. 검은색 선으로 얼굴과 가사

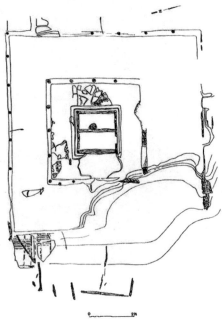

10-13 커라둔 사원, 4세기~5세기

의 윤곽, 연잎 등을 그렸으며 홍토색 선으로 이목구비 등을 표현했다. 선이 간결하고 유창하며 생동감이 넘친다.

발굴자들은 커라둔의 불딩 두 곳이 "현재까지 발견된 가장 오래된 중국 불교 유적 중의 하나일 것"이라고 믿었다. 탄소14 연대 특정에 의하면 N61호 불당은 지금으로부터 1910±250년, 1193±86년이고 N62호 불당은 1800±40년이며 두 곳 모두 위진 시기에 세워진 것으로 미란 사원보다는 늦고 니아 사원과는 비슷한 연대였다.[26]

니아와 커라둔사원의 발견을 통해 3세기 중기 이후 회回 자형 사원이

---

26 Keriya menoires dunfleuve, *Archeologie et civilisation des oasis du Talamakan*, 2001; 中法聯合克 里雅河考古隊, 「新疆克里雅江流域考古考察概述」, 『考古』 第7期, 1999.

10-14 고창고성의 '회' 자형 불교사원

타림분지에서 계속해서 성행했지만 건축양식은 사원 중심의 불탑이 사라지고 사각형 기단이 생기는 등 일부 변화가 생겼다는 것을 알 수 있다. 이 기단이 불상 대좌인지 아니면 고승의 강단인지는 아직도 확실하지 않다.

우전 불교사원은 대부분 회 자형이고 담벼락이 이중구조이며 지면의 중앙에 기단을 세웠고 주위에는 행도가 있다. 본당 밖에도 좌측, 우측, 후측에 세 개의 행도가 있다. 이런 구조와 형태의 사원은 훗날 회홀 시기의 사원과 석굴사에 중요한 영향을 미쳤으며 투루판 베제클리크柏孜克里克 제15호, 20호 석굴 등과 교하고성交河古城, 칠개성七個星사원 등이 모두 '회' 자형 사원이다.

타림분지의 '회' 자형 불당의 유래에 대해서는 지금까지도 의혹이 풀리지 않고 있다. 학자들은 '회' 자형 신전은 이란 건축 전통에 속한다고 믿었다. 구소련의 고고학자들은 이란 동부의 메르브Merv(지금의 투르크메니스탄)

위성衛城 내에서 회랑을 둘러싼 사각형의 대청식 건축물을 발견했으며 연대는 1세기~2세기의 것으로 밝혀졌다. 발굴자들은 이런 유형의 건축물들은 화현교 성전의 성격을 띠고 있다고 믿었다. 주목할 만한 점은 최소 2세기 중엽에 이미 이러한 이란 건축양식의 회 자형 신전이 중앙아시아 대하국에 유입됐다. 프랑스 고고학팀은 아프카니스탄의 수르흐 코탈Surkh Kotal에서 발견된 화현교 신전이 바로 전형적인 증거이다.(Kotal은 페르시아어로 '산어귀'라는 뜻임)[27]

수르흐 코탈은 아프카니스탄 카불에서 북쪽으로 약 200km 떨어진 곳에 위치하고 있으며 신전은 5층 기단 위에 세워져 있다. 가장 꼭대기층의 기단에 넓은 기단이 하나 있는데 곧장 신전으로 통하고 있다. 신전의 주실主室에는 중앙 내전內殿(11×11m)이 포함되며 내전의 중심에는 사각형의 평대平臺가 있으며 평대의 모든 측면에 삼층 계단과 기둥을 받쳐주는 받침대가 하나 있다. 이 신전의 중심에는 정사각형의 제단이 하나 있으며 제단의 주위에 회랑이 둘러싸고 있어 이른바 회 자형 건축구조를 이루고 있다.

발굴자 다니엘 슐룸베르제Daniel Schlumberger는 발굴보고서에서 이 건축유적은 이란의 수사Susa 신전, 페르세폴리스Persepolis 신전 등과 유사하긴 하지만 이 건축 유적에서 드러나는 그리스 문화 요소도 무시할 수 없다고 주장했다. 예컨대 여러 개의 기둥이 건물 주위를 둘러싸고 있는 페리스틸룸peristyle 양식과 기둥이 받치고 있는 누각의 윤곽은 고전예술의 영향을 받은 것이 분명하다. 유적지에서 출토된 쿠샨의 비명碑銘에 따르면 이 신전은 쿠샨왕 카니슈카Kanishka(약 2세기 중기)가 세운 화현교 신전이다.

27　林立,「米蘭佛寺考」,『考古與文物』第3期, 2003, 47~55쪽.

10-15 아프카니스탄의 수르흐 코탈에서 발견된 쿠샨 화현교 신전

수르흐 코탈 신전의 평면구도, 사각형에 네 개의 기둥과 회랑回廊이 딸린 내전內殿 등은 모두 이란에서 유래된 것이 분명하다. 이란 본토에서 이런 형식의 화현교 신전은 수사 신전(기원전 5세기~기원전 4세기)에서부터 하트라Hatra 신전(1세기), 수르흐 코탈(1세기~2세기)까지 줄곧 이어지면서 수세기 동안 거의 큰 변화가 없었다.

흥미로운 점은 이런 회 자형 화현교 신전이 중앙아시아 대하 초기의 불교사원에 중요한 영향을 미쳤다는 것이다. 아무다리아Amu Dar'ya강 중류 북쪽 연안의 테르메즈Termez 옛 성의 서북쪽에서 카라 테페Kara-tepe 동굴사원이 발견됐다. 이 사원은 첫 부분은 우선 북쪽, 중앙, 남쪽에 있는 세 개의 마당으로 이루어졌다. 남쪽 마당의 남쪽 담벼락이 있는 곳에 불당 한 곳을 세웠고 본당 밖에는 회랑이 둘러싸고 있으며 중앙 마당과 남쪽 마당의 서쪽에 모두 동굴을 팠고 동굴 안의 불당 역시 아치

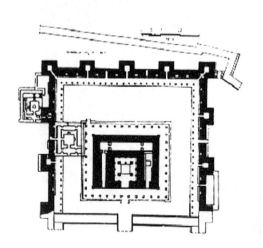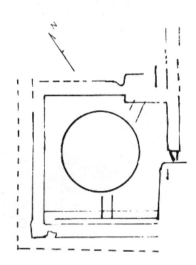

10-16 아프카니스탄 수르흐 코탈신전(좌)과 투르크메니스탄 구兲 니사의 화현교 신전(우)의 비교

10-17 카라 테페에서 발견된 쿠샨 시대의 '회' 자형 불교사원

형 회랑이 둘러싸고 있다. 카라 테페 사원은 2세기~3세기에 지어졌다. 불교사원이 이런 건축양식을 사용한 것은 아마도 초기에 불탑의 둘레를 돌며 예불하는 의식과 연관이 있을 것이며 이 회랑은 승려들이 예불하는 행도로 사용했을 것으로 보인다.[28]

4. 단단윌릭Dandan Oilik에서 발견된 '용녀전설' 벽화

단단윌릭Dandan Oilik은 화전시에서 북쪽으로 90km 떨어진 사막의 중앙에 위치하며 위구르어의 상아방象牙房에서 유래했다. 현지에서 출토된 당나라 시기의 문서에 의하면 이곳은 과거 우전 육진六鎭의 하나인 걸사진杰謝鎭이 소재한 곳이다. 1896년에 스웨덴탐험가 스벤 헤딘이 타클라마칸사막을 횡단하는 과정에서 우연히 당나라 사원 유적을 발견했다. 스벤 헤딘의 관심사는 주로 지리적 발견에 있었기 때문에 단단윌릭 유적 및 그 부근에서 간단한 조사만 진행하고 단단윌릭의 문물을 일부 수집하여 스톡홀름 스웨덴 민족학박물관에 소장했다.[29]

스타인은 처음으로 중앙아시아를 탐사할 때(1900~1905) 스벤 헤딘이 그린 지도를 따라 단단윌릭을 찾았고 단단윌릭에 대한 대규모 고고학적 발굴을 진행하여 수많은 불교예술품과 고대 주화, 당나라 시기 문

---

28 위의 글, 47~55쪽.
29 Sven Hedin, *Through Asia*, London, 1898. 1935년에 스웨덴의 고고학자 몬텔이 스벤 헤딘이 중앙아시아에서 수집한 문물을 발표했고 거기에는 단단윌릭 관련 자료도 포함됐다. G. Montell, "Sven Hedin's Archaeologial Collection from Khotan(1)", *Bulletin of the Museum of Far Eastern Antiquities* VII, 1935, pp.145~221, pl.I~XX.

서, 브라흐미 문서 등을 발견했다. 당나라 시기 문서는 780년~791년의 것이었고 브라흐미 문서는 8세기 말 것이었으며 중국 주화는 8세기 후반의 것이었다.[30] 단단월릭에서 출토된 당나라 시기 문서에서는 이 당나라 시기 사원군에 '호국사護國寺'라는 사원이 있다고 언급했다. 1905년에 미국의 지리학자 헌팅턴Ellsworth Huntington이 단단월릭을 잠시 방문했으며 헌팅턴의 수집품은 현재 예일대 도서관에 소장돼 있다.[31] 1928년에 독일의 탐험가 트링클러Emil Trinkler도 단단월릭에서 많은 고대유물을 발견했고 현재 독일의 브레멘 해외박물관에 소장돼 있다.[32]

단단월릭에서 가장 중요한 발견은 스타인이 단단월릭 2호 유적(D.II)의 동쪽 담벼락 부근에서 발견한 비사문천왕毗沙門天王 점토조각상과 인도 여신 벽화다. 점토조각상의 머리 부분과 왼쪽 팔은 이미 훼손됐고 몸에는 무릎까지 오는 갑옷과 정교한 장식품을 걸치고 추악한 악마의 비스듬하게 비튼 몸을 발로 밟고 있는 모습이 비사문천왕상이 틀림없다. 점토조각상 배후의 벽화에는 머리에 인도의 얇은 베일을 쓰고 목과 두팔, 허리에 장신구를 두른 나체 여인 한 명이 그려져 있었다. 오른손의 가는 손가락으로 가슴을 쓰다듬고 왼팔은 허리까지 곡선형으로 구부려 있으며 엉덩이 주위에 작은 방울이 달린 네 개의 띠를 매고 있는 모습이 인도 초기 조각예술의 무희와 매우 흡사했다. 스타인은 이 그림이 『대당서역기』에 나오는 '용녀전설'을 표현한 것이라 믿었다.

30 M. A. Stein, *Ancient Khotam*, London, 1907, p.254.

31 E. Huntington, *The pulse of Asia : A Journey in Central Asia illustrating the geographic base of History*, Boston, 1907.

32 Emil Trinkler, *Im Land der Stürme, Brockhaus, Leipzig, 1930; Wissenschaftliche Ergebnisse der Dr. Trinklerschen Zentralasien-Expedition*, Berlin : Reimer, 1932.

오랜 세월 동안 빗물에 씻기고 모래바람에 풍식된 탓에 벽화는 발견됐을 때 이미 심하게 훼손됐다.[33] 스위스의 기자 보머Baumol가 최근 단단월릭을 탐험하다가 단단월릭 1호 사원을 발굴했는데 비사문천왕상이 대부분 훼손됐고 '용녀전설그림'은 완전히 사라져버렸다.[34]

우리의 연구에 의하면 이 벽화는 사실상 불교의 '귀자모鬼子母' 이야기다. 이 불교 인연 이야기에는 귀자모, 석가세존, 빈가라嬪伽羅 등 세 명의 주요 인물이 있다. 그런데 이 세 인물은 모두 단단월릭 2호 유적의 벽화 속에 나온다.

첫째, 벽화의 좌측 상단 모서리에 어깨를 나란히 하고 앉아 있는 두 사람이 있는데 과거에는 줄곧 승려로 잘못 알려졌으나 사실은 석가모니와 그의 큰 제자인 카샤파Kassapa(가섭迦葉)일 것이며 그리스의 아시아예술박물관에 소장된 3세기의 간다라부조와 비교해 보면 알 수 있다. 좌측에 앉아 있는 사람은 상투 모양의 머리의 배후에 후광이 비치고 있는 것이 바로 석가세존의 형상이다. 그의 손에는 발우鉢盂를 들고 있는데 귀자모의 막내아들인 빈가라를 바로 그 발우 안에 숨겼을 것이다. 우측에 앉아 있는 인물은 민머리에 석가모니와 어깨를 나란히 하고 앉아 있는 모습이 부처와 보통관계가 아닌 듯하며 부처의 큰 제자인 카샤파로 보인다. 불교 전설에 의하면 카샤파는 계족산鷄足山에서 열반했으며 그곳에서 미륵불이 태어날 때까지 법신法身을 유지했다. 미륵불의 교화를 받아 선무외善無畏가 카샤파의 머리를 깎아 주고 승려가 됐다.[35] 그래서 불교예술에서 카샤파는 맨머리고 석가

33 M.A. Stein, *Ancient Khotan : Detailed Report of Archaeological Explorations in Chinese Turkestan*, London, 1907, p.254.
34 Ch. Baumer, "Dandan Oilik Revisited : New Findings a Century Later", *Oriental Art*, vol.XLV-2, 1999, pp.2~14.

1. 단단월릭 벽화 속의 귀자모이야기, 7세기~8세기
2. 석가모니와 불제자 탁발 부조, 3세기
3. 미국 클리블랜드박물관에 소장된 굽타 예술의 어머니신

10-18 단단월릭에서 출토된 '귀자모' 벽화

모니는 상투모양의 머리가 있다. 단단월릭 벽화의 좌측 상단 모서리에서 표현한 것이 바로 석가모니와 그의 큰 제자인 카샤파의 형상이다.

둘째, 벽화 속 인도 여신의 무릎 아래는 발가벗은 어린아이 한 명이 있는데 인도 예술에서는 흔히 무릎 아래 발가벗은 어린아이를 두는 것을 어머니신의 신분적 상징으로 여긴다. 예컨대 대영박물관에 소장된 인도 예술의 어머니신과 미국 클리블랜드박물관에 소장된 굽타 예술의 어머니

---

35 周一良, 『唐代密宗』, 上海 : 上海遠東出版社, 1996, 22쪽.

신이 바로 그렇다. 그렇다면 이 인도 여신은 귀자모의 어머니 신분과 완전히 부합된다.[36]

셋째, 벽화 속 인도 여신의 무릎 아래에 있는 발가벗은 어린아이는 바로 귀자모의 막내아들인 빈가라다. 귀자모는 아들을 구하려는 절박한 마음에 어쩔 수 없이 불문에 귀의했다. '삼귀오계三歸五戒를 받고' 앞으로 사람을 죽이지 않겠다고 서약을 한 후 부처님은 발우 밑에 숨겨두었던 귀자모의 막내아들 빈가라를 돌려 주었다. 단단윌릭 벽화의 가장 하단에 말을 탄 발가벗은 어린아이가 있는데 귀자모 무릎 아래 발가벗은 아이의 모습과 비슷했으며 아마도 빈가라가 발우 밑에서 풀려난 후 말을 타고 집으로 달려가는 광경일 것이다.

스타인은 이 그림이 7세기~8세기에 그려졌을 것이라고 추정했다. 장광달張廣達과 영신강榮新江 교수는 돈황 '서상기瑞像記'와 서상도瑞像圖를 대상으로 당나라 시대 밀종密宗 회화가 우전에서 유행한 상황에 대해 심층 조사를 진행했고, 그 결과 밀종이 우전에 전해진 시기는 7세기일 것이라 추정했다.[37] 하지만 단단윌릭의 귀자모 벽화는 밀종의 색깔이 전혀 없는 것으로 보아 밀종이 우전에 전해진 7세기 이전에 제작된 것이 분명하다.[38]

---

36 인도예술의 어머니신에 관해서는 대영박물관 홈페이지와 미국 클리블랜드 미술관 홈페이지(http://www.clecelandart.org) 참조.

37 張廣達·榮新江, 「敦煌'瑞像記', 瑞像圖及其所反映的于闐」, 『于闐史叢考』, 上海: 上海書店, 1993, 212~279쪽.

38 張靖敏, 「從希臘女神到東方聖母」, 北京大 學士論文, 2005.

5. 우전 불화와 울지尉遲씨 부자의 회화

수隋말 당唐초에 우전 왕국에서는 잇달아 두 명의 대예술가가 탄생했는데 당시에 대소 울지尉遲씨라 불렀다. 울지는 우전 왕족의 성 씨였으며 우전어로 viśa(산스크리트어로 vijiya)이다. 대 울지의 이름은 '울지발질나尉遲拔質那'이고 소 울지의 이름은 '울지을승尉遲乙僧'이다. 그들은 서역 회화의 새로운 기법을 장안長安에 유입시켜 중국의 전통 회화 양식을 바꾸어 놓았을 뿐만아니라 한반도 내지는 일본 미술의 발전에도 중요한 영향을 미쳤다.[39]

장언원張彦遠의 『역대명화기歷代名畵記』 8권에서 이르기를 "울지을승은 우전국 사람이고 아버지는 발질나다. 울지을승에게 건국 초에 숙위관을 수여하였고 군공을 세습하게 하였으며 외국 그림과 불상을 잘 그렸다(尉遲乙僧, 於闐國人, 父跋質那. 乙僧, 國初授宿衛官, 襲封郡公, 善畵外國及佛像)"고 했다. 『역대명화기』는 당선종唐宣宗 대중大中 원년에 지은 책이다. 여기서 말한 '국초國初'는 바로 당나라 초년이다. 장언원과 동시기 사람인 주경현朱景玄도 "울지을승은 (…중략…) (토하라 사람이다) 정관 초에 토하라왕이 그의 그림이 기묘하다고 여기어 그를 당나라 왕에게 추천했다(尉遲乙僧者 (…中略…) 貞觀初, 其國王以丹青奇妙, 薦之闕下)"고 했다.[40] 따라서 울지을승이 장안에 온 것이 당나라 정관 초년이었음을 알 수 있다.

다키 세이이치瀧精一가 지적한 것처럼 일본 호류지法隆寺 구舊 경당經堂 제6호 벽화 속의 불상은 단단윌릭 불상 벽화와 동일한 계통의 것으로

---

39 向達, 『唐代長安與西域文明』, 北京 : 三聯書店, 1957; 金維諾, 「閻立本與尉遲乙僧」, 『中國美術史論集』, 北京 : 人民美術出版社, 1981, 228~243쪽.

40 『全唐文』 卷547, 주경현朱景玄은 당무종唐武宗 회창會昌(841~846) 시기 사람으로 생애가 『역대명화기』가 완성된 당선종 대중 원년(847)보다 이르다.

10-19 단단윌릭(좌)과 일본 호류지 경당(우)에 있는 울지씨 양식의 회화

보인다. 그는 화전 단단윌릭 사원 벽화를 근거로 불교미술이 인도에서 서역과 중국 본토를 거쳐 일본으로 전해진 역사적 과정을 탐구했다.[41]

　대 울지는 장안의 선양방宣陽坊에서 브라만婆羅門 그림 한 폭을 그린 적이 있다. 장언원의 『역대명화기』 8권에서는 "울지발질나는 서쪽나라 사람이 다. 외국 그림과 불상을 잘 그려 당시에 이름을 날려 지금은 대 울지라 부르고 있다(尉遲跋質那, 西國人. 善畫外國及佛象, 當時擅名, 今謂之大尉遲)"고 했 다. 또 주석에는 "그의 〈육번도〉, 〈외국보수도〉, 이밖에 〈브라만도〉가 세

41　瀧精一, 「關於法隆寺金堂の壁畫に就て(上)」, 『國華』 27-2, 1916; 瀧精一, 「關於法隆寺金堂 の壁畫に就て(下)」, 『國華』 27-3, 1916.

10-20 신강 쿠처의 두러두아후얼 사원 유적에서 출토된 〈브라만도〉

상에 전해졌다(其〈六番圖〉, 〈外國寶樹圖〉, 又有〈婆羅門圖〉, 傳於代)"고 했다. 브라
만은 산스크리트어 Brahmadeva(梵天)의 약칭이며 또는 Mahābrahman(大梵
天)이라 불리며 우전 불교의 호법신護法神 중의 하나이다.

　1907년에 폴 펠리오가 신강 쿠처의 두러두아후얼都勒都阿護爾 사원 유적
지에서 〈브라만도〉 잔존 벽화를 발견했는데 대략 6세기에 제작된 것으로
현재 프랑스 파리 국립기메동양박물관에 보존돼 있다. 이 잔존 벽화에서
는 서역 요철화법으로 그린 〈브라만도〉의 모습을 볼 수 있다.

　1998년 10월에 스위스의 기자 보머가 현지 가이드의 안내에 따라 타
클라마칸사막에 깊숙이 들어가 다시 한번 단단윌릭 사원 유적에 대한 발
굴을 진행했다. 그는 비록 고고학자는 아니지만 운이 상당히 좋아서 3인
1조의 당나라 시기 목판화를 새롭게 발견했다.[42] 이 두 그림 속의 브라

---

[42]　Ch. Baumer, "Dandan Oilik Revisited : New Findings a Century Later", *Oriental Art*,
　　vol.XLV-2, 1999, pp.2~14.

10-21 단단월릭 벽화 속의 첫 번째 〈브라만도〉 브라만, 귀자모, 상두신象頭神

10-22 단단월릭에서 출토된 브라만상 목판화

만상이 매우 흥미롭다. 첫 번째 그림은 내전^{內殿} 서쪽벽 남측 말단 아래에 위치하고 인물 묘사가 비교적 정교하며 화면 중앙의 여신은 품에 안은 어린아이 외에 무릎 위에도 아이 한 명이 앉아 있는 모습이 불교의 여신인 귀자모일 것이다. 좌측에는 삼두신^{三頭神}이 있고 위측 왼손에 화살 세 개, 오른손에 활을 하나 들고 왼쪽 무릎 가까이에 있는 수컷 야생 거위에 올라타고 있으며 아래 측 왼손에는 수탉 한 마리를 들고 오른손은 무릎 위에 두고 있다. 우측에는 짐승의 머리를 가진 신이 있는데 마치 수컷 멧돼지 또는 늑대 같아 보이는 머리에는 중간에 태양이 있는 화염관을 쓰고 위측 두 손에는 각각 구형 물체 하나씩 들고 있으며 아래측 오른손에는 수염 달린 옥수수 같아 보이는 물건을 들고 왼손은 역시 무릎 위에 두고 있다. 좌석 아래는 여신과 마찬가지로 연화좌이다. 힌두교 미술에서 범천^{梵天}은 흔히 야생 거위를 타고 있다. 그렇다면 이 그림의 좌측 신상^{神像}은 바로 〈브라만도〉일 것이다.

그런데 스타인도 단단윌릭에서 삼신상^{三神像} 목판화를 발견한 바 있다. 비록 우측의 신상은 짐승을 타지 않고 있지만 한 손에 궁을 들고 한 손에 화살을 든 것으로 판단했을 때 이 신은 바로 우리가 찾던 브라만상이다.

화전에서 출토된 당나라 시기 목판화에 대해 일부 학자들은 사원 벽에 걸어놓는 벽걸이 그림일 것으로 판단했다. 하지만 이 목판화들은 뒷면에 불화가 그려져 있고 목판에 줄구멍이나 못구멍이 없고 크기도 아주 작아서 벽걸이 그림 같지 않았다. 주목할 점은 우전벽화와 목판화의 내용이 종종 일치했다는 점이며 불교 벽화를 그리는데 사용된 견본일 가능성이 더욱 높으며 당나라 시기에는 분본^{粉本}(일종의 초벌그림 또는 밑그림—역자)이라 불렀다. 단단윌릭에서 새로 발견된 브라만 벽화는 바로

10-23 단단윌릭 벽화 속의 두 번째 〈브라만도〉 시바, 귀자모, 브라만

이런 목판화를 모방하여 그린 것이다.

　중국 전통회화의 구도는 흔히 '분본'을 근거로 하며 소동파蘇東坡의 「염
립본직공도閻立本職貢圖」에 "밑그림에 그린 그림이 밝은 창을 연 듯하다粉本遺
墨開明窗"라는 시구가 있다. 왕십붕王＋朋의 집주集註를 보면 "당명황(당현종)
이 오도자를 시켜 가릉의 산수를 모사해 오라고 시키자 오도자가 돌아와서
아뢰기를 '비록 밑그림은 없지만 마음 속에 이미 기억을 하였다唐明皇令吳
道子往貌嘉陵山水. 回奏云：'臣無粉本, 並記在心)'"고 적고 있다. 독일 하이델베르
크대의 로타 레더로제Lothar Lederos 교수는 자신의 저서인 『만물The Thousand
Things』에서 심지어 중국의 전통서예와 그림은 모두 이런 '분본'에 따라
조합한 것으로 창의력이 부족하다고 지적했다.[43] 이 책은 서양미술사에서

매우 큰 영향력을 갖고 있으며 몇년 전에 미국에서 예술사 연구 관련 큰 상을 수상했다. 레더로제 교수의 주장은 서양의 미술사학자 곰브리치E. H. Gombrich에서 비롯됐다. 우리는 당연히 중국 동양화가 창조력이 부족하다는 주장에 대해 동의하지 않지만 레더로제 교수가 말한 현상이 중국 전통 회화에 확실히 존재한다. 사실 서양 미술가들 역시 선인의 작품을 모사하는 데서부터 시작하여 점차 성장한 것이며 그렇다고 서양 미술 대가들의 예술적 성취를 부인할 수는 없다.

두 번째 그림은 사원 내전의 북쪽벽 서쪽 내측에 위치하며 인물 묘사가 비교적 간단하고 그림의 중간에는 불교의 성모인 귀자모로 보이는 아이를 안은 여신이 그려져 있다. 그림의 좌측은 머리가 세 개 달린 신으로 그중에 중간은 눈이 세 개인 머리, 왼쪽은 미소를 머금은 얼굴, 오른쪽은 흉악한 표정을 지은 얼굴이며 좌석 아래는 검은 소 한 마리가 있고 위측 양손에는 각각 전병 모양의 물건을 들고 있으며 아래측 왼손에는 작은 공 하나를 쥐고 있다. 힌두교 미술에서 파괴의 신 시바Shiva인데 는 흔히 소를 타고 있기 때문에 이 신상은 시바상일 가능성이 높다. 그림의 우측에도 삼두남신이 있으며 위측 양손에는 각각 원형 물체를 들고 아래측 양손에는 삼지창을 쥐고 있는 모습으로 보아 역시 브라만상일 것으로 판단된다. 삼두남신의 오른쪽에는 원래 네 번째 신이 더 있었을텐데 심각하게 훼손되어 알아볼 수가 없었다.

울지을승은 낙양 육재방毓材坊의 대운사大雲寺 불당에 〈누런 개와 매黃犬及鷹〉라는 이름의 벽화를 그린 바 있다.[44] 장언원의 『역대명화기』 8권에서는

---

[43] Lothar Lederos, *Ten Thousands Things : Module and Mass Production in Chinese Art*, Princeton/New Jersey : Princeton University Press, 2000.

라 의덕태자묘 벽화 속의 누런 개와 매. 706년

단단월락 벽화 속의 누런 개

돈황 장경동에서 출토된 비단그림 속의 누런 개와 매

10-24 단단월릭 벽화 속의 누런 개와 당나라 시기의 누런 개와 매 그림

44 張彦遠, 『歷代名畵記』 卷3 〈記兩京外州寺觀壁畵 · 東都寺觀壁畵〉, 北京 : 人民美術出版社, 200
    4, 132쪽.

낙양 육재방의 "대운사 동쪽 문 양쪽 벽의 그림 〈귀신〉과 불전에 〈보살〉 여섯 구, 〈정토경변〉, 경각 위의 〈파수선〉은 울지가 그린 것인데 가장 기묘한 것은 〈누런 개와 매〉라고 하였다(大雲寺, 門東兩壁〈鬼神〉, 佛殿上〈菩薩〉六軀, 〈淨土經變〉, 經閣上〈婆叟仙〉, 並尉遲畫.〈黃犬及鷹〉最妙)"고 했다. 일부 학자들은 여기서 말한 울지의 그림은 울지발질나의 작품이라 믿었다.[45] 그러나 대운사는 무주武周 천수天授 원년에 세워졌고 개원開元 26년에 개원사로 개명했다. 그러니 대운사의 울지의 그림은 690년~738년에 제작됐을 수밖에 없다. 이때의 울지발질나는 아마도 벌써 저세상 사람이 되었을 것이다. 발질나의 예술창작은 주로 수나라 시기에 이루어졌기 때문에 『명화기』 2권에서 "울지발질나가 수나라에 있었다(尉遲跋質那在隋朝)"고 적고 있다. 그렇다면 〈누런 개와 매〉는 울지을승의 작품일 것이다.

〈누런 개와 매〉는 당나라 때 매우 유행한 그림 소재로 돈황 장경동藏經洞에서 발견한 당나라 그림에도 이를 소재로 한 비단그림이 한 폭 있다. 섬서성陝西省 건릉乾陵의 의덕태자懿德太子묘 벽화에도 〈누런 개와 매〉 그림이 한 폭 있으며 706년에 그려졌다. 더욱 중요한 것은 신강문물고고학연구소의 고고학팀이 단단월릭의 당나라 사원에서 누런 개 벽화를 발견했는데 이 당나라 시기의 그림들은 울지을승의 명작 〈누런 개와 매〉를 연구하는 가장 직접적인 참고 자료로 사용됐다.

울지을승은 〈천왕상〉도 그린 적이 있다. 『지아당잡초志雅堂雜抄』(1517)의 기록에 의하면 다음과 같다.

섣달 그믐날에 어떤 이가 14축을 가지고 와서 보니, 울지을승의 그림 〈천

45 李吟屛, 『佛國于闐』, 烏魯木齊 : 新疆人民出版社, 1991, 116쪽.

왕〉소상小像으로, 곽우의 물건인데 좋았다.[46]

울지을승의 〈천왕상〉은 비단에 채색한 그림이고 당나라 사람의 필법이었다. 수직축이고 그림 위에 표구하였으며 가로로 펼쳐서 보는데 송나라 때 이미 그러했고 후에 선화·소흥의 작은 국새와 내부 도서 도장이 찍혀 있다. 명도 원년(1032) 10월 10일에 황제의 명을 받아 살폈고 내시 노도륭 등의 관직과 원나라 장금계노가 이름을 썼는데 이 그림은 항묵림項墨林이 소장하게 되었다. 필추범 상서가 금 오백으로 얻어 건륭 56년 7월에 올려 지금은 내부에 두었다.

여기서 말한 '천왕'은 우전 불교의 보호신인 비사문천毗沙門天이다. 이는 본래는 힌두교에서 북방을 수호하는 신이었으며 훗날 불교신자들에게 4대 호법천왕의 하나로 모셔졌다. 이 그림은 『이원총화履園叢話』 11권 「서화書畫」에 수록됐으며 원래는 청나라 황궁에 소장됐다가 나중에 궁 밖으로 유출됐다. 북경대 향달向達 교수의 조사에 따르면 이 그림은 한때 청나라의 대신인 단방端方이 소장했다고 한다.[47]

당나라 혜림慧琳 스님의 『일체경음의一切經音義』 11권에 따르면 "우전이라는 나라는 (…중략…) 안서 사진의 성에 속하는 데 이 나라는 그중의 한 개 진이다. 그 성안에서는 비사문천왕신묘가 있는데 나무로 만든 일곱

---

46 『志雅堂雜抄』. "除日, 人以十四軸來觀, 尉遲乙僧〈天王〉小像, 郭佑之物. 好.", "尉遲乙僧天王像, 絹本, 著色, 眞唐人筆法也. 本立軸, 作袖卷(裝)池, 橫看, 自宋時已然, 後有宣和, 紹興小璽 及內府圖書之印, 並明道元年十月十日奉聖旨審定, 及內侍盧道隆等官銜, 又元張金界奴上進題名一行, 項墨(林)家物也. 畢秋帆尙書以五百金得之, 乾隆五十六年七月進呈, 今藏內府."
47 向達, 『唐代長安與西域文明』, 北京 : 三聯書店, 1957.

10-25 러와커에서 출토된 비사문천 점토조각상

10-26 단단윌릭에서 출토된 비사문천왕 점토조각상과 목판화

10-27 용문석굴의 사천왕부조, 미국의 넬슨-아킨스미술관 소장

층 누각으로 신은 위에 거하는 데 아주 신통하였다(于闐 (…中略…) 今卽貫屬
安西四鎭之城. 此其一鎭也. 於彼城中有毗沙門天王神廟, 七層木樓, 神居其上, 甚有靈驗)"
고 했다.[48] 인도의 재물의 신이 이곳에서는 '북방의 군왕' 또는 '비사문천
왕'으로 여겨졌고 심지어는 우전왕족의 선조와 우전 왕국의 보호신으로
추앙됐다. 그 외에도 우전에서는 비사문천왕이 우전의 건국을 도왔다는
전설이 전해지고 있기 때문에 비사문 신앙이 타림분지 서부 불교의 보편적
인 신앙 중의 하나가 됐다.[49]

스타인은 화전의 러와커熱瓦克 유적에서 지신地神을 두 발로 딛고 서 있는
인물조각상을 발견했는데[50] 아쉽게도 하반신밖에 없었다. 잔존한 상황으

48 慧琳, 『一切經音義附索引兩種』 第1冊, 上海 : 上海古籍出版社, 1986, 438쪽.
49 『大正藏』 第51卷, No.2087, 943a-b쪽.
50 Aurel Stein, *Ancient Khotan*, Oxford, 1907.

로 볼 때 몸에 이란식 긴 옷을 입고 안에는 주름치마를 입었으며 두 발에는 가죽장화를 신고 있었다. 일반적으로 이 점토조각상이 바로 비사문천상이라고 믿는데 그 진실 여부는 더 많은 연구와 확인이 필요하며 다만 형상이 중국의 개별 비사문천상과 매우 비슷한 것은 사실이다.

20세기 초에 영국의 고고학자 스타인이 단단윌릭 2호 유적(D.II) 동쪽벽 부근에서 특이한 양식의 점토조각상을 발견했는데 머리 부분과 왼쪽 팔이 이미 파손됐다. 이 점토조각상 몸에 무릎까지 오는 갑옷을 걸치고 정교한 장신구를 걸고 있으며 비스듬하게 몸을 비틀고 있는 꼬마 귀신을 발밑에 밟고 있는데 이것이 바로 비사문천왕상이다. 스타인은 단단윌릭에서 목판화 한 점도 발견했는데 그림 속의 비사문천왕상은 몸에 갑옷을 걸치고 손에 긴 창을 들고 있는 모습이 엄연한 무사의 형상이다.

불공不空이 번역한 『비사문천왕경毗沙門天王經』, 『북방비사문천왕수군호법의궤北方毗沙門天王隨軍護法儀軌』, 『북방비사문천왕수군호법진언北方毗沙門天王隨軍護法眞言』, 『비사문의궤毗沙門儀軌』 등의 밀교密敎경전이 중원에서 유행하면서 비사문천왕 화상법畫像法, 단법壇法, 주법呪法 등의 영험한 사례들도 자주 들렸다. 불공이 번역한 밀교의 경전 『비사문의궤』에서는 당현종 천보天寶 연간에 대석大石(아랍), 강康(소그드) 등 다섯 나라가 군사를 일으켜 안서安西(지금의 신강 쿠처현)를 포위하자 당현종이 불공으로 하여금 비사문천왕을 모셔오게 했고, 비사문천왕이 천병天兵을 이끌고 성루에 나타나 적국을 물리쳤다고 했다. 그 후부터 중원 지역에서는 보편적으로 비사문천왕을 호국과 전쟁의 신으로 추앙하여 나라의 번창과 백성의 평온을 기원했다.[51] 비사문천은

---

51 비사문천왕의 변화, 전환 등의 문제에 관해서는 徐梵澄, 「關於毗沙門天王等事」, 『世界宗敎研究』第3期, 1983 참조.

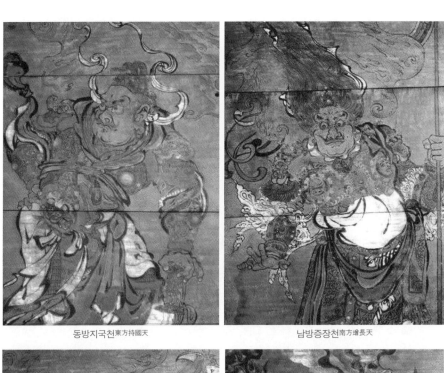

동방지국천東方持國天   남방증장천南方增長天

서방광목천西方廣目天   북방다문천北方多聞天

10-28 소주 서광탑에서 출토된 사천왕목함, 소주박물관 소장

북방을 지키는 수호신이며 중원의 예술가들은 사방을 수호하기 위한 목적으로 수많은 사천왕 조각상과 회화를 창작했다.

비사문천은 대승·소승 불교 경전에 기록된 호법신일 뿐만 아니라 밀교 증법增法 법문의 중요한 본존本尊이다. 게다가 우전은 비사문천왕을 호국신으로 모시고 토번은 비사문천왕을 재물의 신으로 추앙했으며 이렇게 비사문은 점차 만당 오대 시기 중국 각지에서 가장 보편적인 신앙 중의 하나가 됐다. 비사문천왕상은 훗날 점차 당나라의 무장武將 이정李靖의 예술적 형상과 융합되면서 인도의 원래 형상을 벗어나 점차 한화漢化되어 중국 민간에 더욱 영향력을 미치게 되었다.[52] 돈황 장경동에서 발견된 조판 인쇄본 〈대성비사문천왕상大聖毗沙門天王像〉은 바로 민간의 '새천왕賽天王' 활동과 밀접한 관련이 있다.[53]

일본의 마쓰모토 에이이치松元榮一의 조사에 의하면 돈황문헌에는 당과 오대 시기의 비사문천왕상 백묘白描가 다수 보존돼 있다. 예를 들면 P.4514(1), (3); P.5018 등의 백묘화가 있다. 그 외에도 대영박물관, 인도 뉴델리 국립박물관, 프랑스 파리 국립기메동양박물관 등에도 당나라 시기의 돈황 견본 및 지본 채색 비사문천왕상이 여러 폭 소장돼 있다.[54]

1978년에 소주蘇州의 서남쪽 반문盤門 안에 있는 서광탑瑞光塔 제3층 탑궁塔宮 안에서 채색화가 그려진 사천왕목함四天王木函을 발견했는데 '진주사리보당珍珠舍利寶幢' 내 목함에 그려져 있었고 세로 124cm, 가로 42.5cm에

---

52 기타 비사문천왕의 중국화 등의 문제에 관해서는 柳存仁, 「毗沙門天王父子與中國小說之關係」, 『和風堂文集』, 上海: 上海古籍出版社, 1999, 1045~1094쪽 참조.

53 鄭阿財, 「敦煌本龍興寺毗沙門天王靈驗記與唐五代的毗沙門信仰」, 『第三屆中國唐代文化學術研討會論文集』, 臺北: 中國唐代學會, 政治大學文學院, 1997, 417~442쪽.

54 松元榮一, 『敦煌畫の研究・圖像篇』, 東京: 東方文化學院 東方研究所, 1937, 417~419쪽.

10-29 법문사에서 출토된 비사문천왕상 유금청동사리함

달했다. 서광사瑞光寺의 초기 이름은 보제선원普濟禪院이었고 손권이 서역 강거康居국의 승려를 위해 지은 사원이라고 하며 지금의 탑은 북송 경덕景德 원년(1004)에서 천성天聖 8년(1030)에 지은 것으로 당시의 사원 이름을 서광선원이라고 지었다. 채색화가 그려진 목함은 현재 소주박물관에 소장 돼 있다. 이 목함 안에는 '대중상부육년大中祥符六年' 등의 글씨가 쓰여 있었 으며 시주施主나 공양주가 목함을 탑 안에 매장한 시간일 것으로 추정된다. 이 천왕 그림의 예술양식은 만당 오대 회화양식에 가까우며 선의 표현이 오대당풍吳帶當風의 느낌이 다분했기 때문에 오도자의 화풍을 연구하는 중 요한 참고 자료로 사용됐다.

법문사法門寺 지하궁에서 매우 정교하고 아름다운 7층짜리 사리함을

10-30 쇼소인에 소장된 사천왕채회목함(좌)과 프리어갤러리에 소장된 원대천왕상(우)

발견했는데, 그중 한 층은 표면에 비사문천부조로 장식한 유금鎏金청동 사리함이다. 이는 비사문천상이 만당 시기에 전파된 상황을 연구하는 데 중요한 참고 자료를 제공했다. 그밖에도 세상에 전해진 서예와 그림 중에 두 폭이 울지씨 화풍의 천왕상이 있었다. 하나는 일본 쇼소인正倉院에 소장된 사천왕채회목함四天王彩繪木函으로 8세기에 제작된 것이다. 이는 소주의 서광탑에서 출토된 만당오대천왕상晚唐五代天王像의 회화양식과 매우 유사하다. 다른 하나는 미국의 프리어갤러리Freer Grallery of Art에 소장된 원대천왕상元代天王像으로 예술양식으로 봤을 때 당나라 시기의 밑그림에 근거해 그렸을 가능성이 매우 높다.[55]

55 田邊勝美 · 前田耕作, 『世界美術大全集 · 東洋編15 · 中央アジア』, 東京 : 小學館, 1999.

1. 수당隋唐 시기 중국과 서양의 해상교통

수나라는 중국을 통일한 후 국력이 더욱 강해졌다. 대업大業 초년(605
~606)에 수양제隋煬帝가 수군을 파견하여 인도차이나 반도를 따라 남하
해 임읍林邑(지금의 베트남 다낭)국의 왕 범지梵志의 코끼리부대를 패배시켰
다. 대업 3년(607)에는 또 거상준巨常峻, 왕군정王君政 등을 사신으로 파견
하여 "남해군(지금의 광주)에서 배를 타고 출발하여 밤낮으로 이십일을
순풍 따라 가면 초석산(지금의 베트남 짬파섬)에 이른다. 동남쪽 링가파르
바타(지금의 베트남 꾸이년 북쪽 연자곶)에 머물고 서쪽은 임읍과 맞닿았으
며 위에 신사가 있다. 또 남쪽으로 가면 사자석(베트남 곤륜섬 부근)인데 여
기부터 섬이 잇따랐다. 이삼일 또 가서 서쪽으로 낭아수국(지금의 태국 남
부 빠따니)의 언덕을 보았다. 이에서 남쪽으로 계룡섬(말레이시아 북부 길란
단), 적토의 국경에 이른다. 왕이 브라만 쿠마라를 보내 서른 척의 배로
마중 나왔다(自南海郡乘舟, 晝夜二旬, 每值便風, 至焦石山, 東南泊陵伽鉢多洲, 西與
林邑相對, 上有神祠焉. 又南行, 至師子石, 自是島嶼連接. 又行二三日, 西望見狼牙須國之
山, 於是南達雞籠島, 至於赤土之界. 其王遣婆羅門鳩摩羅以舶三十艘來迎)."[1]

7세기 중엽에 당고종이 사신 달해홍통達奚弘通을 파견하여 다시 또 적토

국赤土國을 방문했고 계속하여 서쪽으로 항해하여 '건나慶那'국에 이르렀다. 『중화서목中華書目』에 실린 『서남해제번행기西南海諸蕃行記』 1권을 보면 다음과 같이 기록되어 있다.

당나라 상원(674~676) 연간에, 당주(지금의 하남河南 비양沙陽) 자사 달해홍통이 지었다. 홍통은 대리사로 다른 나라로 보내 적토에서 건나국까지 서른여섯 나라를 지났는데 그 일을 약간 적었다.[2]

이를 통해 볼 때 달해홍통의 목적지는 '건나' 혹은 아랍반도 남단의 카나Kana였을 것으로 추정된다.[3]

인도양과 남해 사이의 항로는 페르시아인이 개척했으며 아랍제국 흥기 초에 폐르시안인들은 여전히 페르시아만에서 광주에 이르는 항로를 지배하고 있었다. 함흥咸興 2년(671)에 의정義淨이 양주에서 "광부廣府(광주)에 이르러 페르시아 배와 만나 남쪽으로 가고(至廣府, 與波斯舶主期會南行)", 불서佛逝(인도네시아 수마트라섬의 팔렘방), 말라유末羅瑜, 갈도羯茶 삼국을 경유하여 동인도에 이르렀다(『대당서역구법고승전大唐西域求法高僧傳』). 당 개원開元 2년(714)에 경교景敎 승려 급열及烈이 배를 타고 페르시아에서 광주로 왔다.[4] 당 개원 연간에 남인도의 금강지金剛智 법사가 사자국師子國(스

---

1 『隋書』.
2 『玉海』卷16 '異域圖書', 第1冊(南京 : 江蘇古籍出版社)/上海 : 上海書店影印本, 1988, 301쪽) 達奚弘通, 『西南海番行記』1卷, 『宋史』卷204『藝文志』「地理類」著錄, 達奚洪(一作通), 『海外三十六國記』1卷 著錄, "唐上元中, 唐州刺史達奚弘通撰, 弘通以大理司直使海外, 自赤土至虔那, 幾(凡)經三十六國, 略載其事."이른바 '달해홍' 또는 '달해통'은 사실 '달해홍통'의 오류이다. 또한 『서남해번』은 『서남해제번西南海諸蕃』으로 여겨진다.
3 蘇繼頃, 『島夷誌略校釋』, 北京 : 中華書局, 1981, 5~6쪽.
4 『冊府元龜』卷546.

364   실크로드 고고학 강의

리랑카)에서 페르시아의 배를 타고 먼저 불서국에 이른 후 다시 "광부(광
주)에 이르니 큰 비를 맞았다. 절도사가 2~3천 명을 몇 백 척의 작은 배
로 보내 꽃과 가락으로 바다까지 마중 나왔다. 개원 8년(720)에 동도(낙
양)에 처음 이르렀다(廣府, 重遭暴雨. 時節度使二三千人, 乘小船數百只, 並以香
花, 音樂海口遠迎. 至開元八年中, 初到東都)."[5]

751년에 고선지高仙芝가 달라사怛羅斯(지금의 카자흐스탄의 탈라스강)에서
흑의대식黑衣大食(압바스조 이슬람제국)에 패배하여 당나라 군대의 "병사들이
거의 다 죽었다(士卒死亡略盡)." 수많은 중국의 일꾼들이 압바스 왕조의 통치
하에 있는 아랍세계로 잡혀갔고 이에 따라 중국의 제지술, 도자기 기술이
메소포타미아 유역에 전해졌다. 두환杜環은 달라사 전투에서 대식국에 잡
혀가 해외에서 12년을 떠돌다 보응寶應 원년(762)에 페르시아 배를 타고
중국으로 돌아왔다.[6] 그렇다면 '건나'는 아마도 페르시아어 kalam 혹은
kaulam, 즉 페르시아인들의 남인도 말라바르(지금의 인도 콜람)에 대한 별칭
에서 유래됐을 것이다. 원元과 명明나라 시기에 이곳은 여전히 동서양 교통
의 요충지였으며 『동방견문록The Travels of Marco Polo』에서 coilam이라 불렀
고[7] 원나라 말기 왕대연汪大淵의 『도이지략島夷志略』에서는 '구남俱喃'이라고
불렀다. 이는 남송 주거비周去非의 『영외대답嶺外代答』과 남송 조여적趙汝適의
『제번지諸藩志』에 나오는 '고림故臨' 및 『명사明史』 「외국열전外國列傳」에 나오
는 '갈란葛蘭'에 해당된다.

---

5 『貞元新定釋敎目錄』 卷14, 『大正藏』 第55卷 收錄, 876~877쪽.
6 杜佑, 『通典』 「邊防典」; 杜環, 『經行記』 引用.
7 이 아랍어 지명은 페르시아인들의 말라바르에 대한 별칭이지만 일부 학자들은 'kalam/kaul
   am'이 아랍어라고 주장한다. 陳佳榮·謝方·陸峻嶺 編, 『古代南海地名』, 北京 : 中華書局,
   1986(2002, 第2版), 1024쪽 참조.

11-1 돈황 제323호굴 남쪽 벽에 그려진 당나라 초기의 교주와 합포성

　천보天寶 14년(755), 안사의 난安史之亂이 발생한 후 실크로드에는 전쟁
이 끊이지 않으면서 중국과 서양의 해상교통이 다시 주목을 받게 됐다.
천보 연간 광주에 "브라만, 페르시아, 곤륜에서 온 배가 강에 머물렀다.
향료와 약재, 진귀한 보물을 산더미처럼 실어 배의 수가 헤아릴 수 없을
정도로 많았고 배의 깊이가 무려 육칠 장이나 되었다(江中有婆羅門, 波斯,
崑崙來船, 不知其數. 並載香藥珍寶, 積載如山. 其船深六七丈)."[8] 당나라 초기 중국
과 서양의 해상교통은 여전히 외국의 선박을 중심으로 이루어졌다. 페
르시아와 아랍 상인들은 중국에 온 후 동남 연해의 광주, 천주泉州, 양주,
항주 또는 내륙의 장안, 개봉에서 향료, 상아, 보석, 약재, 서각犀角 등 물
품을 판매하고 현지의 비단, 찻잎, 도자기 등 중국의 특산물을 가져갔다.

8　　元開, 汪向榮 校注, 『唐代和尙東征傳』, 北京 : 中華書局, 1979.

의정이 지은 『대당서역구법고승전』에 따르면 당나라 초기(641~689)에 서쪽으로 불법을 구하러 간 승려가 무려 60명에 달했는데 그중에서 해상 통로를 통해 인도에 도착한 사람이 38명으로 절반 이상을 차지했다. 당나라 사람들은 바다로 나갈 때 한나라 이래 사용된 전통 항구를 이용했는데 대부분 남해(광주), 오뢰烏雷, 합포合浦(지금의 광서 합포), 교주交州(지금의 베트남 다낭), 구진九眞, 비경比(北)景(지금의 베트남) 등지에 집중돼 있었다. 돈황 323굴 남쪽벽에 그려진 당나라 초기 벽화에 합포성合浦城과 교주성交州城의 모습이 그려져 있으며 당나라 고승이 바다를 건너 불법을 구하러 가는 성황을 생동감 넘치게 묘사했다.

의정은 인도에 불법을 구하러 갈 때 우선 삼불제三佛齊(지금의 인도네시아 팔렘방)에서 수년을 머물렀고 나중에 배를 타고 인도로 갔다. 당시 삼불제 부근에 가장 유명한 사원이 바로 보로부두르Borobudur 불교사원이었는데 피라미드형 만다라식 건축양식의 대승불교 유적지로 9세기 초에 세워졌고 사일렌드라Sailendras 왕조가 자바섬 중부에 건축한 후 준공된 지 얼마 지나지 않아 바로 버려졌다. 탑의 바닥 부분은 정사각형이고 총면적이 약 1.5ha에 달했으며 중앙의 둥근 천장은 탑 밑바닥으로부터 35m 떨어져 있다. 1991년에 유네스코의 세계문화유산에 등재됐다.

광주廣州로부터 해외로 통하는 바닷길에 대해 가탐賈耽의 『황화사달기皇華四達記』(785년~805년에 완성)에서는 다음과 같이 적고 있다.

광주에서 동남쪽으로 항해하여 이백 리를 가면 둔문산(구룡九龍의 서남쪽)에 이른다. 돛을 달고 바람을 타고 서쪽으로 가면 이틀 만에 구주석(해구海口시 북동쪽)에 이른다. 또 남쪽으로 이틀을 가면 상석(서사군도西沙群島 북초도

11-2 인도네시아 자바섬의 보로부두르

北礁島)에 이른다. 또 서남쪽으로 사흘을 가면 점불로산(베트남 참파)에 이르
는데 산이 왕국(베트남 점성국)을 둘러싸고 동쪽으로 이백 리를 바닷속으로
뻗어 있다. 또 남쪽으로 이틀을 가면 능산(베트남 꾸이년 북부)에 이른다. 또
하루를 가면 문독국(베트남 Tyuy Hoa)에 이른다. 또 하루를 가면 고달국(베
트남 나트랑)에 이른다. 또 반나절을 가면 분타랑주(베트남 판랑)에 이른다.
또 이틀을 가면 군돌농산(베트람 꼰다오섬)에 이른다. 또 닷새를 가면 해협(믈
라카해협)에 이르는데 토착민들은 그곳을 '질質'이라 불렀고 남북으로 백 리
에 달하며 북쪽 해안은 나월국(말레이반도 남단)이고 남쪽해안은 불서국(인
도네시아 팔렘방)이다. 불서국 동쪽으로 사오일을 가면 가릉국(인도네시아 자
바섬)에 이르는데 남중주에서 가장 큰 섬이다. 또 서쪽으로 해협(믈라카해협)
을 빠져나가서 사흘을 가면 갈갈승지국(믈라카해협 남부섬)에 이르는데, 불
서국 북서쪽 끝에 위치한 외딴 섬으로 그곳 섬주민들이 약탈을 일삼아 승선

자들이 두려워했다. 그곳의 북쪽 해안은 개라국(태국 남부의 Kra 지협)이다. 개라국의 서쪽은 가곡라국이다. 또 갈갈승지국에서부터 사오일을 가면 승등주(인도네시아 아체)에 이른다. 또 서쪽으로 닷새를 가면 파로국(아체 북서부 발로스)에 이른다. 또 엿새를 가면 파국 가람주(니코바르 제도)에 이른다. 또 북쪽으로 나흘을 가면 사자국(스리랑카)에 이르는데 그 북쪽해안은 남천축 해안에서 백리 떨어져 있다. 또 서쪽으로 나흘을 가면 몰래국(인도 남서부 말라바)를 지나 남천축의 최남단에 이른다. 또 북서쪽으로 십여 개의 작은 나라를 지나면 파라문(남인도) 서쪽 변경에 이른다. 또 북서쪽으로 이틀을 가면 발육국(지금의 인도 서해안 캄바트 만 동쪽의 Broach)에 이른다.

또 열흘을 가면 천축 서쪽 국경의 작은 나라 다섯 개를 지나 제율국(인도 서해안 카티아와르 반도 남부의 Diudul)에 이르는데, 이 나라에는 미란태강이 있고 또 다른 이름으로 신두강(인더스강)이라 불렸으며 북발곤Bakkar국에서 발원하여 서쪽으로 흘러 제율국 북쪽을 거쳐 바다로 흘러든다. 또 제율국에서부터 서쪽으로 이십일을 가면 작은 나라 이십여 개를 지나 제라노화Siraf Lar국에 이르는데, 또 다른 이름으로 나화이Larwi국이라 불렸으며 나라사람들이 바닷속에 큰 기둥을 세우고 밤에는 기둥 위에 횃불을 놓아 뱃사람들이 밤에도 길을 잃지 않게 했다. 또 서쪽으로 하루를 가면 오와라Obolla[9]국에 이르는데, 대식국의 불리라Furat강[10]이 남쪽으로 흘러 바다에 흘러든다. 작은 배를 타고 물을 거슬러 이틀을 가면 말라국(아마라)에 이르는데 대식국의 요충지다. 또 북서쪽으로 육로를 따라 천리를 가면 무문왕이 도읍을 정한

---

9 한漢나라 시기 안식 왕국의 최서단으로 해상통로를 통해 대진국(『후한서』「서역전」과 『삼국지』제30권 주석은 『위략』에서 인용)에 이르며 지금의 이라크 바스라 부근이다. 이 성이 버려진 후 바스라 성이 세워졌다.
10 유프라테스강과 티그리스강이 합쳐져서 불리라Furat강을 이루고 끝내 바다로 흘러든다.

박달성(바그다드)에 이른다.[11]

학자들은 광주와 페르시아만 사이의 항로에 대해 아직 의견의 일치를 찾지 못했고 이에 대한 우리의 주장은 〈그림 11-3〉과 같다.[12]

페르시아만의 항구에 대해 술레이만Suleiman은 『중국인도견문록中國印度見聞錄』에서 다음과 같이 설명했다.

선박이 어디에서 왔는지에 대하여 그들은 화물을 바스라, 오만 그리고 기타 지역에서 시라프Shiraf로 운반해 가며 대부분 중국의 선박들이 이곳에서 화물을 싣는다고 언급했다.[13] 그 이유는 이곳은 파도가 거세고 많은 곳들이 담수가 적기 때문이다. 바스라는 시라프에서 뱃길로 120여 파르사크farsakh(1파르사크는 6.24km에 해당함) 떨어져 있다. 화물을 배에 싣고 담수를 채운 후 곧 '창로搶路'를 한다. 창로란 항해를 하는 선원들이 자주 사용하는 말로 돛을

11　『新唐書』「地理志」. "廣州東南海行, 二百里至屯門山, 乃帆風西行, 二日至九州石, 又南二日至象石. 又西南三日行, 至占不勞山, 山在環王國東二百里海中. 又南二日行至陵山. 又一日行, 至門毒國. 又一日行, 至古笪國. 又半日行, 至奔陀浪洲. 又兩日行, 到軍突弄山. 又五日行至海峽, 蕃人謂之'質', 南北百里, 北岸則羅越國, 南岸則佛逝國, 佛逝國東水行四五日, 至訶陵國, 南中洲之最大者. 又西出硤, 三日至葛葛僧祇國, 在佛逝西北隅之別島, 國人多鈔暴, 乘舶者畏憚之. 其北岸則個羅國. 個羅西則哥谷羅國. 又從葛葛僧祇四五日行, 至勝鄧洲. 又西五日行, 至婆露國. 又六日行, 至婆國伽藍洲. 又北四日行, 至獅子國, 其北海岸距南天竺大岸百里. 又西四日行, 經沒來國, 南天竺之最南境. 又西北經十餘小國, 至婆羅門西境. 又西北二日行, 至拔䫻國. 又十日行, 經天竺西境小國五, 至提䫻國, 其國有彌蘭太河, 一曰新頭河, 自北渤昆國來, 西流至提䫻國北, 入於海. 又自提䫻國西二十日行, 經小國二十餘, 至提羅盧和國('提'爲'湜'之誤), 一曰羅和異國, 國人於海中立華表, 夜則置炬其上, 使舶人夜行不迷. 又西一日行, 至烏剌國, 乃大食國之弗利剌河, 南入於海. 小舟泝流, 二日至末羅國(阿馬拉), 大食重鎮也. 又西北陸行千里, 至茂門王所都縛達城."

12　桑原鷺藏, 楊棟 譯, 『唐宋貿易港研究』(史地小叢書系列), 商務印書館, 1935; 韓振華, 「第八世紀印度波斯航海考」, 『中外關係歷史研究』, 香港大學亞洲研究中心, 1999.

13　남송南宋 악가岳珂의 『정사桯史』 제11권에서는 '시라위尸羅圍'라고 했고, 『제번지諸蕃志』에서는 대식을 '시나위施那幃'라고 번역했다.

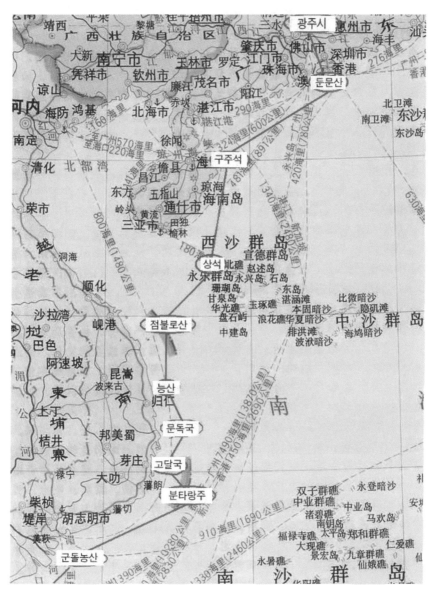

11-3 광주에서 베트남에 이르는 항로

11-4 베트남에서 인도에 이르는 항로

달고 출발한다는 뜻이다. 그렇게 오만 북부의 무스카트라는 곳에 간다.

시라프는 페르시아만의 유명한 항구이며 송나라 악가岳柯의 『정사挺史』에서 '시라위尸羅圍'라고 불렀으며 바로 가탐이 말한 '제라노화국提羅盧和國'이다. 노화盧和는 이란 파르스 주 서남쪽에 있는 라라ar 지역을 가리킨다. 라 지역의 별칭은 '나화이국羅和異國'이며 아랍어의 Larwi(라위)에 해당된다. 아랍인들은 지역에 근거하여 해역 이름을 지었다. 예컨대 대식국 부근의

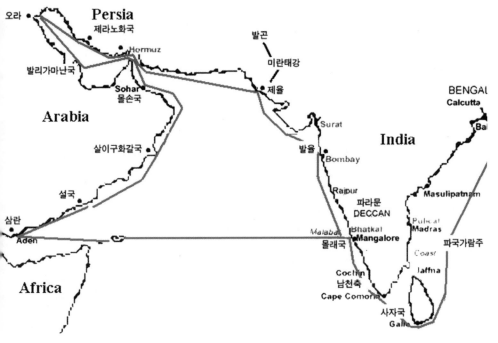

11-5 남인도에서 페르시아만에 이르는 항로

해역은 각각 '서대식해'와 '동대식해'라고 불렀고 오만 부근의 해역은 '오만해'라고 불렀으며 라 부근의 해역은 '라해'라고 불렀다. 라해는 바로 동대식해이며 호르무즈해협에서 시라프 사이의 해역을 가리킨다. 호르무즈해협에 '라라크섬Larak Island'이 있는데 〈정화항해도鄭和航海圖〉에서 '라이가속剌爾可速'이라 표기하고 있으며 라해의 이름에서 유래했다.

가탐은 남인도에서 대식에 이르는 또 다른 항로를 소개했다.

파라문(남인도) 남쪽 국경에서부터 몰래국Malabar을 거쳐 오랄국에 이르기까지는 모두 바다 동해안을 따라서 간다. 그 서해안의 서쪽은 모두 대식국에 속하며 서쪽 최남단은 삼란국(페르시아어로 Samran, 아덴의 별칭)이라 부

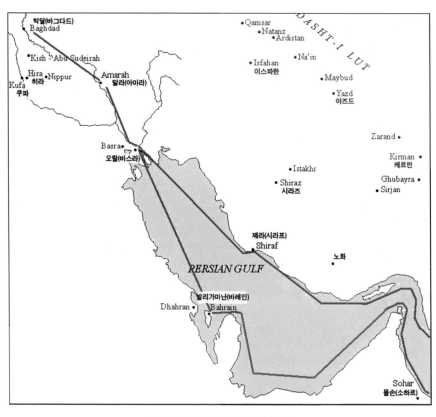

11-6 오만에서 바그다드에 이르는 항로

른다.[14] 삼란국에서 정북향으로 이십일을 가면 작은 나라 십여 개를 지나

설국(아랍어로 Sihar, 지금의 오만 살랄라)에 이른다. 또 십일을 가면 작은 나라

예닐곱개를 지나 살이구화갈국(살랄라와 소하르 사이)에 이르며 바다의 서해

안을 마주한다. 또 서쪽으로 육칠일을 가면 작은 나라 예닐곱개를 지나 몰손

국Mezoen(지금의 오만 소하르의 별칭)에 이른다. 또 북서쪽으로 열흘을 가면

작은 나라 십여 개를 지나 발리가마난국Bahrain Manama(바레인의 마나마항)에

이른다. 또 하루를 가면 오랄국에 이르며 동해안과 길이 합쳐진다.[15]

---

14 家島彦一,「南阿拉伯之東方貿易港－賈耽道里記中的印度洋西岸航路」,『東方學』第31冊, 1956.

여기서 말한 '발리가마난국拔離訶磨難國'은 아랍어 Bahrain Manama에서 유래했으며 페르시아만 바레인섬의 마나마항구를 가리킨다. 시라프에서 우불라Ubullah까지의 거리는 바레인섬에서 우불라까지의 거리와 동일하며 하루 만에 갈 수 있다. 따라서 제라노화국은 필시 시라프를 가리키는 것이 틀림없다. 이 지명 속의 '제라提羅'는 '湜羅'를 잘못 표기한 것이며 다시 말해 시라프Siraf의 약칭이다. 그렇다면 '제라노화국'은 '라이국拉爾國의 시라프항'이라는 뜻이다.

기존의 연구에서는 '말라국末羅國'을 유프라테스 강변의 바스라Basrah성이라고 믿었지만 가탐은 우불라에서 말라국까지 배로 이틀이 소요되며 우불라에서 시라프까지 가는 거리보다 하루가 더 걸린다고 주장했다. 이곳은 아주 가까운 거리에 위치한 바스라를 가리키는 것일 리가 없다. 그렇기 때문에 말라국은 바스라와 바그다드Baghdad 사이에 있는 아마라Amarah일 것이며 그렇다면 호르무즈해협에서 바그다까지의 항로는 그림 〈11-6〉과 같을 것이다.

중국 동남연해의 일부 해역은 수심이 비교적 낮고 암초가 곳곳에 분포돼 있기 때문에 중국 고대의 선박은 오리의 모습을 모방하여 바닥이 평탄하고 넓적한 형태로 만들었고 역사상 '사선沙船'이라 불렀다. 인도양은 해역이 모두 심해이기 때문에 페르시아, 인도, 아랍의 선박들은 모두 물고기의 모습을 모방하여 바닥이 뾰족한 형태로 만들었다. 북송 이래 인도양의 국제 무역 개발을 위해 복건 지역의 해상 상인들은 아랍의 선박 기

---

15 "自婆羅門(南印度)南境, 從沒來國至烏剌國, 皆緣海東岸行; 其西岸之西, 皆大食國, 其西最南謂之三蘭國. 自三蘭國正北二十日行, 經小國十餘, 至設國, 又十日行, 經小國六七, 至薩伊瞿和竭國(薩拉拉與蘇哈爾之間), 當海西岸. 又西六七日行, 經小國六七, 至沒巽國, 又西北十日行, 經小國十餘, 至拔離訶磨難國. 又一日行, 至烏剌國, 與東岸路合."

11-7 바닥이 평평한 사선의 모형

술을 도입하여 바닥이 뾰족한 선박을 제작했고 이것을 역사상 '복선福船' 이라 불렀다. 그렇기 때문에 당나라 시기의 해상 선박은 〈그림 11-7〉처럼 중국의 전통적인 바닥이 평탄하고 넙적한 사선이다.

9세기 중엽에 중국의 해상 선박이 점차 페르시아, 대식, 인도, 곤륜 등 외국의 선박을 대체하기 시작했고 점차 인도양의 해상 패권을 통제했다. 아랍 여행가 술래이만Suleiman의 『중국인도견문록』에 따르면 인도양에서 항해하는 각국의 선박 중에서 중국의 선박이 가장 커서 남인도의 항구에 정박한 후 기타 나라의 선박은 은화 열 개 또는 스무 개를 관세로 징수한데 비해 중국의 선박은 무려 은화 1천 개를 관세로 징수했다고 한다. 당나라의 선박이 얼마나 컸는지 잘 알 수 있는 대목이다.[16]

16 Jean Sauvaget 譯註, 汶江, 穆根來 外譯, 『中國印度見聞彔』, 北京 : 中華書局, 1983, 8쪽.

2. 알라딘의 요술 램프

아랍의 민간 이야기 모음인 『천일야화』에는 중국 소년 알라딘Aladdin 혹은 Al Addin과 요술 램프의 이야기를 다룬 「알라딘의 요술 램프」가 나온다. 아프리카의 한 마법사가 마법책에서 중국의 어느 동굴에 요술 램프가 숨겨져 있다는 내용을 보았다. 알라딘과 어머니는 중국에서 살고 있었는데 밥도 배불리 먹지 못할 만큼 가난했다. 어느 날 어머니가 알리딘한테 들판에 가서 꽃을 꺾어다 팔고 음식을 바꿔오라고 시켰다. 요술 램프가 숨겨진 동굴은 바로 알라딘이 꽃을 꺾는 들판에 있었는데 마법사는 구멍이 너무 작아 들어갈 수가 없자 알라딘에게 요술 램프를 가져다 달라고 부탁했다. 알라딘은 램프 정령의 도움을 받아 수많은 어려움을 이겨내고 술탄의 공주와 결혼하여 행복하게 살았다. 국왕이 죽은 후에 알라딘이 왕이 됐다.

알라딘阿拉丁(아라딩)은 중국어에서 원래 '아라오딩阿老丁'으로 번역됐으며 바로 회족回族의 '딩丁' 씨다. 미국 스탠퍼드대의 Albert E. Dien 교수가 바로 이 성씨다. 『명사明史』 「문원전文苑傳」에는 "그때 정학년丁鶴年이라는 회족 사람이 있었다. 증조부인 아라오딩과 아우인 오마르는 모두 상인이었다. 원세조가 서역을 정복할 때, 군량이 모자라 정 씨가 군대의 수요를 바쳤다(時又有丁鶴年者, 回回人.曾祖阿老丁與弟烏馬兒皆世商.元世祖征西域, 軍乏餉, 老丁杖策軍門, 盡以貲獻)"고 했다. 정학년은 원말 명초의 대시인이었고 그의 증조부인 아라오딩은 항주에 무슬림사원을 지었으며 죽은 후에 서자호西子湖 옆에 묻혔는데 속칭 '회회분回回墳'이라 불렸고 지금은 서호西湖 십대 경관 중의 하나가 됐다.

당나라 시기 장사요長沙窯의 수출용 도자기 중에는 이국적인 느낌의

로마의 기름등잔

1세기~3세기

3세기~4세기

4세기~6세기

이슬람의 기름등잔

7세기~8세기

7세기~8세기

7세기~8세기

장사요의 기름등잔

9세기~10세기

9세기~10세기

9세기~10세기

11-8 경교, 이슬람교, 그리고 장사요의 수출용 도자기 등잔

기름등잔이 있었는데 동로마의 경교景敎 교회에서도 이런 기름등잔을 조명으로 사용했다. 아랍제국은 우마이야Umayyad 왕조 시기에 다마스쿠스Damascus에 도읍을 정한 이후로 시리아 경교 문화의 영향을 상당히 많이 받았기 때문에 무슬림사원에서도 이런 도자기 등잔을 사용했는데 경교식의 기름등잔을 약간 개조한 것이다. 장사요의 수출용 도자기 등잔은 아바스의 이슬람식 기름등잔과 더욱 유사하다. 『천일야화』의 초고가 10세기 중엽에 완성됐고 작가는 942년에 사망했다.[17] 장사요는 천보天寶 14년(755) '안사安史의 난' 이후에 흥성하여 오대(907~1127) 시기에 쇠퇴했다. 그렇다면 중국 소년 알라딘의 요술 램프는 장사요에서 제조한 이런 이슬람 예술양식의 도자기 등잔이었을 것이다.

3. 장사요長沙窯에서 생산한 수출용 도자기

중국의 도자기 수공업은 당나라 시기 이전에는 '남청북백南青北白'이라는 말이 있을 정도로 북방에는 형요刑窯의 백자가 유명했고 남방에서는 월요越窯의 청자가 유명했다. 그러나 당나라 말기에 장사요 수출용 도자기가 혜성처럼 등장하면서 중국의 도자기는 천하를 삼분하는 국면이 형성됐다. 장사요가 흥성한 데는 세 가지 중요한 요인이 있었다.

첫째, '안사의 난' 이후 중원의 경제는 심각한 타격을 받았고 경제 중심이 남방으로 옮겨가기 시작했다.

둘째, 751년에 당나라 군대가 중국의 달라시怛羅斯에서 대식국에 대패하

---

17 (美)Philip Khuri Hitti, 馬堅 譯, 『阿拉伯通史』, 北京 : 商務印書館, 1990, 478~479쪽.

11-9 악주요에서 생산된 도자기

고 실크로드에 대한 지배력을 잃게 되면서 동서양의 해상통로가 만당 시기에 주목받기 시작했고 적극적으로 해상국제 무역을 개척했다.

셋째, 도자기는 매우 무겁기 때문에 육로를 통해 대규모적인 장거리 운송이 불가능했다. 도자기가 국제 무역 상품이 된 것은 페르시아인과 아랍인들이 적극적으로 해상국제 무역을 개척한 것과 밀접한 관계가 있다.

장사요는 이 같은 세 가지 요소를 계기로 돌연히 출현했으며 악주요岳州窯를 기반으로 수출용 도자기를 적극적으로 개발했다. 악주요는 또 '상음요湘陰窯'라고도 불렸으며 당대 도자기 산지에서 중등 수준에 속했다. 육우陸羽

는 『다경茶經』(760년 이전에 완성)에서 이렇게 평가했다.

도자기 그릇은 월주의 것이 가장 좋고 정주가 그 다음이며 무주, 악주, 수주, 홍주가 그 뒤를 이었다. 어떤 이는 형주의 것이 월주의 것보다 좋다고 하는 데 사실은 그렇지가 않다.[18]

장사요의 도자기는 그다지 유명하지 않았다. 일부 학자의 연구에 의하면 육우보다 더 늦은 시기의 당나라 시인 유언사劉言史(약 9세기 초기)가 「전다시煎茶詩」에서 '석저요石渚窯'를 언급했는데 바로 장사요를 가리키는 것이며, 또 유언사의 시 중에 '상자범경화湘瓷泛輕花'라는 시구가 있는데 '상자湘瓷' 역시 장사요의 도자기를 가리키는 것이었다. 또한 당나라 시인 이군옥李群玉(약 9세기 중기)은 「석저石渚」에서 "고안에서 도자기를 만드는데 큰 숲을 모조리 불태웠다. 시뻘건 불길이 상포구를 물들이고 연기가 동정호의 구름을 탁하게 했다(古岸陶爲器, 高林盡一焚. 焰紅湘浦口, 煙濁洞庭雲)"는 시구로 장사요에서 도자기를 구울 때의 상황을 생동하게 묘사했다. 상포湘浦는 바로 지금의 장사 석저 일대이다. 1956년에 호남성문물관리위원회가 처음으로 장사시 상강湘江 강변의 동관진銅官鎭 석저 와사평瓦渣坪 일대에서 장사요의 도자기를 발견했기 때문에 장사요를 또 '동관요' 혹은 '와사평요'라고 부르기도 한다. 북경고궁박물관의 풍선명馮先銘, 이휘병李輝柄이 최종적으로 확인한 결과 마침내 만당 오대 시기 수출용 도자기 생산지의 비밀이 밝혀졌다. 장사요의 수출용 도자기

---

18 陸羽, 『茶經』. "碗, 越州上, 鼎州次, 婺州次, 嶽州次, 壽州次, 洪州次. 或以邢州處越上, 殊不爲然."

장사요 유하채 도자기 그릇

타이완박물관에 소장된 장사요 유하채 도자기 그릇

장사요 동홍유 집호執壺

장사요 유하채 도자기 베개

11-10 장사요의 유하채, 유하채회, 동홍유

는 용요龍窯에서 생산된 것이다. 그중에서 규모가 가장 큰 담가파譚家坡窯는 길이가 41m, 너비가 3.5m이고 가마 전체는 요두窯頭, 요상窯床, 요미窯尾로 나누어져 있다. 그중 요상은 다섯 개 구간으로 나뉘며 가장 가파른 곳은 경사도가 23도에 달하고 완만한 곳은 경사도가 9도에 달하는 등 경사도가 일정하지 않다. 1964~1999년에 호남성문물관리위원회와 장사시문물사업대가 총 네 차례에 걸쳐 장사요에 대한 발굴 작업을 진행했고 다양한 도자기 약 1만 점이 출토됐으며 1983년에 전국중점문물보호대상으로 지정됐다.[19]

장사요는 주로 중동 아랍국가에 수출됐고 당대에는 그곳을 '대식국'이라 불렀다. 해외수출의 수요을 만족시키기 위해 장사요는 많은 새로운 기술을 활용하고 이슬람예술과 인도예술을 수용하여 대량의 신제품을 개발하는 등 중국의 도자기 역사상 전에 없는 성과를 보여줬다.

첫째, 최초로 유하다채釉下多彩(다양한 유하채 도자기에 대한 통칭 – 역자)를 발명했다. 유하채釉下彩(유약 아래에 채색유로 문양을 장식하는 기법)의 발명은 남방의 청자와 북방의 백자로 대표되는 도자기의 제작 형세를 전환시키고 중국 도자기의 종류를 더욱 풍부하게 했다.

둘째, 최초로 동홍유銅紅釉 제조 기술을 발명했다. 동홍유의 성공적인 제작은 세계채색도자기의 새로운 역사를 열었고 송균요宋均窯, 원·명나라 유리홍釉里紅과 제홍祭紅, 랑요홍郎窯紅의 발전을 위한 튼튼한 토대를 마련했다.

셋째, 최초로 유하채회釉下彩繪를 발명했다. 장사 동관요의 채회는 화조

---

19 長沙窯科題組 編, 『長沙窯』, 北京 : 紫金城出版社, 1996.

화, 동물화, 인물화, 산수화 등 소재가 다양하고 색채가 화려하며 필치가 간결하면서도 생동감이 넘쳐 당나라 이후의 도자기 회화예술에 심대한 영향을 미쳤다.

넷째, 최초로 틀에서 찍어낸 무늬를 도자에 바르는 첩화貼花 기법을 발명했다. 장사요는 이슬람도기의 영향을 받아 반죽이 잘된 흙을 이용해 틀에서 찍어낸 무늬를 도자기에 붙인 후 위에 유약을 바르는 기법을 사용했다.

장사요는 이러한 새로운 기술의 사용에 힘입어 형요의 백자, 월요의 청자, 당삼채와 어깨를 견줄 정도로 성장했으며 국제도자기 시장의 점유율을 빠르게 확대해 나갔다.

영국의 고고학자 화이트 하우스White house는 페르시아만의 시라프항구에 대해 여섯 차례의 대대적인 발굴 작업을 진행했고 제1차, 3차, 4차, 5차 발굴 때 모두 장사요의 수출용 도자기를 발견했다.[20]

1966년에 화이트 하우스는 시라프항구에 대한 1차 발굴 작업을 진행했고 초기 거주 유적에서 장사요에서 생산된 첩화 기법의 주전자와 그릇, 그리고 황유녹채黃釉綠彩의 그릇을 발견했으며 제작 시기는 약 9세기 중엽인 것으로 추정된다.

1968년에 시라프항구 유적에 대한 3차 발굴 작업을 진행했고 이슬람사원 유적에서 대량의 황유갈녹채黃釉褐綠彩 그릇조각이 발견됐다. 이 이슬람사원은 780년에 처음 세워졌고 이곳에서 출토된 주화 중 가장 오래된

20 David Whitehouse, "Excavations at Siraf : First Interim Report", *Iran*, vol.6, 1968, pp.1~22; David Whitehouse, "Excavations at Siraf : Third Interim Report", *Iran*, vol.8, 1970, pp.1~18; David Whitehouse, "Excavations at Siraf : Forth Interim Report", Iran, vol.9, 1971, pp.1~17; David Whitehouse, "Excavations at Siraf : Fifth Interim Report", *Iran*, vol.10, 1972, pp.62~87; David Whitehouse, "Some Chinese and Islamic Pottery from Siraf", *Pottery and Metalwork in Tang China*, London, 1972, pp. 30~34.

것은 1050년에 발행한 것이다. 이번에 발굴한 시장 유적에서도 황유갈녹채 그릇조각이 발견됐고 약 9세기 중엽에 제작된 것으로 추정된다.

1969년에 시라프 항구 유적에 대한 4차 발굴 작업을 진행했고 10세기~11세기의 거주 유적에서 대량의 사곡四曲 황유갈녹채 그릇이 발견됐고 일부 기물 내벽 바닥에는 여러 개의 반점이 장식돼 있었고 일부 그릇의 조각은 내벽에 흐트러진 화초 문양이 장식돼 있었다.

1970년에 시라프 항구 유적에 대한 5차 발굴 작업을 진행했고 궁전 유적에서 갈유褐釉 첩화貼花 기법의 두손잡이 달린 항아리와 황유갈녹채 그릇이 발견됐다. 이 궁전 유적은 뚜렷한 이슬람 건축양식을 띠고 있으며 약 9세기 초엽에서 중엽에 건설된 것으로 추정된다.

시라프에서 출토된 장사요 도자기와 이라크의 사마라Samarra에서 출토된 장사요 도자기는 매우 유사했다. 장사요 도자기 외에 만당 오대의 월요청자 그리고 요지를 알 수 없는 중국 백자 역시 대량으로 시라프에 수출됐다.

1980~1982년에 프랑스의 바레인-오만 고고학탐험대가 오만의 소하르Suhar에서 고고학적 발굴을 진행했고 채색무늬가 그려진 그릇조각이 출토됐는데 이것은 시라프 지역에서 출토된 내벽에 화초문양이 장식된 황유녹채 그릇조각과 매우 유사했다. 1982년에 이휘병李輝柄이 이곳에서 현장 조사를 하던 과정에 발굴 품목 중에 유하채회 주전자와 갈색반점항아리가 있는 것을 발견했다. 바레인섬과 바다를 사이에 두고 마주보고 있는 사우디아라비아의 다란Dhahran 지역에서도 장사요 그릇조각이 발견됐고 현재 대영박물관에 소장돼 있다. [21]

---

21 李輝柄, 「中國阿曼友誼的歷史見證」, 『外國史知識』 第10期, 1983, 32~33쪽.

현재 아프리카에서 발견된 장사요 수출용 도자기의 수량은 많지 않으며 북아프리카의 이집트, 동아프리카의 케냐와 탄자니아에서만 발견되고 있다. 케냐의 만다섬Manda, 탄자니아의 우쿠우Unguja Ukuu에서 장사요 도자기가 발견됐다. 비록 아프리카에서 중국 도자기가 대량 발견됐지만 만당 시대의 도자기가 대부분이었고 장사요의 수출용 도자기는 비교적 적다.[22] 이집트 카이로 부근의 푸스타트Fustat 유적에서 60~70만 개의 도자기 파편이 출토 됐고 그중에서 중국 도자기가 12,000여 개에 달했으며 당나라 시기의 도자기 파편으로는 당삼채, 형주백자, 월요도자, 황갈유도자, 장사요도자 등이 있었고 월요도자의 수량이 가장 많았다. 진대수秦大樹의 조사에 의하면 푸스타트에서 출토된 중국 도자기 중에는 장사요도자도 포함돼 있었다.[23]

장사요는 오대 송나라 초기에 쇠퇴했다. 호남성박물관에는 오대 후량 後梁 정명貞明 2년(920)에 만들어진 유하채 쌍란침雙鸞枕과 오대 후당 천성 天成 4년(929)에 만들어진 연자방아 등 장사요의 수출용 도자기가 소장돼 있다. 장사요 유적의 지표층에서 송나라의 주화와 북송의 다각항아리가 발견된 바 있다. 그리고 장사요 류가파廖家壩 유적의 퇴적층에서 북송 호 전요湖田窯의 꽃무늬가 새겨진 도자기 그릇이 출토됐다. 그렇기 때문에 장사요는 가장 늦게는 북송(960~1127) 초기까지 유지되었던 것으로 추 정된다.[24] 북송 태평太平 흥국興國 2년(977)에 페르시아만에 대지진이 발 생하여 중국 물품을 수입하는 주요 항구였던 시라프항이 완전히 파괴됐 다.[25] 장사요의 수출용 도자기는 마침 이 시기에 완전히 생산을 멈추었

---

22 馬文寬·孟凡人, 『中國古瓷在非洲的發現』, 北京 : 紫禁城出版社, 1987, 34~35쪽.
23 秦大樹, 『海交史硏究』 第1期, 1995; 北京大學中國傳統文化硏究中心 編, 『北京大學百年國學 文粹』, 北京 : 北京大學出版社, 1998, 679~690쪽.
24 長沙窯課題組 編, 『長沙窯』, 北京 : 紫禁城出版社, 1996, 235쪽.

11-11 월요청자호越窯靑瓷壺

는데 아마도 이 지진과 일정한 관련이 있는 것으로 추측된다.

장사요 도자기는 가격이 매우 저렴했다. 절강浙江에서 출토된 월요청자 반구호盤口壺는 높이가 47.9cm이고 '가격 일천문價直一千文'이라고 가격이 표시되어 있었다. 그에 비해 장사요의 수출용 도자기 주전자(높이 19cm)는 가격이 고작 '다섯문'에 불과하여 두 도자기 주전자의 크기 차이는 세 배 미만이지만 가격 차이는 무려 200배에 달했다. 그렇기 때문에 가성비가 좋은 장사요의 수출용 도자기는 가격 경쟁력을 앞세워 한때 가장 인기 있는 수출상품이 되었다.

그러나 흥한 것도 가격 탓이요, 망한 것도 가격 탓이었다. 결국 장사요는 품질 문제 때문에 끝내 문을 닫고 말았다. 장사요 수출용 도자기

---

25 馬文寬・孟凡人, 『中國古瓷在非洲的發現』, 北京 : 紫禁城出版社, 1987, 34~35쪽.

는 도기와 자기의 중간 정도로, '석기炻器, Earthenware'라고도 불렸는데 그 품질이 동시대 형요백자나 월요청자에 훨씬 못 미칠 뿐만 아니라 북송 시기에 흥성하기 시작한 정요定窯백자, 경덕진景德鎭청백자 그리고 용천 요龍泉窯자기와는 더더욱 비교도 안 될 정도였다. 북송의 정요백자, 경덕 진백자는 개요開窯하자마자 빠른 속도로 장사요를 대체하여 수출용 도 자기의 주류가 되었다. 용천요는 북송 초년에 절강의 용천에서 개요하 여 내수 물량은 물론 국제시장의 물량까지도 빠르게 잠식했다.

중국의 자기는 동남아시아와 인도, 이란의 고대항구 등 곳곳에서 발견 됐다. 인도네시아 자바섬 부근 해역에서 당삼채, 월요, 장사요의 수출용 도자기가 발견됐고 남인도의 고대 항구인 아리카메두 유적에서 만당에서 원대까지의 도자기 파편이 발견됐다. 또 파키스탄의 카라치Karachi 동쪽 교외 부르반Bhurban의 고대항구 유적에서 만당 월요청자호와 장사요 수출 용 도자기가 발견됐고 페르시아만 아랍 고대 항구인 시라프 유적에서도 형요백자, 월요청자, 장사요 수출용 도자기 등 당송 시기의 도자기 파편이 많이 발견됐다.

4. 침몰선 흑석호黑石號의 발견

현재까지 고고학적 연구에서 발견된 바다밑 침몰선은 대부분 송나라 시기 이후의 것이며 당나라 시기의 침몰선은 매우 드물다. 1976년~1977 년에 한국의 신안 해역에서 원대 침몰선이 발견됐고 남송관요, 용천요, 경덕진요에서 생산된 유명한 도자기 18,000여 점이 나와 세계 고고학계를 놀라게 했다.[26] 1974년에 영파寧波 여요餘姚의 고대 바다 입구 부근에서 당나라 시기의 침몰선 한 척이 발견됐고 선박 안에서 월요청자와 장사동관요 청유青釉채색자기 그리고 소량의 흑유黑釉자기가 나왔는데 그중 수백점은 완전한 상태의 도자기였다. 같은 선박에서는 또 명문銘文이 새겨진 벽돌이 나왔는데 '건녕乾寧 5년(898)'이라는 글씨가 새겨져 있어 당나라 말기의 침몰선이라는 것을 알 수 있었다. 여요는 당나라 시기의 명주明州에 속했고 한반도나 일본으로 가는 선박은 보통 명주항에서 출발하기 때문에 이 선박은 아마도 일본이나 한반도로 가는 국제화물선이었을 것이다. 더욱 중요한 고고학적 발견은 바로 지금 살펴볼 인도네시아 자바 벨리퉁섬Belitung Island해역에서 발견한 흑석호 침몰선이다.

1998년, 인도네시아 어민들이 수마트라 동남해역의 벨리퉁섬 부근해역에서 중세기의 침몰선을 우연히 발견했고 발견된 지점의 이름을 따서 흑석호Batu Hitam라고 이름지었다. 2001년에 선체 인양 작업이 만료되고 중국 도자기와 금은기물이 무려 6만여 점이나 출토됐다. 침몰선 유물의 분류와 정리 작업은 하이델베르크대의 진옥수陳玉秀 여사가 담당했다. 조사에 의하면 침몰선에서 발견된 문물의 대다수가 9세기 중기의 것이며 기년 명문이 있는 도자기들은 모두 만당 시기의 유물이었다. 2년여간의 힘든 작업을 통해 침몰선에서 발견된 6만 여 점의 문물은 대부분뉴질랜드로 이송되어 전문가들이 정리하고 아주 적은 부분만 인도네시아에 남겨졌다. 일부 최고급품은 하이델베르크대으로 이송하여 연구를 진행했다. 타이완대의 사명량謝明良 교수는 장문의 글을 통해 침몰선에서

---

26 李德金, 「朝鮮, 新安海底沈船中的中國瓷器」, 『考古學報』第2期, 北京 : 考古雜誌社, 1979.

11-12 흑석호 침몰선 안에 있던 중국 도자기

발견된 6만여 점의 중세기 도자기의 생산지인 호남의 장사요, 절강의 월
요, 하북의 형요, 하남의 공현요鞏縣窯, 그리고 광동요 계통 등과 관련 문
제에 대해 소개했다. 그는 이 선박이 양주揚州에서 출발하여 광주 등지를
경유해 페르시아만으로 가고 있었으며 목적지는 아마도 페르시아의 유
명한 국제 무역항구인 시라프였을 것으로 추정했다.[27]

흑석호 침몰선이 발견된 지점인 벨리퉁섬은 수마트라 동남해역에 위
치해 있으며 옛 이름은 '마일동麻逸洞'으로 당대 삼불제국三佛齊國에 속했다.
『당회요唐會要』권100의 기록을 보면 천복天復 원년(904)에 "복건도 삼불제
국에서 당나라에 조공을 바치러 온 사신 도번장 포가율립에게 영원장군
을 제수했다(授福建道三佛齊國入朝進奉使, 都蕃長蒲訶粟(栗)寧遠將軍"고 적고 있

---

27 謝明良, 「記黑石號(Batu Hitam)沈船中的中國陶瓷器」, 『臺灣大學美術史研究集刊』第13期,
    臺灣大學藝術史研究所, 2002, 1~59쪽.

다. 독일의 학자 허스Hirth의 고증에 따르면 포가율蒲訶栗의 '포' 씨는 바로 아랍인 중에 흔히 볼 수 있는 인명 Abu의 음역이고 본래의 의미는 '아버지' 이다. 오대에서 송나라, 원나라 시기에 중국에 이주한 아랍교민들이 거의 중국과 남양의 해상통로를 지배하다시피했다. 가장 명성이 자자했던 인물은 바로 포수경蒲壽庚으로 천주泉州에 살았다. 일본의 학자 구와바라 지쓰조桑原隲蔵가 지은 『고사유기考史遊記』에서는 이 일에 대해 상세하게 다루고 있다. 『서산잡지西山雜誌』에 따르면 다음과 같다.

> 포 씨는 오대 시기 유종효가 포화자, 포유량을 점성(지금의 베트남 꾸이년)으로 보내 서양 전운사를 맡게 하였는데 페르시아인이 모두 기뻐했다. 이로 인해 송나라와 원나라 시기로부터 천주 포 씨는 남쪽에서 이름을 날렸다. 포 씨의 지역이 송나라 말기에 배신하였고 포수경은 바다로 나가섬을 차지하여 해적이 되었는데 그곳을 마일사(동) 또는 포단국이라 한다.[28]

'마일사麻逸司'는 아마도 '마일동麻逸同'이 잘못 전해졌거나 또는 '마일동麻逸凍'이라 불렸는데, 이는 바로 흑석호 침몰선이 발견된 벨리퉁섬을 가리킨다.[29]

흑석호의 선체가 야자껍질을 엮어 만든 것으로 보아 페르시아 선박일 가능성이 높다. 1세기부터 페르시아인들은 바닥이 뾰족한 외돛배를 만들기 시작했고 선체를 식물섬유로 봉합했기 때문에 '외돛봉합목선'이라고

---

28 『西山誌』. "蒲氏蓋從五代留從效使蒲華子, 蒲有良之占城, 司西洋轉運使, 波斯人鹹嘉爲號矣. 故自宋元以來, 泉郡之蒲氏, 名於天南也. 蒲厝宋末背叛, 蒲壽庚航海居菲, 一曰麻逸司(同), 一曰蒲端國也."
29 陳佳榮·謝方·陸峻岭, 『古代南海地名匯釋』, 北京 : 中華書局, 1986, 208쪽.

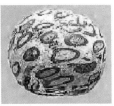

11-13 베레니스항에서 출토된 자바 유리구슬. 6세기~9세기

불렀다. 『남방초목상南方草木狀』(약 4세기에 완성)의 기록에 따르면, "광랑자나무는 종려나무와 흡사하고 껍질로 두레박줄을 만들 수 있고 물을 만나면 부드럽고 질기어 오랑캐들은 이것을 엮어 배를 만든다(桄榔樹實似並櫚, 其皮可作緪, 得水則柔韌, 胡人以此聯木爲舟)"고 했다. '오랑캐'는 페르시아 또는 중앙아시아인을 가리키는데 여기서는 페르시아인을 가리켰을 것이다. 선박 제조기법으로 보면 흑석호 침몰선은 페르시아의 '외돛봉합선'과 일맥상통하여 페르시아 선박계통에 속하지만 야자껍질로 선체를 봉합한 것은 곤륜박崑崙舶의 특징이다. 페르시아에는 야자가 없기 때문에 이 배는 페르시아 배가 아닌 것 같다. 이 침몰선은 포수경 가문이 지배했던 곤륜박일 가능성이 더 높다. 당나라 혜림慧琳이 지은 『일체경음의一切經音義』에서는 곤륜박에 대해 "야자껍질로 줄을 만들어 묶어 동여매고 감람에서 나온 엿으로 구멍난 곳을 막아 못을 박지 않아도 물이 새어들지 않았다(用椰子皮爲索連縛, 葛覽糖灌塞, 令水不入, 不用釘)"고 적고 있다. 중국의 고서에서 곤륜은 흔히 동남아시아를 가리키기 때문에 '곤륜박'은 아마도 동남아시아의 선박을 가리킬 것이다. 홍해 연안의 베레니스항Berenice에서는 6세기~9세기에 자바에서 생산한 유리구슬이 대량 발견됐다.

당나라 말기에 곤륜박은 자주 장강長江 상류의 양주揚州까지 멀리 항해했다. 만당의 시인 최애崔涯가 시를 지어 양주의 한 기생을 조롱했는데, "비록 소방목蘇方木을 얻었지만 아직도 대모玳瑁 껍질을 탐낸다. 열 달 동안 아기를 배어 곤륜아를 낳았다(雖得蘇方木, 猶貪玳瑁皮. 懷胎十個月, 生下崑崙兒)"고 말했

11-14 대모(좌)와 소방(우)

다.[30] 대모는 바다거북과 동물의 등껍질로 남해와 인도양에서 생산된다. 소방목은 줄여서 '소방蘇方'이라고도 하며 동남아 특유의 빨간색 염료를 만드는 목재다.[31] 위진남북조 시기에 소방목이 이미 중국에 전해졌다. 진晉 나라 시기의 최표崔豹는『고금주古今注』「초목草木」에서 "소방목은 부남(지금 의 캄보디아), 임읍(지금의 베트남)에서 나는데 외국에서는 가늘고 부스러진 것을 삶아서 물들이는데 썼다(蘇方木出扶南 · 林邑, 外國取細破, 煮之以染色)"고 했다. 이로부터 포수경 가문을 대표로 하는 중국화된 아랍인들이 곤륜박 을 지배했고 만당 시기부터 이미 홍해에서 남중국해에 이르는 국제 무역의 핵심 역량이 되기 시작했다는 것을 알 수 있다.

흑석호 침몰선에서 나온 청동거울 등 연대가 기재된 문물들은 대부분 만당 시기의 것이다. 그중 팔괘사신八卦四神 청동거울은 뒷면에 "건원 원년

---

30 이 이야기는 매우 널리 알려져 있으며 본문은『태평광기太平廣記』권256 「조초4嘲誚四 · 최 애崔涯」에서 인용했다.

31 Edward Hetzel Schafer, 吳玉貴 譯,『唐代的外來文明』, 北京 : 中國社會科學出版社, 1995, 460쪽.

당나라 사신四神 십이생十二生 이십팔수二十八宿
팔괘八卦 명문銘文거울

흑석호에서 출토된 양주揚州 팔괘거울

11-15 흑석호 침몰선에서 발견된 당나라 시기 청동거울

(758) 무술戊戌 11월 9일 양주의 양자강심에서 단조되었다(乾元元年戊戌十
一月九日於揚州揚子江心百煉造成)"는 내용의 명문이 새겨져 있었다. 그밖에도
침몰선에서는 칠기 두 점과 석제 벼루 한 점, 부서진 먹 약간이 발견됐다.

흑석호 침몰선에서 출토된 금은기물은 대부분 만당 시기의 물건으로
꽃무늬가 새겨진 잠화鏨花(끌을 이용해 금속에 문양을 새기는 기법—역자) 황금
기물 11점, 금박 2kg, 도금한 백은기물 20점 그리고 일부 자바 현지의
금은기물 등이 있다. 기물의 종류는 법문사 지하궁에서 출토된 금은기물
과 유사하다. 안사의 난 이후 당 왕조의 금은기물 공예는 심각한 타격을
받았고 출토된 실물로 볼 때 만당 시기의 금은기물예술은 점차 쇠락의
길을 걷고 있음이 뚜렷하게 드러났다. 법문사 지하궁에서 출토된 금은기
물에는 황실 용품도 일부 포함돼 있었으나 공예 수준은 당나라 초기 섬서

陝西 하가장何家庄 지하에 저장된 금은기물에 훨씬 못 미친다.

흑석호 침몰선에서 발견한 유물 중에는 도자기가 약 90%를 차지한다. 흑석호의 도자기 가마의 계통을 정리해 보면 다음과 같다.

① 광동요 계통 : 고래 두 개와 주둥이가 달린 청자항아리, 테두리 네 면이 꽃모양인 청자그릇, 바닥이 둥근 청자사발, 청자그릇 등이 있다.

② 형요 계통 : 백자주전자, 백자그릇, 백자잔, 백자잔받침, 백자 천대 호穿帶壺(자라병처럼 귀가 있어 차고 다닐 수 있게 만든 병-역자), 두껑 달린 백자 항아리, 주둥이 달린 백자주전자 등이 있다. 중국 최초의 백자는 하남 안 양 북제北齊 범수范粹의 묘에서 출토된 백유병과 백유잔이다. 이 기술은 수당 시기에 이르러 완전히 성숙한 수준에 이르렀고 수나라에서 당나라 초기에는 유약을 반만 바르고 당나라 말기에는 유약을 전체 다 발랐다. 형요백자는 세상에 널리 명성을 떨쳤고 당나라에 이르러 "천하에 귀천 을 막론하고 통용(天下無論貴賤通用之)"하는 명도자기가 됐다. 문헌기록을 보면 당나라 시기 광주에서도 백자를 만든 바 있다. 당나라 이적李勣이 새 로 지은『본초本草』에서는 "백자가루는 별다른 독성이 없고 광주의 것이 가장 좋으며 다른 것은 다 이보다 못하다(瓷屑, 平無毒, 廣州良, 餘皆不如)"고 했다. 하지만 광주 지역 내지는 강남 지역에서 아직까지 백자요의 가마 터가 발견되지 않았다.

③ 장사요 계통 : 손잡이 달린 청자항아리, 청자찻잔, 첩화갈채 청자주 전자, 청자바리, 청자접시, 청자그릇, 청자개, 유하채회그릇, 테두리 네 면이 꽃모양인 녹유물잔 등이 있다. 장사요는 문헌기록에 없으며 발굴된 실물로 보면 당나라 시기에 성행하기 시작하여 오대(618~959) 시기에 쇠망했다. 장사요의 중국도자기 역사에 대한 가장 큰 기여는 최초로 유하

11-16 흑석호 금은기물

채 기술을 발명하여 청자의 단조로운 색채의 한계를 뛰어넘었다는 것이다. 먼저 유하갈채, 그 다음에 이어서 갈녹채 도자기를 만들어냈다.[32]

④ 공현요 계통 : 뚜껑 달린 백자항아리, 백자그릇, 녹채 백자천대호, 백유녹채천대호, 백유녹채쟁반, 백유녹채물잔, 테두리 네 면이 꽃모양인 백유녹채쟁반, 백유녹채그릇, 백유녹채함, 삼족 뚜껑 달린 백유녹채바리, 백자녹채주전자, 테두리 네 면이 꽃모양인 백유녹채그릇, 테두리 네 면이 꽃모양인 백유녹채접시, 백유황녹채 첩화 용무늬 그릇, 테두리가 꺾인

32　肖湘,「唐代長沙銅官窯址」,『考古學報』第1期, 北京 : 考古雜誌社, 1980.

11-17 흑석호에서 출토된 공현요 삼채도자기

백유녹채쟁반('진봉進奉'이라는 명문 새김), 굽이 둥근 백유녹채주전자, 백유
녹채큰항아리, 녹채주전자, 녹채대접, 녹유화그릇, 굽이 둥근 백유녹채물
잔, 유약녹채흡배吸杯, 청화쟁반 등이 있다.

⑤ 월요 계통 : 굽이 옥벽玉璧(납작한 고리형 옥기물)모양인 청자그릇, 사각
형 청자각화刻花접시, 청자 타호(가래침 뱉는 그릇), 테두리 네 면이 꽃모양인
청자각화그릇, 손잡이 달린 청자주전자, 뚜껑 달린 청자함, 물고기 모양의
청자각화천대호, 테두리 네 면이 꽃모양인 사발, 테두리가 꺾인 청자쟁반,

11-18 페르시아의 유약을 바른 도자기

청자투각향합, 귀 달린 청자쟁반, 청자각화천대호 등이 있다. 중국 청자예
술의 최고 수준을 자랑하는 월요청자는 주로 당 오대에서 북송 시기까지
성행했다.

　⑥ 페르시아 석유도錫釉陶 계통 : 페르시아 비취남유翡翠藍釉 암포라, 귀
달린 청유큰항아리 등이 있다. 1965년에 복주福州의 오대 시기 유화劉華
의 묘에서 페르시아 공작남유孔雀藍釉 도기병 세 점이 출토됐다. 병 전체
에 유약을 발랐는데 색깔이 빛나고 투명했으며 병의 내벽은 청회색이고
도태陶胎는 감귤색이며 재질이 푸석푸석했다. 작은 구부口部와 풍만한 몸

체, 굽다리가 작고 안으로 옴폭 들어갔다. 높이는 77.5~78.2cm, 구경은 13~14cm, 복경腹徑은 40~41cm, 저경底徑은 16cm이다. 유화는 민국閩國의 제3대 왕인 왕연균王延鈞의 후궁이며 후당 장흥長興 원년(930)에 사망했다. 이런 유형의 페르시아 유도병은 유화묘의 발견으로 인해 제작연대를 확인할 수 있었다. 1965년에 강소성江蘇省 양주의 남쪽에서 페르시아의 취녹유翠綠釉 도자기주전자 한 점이 출토됐다. 주전자의 높이는 38cm, 구경은 9cm, 저경은 10cm였다. 화학 분석 결과 이 주전자는 칼슘 마그네슘 함량이 비교적 높고 유색이 나트륨-칼슘 계통에 속하며 착색제는 구리를 위주로 하는 등 중국의 전통적인 저온 유도釉陶와는 뚜렷한 차이를 보였다. 보도에 의하면 양주에서 최근에 이런 종류의 도자기 파편 200~300여 개가 출토됐다고 하며 출토상황으로 보아 8~9세기의 유물인 것으로 판단된다.

　⑦ 당나라 청화靑花 : 흑석호 침몰선에서 가장 중요한 발견은 바로 청화 도자기쟁반 세 점이다. 청화는 당나라 시기에 출현하기 시작했지만 보기가 극히 드물고 전 세계에서 현재까지 전해 내려온 온전한 당나라 시기의 청화도자기는 불과 네다섯 점밖에 없으며 모두 해외에 흩어져서 현재 각각 덴마크, 미국, 홍콩 등에 소장돼 있다. 1980년대 초에 양주의 당나라 유적에서 소량의 청화도자기 파편이 발견된 바 있다. 한국 신안의 원나라 침몰선에서 도자기 2만여 점이 발견됐지만 그중에 청화도자기는 없었다. 따라서 당나라 시기에 청화도자기가 있었는지 여부에 대해 줄곧 논쟁이 끊이지 않았는데 흑석호 청화도자기의 발견은 이 문제의 논의에 중요한 근거를 제공했다.

　안사의 난이 발생한 후 중원의 경제가 심각하게 파괴되자 중국의 경제

11-19 흑석호에서 발견된 당나라 청화도자기

중심은 점차 남방으로 옮겨갔다. 장사요에서 생산된 수출용 도자기는 가장 중요한 국제 무역상품이 되어 동남아, 인도, 페르시아 내지는 동아프리카의 탄자니아까지 수출됐다. 장사에서 수로를 통해 광주로 갈 때 흔히 양주를 거쳐 갔고 따라서 장강 하류 지역의 중요한 항구인 양주가 동방에서 가장 큰 국제 무역항구 중의 하나가 되었고 수많은 아랍과 페르시아, 동남아 상인들이 양주로 몰려들었다. 등경산鄧景山이 양주 장사長史에 부임했을 때 "유전이 반란을 일으켜(약 761) 평로 부대사 전신공이 병마를 거느리고 역적을 토벌하였는데 양주에 이르러 백성의 재산을 대거 약탈하고 회초리로 때리고 감추어둔 물건을 빼앗으며 대식국과 페르시아에서 온 외국 상인을 수천 명 죽였다(會劉展作亂, 引平盧副大使田神功兵馬討賊. 神功至揚州, 大掠居人資産, 鞭笞發掘略盡, 商胡大食, 波斯等商旅死者數千人).[33] 그래서 양주에서 출토된 당나라 시기 유물 중에 아랍과 페르시아의 상품이 많이 있었던 것이다.

도자기가 국제 무역상품이 되기 위해서는 우선 해로의 개통이 필수적이었다. 실크로드의 개척이 서방 사람들이 동방을 이해하는 데 창문을 열어주었다고 한다면 만당 이래 해상 도자기길의 개척은 세계가 중국을 이해하는 데 또 다른 창문을 열어주었다고 할 수 있다. 송나라 주욱朱彧의『평주가담萍州可談』권2의 기록에 따르면 "한나라의 위용은 서북까지 미치었으니, 서북쪽 나라들은 중국을 한이라 불렀고, 당나라의 위용이 동남쪽에 미치었으니 남쪽 나라의 오랑캐들은 중국을 당이라고 불렀다(漢威令行於西北, 故西北呼中國爲漢. 唐威令行於東南, 故蠻夷呼中國爲唐)"고 했다. 또한 원나라 주달관周達觀의『진랍풍토기眞臘風土記』와『명사明史』「진랍국眞臘國」에서도 마찬가지로 "당인이라 함은 다른 나라에서 중국 사람을 부르는 것이니 무릇 외국에서 다 그렇다(唐人者, 諸番呼華人之稱也, 凡海外諸國盡然)"고 했다.

---

33 『舊唐書』「田神功傳」.

5. 송나라 시기의 해상교통

당나라 안사의 난 이후 토번, 거란, 여진, 몽골 등의 소수민족들이 잇달아 흥기하며 송나라는 요나라와 금나라의 위협을 받아 점차 동남쪽 구석으로 밀려났다. 군비와 관원들의 녹봉 등의 지출이 막대한 데다 매년 엄청난 규모의 '세폐歲幣(중국 역대 왕조가 북방의 유목국가에 일정액의 물자를 수여하기로 한 외교적 화친정책—역자)'까지 부담해야 했기에 어쩔 수 없이 새로운 수익원을 개척해야 했고 그래서 해외 무역을 더욱 중요시했다. 당나라 시기의 시박市舶(외국 상선) 기구를 보완하고 항구를 준설했으며 부두를 확대하여 중국상인들이 바다로 나가 해상 무역을 진행하도록 적극 지원했다.

다른 한 편으로 십자군 원정과 셀주크 돌궐인의 흥기에 따라 활발했던 아랍 상인들은 무역의 시선을 동방으로 돌리게 되었고 동방과의 상업통로를 개척하여 갈수록 빈번하게 중국 동남연해 항구를 드나들었는데 이는 객관적으로 송나라 시기 해외 무역에 매우 유리한 환경을 제공했다. 송나라 시기의 대외 무역 항구는 무려 20여 개에 달했고 광주, 천주泉州, 명주, 항주, 밀주密州 등 5개 시박사市舶司(해상 무역관계의 사무를 담당한 관청—역자)을 설치했다. 시박사 밑에는 또 시박무市舶務, 시박장市舶場 등의 산하기구를 두었다. 송 신종宋神宗 원풍元豊 3년에 나라에서는 정식으로 '광주시박조례'를 개정하고 전담 관원을 두고 시행하였으며 각 지역 시박사들도 따라 적용하게 했다.

기술적인 조건으로 볼 때 조선 기술과 항해 기술의 발전 또한 송나라 시기 해외 무역을 크게 촉진시켰다. 송나라 시기 조선업의 규모와 제조기술은 전 왕조에 비해 장족의 발전을 이루었다. 중국 동남연해 주요 항

11-20 돈황벽화 속의 송나라 시기의 선박

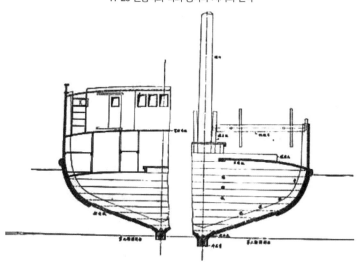

11-21 천주에서 출토된 송나라 시기의 선박

구들은 모두 조선업이 매우 발달했고 제조한 선박들은 적재량과 속도, 안정성 등이 뛰어났고 항로 방향을 조정할 수 있으며 갑판이 두텁고 수밀 선실도 갖추었다. 당시 중국 선박의 적재량과 풍랑을 견디는 성능은 세계에서 앞선 수준이었다. 항해 기술의 발전은 선원들이 무역풍을 이용해 출항 또는 귀항하고 기후변화를 통해 밀물 썰물과 풍향, 날씨의 맑고 흐름을 판단하는 데서 드러난다. 주사舟師는 또 아랍인이 발명한 '견성술牽星術(천문항해술)'과 수심탐측 기술을 익혔고 중국인이 발명한 나침반을 항해에 활용하여 방향을 판단했으며 상세한 항로지도를 만들었다. 이러한 새로운 기술의 출현은 송나라 시기 해외 무역의 발전을 크게 촉진했다. 중국이 당대에는 단지 인도양 해상국제 무역의 경쟁에 참여하기 시작했다고 한다면 북송 이후부터는 점차 인도양의 해상권을 지배하기 시작하여 복건성 천주, 남중국해 내지는 남인도 해역에서 끊임없이 송나라 시기 침몰선이 발견됐고 동남아, 중동 내지는 아프리카대륙의 고대 유적에서 정요백자, 경덕진청백자, 용천요 등의 송나라 시기 수출용 도자기 파편들이 발견됐으며 심지어는 해안선에서 멀리 떨어진 돈황벽화 속에서도 송나라 시기 해상선박의 위용을 볼 수 있었다.

천주泉州 사람들은 일찍이 송나라 시기부터 '동유桐油와 쇠못'을 사용하여 세상에서 가장 선진적인 선박 종류인 '복선福船'을 제조했다. 복선은 중국의 전통적인 평저형 선박이 아니라 아랍선박을 본떠 선체를 칼처럼 날카롭게 만들었다. 1925년에 천주만泉州灣의 후제항後渚港에서 이런 송나라 시기 선박 한 척이 출토됐는데 잔존한 선체의 길이가 24.2m, 너비가 9.15m였고 복원 후의 길이가 36m, 너비가 11m에 달할 수 있으며 적재량이 200t 이상으로 당시 천주에서 제조한 중형 해상화물선박이다. 단면

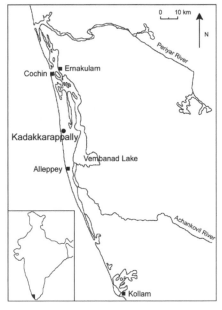

11-22 남인도 서해안의 타이카르 침몰 지점   11-23 타이카르 침몰선 발굴현장

모형을 보면 복선에는 수밀 격벽 구조의 선실이 13개가 있다. 수밀 격벽 구조의 선실은 중국에서 당나라 시기에 최초로 사용했고 유럽보다 1100여 년이나 빠르다.

2003년, 인도와 영국의 합동고고학연구팀이 남인도의 서해안에서 중세기 침몰선 한 척을 발견했으며 출토지점은 케랄라Kerala주의 코친Cochin시 남쪽에 있는 타이카르 카다카라팔리Thaikkal Kadakkarappally이다.

이 침몰선의 길이는 22m에 달하며 오늘날 '타이카르Thaikkal 침몰선'이라고 부른다. 선박의 바닥은 넓고 평평하며 밀봉 방수 처리된 선실이 있고 대량의 못을 사용한 점이 아랍, 페르시아 또는 인도식의 봉합목선과는 뚜렷한 차이를 보인다. 복건성 천주에서 발견된 13세기의 중국선박은 평저형에 밀봉 방수 선실이 있고 용골과 줄기모양莖狀物 혹은 고물艉板, 넓고 평평한 바닥, 직각형 전환부, 다층구조의 갑판과 뱃머리, 선미船尾 구조 등이 특징이며 특히 쇠못을 대량 사용하여 부품을 연결했다. 따라서 타이카르 침몰선은 중국 선박이 틀림없다.

탄소14 연대 수치에 의하면 이 배는 11세기 초에 침몰했으며 북송 시기에 중국의 해상조선업이 미 인도양의 해상패권을 쟁탈하는 데 참여했다는 사실을 다시 한번 입증했다.[34]

---

34 Victoria Tomalin et al., "The Thaikkal-Kadakkarappally Boat : an Archaeological Example of Medieval Shipbuilding in the Western Indian Ocean", *The International Journal of Nautical Archaeology* 3(2), 2004, pp.253~263.

티베트족Tibetan의 형성 및 외부와의 왕래

당번고도의 개척

「당번회맹비唐蕃會盟碑」와 「대당천축사출명大唐天竺使出銘」

토욕혼吐谷渾과 청해성靑海省 도란현都蘭縣의 토번吐蕃무덤

티베트고원의 고고학적 새 발견과 토번의 권신權臣 가르噶爾 가문

1. 티베트족Tibetan의 형성 및 외부와의 왕래

당번고도의 '번'은 토번吐蕃, 즉 티베트고원에 분포한 티베트족을 가리킨다. 현대의 티베트족은 중국 서남 4대 부족인 토번, 소비蘇毗, 양동羊同, 토욕혼土谷渾이 서로 융합되어 형성됐으며 당번고도의 연구는 주로 토번의 4대 부족과 외부의 왕래를 중심으로 이루어졌다.

토번인은 라사邏些, Lha-sa(지금의 라싸)를 중심으로 하며 이곳은 토번 문명의 발상지이자 정치·문화의 중심이다. 2세기에 그리스 작가 마리노스의 『지리학 이야기』에서 중국의 서부에 Bauta인이 있다고 언급했고 노르웨이의 인도학자인 크리스티안 라쎈Christian Lassen은 그 이름이 바로 인도 산스크리어의 bhota라고 믿었다. 당나라 예언禮言이 쓴 『범어잡명梵語雜名』에도 '토번'이라고 적혀 있다. 토번이라는 이름은 간다라어로 된 문헌에서 bhoti[1]로 적고 있는 것으로 보아 토번인과 타림 분지의 거주민들이 아주 일찍부터 왕래했음을 알 수 있다. 간다라어로 된 문헌에 토번이 두 차례 언급됐다.

---

1   G. Lassen, *Indische Altertumskunde*, vol.III, Bonn, 1861, p.132.

한번은 스타인의 수집품 제69호 문서에서 bhoti nagara(토번성)이라 적었고 또 한번은 스타인의 수집품 제84호 문서에서 bhotici manuśa(토번인)이라 적었는데 바로 로마 티레Tyre의 작가 마리노스의 저서 『지리학 이야기』에서 언급한 bhautai인을 가리킨다. 현재까지 알려진 티베트인과 관련한 가장 오래된 문자 기록 중의 하나이다.[2]

소비인은 티베트 북쪽, 그리고 신강 곤륜산과 아얼친阿爾金산맥 사이에서 유목생활을 했고 용맹하고 전투에 능했으며 토번 군대는 주로 소비인들 중에서 병사를 뽑았다. 신강에서 출토된 거로문자로 표기한 간다라어 문헌과 우전어 문헌에서는 여러 번 Supiya인을 언급했다.[3] 이들은 매우 강하고 용맹한 유목 부족이었고 자주 곤륜산에서 타림 분지로 내려와 우전, 선선 등 오아시스 왕국의 거주민들과 충돌이 발생하곤 했다.[4] 이 민족의 이름은 처음에는 '선비'로 잘못 해석됐다. 티베트학을 전문으로 연구하는 영국의 학자 토마스F. W. Thomas는 폴 펠리오Paul Pelliot의 연구를 근거로 이같은 오류를 지적하며 Supiya를 '소비인'으로 해석해야 한다고 주장했다.[5]

소비인은 한자 문헌자료에서 비교적 늦게 출현했으며 『수서隋書』 「서역전西域傳」에서 처음 시작됐다. "여인국은 총령(파미르고원)의 남쪽에 위치하며 대대로 여인이 왕이 되었다. 왕의 성은 소비이고 자는 말갈이며 20년 동안 왕위에 있었다. 여왕의 남편은 호가 '금취'이고 정사에 관여하지 않았다. 이 나라의 남자들은 오로지 정벌에만 힘썼다(女國在葱嶺之南,

---

2 林梅村, 「公元100年邏馬商團的中國之行」, 『中國社會科學』 第4期, 1991; 林梅村, 『西域文明』, 北京 : 東方出版社, 1995.

3 H.W. Bailey, *Khotanese Texts*, vol.VII, Cambridge, 1985, pp.79~81.

4 林梅村, 『沙海古卷－中國所出佉盧文書初集』, 北京 : 文物出版社, 1988.

5 Paul Pelliot, 馮承鈞 譯, 「蘇毗考」, 『西域南海史地考證譯叢』 第1輯, 北京 : 商務印書館, 1962; P.Pelliot, *Notes on Marco Polo*, vol.II, 1963, pp.704~706.

其國代以女爲王, 王姓蘇毗, 字末羯, 在位二十年, 女王之夫號曰'金聚', 不知政事. 國內丈夫唯以征伐爲務)." '금취'는 산스크리트어의 suvara-gotra를 옮긴 것으로 뒷부분의 gotra는 '가족'이라는 뜻이다. 그렇기 때문에 『대당서역기』 권4에서는 '금씨金氏'로 번역됐으며 "소벌나구달라국(수바르나고트라)이 있는데 당나라에서는 금씨라고 불렀다. 금이 많이 나므로 그렇게 이름하였다. 땅은 동서방향으로 길고 남서방향으로 좁으며 바로 동여국이다. 대대로 여인이 왕이었기에 여인으로 나라이름을 칭했다. 여왕의 남편도 왕이 되지만 정사에 관여하지 않았다. 이 나라의 남자들은 오로지 정벌과 농사일만 맡았다. 땅이 보리를 심기에 적합했고 양과 말을 많이 길렀다. 기후가 매우 춥고 사람들의 성격이 급하고 사나웠다. 동쪽으로는 토번국과 맞닿아 있고 북쪽으로는 우전국과 맞닿아 있으며 서쪽으로는 삼파가국과 맞닿아 있다(有蘇伐剌瞿呾羅國, 唐言金氏. 出上黃金, 故以名焉. 東西長, 南北狹, 卽東女國也. 世以女爲王, 因以女稱國. 夫亦爲王, 不知政事. 丈夫唯征伐田種而已. 土宜宿麥, 多畜羊馬. 氣候寒列, 人性躁暴. 東接吐蕃國, 北接于闐國, 西接三波訶國)"고 했다.[6] 소비인은 전성기 때 티베트고원의 중부와 서북부를 지배했고 7세기후 토번왕 낭일논찬朗日論贊에 의해 합병됐다.

토번의 유명한 대신 녹동찬祿東贊이 바로 소비인이다. 토번의 송찬간포松贊干布가 정관 8년(634)에 처음으로 장안에 사절단을 파견하여 당태종의 융숭한 대접을 받았고 답례로 같은 해 견당사遣唐使를 토번으로 보냈다. 궁중화원 염립본閻立本이 이 토번사절단을 위해 〈직공도職貢圖〉를 그렸는데 바로 후세에 길이 전해진 〈보련도步輦圖〉다. 그림의 내용은 토번사절단을

---

6   季羨林 外, 『大唐西域記校註』, 北京 : 中華書局, 1985, 408쪽.

12-1 염립본의 〈보련도〉 속 녹동찬(가운데)

이끈 수령 녹동찬이 소그드 예술양식의 연주조문(連珠鳥紋, 구슬 모양의 원무 늬를 구슬을 꿰맨 듯 연결시킨 테두리에 새가 있는 문양—역자) 비단옷을 입고 송찬 간포를 대신하여 당태종에게 혼인을 청하는 성대한 광경을 묘사했다.

양동인羊同人(또는 상응象雄)은 지금의 티베트 남서부에 있는 지룽吉隆, 아리 阿里와 커스미얼克什米爾의 라다커拉達克 사이에서 생활했다. 이곳은 예로부 터 지금까지 줄곧 종교 성지였고 토번인의 원시적 종교인 분교苯敎가 바로 상응에서 기원했다.

3세기 말에서 4세기 초에 섭귀선우涉歸單于의 서장자庶長子인 토욕혼이 부족을 이끌고 모용선비慕容鮮卑에서 분리하여 서쪽으로 지금의 내몽고 음산 陰山 지역으로 옮겨갔다. 서진西晋 시기 영가永嘉 말에 다시 음산에서 남하하여 농서隴西(지금의 감숙성甘肅省 임하臨夏)의 서북 지역에 이르렀고 그곳에서 대대 로 거주하며 남쪽, 북쪽, 서쪽 삼면으로 영토를 확장하여 지금의 감숙성 남부, 사천성四川省 서북부, 청해성青海省 등 지역의 저氐족, 강羌족 등의 부족들 을 지배했다. 토욕혼의 손자인 엽연葉延은 한족 제왕의 전통을 본떠 조부의 이름을 성씨로 하고 또한 '국호'로 정했으며 국가를 통치하고 관리하는 간단한 정치기구를 기본적으로 형성했다. 그 후부터 토욕혼은 한 사람의 이름이 아니라 성씨가 되었고 부족 이름 내지는 나라 이름이 되었다. 지금의 청해, 감숙 지역의 티베트족은 대부분 토욕혼의 후예이며 요동에서 이주한 모용선비족의 후예로서 '안다인安多人'이라고 불리기도 한다. 오늘날의 달 라이라마는 사실상 청해의 안다인이다. 그 외에도 청해 지역은 티베트고원 에서 식량 산지로 유명하며 토번의 곡식창고라는 별명을 갖고 있다.

토욕혼은 서쪽으로 우전과 인접해 있다. 누란 선선 왕국이 멸망한 후 토욕혼인들이 타림 분지 동부에 진입했고 누란 문명은 토욕혼인들에게

12-2 미란토번수보

의해 전승됐다. 신강의 미란토번수보米蘭吐蕃戍堡는 본래 토욕혼수보였으며 돈황의 양관陽關에서 출발하여 서남쪽으로 가면 미란에 이를 수 있다. 이 고대 비단길이 바로 중국의 속담에 나오는 양관대도陽關大道다.

미란고수보米蘭古戍堡는 감신甘新(감숙-신강)도로의 중요한 구간에 위치해 있고 남북으로 너비가 약 56m, 동서로 길이가 약 70m에 달하며 불규칙적인 정사각형을 띠고 있다. 성의 담벼락은 흙을 단단하게 다져 쌓았는데 흙속에는 고리버들가지가 섞여 있고 흙 위에 또 흙벽돌을 쌓아올렸다. 서쪽 담벼락에 5~6m 너비의 빈 구간이 두 구간 있는데 아마도 성문일 것이다. 북쪽은 계단 형태의 큰 언덕이 있고 움푹하게 낮은 곳에서부터 북쪽 담벼락까지 언덕을 따라 집을 지었는데 지붕은 평평하고 문이 없으며 그 구조형식이 티베트의 포탈라Potala궁과 유사했다. 보루의 동쪽은 규모가 아주 큰 집이 있고 남쪽은 높이가 거의 13m에 달하는 평대±台이고 평대 위에 봉화장대가 세워져 있는데 아마도 봉화대 유적인 듯하다.

미란고수보의 동서 양쪽에는 많은 불탑과 거대한 규모의 사원 유적이 배열돼 있으며 오늘날 각각 동대사東大寺, 서대사西大寺라고 불린다. 서대사

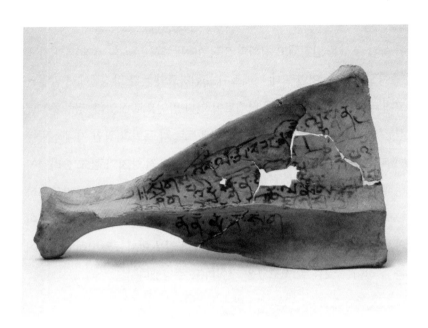

12-3 미란에서 출토된 고대 티베트어로 기록된 점 치는 뼈ㅏ骨

는 선선 왕국 시기의 것이며 사원의 벽에 간다라예술 양식의 벽화가 그려
져 있다. 동대사는 토욕혼 시기의 것이며 그렇기 때문에『양서梁書』에서
토욕혼을 "나라에 불법이 있다(國中有佛法)"고 했다. 동대사의 현존하는
건축물은 높이가 약 6m이고 아래위 두층으로 나뉘며 외곽은 비교적 높
은 담벼락으로 둘러싸여 있다. 사원 내에는 12×0.6×2.4m의 불상을 안
치하는 불단이 있고 불교 조각상은 굽타Gupta 예술양식을 띠고 있다. 불단
내에는 반부조半浮彫 형식의 보살과 천왕상이 잔존하며 그 아래 주위에는
권운기둥卷雲柱头 부조가 남아 있다. 불당 폐허 동쪽의 건축물 아래에는 대
형 좌불 조각상과 불두佛頭가 남아 있다.

지금까지 알려진 최초의 고대 티베트어 문헌은 모두 토욕혼인들이 사
는 지역에서 발견됐다. 스타인은 미란토번수보에서 대량의 고대 티베트

어 목간 조각을 발견했고 청해의 도란현都蘭縣에서 토욕혼 비명碑銘과 간독簡牘이 출토됐다. 이런 고대 티베트어 문헌자료와 돈황 장경동에서 발견된 고대 티베트어 불경은 모두 티베트어 안다 방언으로 쓰였다. 당중종唐中宗 경룡景龍 4년(710)에 금성金城공주가 티베트로 가 토번의 왕인 기예축찬棄隸縮贊과 혼인했다. 금성공주는 티베트에 간 후 우전 등지의 불교 승려들이 티베트로 와서 사원을 짓고 불경을 번역하도록 도왔으며 당나라로부터 『모시毛詩』, 『예기禮記』, 『좌전左傳』, 『문선文選』 등의 경전과 서적을 얻어 와서 토번 문명을 더욱 빛나게 했다. 따라서 일부 학자들은 고대 티베트어는 우전어를 토대로 창조됐을 것이라고 주장했다.

2. 당번고도의 개척

장안에서 출발하여 감숙, 청해, 티베트를 경유해 인도로 가는 길은 아주 오래전부터 이미 존재했을 가능성이 높다. 서한의 사신 장건은 대하국에서 장안으로 돌아올 때 "남산을 따라 강족의 땅을 거쳐 돌아 오려고(并南山, 欲自羌中歸)", 이 옛길의 동쪽구간을 거쳐갔다. 북량北涼의 승려 담무갈曇無竭, 유송劉宋의 승려 법헌法獻, 북위의 승려 송운宋雲과 혜생惠生이 이 길의 동쪽 구간을 경유하여 타림 분지의 남쪽 끝에 있는 선선과 우전 왕국에 이르렀고 다시 중앙아시아와 인도로 갔다. 토번의 찬보인 송찬간포는 정관 8년(634)에 처음으로 장안에 사절단을 파견하여 당태종으로부터 융숭한 대접을 받았고 답례로 같은 해에 견당사를 토번에 파견했다. 639년에 네팔의 부리쿠티 데비Bhrikuti Devi공주가 송찬간포와 혼인했고 정관 15년(641)에 당나라의 문성공주가 티베트로 가서 송찬간포와 혼인했다. 경룡 4년(710)에 금성공주가 티베트로 가서 기예축찬棄隸縮贊과 혼인했고 현경顯慶 2년(657)에서 용식龍朔 원년(661)에 당나라가 사신 왕현책王玄策을 네 차례나 토번과 북인도에 파견했다. 당 정관 시기에 현조玄照, 도생道生 등의 승려들이 불경을 구하기 위해 티베트에서 인도로 가면서 이 옛길이 전례없이 번성해졌다. 당나라 시기에만 당나라와 토번 양국 사절단의 상호 왕래가 무려 200여 차례에 달했기 때문에 중국과 외국을 잇는 이 교통요로를 역사상 '당번고도'라고 불렀다.

비록 예로부터 청해 또는 타림분지에서 티베트로 가는 길이 있었지만 라사에서 장안으로 가거나 또는 장안에서 티베트를 거쳐 인도로 간 것은 당나라 문헌에 처음 나타났다.『석가방지釋迦方志』「유적편遺跡篇」에 따르면 다음과 같다.

한나라 시기로부터 당나라 시기에 이르기까지 인도에 가는 길은 많아서 이루 다 말할 수 없고 뒤에 기록한 바와 같다. 당나라 사신이 왕래한 것에 따르면 세 길이 있는데, 그 길을 따르면 또한 유적들을 볼 수 있으니, 순서대로 기록한다.[7]

『석가방지』에서는 장안에서 인도로 가는 길은 동쪽길, 중간길, 북쪽길로 나누었다. 중간길과 북쪽길에 대해서는 모두 선인들의 기술이 있는데 유독 동쪽길, 즉 토번에서 니파라尼婆羅를 거쳐 인도로 가는 길에 대해서는

---

7 『釋迦方志』「遺跡篇」, "自漢至唐往印度者, 其道眾多, 未可言盡, 如後所紀, 且依大唐往年使者, 則有三道. 依道所經, 且睹遺跡, 即所序之."

선인들의 기록을 찾아볼 수가 없었고 심지어는 『대당서역기』, 『구당서』, 『신당서』 등 동시대의 저서에서도 이 길에 관한 기록을 찾아볼 수 없었다. 비록 의정義淨의 『대당구법고승전大唐求法高僧傳』에서 현조 등 승려 여섯 명이 토번에서 인도로 간 것에 대해 소개했지만 구체적인 노선에 대한 서술은 없기 때문에 『석가방지』 속 이 옛길의 기록이 매우 중요하다.

『신당서』「지리지」에 선주鄯州 선성현鄯城縣 아래의 주석을 보면, 장안과 라사 사이 당번고도의 구체적인 노선은 동쪽의 장안에서 출발하여 진주秦州(감숙성 천수天水), 적도狄道(감숙성 임조臨洮), 하주河州(감숙성 임하)를 지나 지금의 청해성 지역에 진입한 후 용지龍支(청해성 민화民和), 선주(청해성 낙도樂都), 선성(청해성 서녕西寧), 적령赤嶺(일월산日月山) 등을 지나 실낙라역悉諾羅驛에 이르며 지금의 청해 지역을 나가서 각천역閣川驛(티베트 북부 나곡那曲), 농가역農歌驛(티베트 북부 양팔정북羊八井北)을 지난 후 라사(티베트 라싸)에 이르는 길로 총 길이가 3,000km에 달한다.

청해에서 네팔 사이 당번고도의 구체적인 노선에 대해서는 『석가방지』「유적편」에서 다음과 같이 언급하고 있다.

동쪽길은 하주 서북에서 큰 강을 건너 만천령에 올라 사백 리를 가면 선주에 이른다. 또 서쪽으로 백 리를 가면 선성진에 이르는데 옛 고주古州땅이었다. 서남쪽으로 백 리를 또 가면 승풍술인데 이는 수나라 시기 서로 교역을 하던 곳이다. 서쪽으로 또 이백 리를 가 청해에 이르면 바닷속에 작은 산이 있고 바다의 둘레는 칠백 여리가 된다. 바다의 서남쪽으로 가면 토욕혼의 도성에 이른다. 또 서남으로 가면 국경에 이르는데 그 이름은 백란강白蘭羌이며 북쪽으로는 적어성積魚城에 이르고 서북쪽으로는 다미국多彌國에 이른다. 또 서남쪽으로 가면 소비국에 이르고 서남을 지나 감국敢國에 이른다. 남쪽으로 가서 조금 동쪽으로 가면 토번국에 이르고 서남쪽으로 가면 소양동국小羊同國에 이른다. 또 서남쪽으로 탄창법관坦倉法關을 건너면 토번의 남쪽 국경이다. 또 동쪽을 향해 조금 남쪽으로 굽어가 말상가삼비관末上加三鼻關을 건너 동남에서 골짜기로 들어가고 열세 개 사다리飛梯와 열아홉 개 잔도棧道를 지난다. 또 동남 혹은 서남으로 칡을 잡고 등나무를 기어오르고 광야에서 사십일을 가면 북인도 니파라尼波羅(이 나라에서 토번까지 약 9천 리길이다)에 이른다.[8]

『석가방지』는 당나라 승려 도선道宣이 650년에 완성한 책인 점을 감안하면 당번고도의 개척은 대략 7세기 중엽에 이루어졌을 것이다.

『신당서』「지리지」와 도선의 기술은 간략하지 않고 또 중국어로 번역된 낯선 티베트의 옛 지명들이 많이 섞여 있어 이 문장만으로는 당번고도의 구체적인 노선을 확실하게 알 수가 없다. 다행히 현대 고고학덕분에 오늘날 우리는 이 옛길의 구체적인 노선을 파악할 수 있었다.

당현종 개원 18년(730)에서 19년(731)에 토번의 사신 명실랍名悉蠟과 당나라의 사신 황보유명皇甫惟明, 최림崔琳 등이 장안과 나사에서 외교활동을 진행했고 이는 개원 22년(734)에 적령(청해 일월산)에 경계를 정하고 비석을 세우며 장을 세워 교역을 진행하기 위한 토대를 마련했다. 1963년에 북경대의 염문유閻文儒 교수가 대학원생을 데리고 감숙성 병령시炳靈寺에

---

8 『釋迦方志』「遺跡篇」. "其東道者, 從河州西北度大河, 上漫天嶺, 減四百里至鄯州. 又西減百里至鄯城鎮, 古州地也. 又西南減百里至故承風戍, 是隋互市地也. 又西減二百里至清海, 海中有小山, 海周七百餘里. 海南南至吐谷渾衙帳. 又西南至國界, 名白蘭羌, 北界至積魚城, 西北至多彌國. 又西南至蘇毗國, 由西南至敢國. 由南少東至吐蕃國. 又西南至小羊同國. 又西南度坦倉法關, 吐蕃南界也. 又東少南度末上加三鼻關, 東南入谷, 經十三飛梯, 十九棧道. 又東南或西南, 緣葛攀藤, 野行四十餘日, 至北印度尼波羅國(此國去吐蕃約爲九千里)."

12-4 당번고도의 풍림진

서 실습을 진행했는데 제148호굴에서 개원 19년 화번부사和蕃副使 위계수魏季隨가 토번에 출사할 때 새긴 『영암사기靈嚴寺記』를 발견했다. 화번대사和蕃大使인 어사대부御史大夫 최림 외에 무릇 71명의 이름이 기록됐는데 모두 각 부部, 대臺, 사寺, 내시성內侍省의 관원과 각 지역의 장리將吏였다. 영암사는 바로 당나라 사람들이 병령사를 부르는 이름이었다. 훗날 토번의 승려가 이 사원에 입주하면서 '병령사'로 이름을 바꾸었다. 병령사는 티베트어의 bum Rgyal-ba億萬佛에서 유래했다.[9] 병령사가 위치한 곳은 당나라 시기 하주에 속하는 지역이었으며 바로 『석가방지』에서 말한 당번고도의 첫 거점인 '하주'이다. 무릇 장안에서 토번으로 가는 사람들은 모두 이곳에서 황하를 건넜는데 그곳 나루터를 진晉나라 시기에는 '풍림진風林津'이라 불렀고

---

9   神亮三郞, 『梵藏漢和四譯對照翻譯名義大集』(京都帝國大學叢書第三), 514~825쪽.

당나라 시기에는 '풍림관風林關'이라 불렀다.[10] 병령사 석굴이 마주하고 있는 황하 남쪽 강변에는 다리의 유적이 남아 있고 강가 거석에는 '천하제일교天下第一橋'라는 다섯 글자가 크게 새겨져 있었는데 오늘날에는 유가협劉家峽 저수지에 잠겼다. 일부 학자들은 풍림진이 이곳에 있었을 것이라 믿었다.[11]

당번고도 감청甘青(감숙-청해) 구간의 또다른 중요한 고고학적 발견은 청해성靑海省 지역 내에 있다. 1983년에 청해문물조사팀이 청해호 동쪽 기슭의 일월산

12-5 청해 일월산의 당번 경계 표지석

日月山 대아활大牙豁의 숲에서 당나라 비석을 발견했는데 비문은 비바람에 씻겨 부식되고 인위적으로 파괴되어 거의 알아볼 수 없었지만 비석머리와 비석을 받치는 대좌臺座는 모두 당나라 비석의 형식이었다.

일월산은 바로 『석가방지』에서 말한 당번고도 상의 적령이다. 『구당서舊唐書』 「이호전李蒿傳」의 기록에 따르면 개원 21년(734)에, "금성공주가 9월 1일에 적령에 비석을 세워 번과 한의 경계를 정하기를 청하는 말씀을 올렸고 비석을 세우는 날에 장수규, 이행위를 불러 토번의 망포지와 같이 가서 지켜보라고 하였다(金城公主上言, 請以九月一日樹碑于赤嶺, 定蕃漢界. 樹碑之日, 詔張守硅, 李行禕与吐蕃莽布支同往觀焉)"고 했다. 또한 『신당서新唐書』 「토번

---

10 『太平環宇記』.
11 陳小平, 『唐蕃古道』, 西安 : 三秦出版社, 1989, 50~51쪽.

전吐蕃傳」에 의하면 동맹을 맺기 위해 토번으로 간 당나라의 사신 유원정劉元鼎은 장경長慶 2년(822)에 적령을 지날 때 "신안왕 이위와 장수규가 정한 봉석은 다 넘어졌지만 오직 오랑캐가 세운 비석만이 남아 세워져 있다(信安王禕, 張守珪所定封石皆仆, 獨虜所立犾存)"고 했다. 일월산에서 발견한 이 당의 비석은 바로 개원 시기 당번唐蕃 경계 표지석이다.[12]

3. 「당번회맹비唐蕃會盟碑」와 「대당천축사출명大唐天竺使出銘」

당唐 목종穆宗 장경 원년(821)에 토번의 사신 납라納羅가 장안에서 재상 최식崔植과, 그리고 당나라의 사신 유원정이 라사에서 찬보贊普 적열파赤熱巴와 각각 만나 동맹을 맺고 생구지호甥舅之好(외조카와 외삼촌의 정)를 재천명하며 '한 가족'의 우호관계를 발전시킬 것을 약속했다. 장경 3년(823)에는 또 라사의 대소사大昭寺 앞에 비석을 세워 당나라의 목종과 토번의 가려가족可黎可足찬보가 외삼촌과 외조카 사이임을 기술했으며 "한나라와 토번이 사직이 하나와 같으므로 화합의 맹약을 맺다(漢蕃商議社稷如壹, 結立大和盟約)", "환난상휼患難相恤" 등의 문구를 새겨 넣었다. 따라서 이 비석은 학계에서 '당번회맹비唐蕃會盟碑' 또는 '장경구생회맹비'로 불린다. 티베트족 동포들은 이를 '조랍강다인祖拉康多仁'이라 불렀는데 '대소사 앞에 세워진 비석'이라는 뜻이다.

「당번회맹비」는 모두 세 개가 있으며 그중 한 개가 라사의 사원 대소사 앞에 세워져 있다. 비석의 높이가 4.78m, 너비가 0.95m, 두께가 0.50m이

---

12 陳小平, 『唐蕃古道』, 西安 : 三秦出版社, 1989, 66~68쪽.

고 위에 비신碑身을 덮는 개석蓋石이 있다. 그리고 비신 사면에 글씨가 새겨져 있다. 정면에는 중국어와 티베트어 대조의 동맹서약이 새겨져 있다. 오른쪽이 중국어이고 정서正書체로 6줄이며 현재 464자가 남아 있다. 왼쪽이 티베트어이고 횡서橫書로 77줄이다. 동맹서약은 서로 적대시하지 않고 칼을 겨누지 않으며 서로의 영토를 침범하지 않고 약탈하지 않는다는 내용을 담고 있다. 비석의 양측에는 회맹에 참가한 당나라와 토번 양국 관원들의 명단이 새겨져 있다. 왼쪽은 당나라 관원들의 이름이고 총 18명이며 오른쪽

12-6 「당번회맹비」

은 토번 관원들의 이름이고 총 17명이다. 역시 중국어와 티베트어 대조 형식을 취했다. 비석의 후면에는 티베트어 78줄이 새겨져 있는데 내용은 당나라와 토번이 동맹을 맺게 된 전말을 기술했다. 「당번회맹비」는 중국어와 티베트어의 고대 어음語音, 당나라 시기 중원과 토번의 관계를 연구하는 데 중요한 자료를 제공하고 있기 때문에 예로부터 중국과 해외 학자들에게 매우 중요한 존재로 여겨졌다. 영국의 티베트 학자 리처드슨H.E. Richardson, 일본의 티베트 학자 사토 히사시佐藤長, 중국의 학자 진인각陳寅恪 등은 모두 「당번회맹비」의 연구에 큰 기여를 했다. 현재 「당번회맹비」 연구와 관련된 역작으로는 미국의 학자 웰던 사우스 콜빈W. South Coblin과 중국계 미국인 학자 이방계李方桂가 공동 집필하여 1987년에 타이베이에서 출판한 『고대

12-7 티베트 길륭현의 「대당천축사출명」

토번비명연구古代吐番碑銘研究』가 손꼽힌다.

1990년에 티베트문물관리위원회의 문물조사팀이 네팔 국경에서 가까운 산어귀에서 암벽에 새겨진 마애摩崖 비각碑刻 「대당천축사출명大唐天竺使出銘」을 발견했다. 이 비석은 당唐 고종高宗 현경顯慶 3년(658)에 새긴 것으로 비문에는 당나라 사절 왕현책王玄策이 유가빈劉嘉賓, 하수일賀守一 등의 일행을 거느리고 천축天竺으로 출사하여 갖은 위험과 어려움을 이겨내며 소양동小楊童(同) 등의 지역을 거쳐 길륭吉隆을 지나다 이곳에서 공적을 암벽에 글로 새긴 상황을 기록했다. 길륭은 토번 시대에 Mang-yul芒域으로 불렸고 청나라 시기 문헌에는 '제롱濟嚨'이라 적혀 있다. 1994년에 곽외霍巍가 일본의 『동방학보』와 『중국 티베트학』 학술지에 보다 상세한 연구보고서를 발표했다.[13] 비각이 있는 곳의 북쪽은 종객신宗喀山 입구로 과거 길륭분지로 들어가는 길목이다. 동서 양측이 여러 산에 둘러싸여 있고 남쪽은 시내로 통하는 현대식 도로이다.

「대당천축사출명」은 산모퉁이의 서북에서 동남향으로 뻗어 있는 절벽에 새겨져 있는데 비문 상단의 돌출된 부분이 비바람을 막아주고 있고 절벽 아래에는 작은 시냇물이 흐르고 있었다. 이곳의 해발높이는 4,130m에 달했다. 비문의 너비는 81.5cm, 남아 있는 부분의 높이는 53cm이며 아래 부분은 훼손되어 온전치 않은 상태이다. 비석머리에는 양각陽刻 기법으로 '대당천축출사명' 일곱 자를 한 줄로 새겨 놓았고 비문에는 음각陰刻 기법으로 해서체 글씨 24줄을 새겨 놓았는데 원래는 한 줄에 30~40자 정도가 있었을 것으로 추측된다. 현재 잔존하는 글자는 약 222자이다. 비문의 상당 부분은 글자를 알아보기 힘들 정도로 흘려 썼고 행간과 글자 사이에 음각 기법으로 가는 선의 4×3.5cm 사각형이 새겨져 있었다. 글자의 크기는 가로세로 약 2cm이다. 이 비석은 토번에서 니파라로 가는 길 남단의 방향, 산어귀의 위치, 왕현책 사절단의 구성 등 여러 가지 역사적 사실을 입증하는 최초의 고고학적 실물이자 토번 왕조 시기 당나라와 토번 사이의 교통상황을 연구하는 중요한 석각 문자자료로 인식되고 있다.[14]

왕현책의 목적지는 인도의 불교 성지 날란다Nalanda 사원이었으며 현장법사가 인도에 갔을 때 바로 이 사원에서 산스크리트어와 불법을 배웠다. 돈황벽화 중에도 현장과 왕현책이 인도에서 불법을 배우는 광경을 그린 벽화가 많이 있다. 왕현책은 또 서역에서 불족적佛足跡 그림 한

13 霍巍, 「大唐天竺使出銘及其相關問題研究」, 『東方學報』 第66冊, 1994, 253~270쪽; 霍巍, 「從考古材料看吐蕃與中亞和西亞的古代交通」, 『中國藏學』 第4期, 1995, 48~63쪽.
14 西藏自治區文管會 文物普查隊, 「西藏吉隆發現唐顯慶三年大唐天竺使出銘」, 『考古』 第7期, 1994.

12-8 인도의 불교 성지 날란다 사원

점을 가져왔다. 돈황벽화 중에도 불족적을 그린 벽화가 일부 있는데 바로 왕현책이 인도에서 가져온 그림을 견본으로 제작한 것이다. 왕현책은 인도와 중앙아시아의 여러 나라에 상당히 큰 영향을 미쳤을 뿐만 아니라 일본 불교학에도 영향을 미쳤다. 일본의 나라현奈良縣에 위치한 불교사원 야쿠시지藥師寺에는 당나라 시기의 불족적석佛足跡石 한 개가 소장되어 있다. 돌 위에는 태평太平 승보勝寶 5년(753)의 명문銘文이 새겨져 있고 일본 견당사遣唐使가 중국에서 가져온 왕현책의 모사본을 근거로 만들어졌다는 내용이 기록되어 있다. 야쿠시지의 불족적석에 새겨진 명문에는 다음과 같이 적혀 있다.

석가모니족적도. 『서역기』에 이르기를 지금 마가타국 아소카 왕 정사에 부처 발자국이 있는 큰 돌이 있는데 지금 구자국 북쪽 40리에 있는 불전의

12-9 일본 나라현에 있는 야쿠시지

돌 위에도 부처의 발자국이 있어 공양하는 날에 빛이 나서 승려와 속인들이 이르는 때에 함께 가서 경축하고 도를 닦았다.[15]

그 옆에는 또 태평 승보 5년(753)의 명문이 있었는데 일본 견당사가 중국에서 가져온 왕현책의 모사본을 근거로 만들었다고 적고 있다.

당나라 사자 왕현책이 천축국 중부 녹야원의 부처님이 설법하던 곳에 부처의 발자국을 보아 그것을 본떠 베꼈는데 이것이 첫 번째 전사본이다. 일본의 견당사 키부미혼지쓰가 당나라 보광사에서 베꼈는데 이것이 두 번째 전사본이며 이것을 도성의 사조일방 선원에 두었는데 선원의 불단에 신적이

---

15 『西域記』. "釋迦牟尼足跡圖. 案『西域記』云: 今摩揭陀國者, 阿育王方精舍中, 有一大石, 有佛足跡. 今丘玆國城北四十里寺佛堂中至石之上, 亦有佛足跡, 齋日放光. 道俗至時, 同往慶修."

나타난 것을 보고 베꼈고 이것이 세 번째 전사본이다.[16]

이에 따라 왕현책이 천축의 녹야원에서 불족적을 모사하여 가져왔다는
것을 알 수 있다. 그리고 일본의 견당사가 왕현책의 모사본을 모사하여
일본으로 가져갔고 다시 치누왕智努王이 그 모사본을 근거로 나라현奈良縣의
야쿠시지藥師寺에 전사하여 새겨 놓았다. 이 작업은 당나라 천보天寶 5년에
야쿠시지의 화원, 서예가, 조각가 등이 함께 힘을 합쳐서 완성했다.[17]

4. 토욕혼吐谷渾과 청해성靑海省 도란현都蘭縣의 토번吐蕃무덤

『낙양가람기洛陽伽藍記』에는 북위의 승려 송운宋雲과 혜생惠生이 토욕혼
의 왕 복련주伏連籌 재위 시절(518)에 토욕혼을 거쳐 서역으로 불경을 구하
러 간 일을 적고 있다. 그들은 당시 토욕혼이 북위와 같은 언어와 문자를
사용했지만 "풍속과 정치는 대부분 이민족의 법을 따른다(風俗政治, 多爲夷
法)"고 서술했다. 1960년과 1981년에 고고학자들이 두 차례에 걸쳐 지금
의 청해호靑海湖 서쪽 기슭에 있는 토욕혼 말기 도성인 복사성伏俟城에 대한
연구조사를 실시하여 복사성이 내성內城과 곽성郭城으로 구성되었다는 사

---

16 柳詒征, 「王玄策事跡」(『學衡』第39期, 1925)에서 최초로 해당 자료를 인용했다. 『全唐
文·拾遺』卷72에도 「佛跡石臺刻字二首」라는 제목으로 이 비문의 초록抄錄 내용이 수록
되어 있는데 오류가 여러 군데 보인다. 본문에 수록된 비문의 내용은 손수신孫修身 선생
이 일본의 나라현에서 새롭게 초록한 내용이다. 孫修身, 「唐朝傑出外交活動家王玄策史跡
研究」, 『敦煌研究』第3期, 1994. "大唐使人王玄策, 向中天竺鹿野苑中轉法輪處因見跡, 得轉
寫, 搭是第一本. 日本使人黃文本向大唐國於普光寺得轉寫, 搭是第二本, 此本在吾京四條一坊
禪院, 向禪院壇披見神跡, 敬轉寫, 搭是第三本."
17 陸慶夫, 「關與王玄策史跡研究的幾點商榷」, 『敦煌研究』第4期, 1995.

실을 확인했다. 내성을 둘러싸고 있는 사각형 모양의 곽성은 동서의 너비가 1,400m이고 북쪽 성벽이 절길하切吉河의 물길에 파괴되어 길이가 불분명하며 성벽은 자갈돌을 섞어서 쌓아올렸다. 내성은 곽성의 서쪽에 위치하며 사각형에 한 변의 길이가 약 200m이다. 성벽에는 성가퀴가 없고 단지 동쪽 성벽 중앙에 문을 설치했다. 궁전의 옛 터는 성 안의 북서쪽에서 발견된 한 변의 길이가 약 70m인 사각형의 축대에 세워졌을 것이다. 성문과 궁전은 모두 동쪽으로 향하고 있는데 이는 선비족의 "천막집을 지어 동쪽으로 해를 향해 문을 열어둔다(以穹廬為舍, 東開向日)"는 오랜 풍습을 따른 것으로 보인다. 지상에는 유적이 매우 적었는데 토욕혼의 말기에도 여전히 유목 위주의 생활을 했음을 보여 준다.[18]

7세기에 토욕혼은 토번제국에 의해 합병된다. 토번은 한때 서역 내지는 중앙아시아를 통치할 정도로 강성했다. 토번인들은 이이제이以夷制夷(오랑캐를 이용하여 다른 오랑캐를 통제하고 부림—역자)의 정책을 활용하여 토욕혼의 왕공귀족들로 하여금 계속해서 지역을 통치하게 했으며 토욕혼 왕과 서로 혼인했다. 청해성 도란현에 있는 대형 토번고분에서 토번 찬몽(贊蒙, 왕후)과 토욕혼 왕이 서로 주고받은 서신이 발견됐으며 오늘날 혈위血渭 1호 대형고분이라 불린다. 혈위 1호 대형고분은 청해성 해서海西 몽고족티베트족자치주 도란현 차한우수진察汗烏蘇鎮에서 동남쪽으로 약 10km 떨어진 열수향熱水鄉에 위치하고 있으며 당나라 초기의 토번고분에 속한다. 이는 또한 중국에서 처음으로 발견된 토번고분이며 그속에서 페르시아의 채색 견직물과 소그드 계열의 금은도금기물, 비잔티움의 채색 견직물 그리고 아랍국가에

18 黃盛璋・方永, 「吐谷渾故都—伏俟城發現記」, 『考古』 第8期, 1962; 青海省文物考古隊, 「青海湖環湖考古調查」, 『考古』 第3期, 1984.

12-10 청해호 옆에 있는 복사성

12-11 혈위 1호 대형고분

서 생산된 대식국大食國의 견직물 등의 귀중한 유물들이 발굴되어 당번고도에서 활발하게 이루어진 국제 무역의 성황을 생생하게 보여주었다.[19]

이 묘지는 북쪽에 자리잡고 남쪽을 향하고 있으며 높이가 33m, 동서의 길이가 55m, 남북의 너비가 37m에 달하며 정면에서 봤을 때 '금金'자 모양을 이루고 있어 '동방의 피라미드'라고 불린다. 흙과 돌을 섞어 쌓아올린 삼층 담벼락이 봉분을 둘러싸고 있다. 무덤은 위에서 아래로 1m마다 한 층씩 가로로 봉분을 뚫은 나무가 가지런하게 배열되어 있는데 모두 아홉층이나 된다. 나무는 굵기가 일정한 측백나무를 사용했는데 현지 농민과 유목민들은 이 무덤을 '구층요루九層妖樓'라고 불렀다. 이런 규모의 묘지를 축조하는 데 대략 만 명의 인력이 일년 이상 일을 해야 가능할 것으로 추정된다. 현재 혈위 1호 대형고분에서는 무덤의 1층과 2층만을 발굴했는데 이미 대량의 부장품과 말, 소, 양 등 함께 부장된 동물의 유해 700여 구가 출토됐다. 수많은 부장품 중에는 고대의 가죽 장화, 고대 티베트어 목편, 고대 몽고어 목간, 채색화 목편, 금장신구, 나무접시, 동물목각상, 곡식 그리고 대량의 비단이 있었다. 고고학자들은 또 고분에서 말을 매장한 구덩이 5개, 소와 개 등의 동물을 매장한 고리형의 구덩이 13개를 발견했으며 말 87필의 온전한 골격과 기타 동물의 뼈가 대량으로 발견됐다. 그 외에도 고분 주위에는 또 소형 무덤 수십 개가 분포돼 있었다.

7세기에 사산왕조 페르시아가 멸망했다. 많은 페르시아 왕족들이 당나라로 망명을 갔고 혈위 1호 대형고분에서 출토된 페르시아의 채색 견직물에 페르시아왕의 이름이 쓰여 있는 것으로 보아 원래 페르시아 왕실 소유

---

19 許新國, 「都蘭吐蕃墓中鍍金銀器屬粟特系統的推定」, 『中國藏學』第4期, 1994; 許新國, 「都蘭吐蕃出土含綬鳥織錦研究」, 『中國藏學』第1期, 1996.

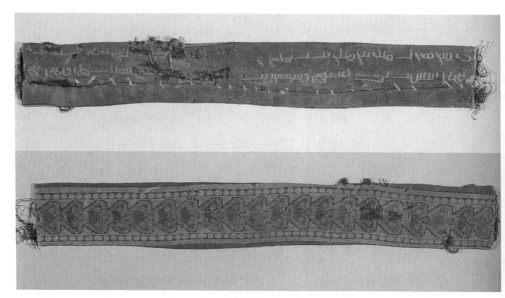

12-12 도란현의 토번묘에서 출토된 페르시아와 소그드의 채색 견직물

의 것이다.[20] 이 페르시아 왕실 용품이 중국으로 유입된 것은 분명히 중국
으로 망명한 페르시아 왕족들이 가져왔을 것이다.

7세기에 아랍제국이 흥성하면서 이슬람 문명이 빠르게 비잔티움과
페르시아, 소그드 문명을 대체하여 메소포타미아와 중앙아시아의 주류
문화가 되었다. 아랍인들은 원래 유목민족으로 오랫동안 척박한 사막
지대에서 생활하여 문명화 수준이 높지 않았다. 그렇기 때문에 이슬람
문화가 흥성하기 시작한 초기에는 아랍제국이 통치하고 있는 각 지역
민족들의 문화예술에 의존할 수밖에 없었다. 예컨대 백의대식白衣大食-
우마이야Umayyad 왕조가 다마스쿠스를 수도로 정한 것은 비잔티움 문화
의 영향을 많이 받았고 흑의대식黑衣大食-압바스Abbasids 왕조가 바그다
드를 수도로 정한 것은 오래된 페르시아 문화의 영향 덕분이었다. 그리
고 사만Samanid 왕조가 부하라Bukhara를 수도로 정한 것은 사실상 천년의
문명사를 가진 소그드 문화의 영향을 이어받은 것이다. 청해성 도란현
의 토번묘에서 이슬람양식의 대식국 견직물이 발견됐다.[21]

청해성 도란현의 당나라 시기 토번무덤군이 발견된 후 도굴꾼들의 도굴
이 끊임없이 이어졌고 많은 진귀한 유물들이 유럽과 미국으로 유출됐다.
예를 들면 미국의 클리블랜드미술관에 소그드의 비단 상의 한 점이 소장되
어 있는데 바로 도란현의 당나라 시기 토번묘에서 출토된 것이다. 그리고
미국 뉴저지주의 뉴어크박물관에 소장된 소그드의 비단 조끼 한 점 및
돈황박물관과 감숙성박물관에 소장된 당나라 시기의 비단 조각 모두 청해

---

20 이 페르시아의 채색 견직물은 반쪽이 해외로 유출되었는데, 그 위에 페르시아왕의 이름
  이 있는 것으로 보아 7세기의 것으로 추측된다. 이 같은 사실을 알려준 뉴욕메트로폴리
  탄박물관의 취지인取志仁 선생께 감사드린다.
21 林梅村, 「靑海都蘭出土伊斯蘭織錦及相關問題」, 『中國歷史文物』 第6期, 2003, 49~55쪽.

12-13 토번 대상blon 묘비

성 도란현의 토번무덤군에서 출토된 것이다.

이번 발굴 작업 중 무덤 속에서 대상blon 묘비 한 개가 발견됐는데 필적이 매우 뚜렷하고 남아 있는 금박의 흔적으로 보아 음각문자 안에 원래 금박이 붙어 있었던 것으로 추정된다. 이른바 blon은 한자로 '논論'으로 번역됐다. 『신당서』 「토번전吐蕃傳」에는 "벼슬에는 논채論蓝라는 대상大相이 있고 논채호망論蓝扈莽이라는 부상副相이 있다. 대상, 부상은 각 한 사람으로 되어 있는데 대론大論, 소론小論이라고도 한다. 통칭하여 상론尙論이라 부르며 실권을 장악한다(其官有大相曰論蓝, 副相曰論蓝扈莽. 各一人, 亦號 爲大論, 小論. 總號曰尙論掣埔空瞿)"고 했다. 토번의 관리 '논'은 부장급에 해당하는 관직이며 '상相'으로 번역할 수 있다. '논채'는 바로 '대론', 곧 대상, 총리이다. 토번의 관직에는 또 내대상, 외대상, 소상 등이 있다. '상尙'은 왕실 가족과 통혼한 외척 집안을 가리키고 관직에 나설 경우 '상론尙論'이라 불렸으며 일정한 실권을 장악했다. 이 묘비에는 무덤 주인의 신분을 blon(론)이라고 밝혔는데 정부의 고위 관리가 분명하다. 그렇지 않고서는 그처럼 호화스러운 부장품이 있을 리가 없고 이런 묘비가 세워졌을 리도 없다.

이번 발굴 작업에서 출토된 목간 중에 오늘날 '상사결尙思結'이라 불리는 목간이 하나 있었다. 목간에 쓰인 글에 vdzong/zhang-skyes라는 단어가 들어 있었는데 아마도 무덤 주인의 이름인 듯 하며 '상사결을 위한 장례'로 번역할 수 있다. 앞에서 말했듯이 '상'은 왕실과 통혼한 집안이다. 토번 시기에 왕실과 통혼한 4대 가문이 있었는데 각각 vbro(중국어로 몰려沒廬),

sna-nam(중국어로 동남東南), mtshims(중국어로 침綝), tshe-spom(중국어로 채방蔡邦) 가문이다. 이 가문 출신들은 흔히 외척 신분으로 조정에 출사해 '상론' 직을 맡으며 조정의 정사와 종교 업무를 좌지우지했다. 여기서 무덤 주인의 이름이 '상사결'이라는 점이 주목할 만하다. 중앙민족대의 왕요王堯 교수는 이 사람이 바로 『돈황본토번역사문서敦煌本吐番歷史文書』에서 언급한 '결상結桑'이며 고대 발음대로라면 '사결상思結桑'으로 읽어야 한다고 주장했다. 이 '갑공甲貢'이라는 이름의 사결상 상론은 줄곧 중요한 동맹 의례를 주관했고 매우 큰 권력을 갖고 있었으며 757년 재임 중에 사망했다. 이 발견은 당시 토번이 이미 청해와 하서河西 일대의 성을 다 함락했으며 군사 공략의 군막을 바로 과거 토욕혼 지역에 설치했고 도란현 일대는 토번의 후방이기 때문에 이곳에 묻혔을 가능성을 제시해 주었다.[22]

5. 티베트고원의 고고학적 새 발견과 토번의 권신權臣 가르噶爾 가문

2002년 8월에 청해성문물고고학연구소와 해서주민족학박물관연합고고학팀이 더링하시德令哈市 궈리무향郭里木鄉의 고분 두 기에 대한 발굴 작업을 진행했다. 그곳에서 매우 정교하고 아름다운 당나라 시기의 채색그림이 그려진 목관 3개가 발견됐는데 사신四神 그림과 앵가연무도鶯歌燕舞圖 등이 그려져 있었고 발굴자들은 이것이 당나라 시기 토번묘의 것이라 믿었다.[23]

관 표면에 그려진 채색그림은 동한 이래 하서주랑 서부와 나포박羅布泊

---

22 北京大學考古文博院·青海省文物考古研究 編, 『都蘭吐蕃墓』, 北京 : 科學出版社, 2005.
23 許新國, 「郭里木吐蕃墓葬棺板畫研究」, 『中國藏學』 第1期, 2005, 56~64쪽.

12-14 궈리무향의 토번채색관에 그려진 천막집과 연회 모습

12-15 궈리무향의 토번채색관에 그려진 현무와 주작

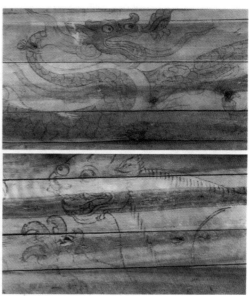

12-16 우전 왕공귀족묘 사신四神채색관에 그려진 청룡과 백호

12-17 청해의 야크

일대에서 성행한 장례풍속이다. 예컨대 감숙성 주천酒泉에서 동한 위진 시기의 채색관이 출토됐고 신강 울리현尉梨縣 영반묘지에서 동한에서 위진 시기까지의 채색관, 그리고 신강 약강현若羌縣 북쪽 경계에 있는 LE성 부근의 위진벽화묘에서 채색목관이 출토됐다. 이 문화는 타림분지에서 만당 오대 시기까지 줄곧 전승됐다.

신강 화전 지역에서 만당 오대 시기의 채색목관이 발견됐는데 관의 표면에 사신의 그림이 그려져 있는 것이 향일덕香日德 지역에서 발견된 채색목관과 똑같았다.[24]

귀리무향 토번채색관에 그려진 수렵도가 매우 흥미로웠는데 그중 한 폭은 청해 지역 특산품인 야크를 수렵하는 광경을 그렸다. 학술계에서는 이 두 기의 고분이 어느 민족의 것인지에 대해 논란이 존재하며 토욕혼과 토번, 소비蘇毗 세 가지 설이 있다. 우리는 그 고분들이 소비의 것이라 생각한다.

7세기에 야루장부雅魯藏布강 중류의 야룽雅隆계곡 지역 토번인들이 빠르게 흥성하여 남쪽으로 신강 타림분지, 서쪽으로 중앙아시아, 동쪽으로 감숙, 청해, 사천, 운남에까지 이르는 거대한 제국을 건설했다. 토번군은 주로 소비인들로 구성됐고 토번제국의 확장과 함께 소비인들은 끊임없이 동쪽으로 옮겨갔다. 『신당서』 「여국전女國傳」의 기록에 의하면 일부 소비인들이 티베트의 창도昌都에서 사천의 서북부로 이주하여 '동녀국東女國'을 세웠다. 또 일부의 소비인들은 청해의 동부에 정착하여 토욕혼과 이웃하여 살았다. 그렇기 때문에 당나라의 농우절도사隴右節度使 가서한哥舒翰이 천

---

24 新疆文物局 主編, 『新疆文物古跡大觀』, 烏魯木齊 : 新疆文物撮影出版社, 1999, 98~99쪽.

12-18 궈리무향의 토번채색관에 그려진 수렵과 상단^{商團}의 모습

보^{天寶} 14년(755)에 당현종에게 올린 서신에는 "소비의 일부는 황하 상류 북쪽의 토욕혼 부족과 가까운데 토착민보다 몇 배나 되고 모두 토번 온 나라의 도움이 되니 군량과 마필의 절반이 토번에서 나왔다(蘇毗一蕃, 最近 河北吐渾部落, 數倍居人, 蓋是吐蕃擧國強援, 軍糧馬匹, 半出其中)"고 적고 있다.[25] 청 해의 호조합랍직구향^{互助哈拉直溝鄉}에 '소비촌'이 있고 귀덕현^{貴德縣} 동부와 황남첨찰현^{黃南尖扎縣}이 맞닿은 곳에 '소비협곡'이 있는데 모두 당나라 시기 에 동쪽으로 이주하여 청해에 정착한 소비인들이 남겨 놓은 역사 유적이 다.[26] 청해로 이주한 소비인들은 주로 녹동찬^{祿東贊}의 후손인 가르^{噶爾} 가문

25 『冊府元龜』卷977「外臣部降附」.
26 張雲, 『絲路文化─吐蕃卷』, 杭州 : 浙江人民出版社, 1995, 66~67쪽.

12-19 청해에서 새로 발견된 은사슴(1・3)과 신강, 몽골에서 출토된 은사슴

이 이끌었고 새로 발견된 토번관 판화는 바로 가르 가문이 통솔한 소비인들의 활동 지역에서 발견된 것이다.

토번관 판화가 출토된 토번묘지는 일찍이 2001년 하반기에 이미 도굴꾼에게 발견됐다. 2002년 8월에 청해의 고고학자들이 그중의 무덤 두 기에 대해 구조성 발굴 작업을 진행했고 그 결과 채색관 판화를 발견했다. 이 두 무덤의 연대에 대해 발굴자들은 부장된 견직물 중에 성당盛唐 시기에 유행했던 권초문卷草紋, 인화문印花紋, 쌍연주대룡문雙連珠對龍紋 등의 문양이 있는 것으로 미루어 성당 시기, 즉 700년~750년 사이의 것으로 추정했다. 발굴자들은 또 "출토된 나무구조에 먹글씨로 고대 티베트어가 쓰여 있는 것으로 볼 때 이 무덤들은 토번의 지배하에 있던 토욕혼 귀족의 무덤이다"라고 밝혔다.

이 두 기의 무덤은 발굴하기 전에 이미 도굴꾼들에게 의해 심각하게 파괴됐다. 그렇지 않았으면 훨씬 더 많은 금은 예술품들이 출토됐을 것이다. 바로 이 무덤들이 도굴됨과 동시에 서녕西寧의 문화재 시장에 갑자기 동물 모양의 고대 은제기물들이 출현했으며 그 많은 수량과 아름다운 형상에 사람들은 놀라움을 금치 못했다. 보도에 의하면 "2001년 하반기와 2002년 상반기에 청해성문물고고학연구소는 서녕에서 모두 35점에 달하는 도란현 토번묘의 도굴된 문물을 수집했다. 그중에 동물 모양의 은제기물이 20점이었는데 용기와 조각상 두 부류로 나뉘며 동물의 종류는 새와 말, 소, 사슴, 개, 양, 호랑이 등이 있다"고 했다.[27] 지금까지 알려진 바에 따르면 이 은제기물들 중의 누운 자세의 사슴 조각상은 과거 신

---

27 許新國, 『都蘭吐蕃出土的動物形銀器』, 藏學研究網.

강 미란*蘭에서도 발견된 적이 있는데 흉노의 예술품으로 잘못 알고 있었다. 이 은제기물들은 토번이 티베트고원을 지배하던 시기에 제작된 것으로 보인다. 서 있는 자세의 사슴 조각상은 터키고고학팀이 최근 몽골 고원에 있는 돌궐 빌게 카간Bilge kaghan, 毗伽可汗의 무덤에서 발견한 은 사슴과 똑같았으며 국왕1급의 황실 예술품에 속했다.[28] 청해성의 고고학자들이 귀리무향 토번대형무덤을 발굴한 시기는 2002년 8월이었고 이 은제기물들이 서녕의 문물시장에 출현한 시기는 '2001년 하반기와 2002년 상반기'였는데, 이것이 분명 우연은 아니었을 것이다. 따라서 황실예술양식을 띤 동물 모양의 이 은제기물들이 모두 도란현 토번대형무덤에서 출토된 것은 아니며 오히려 귀리무향에서 발견된 토번대형무덤에서 출토됐을 가능성이 높다.

관에 그림이 그려진 이 대형 무덤들이 소비 귀족의 무덤일 것으로 추정하는 데는 다음과 같은 근거가 있다.

① 『수서隋書』 「여국전女國傳」의 기록에 따르면 소비는 "귀인이 죽으면 피부를 벗겨 금가루로 살과 뼈를 발라 병 안에 담아 묻고서, 일년 뒤에 피부를 철그릇에 담아 묻었다(貴人死, 剝其皮, 以金屑和骨肉置於瓶內而埋之. 經一年, 又以其皮內於鐵器埋之)"고 했다. 귀리무 토번묘 중에도 천장묘遷葬墓에 속하는 무덤 한 기가 있었다. 이 무덤은 먼저 뼈대를 작은 관 안에 넣고 다시 작은 관을 큰 관 안에 넣었다. 큰 관은 측백나무로 뚜껑을 덮고 측백나무 위에 순장용 양의 뼈대를 놓았다. 무덤 안에는 나무말안장, 새 모양의 나무 조각상, 화살주머니 등의 부장품이 함께 들어 있었다. 도굴꾼들에 의해

---

28 林梅村, 「毗伽可汗寶藏與中世紀草原藝術」, 『上海文博』 第1期, 2005, 68~76쪽.

파괴되어 이 천장묘의 세부 내용까지는 알 수 없었지만 2차 천장은 소비인들의 장례풍속과 완전히 일치한다.

② 발굴자들은 관에 그려진 그림 속에서 "토번묘 관에 그려진 그림 속 두 군데에 나뭇결이 나타나는데 이는 중국의 전통 수렵도에서는 찾아볼 수 없는 것이었고 이 때문에 서아시아와 중앙아시아 예술의 '생명수生命樹'를 떠올리게 한다"는 독특한 점을 발견했다. 『수서』「여국전」의 기록에 따르면 소비 사람은 "아수라를 섬기고 나무신도 있다. 연초에 사람으로 제사를 지냈으니 간혹 원숭이를 쓰기도 했다(俗事阿修罗, 又有树神, 岁初以人祭, 或用獼猴)"고 했다. 궈리무향 관그림에 그린 나무신에는 밧줄이 있었는데 아마도 소비인들이 인간이나 가축으로 제사를 지낼 때 사용했던 밧줄일 것이다.

③ 소비인들은 여존남비, 일처다부제 등 모계 씨족사회의 전통을 많이 유지하고 있었다. 『신당서新唐書』「동여국전東女國傳」에서는 "이곳 풍습은 여자를 귀히 여기고 남자를 소홀히 여기지만 서로 질투하지 않았다(其俗 貴婦人, 輕丈夫, 而性不妒忌)"고 했고 그래서 '여국'이라 불렀다고 했다. 더욱 놀라운 것은 소비국은 일처다부제를 실시했다. 『당회요唐會要』의 기록에 따르면 "귀한 여자에게 남자가 시중을 드는데 귀한 남자라도 여자가 그의 시중을 들지 않았다. 비록 서자가 난 딸이지만 가장이 되고 여러 명의 남편을 둘 수 있으며 태어난 아기의 성은 어머니의 성을 따랐다(其女子貴 者, 則多有侍男. 男子貴, 不得有侍女. 雖賤庶之女, 盡為家長, 猶有數夫焉. 生子皆從母 姓)"고 했다. 궈리무향에서 발견된 관 그림에는 남녀가 합환하는 그림 한 폭이 있었는데 이는 지금까지 알려진 것처럼 티베트 불교 밀종의 법술이나 토욕혼 샤먼의 주술을 쓰는 광경이 아니라 소비인들의 일처다부제를

생동감 넘치게 보여준 것이다.

첫째, 남녀가 합환하는 이 그림 속에서 청색 옷을 입은 여성이 위에 있고 남자가 아래에 있으며 바닥에 무릎을 꿇고 있는데 이는 소비인들의 '여존남비' 의식을 충분히 보여주었다.

둘째, 『구당서』「동여국전」의 기록에 의하면 소비 여왕이 여름철에 "푸른 색 비단치마를 입고 아래는 영삼이요, 위에는 청포를 걸쳤는데 소매가 땅에 드리웠다. 겨울철에는 양털갖옷에 무늬비단과 맞춰 입었다. 쪽 진 머리에는 금으로 장식하였고 귀에는 귀걸이를 달았으며 발에 가죽신을 신었다(服青毛綾裙, 下領衫, 上披青袍, 其袖委地. 冬則羔裘, 飾以紋錦. 為小鬟髻, 飾之以金. 耳垂璫, 足履靴)"고 했다. 토번묘의 널 그림 속의 합환 중인 여자는 청색 옷을 입고 있었는데 바로 역사서에서 묘사한 소비 여왕의 모습이다.

셋째, 『구당서』와 『신당서』의 「동여국전」에서는 소비인들이 "이곳 풍습은 여자를 귀히 여기고 남자를 소홀히 여겼다(俗重婦人而輕丈夫)"고 했다. 『당회요』, 『통전通典』에서 소비는 "여인들은 벼슬을 하고 남자들은 군인이 된다. 귀한 여인에게 남자들이 시중을 들지만 여자는 남자의 시중을 들지 않았다. 비록 천한 사람의 딸이라도 가장이 되고 남편 여럿을 둘 수가 있었다. 태어난 아기는 어머니의 성을 따랐다(婦人為吏職, 男子為軍士. 女子貴, 則多有侍男. 男子不得有侍女. 雖賤庶之女, 盡為家長, 有數夫焉. 生子皆從母姓)"고 적고 있다.

또한 『수서』「여국전」에서 기록하기를 소비는 "총령 남쪽에 위치하며 대대로 여인이 왕이 되었다. 왕의 성은 소비이고 자는 말갈이며 20년 동안 왕위에 있었다. 여왕의 남편은 호가 '금취'이고 정사에 관여하지 않았다. 이 나라의 남자들은 오로지 정벌에만 힘썼다(女國在葱嶺之南, 其國代以

女爲王, 王姓蘇毗, 字末羯, 在位二十年, 女王之夫號曰'金聚', 不知政事. 國內丈夫唯以征伐爲務)"고 했다. 영국의 티베트학자 토마스F.W. Thomas의 고증에 의하면 중국어로 '금취'라는 단어는 티베트어 khyim-tsun에서 유래했으며 '가족'이라는 뜻이다.[29] 금취는 바로 『당회요』에서 말한 소비 여왕의 '시중을 드는 남자'일 것으로 추정된다. 귀리무향의 관 그림 속에 청색 옷을 입은 여인과 합환하고 있는 남자, 그리고 합환하려고 준비하는 남자는 바로 소비 여왕의 '시중을 드는 남자' 또는 '금취'를 표현한 것이다.

관 표면 채색그림을 그리는 방식은 동한 이래 하서주랑 서부와 나포박 일대에서 유행한 장례풍속이다. 예컨대 감숙의 주천, 신강 울리현의 영반 묘지, 그리고 누란LE성의 위진벽화묘 등에서 모두 동한에서 위진 시기의 채색그림목관이 발견된 적이 있다. 이 문화는 타림분지의 오아시스 왕국에서 만당 오대 시기까지 줄곧 전승됐다. 신강 화전에서 만당 오대 시기의 채색그림목관이 발견됐는데 위에 그려진 사신四神의 그림이 귀리무향에서 발견된 채색그림목관과 똑같았다. 이를 통해 일찍이 3세기부터 소비 인들은 이미 우전, 선선 두 오아시스 왕국과 빈번한 교류를 하기 시작했다는 것을 알 수 있다. 6세기~8세기의 우전어로 쓰인 문서에서 소비인들을 여러 차례 언급했다. 그렇다면 소비인들이 채색그림목관을 사용한 습관은 아마도 타림분지의 오아시스 문명에서 비롯됐을 가능성이 매우 높다.

귀리무향의 목관 그림이 발견된 무덤이 소비드 귀족의 대형 무덤이라면 그 무덤의 주인은 대체 누구였을까? 토번의 대상 녹동찬이 죽은 후 그의 아들 가르친링, 가르찬파, 가르시도, 가르발룬 네 형제가 계속해서

---

29 Thomas, 李有義 · 王青山 譯, 『東北藏古代民間文學』, 成都 : 四川人民出版社, 1988, 8쪽.

토번의 정권과 군권을 장악했다. 그런데 목관 그림 무덤의 주인이 땅에 묻히기 직전에 토번의 지배계층 사이에 잔혹한 권력다툼이 발발했고 기세 드높던 가르 가문이 실패로 끝나면서 멸문의 화를 당하고 말았다.

『신당서』「토번전상吐蕃傳上」의 기록에 따르면 녹동찬이 죽은 후 그의 아들인 "가르친링이 오랫동안 나랏일을 했는데 여러 아우들은 모두 병사를 거느렸으며 찬파는 동쪽 변경에서 30년 동안 전담하면서 우환을 일으켰다. 형제들은 모두 지략이 뛰어나 주변 민족이 모두 두려워 했다. 만손만첸이 성장하니 스스로 나라를 얻고 싶어서 점차 불평하게 되어 대신 논암 등과 제거할 것을 도모했다. 가르친링이 군사를 거느리고 밖에 있을 때 만손만첸(찬보)이 사냥을 한다고 핑계 대고 병사를 모아 가르친링의 수하 이천 여명을 죽였다. 사자를 보내 가르친링, 가르찬파를 불렀는데 가르친링이 명을 거역하여 가르찬파가 직접 토벌하러 나서니 싸우기도 전에 가르친링의 군대가 궤멸되고 자살하였는데 주변에 백여 명이 같이 죽었다. 가르찬파가 천여 명과 형의 아들 망포지를 데리고 항복하였다"[30]고 했다.

녹동찬의 아들인 가르친링이 반역을 꾀했다가 토번의 동쪽 국경(지금의 청해)에서 스스로 목숨을 끊었다는 사실을 알 수 있다.

가르 가문의 마지막 운명에 대해 『신당서』「논궁인전論弓仁傳」에서는 또 이렇게 적고 있다.

논궁인은 본디 토번족이다. 아버지는 가르친링이고 대대로 자기 나라를

---

30 "欽陵專國久, 常居中制事, 諸弟皆領方面兵, 而贊婆專東境幾三十年, 爲邊患. 兄弟皆才略沈雄, 衆憚之. 器弩悉弄既長, 欲自得國, 漸不平, 乃與大臣論巖等圖去之. 欽陵方提兵居外, 贊普托言獵, 即勒兵執其親黨二千餘人殺之. 發使者召欽陵, 贊婆, 欽陵不受命, 贊普自討之. 未戰, 欽陵兵潰, 乃自殺, 左右殉而死者百餘人. 贊婆以所部千餘人及兄子莽布支等款塞."

다스렸다. 성력 2년(699)에 궁인이 토혼 칠천 장帳을 데리고 귀화하니, 좌옥금위 장군으로 임명하고 주천군공으로 책봉하였다.[31]

논궁인은 가르친링의 장자로, 그가 토욕혼에서 칠천 장의 군사를 이끌고 당나라로 망명한 것을 보면 그의 아버지인 가르친링은 토욕혼에 매장된 것이 분명하다. 토번의 목관그림이 발견된 귀리무향의 남쪽이 바로 토욕혼 왕의 여름 왕궁과 왕릉이 소재한 곳이다.

1990년 여름에 저자는 미국사업가 로저Roger E. Cover 당나라연구기금회의 지원을 받아 북경대 고고학팀을 이끌고 티베트 고원에 가서 3개월 동안 발굴작업을 진행했다. 그곳의 도란현 열수향熱水鄕에서 토번대형무덤 4기를 발굴했고 최근에 『도란토번묘都蘭吐蕃墓』(북경 : 과학출판소, 2005)라는 책을 출판했는데 이는 티베트 고원 토번 고고학 연구에 관한 첫 번째 발굴보고서이기도 하다. 도란현에서 발굴한 대형무덤 4기는 모두 목곽묘木槨墓이고 무덤 속에서 회색도기항아리, 회색도기잔, 나무칠그릇, 채색그림이 그려진 닭 모양의 나무조각상, 나무말안장, 다양한 동물과 인물 모양의 작은 나무인형, 채색그림이 그려진 목제기물, 가죽장화, 금은장신구, 구리철장신구, 진주, 녹송석, 티베트어 목간 그리고 다양한 종류의 비단직물 조각이 발견됐다. 무덤에서 출토된 토번의 비문과 목간으로 보아 1호 무덤(99DRNMI)은 토번의 상론(재상)인 사결상의 무덤이다. 중앙민족대 왕요 교수의 고증에 의하면 이 사람은 바로 『돈황본토번역사문서』에서 언급한 "논사결상 갑공은 부대상의 관직을 오랫동안 맡은(論(思)結桑甲貢, 任副大相多年)"

---

31 『新唐書』「論弓仁傳」. "論弓仁, 本吐蕃族也. 父欽陵, 世相其國. 聖歷二年, 弓仁以所統吐渾七千帳自歸. 授左玉鈐衛將軍, 封酒泉郡公."

사람이며 닭띠해(당숙종唐肅宗 지덕至德 2년(757))에 죽었다. 궈리무향 토번대형무덤의 규격은 상당히 높았고 도란현에서 발굴된 토번의 대론 사결상의 무덤에 비해 절대 뒤처지지 않는다. 그렇기 때문에 이 두 무덤 중 하나는 분명히 토번의 대상인 가르친링의 무덤일 것이다. 가르친링이 스스로 목숨을 끊을 때 주변의 백여 명을 순장했고 따라서 궈리무향의 토번대형무덤 속 합장묘는 가르친링의 무덤일 가능성이 더 높으며 그와 합장한 여성은 순장된 소비왕비였을 것이다.[32]

---

32 林梅村, 「棺板彩畫 : 蘇毗人的風俗圖卷」, 『中國國家地理』 第3期, 2006, 96~98쪽.

1. 문명의 변천

투루판吐魯番은 신강新疆 동부의 천산天山 남부 분지에 위치하며 한나라 시기에는 '거사車師', 16국 시기에서 당나라 시기에는 '고창高昌'으로 불렸다. 역사상 이곳은 줄곧 여러 민족이 모여 사는 지역이었으며 서역西域에서 한漢 문화의 유적이 가장 많이 보존된 곳이다. 예컨대 아스타나阿斯塔那 고분에서 투루판 문서가 출토되어 중원의 한문화가 서역으로 전파된 중요한 창구가 되었다. 당문종唐文宗 개성開成 5년(840)에 회홀回鶻인들이 몽골 초원에서 서쪽의 중앙아시아로 이주하면서 투루판의 돌궐화, 이슬람화 과정이 시작됐다. 투루판의 고대사는 선사 시기, 거사 왕국 시기, 고창 왕국 시기, 당나라 서주西州 시기, 고창회홀 시기, 이슬람화 시기 등의 여섯 시기로 나눌 수 있다.

1) 선사 시기

투루판 화염산火焰山의 산자락에 기원전 3세기의 묘지가 하나 있는데 선선현鄯善縣의 수베이시촌蘇貝希村에 속하며 오늘날 수베이시묘지라고 불린다. 1992년에 신강문물고고학연구소가 투루판 선선현의 수베이시촌

13-1 투루판의 화염산

에서 고분 34기를 발굴하여 미이라 27구가 출토됐다. 그중 한 구는 흉강에 큰 수술을 받았었고 말갈기털로 상처를 봉합한 흔적이 남아 있다. 이 남성 미이라가 매장된 시기는 대략 기원전 3세기인 것으로 추정된다. 다만 투루판의 고대 의사들이 어떤 마취방식을 사용해 외과수술을 했는지에 대해서는 고고학적 자료에서 직접적인 증거를 찾을 수 없다.[1]

동서양의 전통의학은 관념이 다르다. 중국은 전통적으로 맥을 짚고 설태와 기색 등을 살펴 질병을 진단하고 치료하는 데 비해 서양은 대형 외과수술을 통해 아픈 곳이 있으면 수술해서 열어보고 고친다. 투루판 분지의 초기 의술은 서양 문화에서 많은 영향을 받았다. 그렇다면 이 시기에 분명히 마취가 있었을 것이다. 삼국 시기 관우가 화살을 맞은 후 상처를 대충 묶었다가 나중에 치료를 받았다는 전설 같은 이야기가 전해지는데 일부 사람들은 이렇게 큰 수술은 틀림없이 마취가 필요하기 때문에 그것은 불가

---

1   王炳華, 「蘇貝希古冢」, 『人民畫報』 第3期, 1993, 15~17쪽.

능했을 것이라고 말한다.

　고서의 기록에 따르면 서역의 의학은 아주 오래전부터 중원에 영향을 미쳤다고 한다. 『황제내경黃帝內經』「소문素問」 제12편 「이법방의론異法方宜論」에는 이렇게 적혀 있다.

　　서쪽은 금과 옥의 땅이고 모래와 돌이 많은 곳이며 천지의 기를 거두어드리는 곳이다. 이곳 사람들은 언덕에 살고 바람이 많으며 물과 흙이 단단하고 세차다. 백성들이 기름진 음식을 많이 먹어서 살이 쪘고 병에 쉽게 걸리지 않는다. 무릇 병은 몸속에서 생기는 것이어서 약물로 치료하기에는 좋다. 이러한 약물 치료는 서쪽의 나라에서 전해 온 것이다.[2]

　기후와 지리적 환경으로 볼 때 「이법방의론」에서 말한 '서쪽'은 바람이 많이 불고 비가 적게 내리며 모래언덕이 곳곳에 널려 있는 신강 지역을 가리키는 것이 분명하다. 진인각陳寅恪 선생의 고증에 의하면 화타는 인도 출신의 의원이며 그렇기 때문에 화타가 뼛속의 독을 긁어내는 수술로 관우의 화살독을 치료한 것도 인도 의학이 중국에서 전파된 것을 배경으로 한다.[3] 투루판 수베이시촌에서의 발견들은 화타 이전에 서역의 의원들이 이미 외과수술을 실시했다는 것을 증명해 준다.

　수베이시묘지에서 출토된 또다른 특별한 유물은 바로 기원전 3세기의 말안장이다. 이 말안장은 아주 잘 만들어졌다. 기마민족에게 말안장

2　『黃帝內經』「素問」第12篇 「異法方宜論」. "西方者, 金玉之域, 沙石之處, 天地之所收引也. 其民陵居而多風, 水土剛強, 其民華食而脂肥, 故邪不能傷其形體, 其病生於內, 其治宜毒藥者, 故毒藥者, 亦從西方來."

3　林梅村, 「瘋沸散與漢代方術之外來因素」, 『漢唐西域與中國文明』, 北京: 文物出版社, 1998.

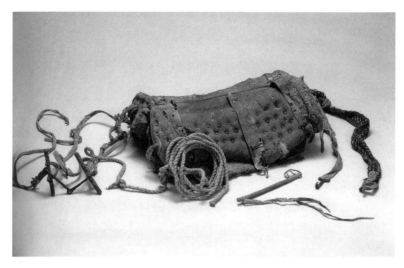

13-2 수베이시묘지에서 출토된 말안장

은 매우 중요하기 때문이다. 좋은 말안장이 있으면 말을 더욱 잘 탈 수 있다. 이렇게 오래되고 잘 보존된 말안장은 과거에 한 번도 발견된 적이 없었다.[4]

2004년에 신강 선선현 양해향洋海鄕 남쪽의 작은 사막에서 백 기가 넘는 무덤이 발굴됐는데 무덤의 연대가 기원전 7세기~기원전 2세기, 즉 서한 이전의 것으로 추정됐다. 특히 그중 한 기에서는 고대의 공후箜篌 한 점이 출토됐다. 공후라는 악기는 이집트와 서아시아에서 유래됐으며 이집트 파라오의 무덤에도 기원전 3000년에 제작된 공후를 연주하는 채색 목용木俑이 부장됐다. 고대 바빌로니아의 공후를 연주하는 모습을 그린 진흙 부조는 기원전 2004년~기원전 1595년에 제작된 것이다. 그리고 투루판에서 출토된 공후는 보존 상태가 매우 좋고 기원전 700년에 제작된 것으로 현재까지 중국에서 출토된 가장 오래된 공후이다. 이는

---

4   新疆文物局 等編, 『新疆古跡大觀』, 烏魯木齊 : 新疆美術撮影出版社, 1999, 125쪽.

13-3 바빌론의 공후 부조(좌)와 투루판에서 출토된 토공후(우)

중앙아시아와 중국 사이의 음악 교류를 연구하는 데 중요한 실물 자료를 제공해 준다.[5]

---

5   國家文物局 編, 『2004中國重要考古發現』, 北京：文物出版社, 2005, 91쪽.

2) 거사 왕국 시기

투루판은 한나라 시기 서역 36국 중의 하나인 거사국車師國이 소재한 곳이다. 거사 민족은 천산 북부의 투루판 분지에 일부 거주하고 있었는데 이곳은 교통이 매우 편리했다. 북부의 중심은 지무싸얼吉木薩爾고성 일대이고 남부의 중심은 교하交河에 있었다. 서한 시기에 한 무제漢武帝가 대완국大宛國을 공략할 때 부상병을 투루판에 남아 휴양하게 했고 그렇게 하여 고창병사가 생겨났다. 이것이 바로 고창인의 시작이며 한나라 시기 이후 투루판의 중심이 점차 고창으로 이전됐고 그 후부터 13세기까지 고창은 줄곧 투루판의 중심지였다. 원나라 시기 이후 투루판의 중심은 오늘날의 투루판시로 옮겨갔다. 한나라 시기 투루판의 문화 중심은 교하고성交河古城이었으며 이곳은 서역 36국 중의 하나인 거사 왕국의 도성이었다.

지금까지 보존된 교하고성의 한나라 시기 유물은 매우 적으며 일부 우물 속에서 발견된 한나라 시기의 회색도기 몇 점이 전부였다. 당나라 시기의 유물 중에 벽화가 일부 있었지만 보존상태가 좋지 않다. 투루판에는 또 한나라 승려사원이 일부 있었는데 독일의 투루판조사팀은 그중 한 곳에서 삼베에 그린 불교 성모인 귀모자鬼母子 그림을 발견했다. 그런데 그림 속 불교 성모는 인도의 어머니신의 형상이 아니라 중국의 어머니신인 구자모九子母의 형상을 하고 있다. 갓난아기에게 젖을 물리고 있으며 여덟 명의 어린아이가 주위를 둘러싸고 있는 모습은 영락없이 중국의 어머니의 모습이다.

교하에서 가장 중요한 발견은 바로 고성 밖에 있는 거사왕릉이다. 아쉽게도 아주 오래전에 이미 도굴을 당해 남겨진 유물이 별로 많지 않다. 무덤의 구조는 동실묘洞室墓 형식이고 주위에 낙타와 말을 순장하는 제사

13-4 교하고성

13-5 교하의 거사대형무덤(M16)

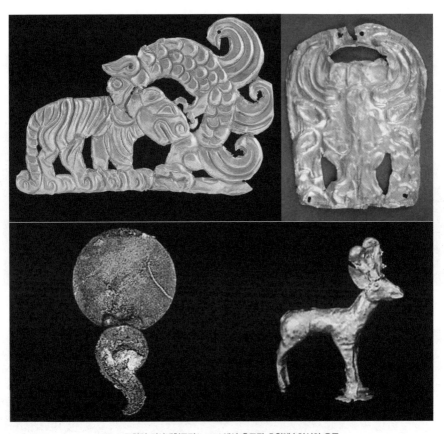

13-6 교하의 거사대형무덤(M16)에서 출토된 초원예술양식의 유물

갱이 있었다. 또한 기원전 2세기의 한 대형무덤(M16)에서 금목걸이, 보석, 금장식품, 한나라 시기의 청동거울, 유리귀걸이 등이 발견되었는데 이는 한나라 시기의 거사 문명이 흉노 문화의 영향을 받았다는 것을 증명해 준다.

3) 고창 왕국 시기와 당나라 서주 시기

첫 고창 왕국(442~460)은 흉노인의 후예인 저거씨沮渠氏가 세웠고 이어서 감씨闞氏 고창국, 마씨馬氏 고창국, 국씨麴氏 고창국이 세워졌는데 그중에서도 특히 국씨 고창국은 10대 왕을 거치면서 141년간 존속되며 투루판의 역사에 가장 큰 영향을 미쳤다.

당나라 건국 후 얼마 지나지 않아 국씨 고창국은 국문태麴文泰가 왕위를 이어받았다. 현장법사가 천축으로 불경을 구하러 갈 때 고창을 거쳐 갔다. 당시 투루판 분지는 국씨 고창국의 통치하에 있었고 불교가 성행했다. 정관貞觀 8년(640)에 당태종이 고창을 평정하고 당나라 서주를 세웠다.

고창 왕국의 도성은 고창고성이고 투루판시에서 동쪽으로 40여 리 떨어진 삼보향三步鄕 화염산의 산자락에 위치한다. 한나라 시기에는 '고창벽高昌壁'이라 불렀고 고창군, 고창 왕국, 당나라 서주, 고창회홀, 화주火州 등 무려 1300여 년의 변천을 거쳐 14세기에 전쟁의 불길 속에서 소멸됐다. 고창왕은 또 고창 고유의 화폐인 고창길리高昌吉利를 발행했다. 독일의 투루판조사팀과 고고학자 황문필黃文弼은 모두 고창 유적지에서 이런 엽전을 발견했고 1970년대에 서안西安 하가촌何家村에서 출토된 당나라 시기 금은기물 중에서도 이런 엽전이 발견됐다.

발바리는 옛 이름이 불름拂菻개이며 대략 당나라 초기에 고창에서 중국으로 전해졌다. 고서의 기록에 따르면 당唐 고조高祖 무덕武德 7년(624)에 고창왕 국문태가 "암캐, 수캐 각 한 마리를 드렸다. 개의 크기는 육 치이고 길이는 한 척이 넘는다. 매우 슬기롭고 말을 끌 수 있으며 초를 입에 물 수 있다. 개는 불름국에서 난 것인데 중국에서 이때부터 불름개가 생기기 시작했다(獻狗雌雄各一, 高六寸, 長尺餘, 性甚慧, 能曳馬銜燭, 云本出拂菻國. 國有拂菻

13-7 고창 왕국에서 발행한 엽전인 고창길리

13-8 투루판 아스타나의 당나라 시기 고대 무덤에서 출토된 발바리 그림

狗, 自此始也)"고 했다.[6]

이런 견종의 강아지는 주둥이가 뾰족하고 털이 부드러우며 매우 똑똑하여 과거 그리스의 기녀와 로마의 가정주부들이 애완견으로 많이 키웠다. 당나라 사람들은 이런 발바리를 또 '와이猧兒' 혹은 '와자猧子'라고 불렀다. 『유양잡조酉陽雜俎』「충지忠志」의 기록에는 현종이 바둑을 둔 일화가 있는데, 양귀비가 '강국康國'의 발바리를 안고 옆에서 바둑을 두는 것을 보고 있었는데 "왕이 바둑에서 질 무렵 양귀비가 강국의 발바리를 옆에 풀어두니 발바리가 바둑판에 뛰어올라 판을 어지럽혔고 이에 왕이 아주 기뻐했다(上數枰子將輸, 貴妃放康國猧子於坐側, 猧子乃上局, 局子亂, 上大悅)"고 적고 있다. 로마의 상황과 비슷하게 이런 견종의 강아지는 당나라에 전해들어온 후 현지 기녀와 귀부인들의 총애를 받았다.

4) 고창회홀 시기

신강 위구르족의 선조인 회홀인은 840년 전에 몽골 초원의 오르콘Orkhon강 유역이자 지금의 몽골 중부에서 생활했다.

당나라에 안사安史의 난이 발생했을 때 당나라 황제는 회홀인들의 힘을 빌려 안사의 난을 진압한 바 있다. 이 시기의 몽골 초원은 중앙아시아 소그드인들의 영향을 받아 마니교摩尼敎를 믿기 시작했다. 당문종 개성 5년(840)에 또다른 북방 민족인 힐알사黠戛斯인의 공격을 받은 회홀인들은 어쩔 수 없이 오르콘강 유역을 떠나 세 갈래로 나눠져 서쪽으로 도망을 쳤다. 한 갈래는 중앙아시아, 다른 한 갈래는 하서주랑, 또다른 한 갈래는 투루판 분지로 도망을 치면서 투루판은 고창회홀 시기에 진입하기 시작했다.

---

6   『舊唐書』「西戎傳」「高昌」.

13-9 일본 미호美秀박물관에 소장된 불름拂菻개 당삼채唐三彩

13-10 토욕구의 장경동 및 그곳에서 출토된 문서

고창회홀 시기 투루판인들의 문화적 수준은 매우 높았다. 독일의 투루판조사팀이 토욕구吐峪溝에서 돈황 장경동藏經洞과 유사한 중세기 도서관을 발견했다. 르코크A. von Le Coq는 도서관에서 17가지 문자로 표기한 24가지 언어의 다양한 종교 문서를 발견했다. 이슬람교 외에도 동방언어로 된 거의 모든 종교 문서를 망라하고 있었다.

이번 답사의 1차 보고서는 「제1차 프로이센황실(제2차 독일) 투루판조사팀의 중국 투르케스탄突厥斯坦에서의 기행과 조사결과 보고서」라는 제목으로 『영국왕립아시아저널Journal of The Royal Asiatic Society』에 실렸다.[7] 정식

7   Albert von. Le Coq, "A Short Account of the Origin, Journey and Results of the First Royal Prussian(Second German)Expedition to Turfan in Chinese Turkistan", *JRAS*,

보고서의 제목은 「화주火州 – 프로이센황실이 제1차 투루판 답사에서 발견한 도록」이다.[8] 화주는 고창고성의 별칭인데 실제로 이 보고서에 있는 도판 75점(채색도판 25점) 중에서 1~12번 도판만 고창고성의 것이다. 그리고 13~15번 도판은 투루판의 승금구勝金口 유적이고 16~38번 도판은 바이쯔커리커柏孜克里克 천불동 벽화이다. 르코크는 바이쯔커리커 벽화 속에 간다라예술과 굽타예술 두 가지 양식이 존재하며 손에 꽃을 든 비천의 모습은 구자龜玆와 아프카니스탄의 바미안Bmyn 석굴사 벽화 속의 것과 매우 유사했으며 같은 '중앙아시아화법'에 속했다. 이 발견은 실크로드에서 다양한 언어와 종교가 유행했다는 것을 설명해 준다. 이 귀중한 유물들은 현재 베를린의 프로이센 문화소장품도서관에 소장되어 있다.

5) 이슬람화 시기

토욕구에는 중국 지역에서 가장 오래된 이슬람교의 문물 유적지가 있다. 신강문물고고학연구소 왕병화王炳華의 조사에 의하면 토욕구에는 규모가 아주 큰 이슬람사원 유적지가 하나 있는데 바로 불교 유적지 위에 세워졌으며 사원 안에 불단이 남겨져 있는 것으로 보아 이 초기 이슬람 사원은 고대 불교사원을 토대로 개조된 것임을 알 수 있다.

1909, pp.299~322.

8 Albert von. Le Coq, Chotscho, Berlin, 1913(Albert von Le Coq, 趙崇民 譯, 『高昌 – 吐魯蕃古代藝術珍品』, 烏魯木齊 : 新疆人民出版社, 1998).

2. 불교

실크로드가 개통된 이후, 특히 한당漢唐 시기에 투루판은 실크로드 상업 활동의 중심지 중의 하나였다. 그 이유는 당시 신강의 동부 지역에서 최초의 정치 중심, 경제 중심, 군사 중심이 모두 이곳에 있었고 인구가 매우 많았으며 생산 기술도 발달했고 주변에 많은 불교사원들이 생겨나 종교 문화도 파생됐기 때문이다. 토욕구, 바이쯔커리커 등의 불교 석굴사石窟寺들이 대부분 고창고성 주변에 건설됐다.

투루판에서 발견된 최초의 불교유물은 동진 시기의 것이다. 20세기 초에 일본의 오타니 고즈니大谷光瑞탐험대가 토욕구 석굴사에서 불교유물들을 발굴해 가져갔는데 그중 하나가 바로 지법호支法護가 번역한 『제불요집경諸佛要集經』 필사본 잔권이다. 이 필사본의 발문跋文에는 이 불경을 돈황의 월지보살법호月支菩薩法護가 번역하고 그의 큰 제자인 축법승竺法乘이 진혜제晉惠帝 원강元康 6년(296) 3월에 필사한 것이라고 적고 있다.[9]

'축담마라찰竺曇摩羅刹'이라고도 불리는 지법호는 대월지인의 후예로서 대대로 돈황에서 거주하며 중국어와 다양한 서역 언어에 능통했다. 『고승전高僧傳』 1권 본전本傳에 의하면 그는 "진무(265~290) 때 (…중략…) 군사를 따라 서역에 가서 여러 나라를 다녀보았다. 그는 서른여섯 가지 말을 할 수 있고 글자 또한 그만큼 쓸 수 있었다. 그는 박식하여 훈고뿐만 아니라 말소리와 뜻, 글자에 대해서도 모르는 것이 없어, 범경을 많이 싸들고 중원으로 돌아갔다(晉武之世 (…中略…) 隨師至西域, 遊歷諸國, 外國異言三十六種, 書亦如之, 護皆遍學, 貫綜訓詁, 音義字體, 無不備識. 遂大齎梵經, 還歸中夏)"고 했다. 지법

---

9   賈應逸・祁小山, 『印度到中國新疆的佛敎藝術』, 蘭州 : 甘肅人民出版社, 2002, 402쪽.

13-11 고창고성

호는 중원에 온 후 장안의 청문靑門 밖에서 불법을 전파하는 데 힘썼는데 "덕으로 교화하여 그 이름이 널리 알려져 승려 수천 명이 모두 받들었다(德化遐布, 聲蓋四遠, 僧徒數千, 咸所宗事)." 『양고승전梁高僧傳』본전에 의하면 지법호가 번역한 불경이 165부에 달했다고 한다. 북경대 탕용동湯用彤 교수의 통계에 따르면 그중 95부는 지금까지도 전해지고 있으며 그로 인해 탕용동 교수는 축법호가 중국 초기 불교역사에서 차지하는 지위를 매우 높게 평가했다.

지법호의 큰 제자인 축법승은 장안에서 스승을 도와 대호족들의 신봉을 얻은 후 다시 돈황으로 돌아가 사원을 세우고 불법을 전파했다. 그리하여 불교가 하서 지역에서 널리 전파되고 서역 불교에까지 영향을 미쳤다. 『양고승전』 4권 「축법승전」에서는 "축법승은 (…중략…) 후에 돈황에 가서 절을 세우고 배우는 이들을 맞아들여 불도를 닦고 남을 교화하기에 온 힘을 다하여 악독한 사람은 마음이 교화되고 오랑캐들로 하여금 예의를 갖추게 하였다. 큰 교화가 서역에서 행해진 것은 축법승의 힘이다. 그는 마지막에 살던 곳에서 죽었다(竺法乘, (…中略…) 後西到敦煌立寺延學, 忘身為道, 誨而不倦, 使夫豺狼革心, 戎狄知禮, 大化西行, 乘之力也, 後終於所住)"고 적고 있다. 토욕구에서 출토된『제불요집경諸佛要集經』은 바로 축법승이 돈황에서 불교를 전파하고 불교로 하여금 '대화서행大化西行'하게 한 시대의 증거라고 볼 수 있다.

투루판의 현존하는 가장 오래된 불교 유적은 북량北涼의 것이다. 독일의 투루판조사팀이 고창고성에서 대좌臺座가 팔면체 모양인 북량석불탑 한 기를 발견했는데 현재 베를린의 인도예술박물관에 소장돼 있다. 이 불탑은 현지 마을 주민들이 고창고성의 담벼락 안쪽 서남쪽 모퉁이(독일조사팀이 E유적이라 명명)에 있는 기둥식 대불사 유적에서 발견한 것이다. 석탑의 높이는 66cm이고 투루판 북쪽 산의 붉은색 암석을 조각해서 만들었다. 석탑의 하단부는 팔면체 모양의 대좌이고 여덟 개의 면에 각각 팔괘 부호가 새겨져 있으며 그 아래에 부처상을 선각線刻으로 새겼다. 탑신은 둥근기둥 모양이고 표면에 한역漢譯한 불교『불설십이인연경佛說十二因緣經』이 새겨져 있다. 경문 위에 여덟 개의 불단이 새겨져 있고 불단마다 연화좌에 앉아 있는 부조 불상이 하나씩 있는데 각각 과거칠불過去七佛과 미륵불이다. 불단 위는 연꽃 모양의 탑 꼭대기인데 아쉽게도 사각형의 대좌와 탑찰塔刹(탑의 꼭대기)이 모두 소실됐다.[10]『미사색부화혜오분율彌少塞部和醯五分律』26권에는 다음과 같이 적혀 있다.

---

10 Albert von Le Coq, 趙崇民 譯,『高昌—吐魯蕃古代藝術珍品』, 烏魯木齊 : 新疆人民出版社, 1998, 156~157쪽(Albert von. Le Coq, Chotscho, Berlin, 1913).

상륜

목발

둥근기둥형 탑신

팔면체

사개

13-12 베를린의 인도예술박물관에 소장된 투루판에서 출토된 북량北京의 불탑(좌)과 양주凉州의 불탑(우)

부처께서 말씀하시기를 네 가지 사람이 탑을 이루어야 하는 데 그들은 여래, 성제자, 연각, 전륜성왕이라고 들었다고 하셨다. 여러 비구가 노탑, 옥탑, 무벽탑을 이루고자 하였다.[11]

투루판의 북량석탑은 어떤 절 안에서 발견된 것이며 이른바 '옥탑'에 속한다. 중국에서 이런 종류의 불탑은 누란성에서 가장 먼저 출현했는데 하단은 정사각형의 대좌이고 중간 부분은 팔면체 모양의 대좌이며 상단은 불상과 교각미륵조각상으로 이루어졌다. 팔면체 불탑의 예

11 『彌沙塞部和醯五分律』 26卷. "佛言, 聽有四種人應起塔: 如來聖弟子辟支佛轉輪聖王. 諸比丘欲作露塔, 屋塔, 無壁塔."

13-13 토욕구 불교 석굴

술적 근원은 간다라에서 유래됐으며 프랑스 고고학팀이 간다라(지금의
아프가니스탄 하다Hada)에서 3세기~6세기에 세워진 대좌가 팔면체 모양
인 불탑을 발견한 바 있다. 간다라 불탑은 훗날 누란불교예술을 거쳐
북량 불탑의 제작 기법에 중요한 영향을 미쳤다. 하서 지역에서 유사한
형태의 불탑이 많이 출토됐으며 주로 남북조 시기에 유행했다.[12]

  투루판 지역의 불교석굴사 중에서 토욕구 석굴이 가장 오래됐다. 고창
고성에서 출토된「차거안주조사공덕비且渠安周造寺功德碑」에는 "정굴에 들
어가 정신을 맑게 했다(入定窟以澄神)"고 적고 있으며 숙백宿白 교수는『양주
석굴 유적과 '양주' 형식涼州石窟遺跡和'涼州'模式』이라는 저서에서 "승려들이
습선하는 석굴을 또 정굴이라 불렀다(僧人習禪之窟或名定窟)"고 서술했다.[13]

---

12 張寶璽 編,『甘肅佛教石刻造像』, 蘭州 : 甘肅人民美術出版社, 2001.3, 2~6쪽.

토욕구의 많은 석굴들이 다 이런 습선하는 정굴이며 「차거안주조사공덕
비」의 관련 기록을 보면 토욕구 석굴은 적어도 북량 시기부터 만들어지기
시작했다.

당나라 건국 후 얼마 지나지 않아 국문태가 고창국의 왕위를 이어받았고
현장법사가 불경을 구하러 천축으로 가는 길에 고창국을 거쳐 갔다. 당시
투루판 분지는 국씨 고창왕의 지배하에 있었고 현지에서는 불교가 성행했
다. 현장법사는 서역으로 갈 때 고창왕 국문태의 큰 도움을 받았다. 고창
서쪽 지역은 서돌궐이 관리하고 있었으나 서돌궐과 국씨 왕조는 서로 통혼
했다. 국문태는 현장법사가 천축까지 안전하게 갈 수 있도록 서신 20통을
써 주었다. 그리고 서신마다 대릉大綾 한 필을 함께 넣어 서역의 각 나라들에
게 편의를 봐 주도록 통고했다.

5세기 이후부터 13세기까지 투루판의 불교 중심은 점차 바이쯔커리커
柏孜克里克 천불동으로 옮겨갔다. 독일의 투루판조사팀이 바이쯔커리커 천
불동에서 많은 고고학적 조사를 진행했는데 그 과정에서 석굴사가 매우
심각하게 파괴됐다. 예컨대 그들은 석굴사의 벽화를 잘라내어 베를린 민
속학박물관(베를린 인도예술박물관의 전시)으로 운반해 갔다. 이 벽화들은 크
기가 매우 커서 베를린 민속학박물관의 벽에 박아 놓았다. 그런데 2차
세계대전 시기 동맹군과 소련군이 베를린을 폭격할 때 모두 폭파되어 부서
지고 현재는 비교적 작은 벽화만이 베를린 인도예술박물관에 보존되어
있다. 일부 벽화는 베를린을 점령한 소련군이 전리품으로 상트페테르부르
크로 가져간 후 행방불명이 되었다.

---

13 宿白, 「涼州石窟遺跡與'涼州模式'」, 『中國石窟寺研究』 1996, 39~51쪽.

13-14 토욕구 장경동에서 출토된 산스크리트어, 중국어, 회홀어로 쓰인 불경

당나라 시기 투루판 현지인들은 불교를 믿었고 회홀인들은 마니교와 샤머니즘을 믿었는데 투루판인들의 문명화 수준이 회홀인보다 훨씬 높았기 때문에 회홀인들은 결국 투루판 현지인들에게 동화됐다. 그래서 마니교를 믿던 회홀인들이 불교를 믿게 되는 과정이 발생했고 이 과정이 고창고성과 바이쯔커리커 천불동에 남아 있으며 특히 출토된 문서에 이같은 과정이 명확하게 드러나 있다. 예컨대 회홀인들은 몽골의 어얼훈鄂爾渾강 유역에서 돌궐문자를 사용했고 고창고성과 불교사원의 벽화에서 회홀인들이 여러 가지 돌궐문자로 작성한 서면 자료를 볼 수 있다. 그 뒤로 회홀인들은 문자를 개조하기 시작했고 소그드문자를 사용해 회홀어를 표기하면

13-15 바이쯔커리커 천불동

서 이른바 회홀문자를 형성했다. 회홀문자는 중앙아시아와 몽골 초원 유목민들에게 매우 큰 영향을 미쳤다. 몽골인들도 이런 문자를 사용했고 훗날 만주족에게 전승됐다. 오늘날 북경 고궁에서 볼 수 있는 만주문자의 시초가 바로 소그드문자에서 유래된 회홀문자이다.

고창회홀 시기 회홀인들은 매우 높은 문화 수준을 자랑했다. 독일의 투루판조사팀은 토욕구에서 돈황 장경동과 비슷한 중세기 도서관 하나를 발견했는데 그곳에서 17가지 문자로 표기한 24가지 언어의 다양한

13-16 북정 회홀 불사

종교문서가 출토됐다. 이슬람교를 제외한 거의 모든 동양언어의 종교문서를 망라하고 있었으며 산스크리트어, 회홀어, 중국어 등 세 가지 언어로 쓰인 불경도 있었다. 이 귀중한 유물들은 현재 베를린 프로이센 문화소장품도서관(약칭 '독일국립도서관')에 소장돼 있다. 고창회홀왕이 상당히 관대한 종교정책을 실시하여 한 시대의 눈부신 고대 문명을 창조했던 것이다.

1980년대 회홀 불교 고고학 연구의 중요한 발견 중의 하나는 바로 북정北庭 고창회홀 불사佛寺의 발견이다. 이 불교사원은 투루판 분지의 북쪽에 위치하며 지무싸얼현吉木薩爾縣 시내에서 북쪽으로 십여 km 떨어진 북정고성 부근에 있다. 약 10세기에 지어진 것으로 추정되는 이 불교사원은 건물 배치가 직사각형 모양이고 남북의 길이가 70.5m, 동서의 너비가 43.8m

이며 축대와 담벼락 모두 흙으로 쌓았다. 사원 전체는 남과 북 두 부분으로 나뉜다.

회홀 불사는 고창회홀 시기에 건축한 주요 사원 중의 하나이며 유적지에 대량의 조각상과 벽화, 회홀문자로 쓰인 책의 머리말 등이 남아 있다. 이들은 고대 회홀의 역사와 고창회홀 시기의 불교예술과 신앙, 그리고 고창회홀 문화와 외부세계의 관계 등의 문제들을 전반적으로 연구하는 데 생생하고 직관적인 실물 자료를 제공해 준다.[14]

3. 화현교火祆教

역사서의 기록에 의하면 고창국에서는 화현교(배화교라고도 함 – 역자)가 성행했고 '천신을 섬겼다(俗事天神)'고 한다.

『고창장화오년취우양공사장高昌章和五年取牛羊供祀帳』에서 말한 '대오아마大塢阿摩'는 소그드어 Adbag에서 유래했으며 이는 소그드어 문헌에서 화현교의 최고신인 아후라 마즈다Ahura Mazdah를 가리키는 말이다.[15] 누란에서 출토된 거로佉盧문서에서는 아후라 마즈다를 hyakiya 또는 dryakiya(눈이 세 개 달린 신)라고 불렀으며 힌두교의 아수라에 해당된다.[16] 그러나 중앙아시아의 소그드 벽화에서는 화현교의 풍신風神도 눈이 세 개 달린 신의 예술적 형상으로 나타난다. 화현교의 풍신은 힌두교의 시바신에 해당되며 바로

---

14 中國社會科學院考古硏究所 編, 『北庭高昌回鶻佛寺』, 1991.
15 姜伯勤, 『敦煌吐魯著文書與絲綢之路』, 北京 : 文物出版社, 1994, 239~240쪽.
16 林梅村, 『樓蘭』, 北京 : 中央黨校出版社, 1999, 177쪽.

『고창장화오년취우양공사장』에서 말한 '풍백風伯'이다. 아후라 마즈다는 대하국大夏國의 명문銘文에서 manao-bago라고 불렸는데 파흘라비Pahlavī 말로 menog-bay(정신의 신, 천계의 신)에 해당된다. 소그드 문헌에서 아후라 마즈다는 세눈신으로 묘사됐으며 힌두교의 인드라Indra에 해당된다. 투루판의 제사 문서에 나오는 '아마阿摩'는 소그드어 Adbag '크리슈나신'에 대응되는 발음이다.

840년에 회홀인들은 몽골 초원에서 서쪽의 중앙아시아로 이주한 후 관대한 종교정책을 실시하여 화현교가 투루판에서 계속해서 전파될 수 있게 허락했다. 10세기～12세기 페르시아와 아랍의 문헌에서는 회홀 왕국 통치하의 투루판에서 화현교가 성행했다고 여러 차례 언급했다. 독일의 투루판조사팀이 승금구에서 조각상들을 발견했는데 화현교 예술품일 가능성이 매우 높다. 이 조각들은 승금구의 서로 다른 두 개의 유적에서 출토됐다.

첫 번째 유적은 승금구계곡 성좌굴星座窟 맞은편 강의 오른쪽 기슭에 위치해 있다. 르코크는 이 유적의 잿더미에서 점토조각상 3개를 발견했으며 각각 A, B, C호(또는 1, 2, 3호)라고 번호를 매겼다.

A호 : 남성 천신의 머리로 실물의 크기는 30cm×25cm이고 짧은 이마보호대가 달린 붉은색 투구를 써서 이마와 머리의 상부를 보호했다. 얼굴에는 금박을 씌웠고 눈썹과 수염은 검은색이며, 턱과 귀 아래에 검은 흔적이 있는 것으로 보아 원래 수염이 있었던 것을 알 수 있다. 세 개의 머리(①, ②, ③호)는 모두 눈이 튀어나온 모습으로 분노의 감정을 표현했다. 눈의 납작한 동공은 검은색이고 나머지 부분은 흰색이다. 윗입술은 주름이 매우 독특하고 코

끝은 납작하며 콧방울의 선은 매우 분명했다.

　B호 : 여성 천신의 머리로 실물의 크기는 41cm×32cm이고 독특한 모양의 작은 모자가 머리의 상부와 앞이마를 덮고 있다. 이집트의 두건과도 비슷한 이 모자는 색깔이 검정색이고 왼쪽에 여섯 개의 흰색 원점으로 이루어진 작은 꽃 한 송이가 그려져 있다. 모자 꼭대기의 중심에 구멍이 하나 있어 머리카락 일부를 묶은 후 그 구멍으로 높이 솟구어 올렸다. 그리고 머리카락 앞에는 붉은색 천조각이 있다. 얼굴은 하얗고 이마와 볼에는 대여섯개의 작은 곡선이 중심원을 둘러싼 모양의 빨간 장미꽃을 아무렇게나 그려놓았다. 눈썹은 굵고 짙은 직선형이고 눈동자는 까만 색이며 눈언저리의 바깥선은 검정색이고 안쪽선은 빨간색이다. 입과 턱은 매우 씩씩하고 힘있어 보이며 턱 밑에 선을 하나 그어 이중턱을 표현했다.(머리를 감싼 두건의 오른쪽 절반은 나중에 추가한 것이다)

　C호 : 여성 천신의 머리로 실물의 크기는 30cm×29cm이고 독특한 모양의 작은 모자가 머리의 상부와 이마를 덮고 있으며 검정색 모자의 일부, 특히 귀를 덮는 부분에 빨간색과 흰색 둥근점이 그려져 있다. 이마 중앙의 상부에는 사각형 금박이 몇 개 있다. 2호의 그런 묶은 머리는 이 두상에서는 이미 없어졌다. 모자의 가장자리는 빨간색으로 선을 그렸고 하얀 얼굴에 볼과 턱, 입 그리고 코에서 가까운 이마 부분이 주홍색이다. 눈썹은 검고 눈꺼풀 주변도 검정색으로 선를 그렸다. 아래턱 앞부분에 옴폭 파인 곳이 있어 턱이 더욱 힘있어 보인다. 턱 아래에는 빨간색으로 곡선을 한 줄 그려 이중턱을 표현했다.

두 번째 유적은 승금구계곡 제2호 사원군群과 제3호 사원군 사이에 위치하며 강 왼쪽의 가파른 절벽 위에 있는 사원군이다. 르코크는 이곳에서 세눈신 두상 한 점을 발굴하여 O호라고 번호를 매겼다. 이 두상은 실물의 크기가 20cm×17.5cm이고 르코크가 도록에서 '금강두상金剛頭像'이라 불렸다. 얼굴은 연한 파란색이고 머리카락과 눈썹, 그리고 독특한 모양의 입술과 수염은 모두 붉은벽돌색이다. 그중에서도 입술과 수염은 주홍색으로 선을 그렸고 윗 입술과 눈두덩이도 모두 주홍색이다. 안구는 흰색이고 빨간색으로 선을 그렸으며 눈동자는 검정색이다.[17]

1945~1950년에 소련의 고고학자 톨스토프Sergei Pavlovich Tolstov가 이끄는 호라즘Khorazm 고고학팀이 소그드 유적에 대한 대대적인 발굴 작업을 진행했다. 우즈베키스탄의 토프라크 칼라Toprak Kala에서 원형고성圓形古城을 발견했는데 기원전 1세기~기원후 6세기에 지어진 것으로 추정되며 지금은 '토프라크 칼라 고성'으로 불린다. 고성의 형태는 규칙적인 사각형이고 길이가 500m, 너비가 350m이며 벽돌로 쌓아올린 담벼락이 고성의 주위를 둘러싸고 있고 담벼락에는 직사각형 망루 여러 개와 작은 화살구멍들이 촘촘하게 나있다. 좁은 거리가 남쪽에서 북쪽으로 성 전체를 관통하고 거리를 따라 10~12개의 큰 가옥들이 줄지어 있다. 가옥마다 정사각형과 직사각형의 방이 수십 칸씩 있었는데 도시 귀족의 주택으로 추측된다. 성의 서북쪽 모퉁이에 3세기에 지어진 거대한 궁전이 있는데 성 전체 면적의 4분의 1 정도를 차지했다. 왕궁 아래에 천교사원 하나와 큰 시장 하나가 있고 시장은 몇 개의 문을 통해 외부와 연결된다. 궁전 유적과 천교사원 안에는 수많은 조각상들이 배치되어 있었다. 톨스토프는 호라즘의 여러 왕과 왕비, 하인들의

---

17 穆舜英 外編, 『中國新疆古代藝術』, 烏魯木齊 : 新疆美術撮影出版社, 1994, 149쪽, 圖.386.

13-17 중앙아시아(1)와 투루판(2), 안양(3)에서 출토된 나나 여신상

조각상일 것이라 추측했다. 가마에서 구워내기 전의 흙조각상에 색깔을 더한 이 조각상들은 얼굴 부분의 묘사가 사실적이다. 이를 볼 때 생동감이 넘치며 인물 초상이 확실하다. 현재 상트페테르부르크 에르미타주 국립박물관The State Hermitage Museum에 소장돼 있다.[18]

토프라크 칼라 고성에서 출토된 점토로 조각한 소그드 여신상 두 기는 1969년에 일본의 도쿄와 교토에서 순회전시를 한 바 있다. 그 전시품의 목록에 따르면 상트페테르부르크 에르미타주 국립박물관에 소장된 이 두 기의 소그드 여신상(전시품 번호 105~106호)은 3세기~4세기에 제작된 것으로 추정하고 있다.[19] 제작기법이나 예술양식으로 봤을때 이 여신상들은 모두 르코크가 투루판에서 발견한 여신조각상과 유사했다.

안양에서 출토된 북주北周 석관상石棺床에는 소그드 화현교의 여신인 나나Nana의 이미지가 새겨져 있다. 그런데 이 소그드 화현교 여신의 예술적 형상이 르코크가 투루판에서 발견한 여신조각상과 거의 똑같았다.[20] 만약에 이러한 판단이 잘못된 것이 아니라면 아마도 투루판에서 출토된 두 기의 여신조각상은 바로 소그드 화현교의 여신인 나나의 예술적 형상일 것이다.

1969년에 일본에서 개최된 중앙아시아 고대예술품 순회전시회에서는 또 독일조사팀이 투루판에서 발견한 또다른 눈이 세 개 달린 신의 조

---

18 Monkgate, 『蘇聯考古學』, 北京 : 科學出版社, 1963, 240~241쪽.
19 해당 전시회 도록에서는 이 두 기의 소그드 여신상을 음악의 신이라고 생각하여 남자의 두상으로 믿었으며 제작연대는 3세기~4세기일 것으로 추정했다. The Tokyo National Museum and the Kyoto National Museum(ed.) 1969. 圖版 pp.105~106, 英文說明 p.35.
20 Takeshi Umehara et al(ed.) Miho Museum, Kyoto, 1997, p.254.

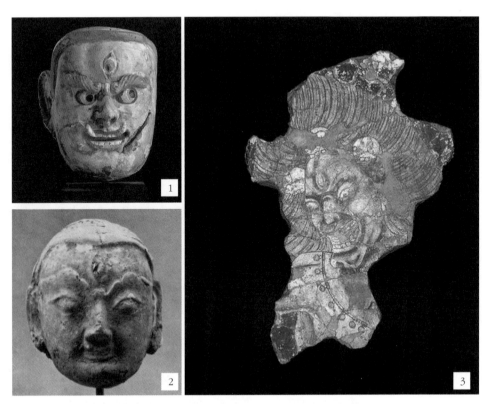

13-18 투루판과 펜지켄트에서 출토된 소그드 화현교의 최고신 아마의 조각상

각상(전시품번호 148품) 한 기가 전시됐다. 전시품 목록의 소개에 따르면
이 조각상은 높이가 약 7cm이며 10세기에 제작된 것으로 추정하고 있
다.[21] 이 조각상은 그륀베델A. Grünwedel과 르코크의 고고학 보고서에 없
었으며 현재 역시 베를린 인도예술박물관에 소장돼 있다. 투루판 문서
에 따르면 고창국에서는 화현교가 성행했고 풍백風伯(소그드의 바람신)과
대오아마大塢阿摩(화현교의 최고신 아후라 마즈다)를 섬겼다고 했다.

---

[21] The Tokyo National Museum and the Kyoto National Museum (ed.), *Scythian, Persian and Central Asian Art from the Hermitage Collection*, Leningrad, Tokyo and Kyoto, 1969(圖版 第 148號 6; 英文說明 p.37).

인도의 학자 굽타S.P.Gupta는 힌두교도 소그드예술에 심대한 영향을 미쳤으며 많은 소그드의 신들이 힌두교 신의 형상을 참조했다고 주장했다. 타지키스탄의 펜지켄트Pendzhikent 벽화에는 모두 5명의 힌두교 신들이 등장하는데 바로 범천梵天, Brahma, 제석천帝釋天, Indra, 대자재천大自在天, Mahadeva 또는 Shiva, 나라연천那羅延天, Narayana, 비사문천毗沙門天, Vaishravana이다. 이중 범천, 제석천, 대자재천은 각각 소그드 본토의 조이만신祖爾萬神, Zurvan, 아마阿摩, Adbag, 바람신風神, Veshparker에 해당된다. 하지만 나머지 나라연천과 비사문천은 대응되는 소그드 본토신이 없다. 목격산穆格山에서 출토된 소그드 문서에 보면 범천은 수염을 길렀고 제석천은 눈이 세 개이며 대자재천은 머리가 세 개인 삼두신이다. 펜지켄트 벽화의 일부 신상神像에는 이름이 표기돼 있다. 리브시츠V.A.Livshits는 한 삼두신 벽화에 소그드 바람신Veshparker이라는 이름이 표기된 것을 발견했다.[22] 투루판 승금구에서 발견된 눈이 세 개인 신의 두상은 힌두교 제석천의 형상을 따른 것으로 소그드 화현교의 대신大神인 아마阿摩, Adbag 및 페르시아 화현교의 최고신인 아후라 마즈다에 해당된다. 최근에 펜지켄트에서 또 눈이 세 개인 신의 벽화 한 점이 발굴되어 현재 일본 도쿄의 미호박물관에 소장돼 있는데 투루판에서 출토된 소그드의 아마신조각상 두 기와 매우 비슷하다.

요컨대 독일조사팀이 발견한 이 점토 조각상은 바로 8세기~9세기 고창회홀에서 화현교가 성행했다는 실질적 증거가 된다.

---

22 S.P. Gupta, "Hindu Gods in Western Central Asia A Lesser Known Chapter of Indian History", *Dialogue*, vol.3, No.4, 2002.

4. 경교景教와 기독교

북송北宋의 왕연덕王延德이 태평흥국太平興國 7년(982)에 고창회홀 왕국을 방문했는데 그때 이곳에 "마니사, 파사승이 있는데 각자마다 자기의 법도를 가지고 있다. 불경에서 이른바 외도라 하였다(復有摩尼寺, 波斯僧, 各持其法, 佛經所謂外道者也)"고 했다. 당나라 시기 경교는 '파사(페르시아)교'라고 불렸기 때문에 당나라 때 중국에 온 경정景淨과 아라본阿羅本을 또 '파사승'이라고 불렀다. 『송사宋史』「천축전天竺傳」에 의하면 태평흥국 "9년(984) 5월 3일, 서주 회홀과 파사 외도가 조공하러 왔다(九年五月三日, 西州回鶻與波斯外道來朝貢)." 왕연덕이 말한 '파사승'과 '파사 외도'는 모두 고창 페르시아 경교도를 가리키는 것이었다.

20세기 초에 독일의 투루판조사팀이 고창고성 부근에서 기독교 사원하나를 발견하여 그곳에서 수많은 벽화와 문서 파편을 발견했다. 그중세 개의 문서 파편은 시리아문자를 활용해 돌궐어로 표기했고 다른 하나는시리아문자를 활용해 소그드어로 표기했다. 연구자들은 일반적으로 고창기독교 유적이 10세기에 버려졌을 것으로 추정한다.

고창 기독교 벽화는 뚜렷한 비잔티움 예술양식을 띠고 있으며 그중 한폭은 손에 나뭇가지를 든 신도들이 목사로 보이는 사람을 둘러싸고 있는모습을 그리고 있다. 르코크는 처음에는 이것이 기독교 사제에게 세례를받는 광경이라고 생각했지만 나중에는 종려주일Palm Sunday, 즉 부활절 한주 전 일요일에 군중들이 종려나무 가지를 흔들며 예수의 예루살렘 입성을환영하는 모습을 묘사한 것이라 깨달았다. 이탈리아 르네상스 시기의 화가 지오토 디 본도네Giotto di Bondone의 명작 〈그리스도의 예루살렘 입성〉이

13-19 고창성 밖의 기독교 교회 유적

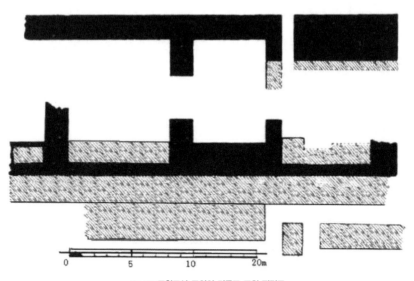

13-20 고창고성 교외의 기독교 교회 평면도

13-21 고창 기독교 교회 벽화 〈예루살렘으로 입성하는 예수〉

묘사한 광경이 바로 이것이다(〈그림13-22〉). 기독교와 관련된 벽화는 그 외에도 몇 점 발견됐는데 모두 많이 파손된 상태였다. 그나마 비교적 온전하게 보존된 벽화 한 점에는 예수 그리스도에게 참회하는 젊은 여성의 모습을 볼 수 있었다. 이 벽화들은 1,000여 년전 기독교가 고창에서 성행했던 역사의 모습을 생생하게 재현했다. 그 외에도 르코크는 고창고성에서 비단 그림들을 발견했는데 그중 하나에 십자가 모양의 지팡이를 든 예수의 좌상이 그려져 있는 것으로 보아 기독교예술로 판단된다.

이 예술품들은 모두 독일로 옮겨졌고 현재 베를린 인도예술박물관에 소장돼 있다. 고증에 의하면 이 기독교 벽화와 비단 그림들은 대략 9세기에 제작된 것으로 만당晩唐 시기에 해당된다.

투루판 북부의 포도구葡萄溝, Bulayig는 고창 경교의 중요한 전파 중심이다. 독일의 투루판조사팀은 포도구와 포도구에서 서쪽으로 5km 떨어진 쿠루

13-22 지오토 디 본도네의 명작 〈그리스도의 예루살렘 입성〉, 이탈리아 파도바의 스크로베니예배당 소장

터키Kurutka 경교 사원 폐허에서 수백 개의 경교와 기독교 경전 파편을 발견
했다. 이 파편들 중 대부분은 시리아문자로 표기한 소그드어 기독교 문헌
이고 약 30~40개가 시리아문자로 표기한 돌궐어 경교문헌이다. 그 외에
도 일부 중세 페르시아어와 그리스문자−시리아문자 두 가지 언어로 표기
한 경교문헌이 포함돼 있었다.[23] 흥미로운 것은 회홀문자도 경교문헌을
번역하는 데 사용됐다는 점이다. 예컨대 포도구 경교 사원 폐허에서 발견

13-23 투루판에서 출토된 기독교 회화

된 『주술사의 숭배巫師的崇拜』, 『성 지오르지오 순난기喬治殉難記』 등의 회흘문자 경교 파편이 바로 그것이다.

가즈나Ghazni 왕조의 역사학자 가르디지Gardizi는 투루판 지역에서 다양한 종교가 성행했고 회흘왕은 비록 독실한 마니교 신도지만 "다른 종교를 배척하지 않았고 그가 통치하는 지역 내에서는 기독교, 화현교, 불교 신도들이 평화롭게 어울려 지냈다"고 서술했다.[24] 이로써 기독교와 경교가 투루판 지역에서 11세기 중엽까지 줄곧 성행했다는 사실을 알 수 있다.

13세기 초엽에 구처기丘處機 도사가 칭기스칸을 알현하기 위해 중앙아시아로 가는 길에 천산天山 동부 외올아畏兀兒인들의 거주 지역을 지나 "윤대輪臺(당나라 시기 윤대 옛터, 지금의 신강 미천米泉에서 길창吉昌 사이의 지역을 가리킴)의 동쪽에 묵었는데 질설迭屑의 두목이 마중을 나왔다(宿輪臺之東, 迭屑頭目來迎)."[25] 질설은 바로 중국의 비석이 유행했던 대진경교大秦景敎의 타르사達娑, Tarsa를 가리키며 페르시아어의 '수도사'에서 유래됐다.

---

23 Nicholas Sims-Williams : "A Greek-Sogdian Bilingual from Bulayiq", Academia Nazionale dei Lincei, Istituto, Itallano per l'Africa el'Oriente, Convegno internazionale sul tema, La Persia e Bisanzio, pp.14~18 Ottobere 2002.

24 가르디지가 1048년~1052년에 『기록적장황記錄的裝璜』이라는 책을 완성했고 현재 옥스퍼드와 케임브리지 등 2개의 비교적 늦은 시기의 필사본만 전해지고 있다. 이 책의 돌궐에 관한 두 챕터는 현재 영어 번역본이 존재하며 Archaivum Euasiae Medii Avei, 1982, pp.109~217를 참조할 수 있다. 陳國光,「伊斯蘭敎在吐魯蕃地區的傳播」,『西域研究』第3期, 2002, 57쪽.

25 『長春眞人』「西遊記 注」.

프랑스의 사신 루브룩이 몽가한蒙哥汗을 알현하러 몽골에 갔을 때도 외올아 경교 신도들을 만났는데 사라센Saracen(소그드의 이슬람교도)들과 어울려 살았으며 두 종교의 신도들 사이에 자주 충돌이 발생했다고 한다. 마르코 폴로는 화주火州(투루판)에서 경교도들을 만났는데 그들은 흔히 불교도들과 통혼했다고 한다.[26] 비록 이와 같은 기록들이 있지만 경교 또는 기독교가 11세기 이후에도 여전히 투루판 지역에서 성행했다는 고고학적 증거는 지금까지도 발견되지 않고 있다.

회홀인은 색목인色目人에 속하며 원나라 시기 몽골인들을 도와 중국을 통치했기 때문에 회홀 경교도들의 행적이 내몽고의 적봉赤峯과 복건의 천주泉州에서도 발견됐다. 내몽고 적봉에서는 회홀 경교도의 묘지명이 발견됐고 천주에서는 회홀 경교도의 묘비가 발견됐다.

1983년에 내몽고 적봉시赤峯市 송산구松山區 성자향城子鄕 화진구문촌畵近溝門村의 한 농민이 길이 47.2cm, 너비 39.5cm, 두께 6cm인 묘지벽돌 한 조각을 발견했다. 벽돌의 정면에 글자가 있고 중앙 상단에 대형 십자가 문양이 있으며 십자가 가운데 원 안에 매화꽃 무늬가 있었다. 십자가 아래는 연화좌대가 있다. 이같은 문양은 천주, 서안西安, 양주揚州, 내몽고 아오룬수무敖倫蘇木고성 등 지역에서도 발견됐다. 십자가 상단 양쪽에 각각 시리아문자가 한 줄씩 있고 하단 양쪽에는 각각 회홀문자가 네 줄씩 있다. 시리아문자는 『구약』「시편」제34장 제6절에 나오는 "p̊år lwoeh // sbåråbeh"이며 '믿고 삼가 받는다'는 뜻이다. 동일한 내용의 경교 각석刻

---

26 劉迎勝, 「元代西北地區的佛敎」, 南京大學歷史系 元史硏究室 編, 『元史及北方民族史硏究集刊』第6期, 1990; 「蒙元時代中亞的餌思脫裏敎分布」, 南京大學歷史系 元史硏究室編, 『元史及北方民族史硏究集刊』第7期, 1990, 66~73쪽.

13-24 내몽고 적봉에서 출토된 경교 묘지명

石은 북경의 방산房山에서도 발견됐다. 회홀문자 부분의 내용은 다음과
같다.

알렉산더 대왕 기년 천

오백육십사년(1253), 도화석 기년 소띠해 정월

이십일. 이 경장京帳의 수령

약난부대의 장군은, 그가

칩십일세 되는 해에 하나님의 사명을 완성했다.

이 어르신의 영혼이 영원히

천국에서 편히 잠들기를 바란다!

亞歷山大大帝紀年一千

五百六十四年; 桃花石紀年牛年正月

二十日. 這位京帳首領

藥難部隊的將軍, 在他

七十一歲時, 完成了上帝的使命.

願這位大人的靈魂永久地

在天堂安息吧!"[27]

5. 마니교摩尼敎

마니교가 페르시아와 중앙아시아에서 끊임없이 탄압을 받으면서 수많은 마니교 신도들이 동양으로 망명을 가게 되었는데 동양과 가장 가까운 곳이 바로 투루판이었다. 당나라 시기 이후에 마니교의 동방교주가 바로 바이쯔커리커에 거주했고 고창고성과 바이쯔커리커에도 모두 마니교사원이 세워졌다. 회흘인들이 서쪽으로 이동하기 시작한 후 투루판의 일부 불교 석굴사들은 회흘인들에 의해 마니교 석굴로 개조됐다. 고창고성의 K사원에는 아직도 마니교 벽화와 그림이 많이 남아 있어 중세기 마니교예술을 파악하는 데 좋은 자료가 되고 있다.

---

27 牛汝極,『維吾爾文古文字興古文獻導論』, 烏魯木齊: 新疆人民出版社, 1997, 100~108쪽.

13-25 고창고성의 마니교 K사원 유적

    투루판 마니교 유적은 20세기 초에 처음 발견됐다. 1902~1914년에 독일 베를린민속박물관의 그륀베델과 르코크가 조사팀을 이끌고 신강에서 네 차례에 걸쳐 투루판 바이쯔커리커, 승금구, 토욕구, 교하고성, 고창고성 등의 유적지에 대한 대규모 발굴 작업을 진행했다. 그리고 1905~1913년에 잇달아 고고학 보고서를 발표하여 고창고성의 K와 α로 명명한 유적이 마니교 사원에 속한다고 주장했으며 K유적에서 또한 마니교 사원의 장서실藏書室을 발견했다.

    1909년에 러시아과학원에서도 올덴부르크Sergei Fedorovich Ol' denburg가 이끄는 조사팀을 파견하여 투루판에 대한 조사를 실시했고 1914년에 발표한 보고서에서 바이쯔커리커석굴 38호굴(그륀베델의 25호굴)은 마니교 사원에 속한다고 밝혔다. 1931년에 프랑스 학사원Institut de France의 교수 헤켈J. Hacken이 바이쯔커리커에서 조사를 실시한 후 24호굴(그륀베델의 17호굴)이 개조되기 전에 마니교 사원이었다고 주장했다. 1988년에 일본

13-26 투루판에서 출토된 마니교 회화 속의 마니교 유권자

오사카대의 교수 모리야스 타카오森安孝夫가 투루판에 와서 조사를 실시한 후 1991년에 저서를 발표하여 그륀베델의 22호굴(모리야스 타카오의 35호굴)은 마니교 사원이라고 주장했다. 그는 또 8호굴(그륀베델의 1호굴 북쪽에 인접한 석굴)에 마니교 머리말이 있는 것으로 보아 역시 마니교 사원이었을 것이라고 주장했다. 북경대의 조화산晁華山 교수도 바이쯔커리커, 승금구, 토욕구 등의 유적에 대한 광범위한 조사를 진행했다. 일설에 의하면 수십 개의 마니교 동굴을 발견했다고 전해지고 있지만 이는 아직까지 논쟁의 여지가 있다.

　지금까지의 조사와 연구에 의하면 투루판의 마니교 사원은 대체로 두 시기로 나눌 수 있다. 첫 시기는 약 640년~850년으로 고창고성의 K유적과 α유적, 토욕구의 11개 석굴 그리고 바이쯔커리커 북부 구역의 6개 석굴 등 19개 마니교 석굴사가 포함되며 당나라 서주 시기의 소그드인과 회홀인들이 만들었다. 둘째 시기는 약 850년~1000년으로 바이쯔커리커 중부와 남부 구역의 13개 석굴, 그리고 승금구의 남쪽과 북쪽 사원의 9개 마니교 석굴사가 포함된다. 이 석굴들은 서쪽으로 이동한 후에 고창회홀이 지은 것이다. 10세기 말에 서주회홀이 개종을 하면서 이 석굴들은 폐쇄되거나 불교 석굴로 개축됐다.[28]

　독일 투루판조사팀의 르코크가 고창고성 내의 K유적에서 마니교 경전을 발굴한 곳이 바로 이 사원의 '경도당經圖堂'일 것이다. 그 외에도 당나라 서주 시기와 서주 회홀 시기 마니교 동굴은 구조와 형식, 벽화 소재, 내용 등에서 시대적인 차이가 존재한다. 당나라 서주 시기의 동굴은

28　晁華山, 「尋覓淹沒千年的東方摩尼寺」, 『中國文化』 第8期, 1993, 1~20쪽.

13-27 투루판에서 출토된 마니교 벽화

절하며 참회하는 예참당禮懺堂이 비교적 작고 마을 제사를 베푸는 재강당齋講堂에 7세기 사산왕조 페르시아와 중앙아시아에서 유행했던 연주문連珠紋이 장식되어 있으며, 동굴 전실前室의 앞쪽 벽에 그려진 공양주는 서아시아식의 소매가 좁은 스트라이프무늬의 외투를 입고 있다. 그에 비해 서주 회홀 시기의 동굴은 예참당 등의 규모가 전 시기보다 훨씬 크고 7세기에 유행한 문양을 찾아볼 수 없으며 동굴의 벽에 대량의 회홀문 방제榜題(제사받는 사람의 이름—역자)가 출현한 것으로 보아 서주 회홀의 국력이 강성하고 마니교를 추종한 것과 관련이 있는 것이 분명하다.

신강문물고고학연구소의 고고학팀은 바이쯔커리커 천불동을 정리할 때 아주 잘 보존된 문서 몇 점을 발견했는데 각 지방의 마니교도들이 교주에게 경의를 표하며 평안과 행복, 그리고 번창을 바라는 내용들이 적혀 있었다. 문서의 일부 그림은 금박무늬를 입혔는데 출토지점은 바로 바이쯔커리커 석굴사 밑에 있는 어떤 석굴이었다. 마니교의 동방교주는 마니교의 역사에서 매우 주목 받는 인물이며 그의 최후와 거주지 등에 대한 관심이 아주 높다. 사실 쓰레기로 뒤덮인 이 두 개의 낡은 동굴은 이미 마니교의 최후의 운명이 어땠는지를 생생하게 보여주고 있다.

제14강
오랜 역사를 지닌 문화도시 거연居延

중국 고대 문명의 중요한 발상지인 거연居延은 내몽고 아라산맹阿拉善盟
어지나치額濟納旗에 위치해 있다. 총 면적이 11.6만㎢로 덴마크 두 개, 펑호
열도澎湖列島를 포함한 타이완 세 개와 맞먹으며 강소성江蘇省, 불가리아, 오스
트리아 또는 쿠바보다도 더 크다. 『상서尚書』 「우공禹貢」에서 대우가 홍수를
다스리매 "약수의 물을 합려로 끌어들이고 나머지는 유사로 흘러 들어가게
하였다(導弱水, 至於合黎, 餘波入於流沙)"는 이야기가 바로 거연에서 발생했다.

약수弱水는 감숙성甘肅省 장액시張掖市 숙남욕고족자치현肅南裕固族自治縣의
남산에서 발원한다. 이 강은 감숙성 현지에서는 흑수黑水라 불리며 남쪽에
서 북쪽으로 흐른다. 강의 총 길이는 500여 km이고 합려산合黎山을 지나
내몽고로 흘러든 후에는 '어지나강額濟納河'이라고 불리며 옛 이름은 '약수'
이고 총 길이가 200여 km이며 마침내 '거연해'라고 불리는 호수로 흘러든
다. 약수가 지나가는 곳들은 바단지린巴丹吉林사막의 서부에서 넓은 면적의
오아시스를 형성하고 있다. 거연의 식생은 중앙아시아의 건조 지대와 일
치하며 사막의 동쪽 경계에는 포플러나무가 분포되어 있다.

역사적으로 거연성은 사막 유목민들이 전란이나 재해를 피하는 피난처
인 동시에 국제도시이기도 했다. 실크로드가 개통된 후 "수많은 오랑캐
상인과 손들이 자고 갔다(商胡販客, 日款於塞下)"고 했다. 이집트 알렉산드리

14-1 거연의 사막 포플러나무

아의 이집트인, 중앙아시아의 사마르칸드Samarqand의 소그드인, 내지는
유럽의 로마인들이 잇달아 하서 지역에 장사하러 오거나 귀화하여 정착했
다. 중세 시기 아랍인 여행가 미살米撒尔, 특히 이탈리아의 여행가 마르코
폴로의 방문은 이 중국의 작은 변방도시를 단숨에 전 세계적으로 유명한
역사 문화 도시의 자리에 올려 놓았다.

1. 진나라 명월明月과 한나라 장성長城

흉노의 침범을 막기 위해 한 무제는 60만 명의 노역을 동원하여 중국의 북방에 장성을 쌓았다. 널리 알려진 가욕관嘉峪關에서 산해관山海關에 이르는 장성은 명나라 장성이고 세워진 지 600여 년밖에 되지 않았다. 중국 역사상 규모가 가장 큰 장성은 한나라 장성으로 지금으로부터 2,100여 년의 역사를 갖고 있다. 한나라 장성의 서쪽 끝은 감숙성 돈황 서경西境 유수천榆樹泉 분지에 있고 서부의 봉수선烽燧線은 한나라 시기의 고묵姑墨(지금의 신강 아커쑤阿克蘇)에까지 이른다. 한나라 장성은 동쪽으로 길게 뻗어나가 요동반도를 넘어 평안북도平安北道의 청천강淸川江으로 직접 연결된다.

몽골 초원은 한나라가 흉노의 침범을 막아내는 중요한 방어 구역이었고 한나라는 이곳에 남북 방향으로 5~10km 간격의 복선復線식 장성 두 개를 쌓았다. 동쪽 라인은 내몽고 음산陰山과 대청산大靑山에서 외몽고 초원에까지 깊숙이 들어간다. 서쪽 라인은 어지나강 동쪽 연안에 있으며 북쪽의 고거연택古居延澤에서 시작하여 약수를 따라 남하하여 감숙성 금탑현金塔縣에 이르는데 총길이가 200여 km에 달한다. 약수는 한나라 장액군張掖郡에 속하며 세 도위都尉가 통솔하여 관리했다. 이 세 도위는 북에서 남으로 각각 거연도위, 견수肩水도위, 장액도위이다.

기원전 102년에 한 무제가 복파伏波장군 노박덕路博德을 거연 지역에 파견하여 장성 변새邊塞를 쌓게 하고 제일 먼저 거연성에서 차로장遮虜障(요새의 이름–역자)을 지었다. 장障은 또 '오장塢障'이라 불렀는데 장성 변새의 큰 성채를 말하며 작은 성채는 '정수亭隧'라고 불렀다. 1930년~1931년에 중국-스웨덴 서북과학조사팀이 어지나강 유역의 한나라 장성

14-2 거연의 한나라 시기 장성과 봉화대

유적에 대한 조사를 진행했으며 스웨덴측의 베르그만Folke Bergman이 발굴 작업을 총괄했다. 그는 거역 유적에서 한나라 시기 목간 10,000여 개를 발견했는데 오늘날 이를 '거연한간居延漢簡'이라 부른다. 이 목간들은 훗날 홍콩, 미국을 거쳐 타이완으로 유입됐고 현재 타이베이중앙연구원 역사언어연구소에 소장돼 있다.[1]

거연도위부居延都尉府 산하에 있는 갑거후관甲渠候官의 치소治所는 파성자破城子 유적에 설치돼 있다. 이 성채는 한나라 장성의 성벽에서 300m 떨어진 곳에 있었고 짚을 섞은 진흙을 단단하게 다져서 쌓았다. 면적은 약 44㎡이고 담벼락의 두께가 2m이며 동쪽에 출입문을 냈고 밖에는 기역 자 모양의 옹성甕城이 있다. 담벼락 밖의 3m 범위 안에 뾰족한 말뚝을 땅에 파묻었는데 한나라 시기에 이를 '호락虎落'이라 불렀다. 서북쪽 모퉁이에 면적이 약 24㎡ 되는 보루가 있는데 흙으로 쌓았고 담벼락의 두께는 5m이다.

---

1 林梅村,「漢代邊塞遺址及其間牘的發現與研究」, 趙化成・高崇文 主編,『秦漢考古』, 北京：文物出版社, 2002, 204~222쪽.

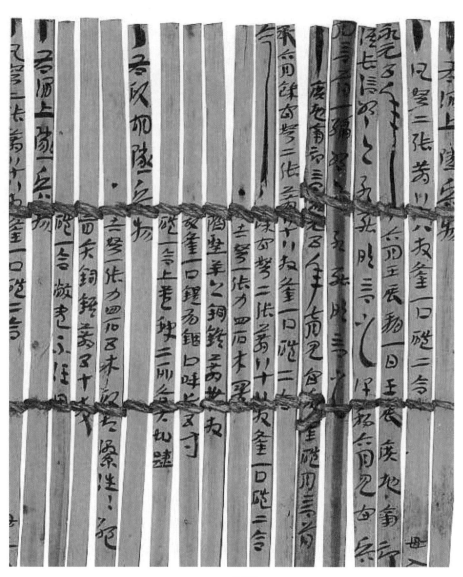

14-3 거연한간

14-4 갑거후관 치소 파성자 유적

담벼락 안에는 동쪽에 출입문을 낸 방 두칸짜리 가옥이 있는데 아마도
이곳 갑거후관의 처소였을 것이다. 남쪽 방의 남측에는 성채의 꼭대기로
통하는 계단식 통로가 있고 성채의 문은 성채 동쪽 담벼락의 남단에 있다.
성채 안의 서쪽, 남쪽, 북쪽에 작은 집터가 있는데 아마도 하급 관리와
병졸들의 처소였을 것이다. 동북쪽 모퉁이에는 가축우리가 있고 그 동쪽
에 성채의 꼭대기로 통하는 계단식 통로가 있었는데 성채의 안팎 모두에서
한나라 목간이 발견됐다. 성채의 남쪽으로 50m 되는 곳에 면적이 약 5㎡
되는 봉화대가 있고 부근에 땔감과 불사른 흔적이 있는데 이곳 갑거후관의
전용 봉화대이다.

　복파장군 노박덕은 한나라의 형법을 어긴 죄로 강노도위強弩都尉로 강등
됐다. 강노도위는 만리장성 이북 지역의 최전선에 주둔하며 곧 거연한간
에서 말한 거연도위이다. 갑거후관은 바로 거연도위의 통솔하에 있다.
천한天漢 4년(기원전 97)에 한漢 무제武帝가 이사장군貳師將軍 이광리李廣利에게

흉노를 공격하도록 명을 내렸고 동시에 거연성의 강노도위 노박덕에게 기마병 만여 명을 이끌고 이광리를 돕게 했다. 거연도위는 병사 만여 명을 통솔하며 직급이 후관보다 높았다. 따라서 노박덕이 거주하는 도위부는 당연히 갑거후관의 치소治所보다 크고 좋았다. 조사에 따르면 거연도호부는 스웨덴의 고고학자 베르그만이 일련번호를 매긴 K710고성에 있으며 그곳은 지금의 어지나치額濟納旗 다란쿠뿌진達蘭庫布鎭에서 동남쪽으로 24km, 그리고 갑거후관 유적에서 동북쪽으로 33km 떨어진 곳에 있다.

녹박덕이 차로장을 지은 후 역사서에는 지속적으로 거연 변새邊塞를 언급했다. 천한 2년(기원전 99)에 한 무제가 기도위騎都尉 이릉李陵에게 병사 5천 명을 이끌고 거연의 차로장에서 출새出塞하여 흉노를 토벌하도록 명했다.[2] 이 기록으로 보아 차로장은 거연 변새에서 가장 북쪽에 위치한 성채이며 아마도 베르그만이 일련번호를 매긴 K688성일 것이다. 이 성은 K710성에서 서쪽으로 10km 정도 떨어져 있으며 약수의 하류 및 거연 고대 오아시스의 최북단에 근접해 있다. 당시 이릉은 바로 이곳에서 출정하여 흉노를 토벌했고 결국은 흉노에게 생포당하여 투항했다. 사마천이 이릉을 대신해 한 무제에게 사정을 했다가 생식기를 거세하는 형벌인 궁형을 당하고 말았다. 사마천은 그때부터 분발하여 책을 저술했고 마침내 중국 사서의 대명사로 불리는 『사기史記』를 완성했다.

한나라 시기의 거연 국경 수비대에는 한나라에 귀순한 흉노 기마병도 있었으며 장액속국도위張掖屬國都尉가 관리했고 치소는 한나라 시기 일륵현日勒縣 택삭곡澤索谷에 두었다. 의거융義渠戎 부족은 어지나강 상류의 장

---

2 『漢書』「李陵列傳」.

액현으로 이주했고 나중에 한나라의 장액속국에 편입됐다. 기원전 82년에 장액속국 천장千長 의거왕義渠王 기사騎士가 흉노의 리오왕梨汚王을 활로 쏴 죽인 공으로 한나라 조정으로부터 상을 받고 여오왕黎汚王에 봉해졌다.[3] 그 후부터 흉노인들은 다시는 감히 장액을 침범하지 못했다. 기원전 102년까지도 한나라는 거연택 서남쪽에 거연과 휴도休屠 두 개의 속국도위를 설치하여 주천군酒泉郡을 호위했다. 거연속국은 바로 전국시대에 어지나강 하류로 이주해 온 구연융朐衍戎이며 한나라 시기에는 거연융이라고 불렸다. 거연은 바로 구연융의 이름에서 비롯했다.

한나라 시기의 거연성 시가지는 어디에 세워졌을까? 어지나치 다란쿠뿌진에서 동남쪽으로 24km 떨어진 곳에 한나라의 성 한 채가 있는데 일련번호 K710성이다. 이 성에서 서남쪽으로 33km 떨어진 곳이 바로 갑거후관 치소의 소재지이다. 거연한간에는 갑거후관의 치소와 거연성이 서로 80리 떨어져 있다고 언급되어 있는데 이 K710성과 갑거후관 유적이 바로 33km 떨어져 있다. 이에 스웨덴의 고고학자 베르그만은 한나라 시기의 거연성은 바로 K710성에 있다는 주장을 최초로 제기했다. 그리고 이 주장은 현재 학술계에서 주류 학설로 인정받고 있다.

한나라 시기의 거연성은 고거연택古居延澤의 서남 연안에 있다. 거연성 안쪽은 관청 소재지이고 백성들은 모두 성 밖에서 살았다. 고고학 조사에 의하면 거연성 주위에 적어도 30개의 주거 지역이 있었으며 모든 주거 지역은 면적이 약 500㎡이고 한나라 시기에는 '리里'라고 불렸다. 한나라 시기의 1리는 0.415km에 해당되니 거연의 주거 지역들은 면적이 약 0.17

---

3 『漢書』「匈奴傳」.

14-5 거연해의 풍광

2km²로 운동장(400m×400m) 하나의 크기와 비슷했다. 한나라 시기의 거연성은 고거연택과 근접해 있으며 '거연택성'이라고도 불렸다. 거연택 근처의 주거 지역들은 '통택리通澤里'라고 불렸고 와인퉈니瓦因托尼 부근의 통택정通澤亭 일대에 있었다.

거연성 북쪽 근교, 북쪽 사막 가까이에 두 개의 주거 지역이 있는데 각각 '명사리鳴沙里'와 '서노리庶虜里 또는 차노리遮虜里'라고 불렸다. 흑수하黑水河는 발원지인 팔보하八寶河에서부터 종착점인 수구뉘얼蘇古諾爾 호수까지 총길이가 820km이다. 거연한간에는 명사리가 남쪽에 있는 장액군 태수太守의 치소인 낙득현樂得縣(지금의 장액시 흑수국고성黑水國古城)에서 약 1,630km 떨어져 있으며 이는 676.45km에 해당된다고 적혀 있다. 또한 『원화군현지元和郡縣志』에는 "거연해가 현(장액)의 동북으로부터 1, 600리 떨어져 있다(居延海在縣東北壹千六百里)"고 적혀 있다. 그렇다면 명사리는 아마도 거연 변새

북단의 사막 끝자락에 있는 거연도위 진북후관^{珍北候官}의 관할구역 북단, 고대 거연택의 서쪽 연안에 있었을 것이다. 그리고 차노리는 명사리의 남쪽, 차로장이 있는 곳인 K688고성 부근에 있었을 것으로 보인다.

2. 농업과 목축업의 경쟁

조위^{曹魏} 역시 거연에 서해군^{西海郡}을 설치했다. 영가^{永嘉}의 난 이후 전량^{前涼}과 후량^{後涼}, 북량^{北涼}, 서량^{西涼}이 잇달아 하서 지역을 할거하고 거연을 동시에 통치했다. 북위^{北魏}가 황하 유역을 통일한 후 거연은 양주^{涼州}의 관할이 되었다. 아울러 돌궐^{突厥}, 유연^{柔然}이 잇달아 거연해에 주둔하며 방목을 했다. 수나라는 거연에 동성진^{同城鎮}을 설치했고 당나라는 동성진에 한때 안북도호부^{安北都護府}를 설치했다. 당대종^{唐代宗} 대력^{大力} 연간에 거연은 먼저 토번^{吐蕃}에게 함락됐다가 나중에 또 감주^{甘州}의 회흘^{回鶻} 수중으로 들어갔다. 송진종^{宋眞宗} 경덕^{景德} 연간에 서하^{西夏}가 감주^{甘州}의 회흘을 패배시키고 거연에 흑산위복군^{黑山威福軍}을 설치하며 이지나이^{亦集乃}성을 짓기 시작했다. 어지나치^{額濟納旗}는 바로 서하어의 '이지나이'에서 이름을 얻었다. 원나라 건국 이후에도 거연에는 여전히 이지나이길이 설치됐다.

하서주랑의 자연지리는 장액을 경계로 하여 동서 두 지역으로 나뉜다. 장액에서 서쪽으로 가면 매우 건조한 고비사막이며 서쪽으로 갈수록 모래와 자갈이 점점 더 많아지고 황토는 거의 완전히 사라진다. 장액과 그 서북쪽에 있는 임택현^{臨澤縣} 사이의 지역은 토양이 알칼리성이고 염분이 지표에 떠있어 특수 품종의 초목 외에 거의 풀 한 포기 자라지 않는다. 서북쪽으로

14-6 거연의 사막 포플러숲

갈수록 염화 토양이 점점 더 많아지고 마침내는 거의 모든 생명체가 살 수 없는 지역이 된다. 주천, 옥문玉門, 안서安西, 돈황 등의 지역은 고비사막 속의 소수 고립된 오아시스일 뿐이다. 하서주랑의 황토지는 주로 장액의 동쪽에 분포되어 있는데, 이곳은 강우량이 비교적 많고 식물 또는 농작물이 쉽게 자란다. 거연은 장액의 북쪽에 있으며 거연의 자연지리적 조건은 하서주랑 동서 양쪽 지역의 중간정도이다. 당나라 시인 이단李端의「천리사千里思」에서는 "양주는 풍월이 아름다우며, 거연으로 가는 길이 멀리 바라보인다(涼州風月美, 遙望居延路)"는 시구로 거연의 아름다운 모습을 묘사했다. 하지만 거연은 사실 유사流沙의 위협을 받는 잔혹한 모습도 있다.

동한이 거연에 서해군을 설치한 후 문헌에서는 일반적으로 거연을 '서해'라고 불렀고 '거연'이란 두 글자를 거의 언급하지 않았다. 그러다가 『수서隋書』「단문진전段文振傳」에서 마침내 다시 거연을 언급했다. 수문제隋文帝 개황開皇 초기에 "돌궐이 변방을 침범하자 (단문진)행군 총관이 이를 격파하여 북으로 거연 밖으로 쫓아내어 변방을 다시 되찾았다(突厥犯塞, (段文振)以行軍總管擊破之, 逐北至居延塞而還)"고 적고 있다. 또한 수양제隋煬帝는 적극적인 대외개방정책을 실시하고 배구裵矩를 파견하여 무위武威, 장액 사이를 오가며 대량의 서역상인을 하서 지역으로 유치하게 했다. 오랜 기간 동안 경기가 침체에 빠졌던 하서주랑은 제2의 번영기를 맞게 되었다. 그때 현지에서 유통되는 화폐는 모두 서역의 금은주화, 즉 로마의 금화와 페르시아의 은화이다.

대업大業 5년에 수나라 군대가 토욕혼을 정복하고 청해호青海湖 서쪽 연안에 서해군을 설치하여 거연을 산단현刪丹縣에 편입시켰다. 같은 해 6월에 수양제가 하서주랑에 순행과 사냥을 왔고 언지산焉支山에서 서역

14-7 실크로드에서 발견된 주화─사산왕조 페르시아 은화와 로마 금화

27국에서 온 왕과 사신, 상인들을 접대했다. 『수서隋書』「배구전裵矩傳」
에는 당시의 상황을 이렇게 서술했다. "수양제가 언지산, 고창 왕국, 이
오설 등과 서역의 스물일곱 개 나라를 차례로 순시했는데, 사람들이 길
에서 임금을 알현했다. 모두 금옥을 차고 비단 옷을 입고 향을 피우고
음악을 연주하고 떠들썩하게 가무를 펼치라 했다. 또한 무위와 장액의
여자들로 하여금 화려하게 입고 관람하게 하여 말과 수레가 수십 리에
이르게 하여 중국의 위용을 보이게 하였다(及帝西巡, 次焉支山, 高昌王, 伊吾

設等及西蕃胡二十七國, 謁於道左. 皆令佩金玉, 被錦罽, 焚香奏樂, 歌舞渲澡, 復令武威張掖士女盛飾縱觀, 騎乘填咽, 周亘數十里, 以示中國之威)." 수당 시기의 언지산은 산단현에서 남쪽으로 50리 떨어진 곳에 있으며 산단산이라고도 불렀다. 수나라는 거연에 동성진同城鎮을 설치하고 산단현에 귀속시켰다. 『원화군현지元和郡縣志』 권40에서는 "차로장은 주천酒泉현 북쪽 240리에 있다. 이릉과 선우가 싸운 곳인데 그곳 수나라의 진장 양현楊玄이 구리로 만든 활과 살을 얻었다(遮虜障, 在縣北二百四十里. 李陵與單於戰處. 隋鎮將楊玄於其地得銅弩牙箭簇)"고 적고 있다. 수나라는 주천에 진鎮을 설치하지 않았고 수나라의 진장鎮將(관직명-역자) 양현楊玄이 곧 동성진의 진장이다. 천리 밖의 이민족들도 이 성대한 행사에 참가하러 왔으며 수양제를 환영하는 행렬에는 동성진에서 온 거연인들도 있었을 것이다. 돈황막고굴에 〈서역왕자거애도西域王子擧哀圖〉라는 벽화가 있는데 수당 시기 동서양 문화교류의 성대한 상황을 생동감 있게 보여 준다.

거연은 또한 돌궐 문화의 산실이기도 하다. 1912년에 핀란드탐험대의 램스티트Remstedt가 몽골 서부의 시베트 울라Shiveet에서 돌궐 능원陵園 하나를 발견했는데, 지리좌표가 95도, 북위 44~45도이고 거연의 북쪽, 즉 지금의 몽골 서부에 속한다. 돌궐의 고대 전설에 의하면 돌궐왕족 아세나Ashina 가문은 '고창북산高昌北山'에 기원을 두고 있다고 한다. 이 돌궐 능원은 중국-몽골 국경에서 가까우며 신강 하미哈密의 정북쪽 및 투루판의 동북쪽에 있다.

램스티트Remstedt는 처음에는 이곳이 돌궐 제1제국의 능원일 것이라 추정했다. 하지만 구소련과 일본조사팀의 현장실사에 의하면 이 능원의 석인石人 및 석수石獸는 어얼훈鄂爾渾강 유역에 있는 빌케Bilge 카간 능원의 석인

14-8 돈황벽화 〈서역왕자거애도〉

및 석수와 매우 비슷했으며 이로 미루어 볼 때 돌궐 제2제국의 개국군주인

아세나 쿠틀룩의 능원일 가능성이 더 크다. 이 능원은 돌무더기를 쌓아서

만들었고 평면으로 보면 직사각형이며 능원 서부의 중앙 위치에 거대한

복두覆斗(엎어 놓은 자루—역자) 형식의 묘를 세웠는데 둘레가 224m, 높이가

22m에 달했다. 일찍이 도굴을 당하여 중부에 깊게 파인 구덩이가 남아

있다. 돌무더기로 쌓은 담벼락의 동쪽에는 비석을 세웠고 비석 아래는

14-9 고창북산에 위치한 돌궐 제2제국의 카간 쿠틀룩의 능원

직사각형의 받침돌이 있다. 그 외에도 능원의 동쪽에는 석인과 석수로 돌궐 전통 문화의 살인석殺人石, Balbal을 대신했는데 총 석인 9개, 석사자石獅子 4개, 석양石羊 6개가 있었다. 하야시 토시오林俊雄 등의 일본학자들이 최근에 진행한 조사에 의하면 능원 내에는 현재 비석 1개, 석인 8개, 석사자 3개, 석양 6개 그리고 돌로 만든 용기 하나밖에 남아 있지 않다고 한다.[4]

4　林俊雄・森安孝夫,「シヴェートニオラーン遺跡」, 森安孝夫等 編,『モンゴ兒國現存遺跡・碑

쿠틀룩 능원은 당나라 왕릉의 형식을 본받은 듯하다. 당나라 시기의 능원은 산을 의지하여 짓거나 흙을 쌓아 만들었다. 흙은 쌓아 만든 왕릉은 당唐 고조高祖 이연李淵(618년~626년 재위)의 헌릉獻陵, 장릉庄陵, 단릉端陵, 정릉靖陵 등 무려 4기나 있다. 산을 의지하여 지은 왕릉은 당唐 태종太宗 이세민李世民(627년~649년 재위)의 소릉昭陵, 당唐 고종高宗과 무측천武則天의 간릉干陵, 태릉泰陵 등 무려 14기가 있다. 쿠틀룩 능원은 당고조 이연의 헌릉을 본떠 만든 것으로 보인다. 헌릉은 섬서성陝西省 삼원현三原縣의 동쪽 20km 되는 것에 위치하며 동서로 781m, 남북으로 710m이다. 네 면의 벽에 각각 신문神門을 하나씩 만들고 능대陵臺는 중앙에 두었다. 능대의 아래는 동서로 130m, 남북으로 110m, 높이가 19m이며 복두 형식을 띠고 흙을 단단하게 다져서 쌓았다. 능대의 남쪽은 원래 침궁寢宮, 헌전獻殿 건축물이 있었다. 네 개의 신문 밖에는 석호石虎 한 쌍이 있고 통로에는 석망주石望柱와 코뿔소가 각각 한 쌍씩 있었다.

수당 오대 시기의 거연은 줄곧 농업과 유목 양대 세력이 치열하게 쟁탈을 벌이는 상황에 처해 있었다. 수당 시기의 거연에서는 역사상 두 번째로 큰 규모의 농업개발이 일어났고 만당 오대 시기의 거연은 토번, 사타沙陀, 회홀인에게 점령당하여 다시 유목민족의 목장으로 변모했다.

文調査硏究報告』, 大阪 : 中央ユーラツア學硏究會, 1999, 141~142쪽.

3. 마르코 폴로의 기록 속 이지나이亦集乃

14-10 마르코 폴로

『동방견문록』에서는 흑수성黑水城을 '이지나이성'이라고 불렀는데 서하어의 '흑수'에서 유래했으며 지금은 '어지나額濟納'라고 번역된다. 오랜 세월 동안 유럽인들은『동방견문록』의 진실성에 대해 회의적인 태도를 보였다. 『동방견문록』에서는 만리장성과 태산泰山이 중국에서 가장 유명한 건축물과 산맥인데 불구하고 언급하지 않았기 때문이다. 최근에 대영도서관 동방부의 오방사吳芳思 주임이 저서를 통해『동방견문록』의 진실성에 대한 의문을 제기했다. 유럽인들이 말하는 만리장성은 명나라 장성을 가리키는데 마르코 폴로 시대에는 명나라 장성을 아직 짓지 않았기 때문에 당연히 언급하지 않을 수밖에 없다. 또한 마르코 폴로는 서양인의 심미적 관점에서 중국을 바라보았고 원나라의 대도大都(지금의 북경) 성 밖의 2만여 명의 기생들에 대해 흥미진진하게 이야기했다. 중국인들이 추앙하는 태산은 그에게 오히려 관심 밖이었을 것이다. 흑성黑城의 발견은 다시 한번『동방견문록』의 진실성을 입증하는 계기가 됐다.

마르코 폴로가 이지나이에서 하라허린哈剌和林까지 간 길을 원나라 시기에는 '납련도納憐道'라고 불렀는데 몽골어에서 유래했으며 '작은 길'이라는 뜻이다. 이 길은 당나라 시기에 거연에서 회흘도성까지 가는 길이다. 『신당서新唐書』「지리지地理志」에는 다음과 같이 적혀 있다.

14-11 마르코 폴로가 방문했던 이지나이성

북쪽으로 장액하를 건너 서북쪽으로 가서 합려산 골짜기를 나가 강물 동쪽의 빈 터 따라 동북쪽으로 천 리 가면 영구군, 이른바 이곳을 지키는 수착이 있다. 천보 2년에 군사를 이루었고 군 동북쪽에 거연해가 있다. 또 북쪽으로 300리에 화문산보가 있고 또 동북쪽 천 리쯤에는 회홀의 도성이 있다.[5]

마르코 폴로의 방문으로 인해 이름조차 잘 알려지지 않았던 이지나이성은 단숨에 전 세계적으로 유명한 역사 문화도시가 되었다. 원세조元世祖 쿠빌라이忽必烈는 해도海都의 난을 평정하고 서북 변경의 환란을 뿌리 뽑기 위해 옛 서하 지역에 이지나이길총관부亦集乃路總管府를 두었다. 흑성은 거연 지역에서 가장 큰 원나라 시기 성터이며 아마도 이지나이길총관부가 있었던 자리일 것이다. 흑성의 외성外城은 원나라 시기에 증축한 것

---

5 『新唐書』「地理志」. "北渡張掖河, 西北行, 出合黎山峽口, 傍河東壖, 屈曲東北行千里, 有寧寇軍, 故同城守捉也. 天寶二載爲軍, 軍東北有居延海, 又北三百里有花門山堡, 又東北千里至回鶻衙帳."

이고 그렇다면 마르코 폴로가 방문했던 이지나이성은 바로 흑성의 내성 內城에 있었을 것이다.

흑성 유적은 직사각형 구도에 동서의 길이가 421m, 남북의 길이가 374m이다. 담벼락 바닥의 너비가 21.5m, 꼭대기의 너비가 4m이며 평균 높이가 10여 m에 달한다. 동서 양쪽에 성문이 각각 하나씩 서로 마주 보고 있고 성의 네 모퉁이에 밖으로 돌출한 원형 각대角臺를 설치했으며 담벼락의 바깥쪽에 돈대墩臺 20개(현존 19개)를 설치했고 성 위에 성가퀴를 지었고 성문 밖에는 정사각형 모양의 옹성이 있다. 내몽고문물고고학연구소는 흑성에 대해 두 차례의 발굴 작업을 진행하여 이지나이성의 구조를 보다 명확하게 밝혀냈다. 흑성은 모두 두 차례 비교적 큰 규모의 건설을 진행한 바 있다. 먼저 작은 성 하나를 지었다. 성의 형태는 사각형 모양이고 변의 길이가 238m이며 성벽 위에 돈대가 있다. 서남쪽 모퉁이에 아직도 각대의 유적이 남아 있고 남쪽에 문을 하나 설치했고 문 밖에 사각형의 옹성이 하나 있다. 나중에 이 작은 성을 기반으로 하여 북쪽과 동쪽의 성벽을 이용해 확장 작업을 했다. 발굴 작업을 총괄한 이일우李逸友는 이렇게 분석했다.

작은 성의 성벽은 한나라 시기의 회색 도기 조각만 포함하는 등 성분이 단순한 재료를 사용하여 축조했는데 성 안의 발굴 작업에서는 한나라 시기의 지층이 발견되지 않았다. 따라서 작은 성이 세워진 연대가 원나라 이전, 한나라 이후일 것으로 판단되며 문헌기록과의 대조를 통해 추정한 바로는 아마도 서하 시기에 건축된 흑수성 유적일 것으로 보인다. (…중략…) 외곽의 큰 성은 원나라 시기에 증축한 이지나이고성이며 바로 현재 흑성의 규모이다.[6]

위의 내용으로 미루어 볼 때 마르코 폴로가 이지나이에서 본 것은 흑수성 유적의 내성뿐이었을 것이다.

몽골 초원에서는 처음에는 마니교가 성행했다. 당唐 무종武宗 개성開城 5년(840)에 북방 카르기스黠戛斯인들의 공격으로 인해 마니교를 신봉하는 회홀인들이 서쪽의 중앙아시아로 밀려나면서 마니교도 함께 전파됐다. 외래종교가 중국에서 난무하면서 곳곳에 승려와 비구니가 넘쳐나고 일하는 사람들이 급격하게 줄면서 당나라의 경제가 심각하게 쇠퇴했다. 이에 당무종은 도사 조귀진趙歸眞의 건의를 받아들여 불교를 폐하고 동시에 마니교, 대진교, 화현교 등 세 개의 외래종교를 금지했는데 역사상 이를 '회창멸불會昌滅佛'이라고 한다. 회창 5년(845)에 당무종이 불교를 말살하고 "대진(경교), 목호(마니교), 현(화현교)의 신도 3천여 명을 모두 환속하여 중화의 풍속을 어지럽히지 못하게 하라(勒大秦, 穆護, 祆三千餘人, 並令還俗, 不雜中華之風)"는 명을 내렸다.[7] 경교는 중원에서 금지령이 내려지자 일부 신도들이 중원북부의 사막 지역으로 망명했고 몽골 초원의 마니교가 쇠약해지자 그 공백을 즉시 경교가 메우게 되었다.[8] 경교는 주로 투라하土拉河 유역의 돌궐 혼부渾部와 극렬부克烈部 등과 같은 몽골 초원의 여러 돌궐족 부락에서 성행했다.

칭기스칸의 세력이 강성해지면서 몽골 부족의 공격을 받은 중원 북부사막의 돌궐 부족들은 앞다투어 중원으로 망명했고 금나라는 이들을 묶어 '충효군忠孝軍'을 결성했다. 정대正大 4년(1227)에 완안진화상完顔陳和尙이 충

---

6   內蒙古考古硏究所,「內蒙古文物考古工作的新進展」,『文物考古工作十年, 1979~1989』, 北京 : 文物出版社, 57~58쪽.

7   『舊唐書』「武宗本紀」.

8   林梅村,『漢唐西域與中國文明』, 北京 : 文物出版社, 1998, 406쪽.

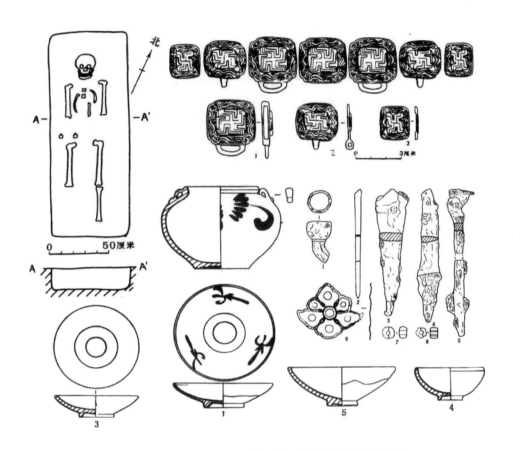

14-12 영하 북부 지역의 서하 고분에서 출토된 경교의 십자가 문양이 새겨진 장식품

14-13 어얼둬쓰의 경교 십자가

14-14 흑성에서 출토된 원나라 시기의 시리아문자로 표기한 돌궐어 경교문헌

효군 제공提控직을 맡았는데 "충효군은 회홀, 내만, 강, 혼과 중원에서 포로로 잡혀 도망온 자들로 어루어져 사납고 맹렬히 달려들어 제어하기 어렵다고 했는데, 진화상이 군대를 통솔하는 방법이 현명하여 군기가 엄격하고 명확하여 지나가는 곳마다 백성에게 조금도 피해를 주지 않았고 거리를 시끄럽게 하지 않았다. 전쟁할 때마다 선봉에서 성벽을 올라가 차지하고 적의 진지를 공격하여 비바람처럼 빠르고 맹렬했으니 군사들이 중히 여겨 의지했다(忠孝一軍, 皆回紇・乃蠻・羌・渾及中原被俘避罪來歸者, 鷙狠凌突, 號難制. 陳和尙禦之有方, 坐作進退皆中程序, 所過州邑常料所給外秋毫無犯, 街曲間不復喧雜, 每戰則先登陷陣, 疾若風雨, 諸軍倚以爲重)"고 했다.[9] 이로 미루어 볼 때 요금遼金 시기 경교는 고향에 남은 혼인渾人들 사이에서 여전히 전파되고 있었음을 알 수 있다.

고고학적 발견은 오랫동안 흙속에 묻혀 있었던 경교의 역사를 세상에

9 『金史』「完顔陳和尚傳」.

드러나게 했다. 20세기 초기 이래 어얼둬쓰鄂爾多斯 남부에서 투조기법의 십자가가 잇달아 출토됐다. 이런 유형의 십자가들은 보통 연꽃 문양과 卍 자 부호 등이 장식되어 있었는데 일본의 학자 사헤끼 요시로佐伯好郎는 이를 '卍 자형 구리십자가'라고 불렀다. 캐나다의 선교사 제임스 메리Jam es M. Mennies는 어얼둬쓰의 구리십자가 900여 개를 정리하여 『제대계간齊 大季刊』 1934년 제35기 '청동' 십자가 특집호에 게재했다. 그중 800여 개 는 북평北平우체국의 국장이었던 닉슨Nixon이 포두包頭 등지에서 수집한 것으로 현재 홍콩대의 풍평산馬平山박물관에 소장돼 있다.[10]

근래 영하寧夏 북부 지역에서 서하西夏 경교신도의 무덤이 발견됐는데 십자가로 제작한 장식품을 착용하고 있었다. 이 발견은 어얼둬쓰의 경교 십자가가 원나라 시기 이전에 제작되었음을 설명해 준다. 주지하다시피 왕고汪古 부족은 원나라 시기 이후에 어월둬스로 남하한 것이다. 따라서 어얼둬쓰의 십자가는 사실 돌궐 혼渾 부족의 유물이며 원나라 시기 경교 를 신봉했던 왕고 부족과는 아무런 관련이 없을 것으로 추정된다.[11]

마르코 폴로가 이지나이성에서 경교가 성행하는 것을 보았는데 몽골인 들은 경교를 야리가온교也里可溫敎라고 불렀다. 몽골의 황실과 귀족들은 야 리가온교를 신봉했다. 흑성 유적에서 시리아문자로 표기한 원나라 시기의 야리가온교 문헌이 출토됐고, 돈황박물원도 돈황 북구 석굴에서 시리아문 자로 표기된 원나라 시기의 야리가온교 문헌을 발굴해냈다.

---

10 저자는 2003년 홍콩에서 근무하는 동안 홍콩대의 풍평산馬平山박물관에서 실물을 본 적
   이 있다. 본문의 〈그림 14-13〉은 바로 풍평산박물관의 소개자료 '홍콩대학미술박물관'
   에 소장된 '원나라 시기 경교 십자가도元代景敎十字架圖'이다.
11 林梅村, 「鄂爾多斯의景敎遺存」, 劉東 主編, 『中國學術』第18·19集合刊, 北京 : 商務印書館,
   2005.

4. 흑성黑城의 발견과 그 유물의 행방

1908년에 러시아의 탐험가 코즐로프Pyotr Kuzimich Kozlov가 흑성에 들어갔다. 그는 현지의 무서운 전설들을 무시한 채 카자크 병사들과 토르구트Torghut 인부들을 동원하여 성 안에서 대대적인 발굴 작업을 실시했다. 그들은 흑성 안의 폐기된 사원, 관청, 주택에서 하라哈拉장군의 보물을 찾지 못했지만 금은보화보다도 더 가치 있는 물건들을 발굴했다. 그것은 바로 중국문자, 몽골문자, 페르시아문자, 서하문자로 쓰인 원고와 인쇄본, 불교 두루마리 그림〈아미타불출세도阿彌陀佛出世圖〉, 점토불상, 작은 석불상, 철제 발걸이, 동전 등의 문물들이다.

코즐로프가 흑성에서 발굴한 문물 중에서 가장 늦은 시기의 문물은 명나라 시기의 주화이다. 원나라가 명나라에 의해 멸망한 후 몽골 초원에 원나라 왕권을 회복하려는 일부 잔여세력들이 있었는데 그들을 역사상 '북원北元'이라 불렀다. 1436년에 북원의 "아타이 왕자와 그의 부하 타아지 등이 또다시 토크타부하에게 쫓겨 이지나이길에 도망가 숨어 지냈다. 겉으로는 항복하는 척하여 수차례나 감주와 양주를 침범했다. 정통 원년(1436)에 진무장군이 타아지를 평천에서 패배시키고 소무산까지 추적하여 꽤나 많은 적을 베고 사로잡았다(阿臺王子及所部朵兒只伯等復為脫脫不花所窘, 竄居亦集乃路. 外為納款, 而數入寇甘, 涼. 正統元年, 將軍陳懋敗朵兒只伯於平川, 追及蘇武山, 頗有斬獲)."『명사明史』「외국전外國傳」의 이 기록은 정사正史에서 마지막으로 흑성을 언급한 것이다.

1909년에 코즐로프가 다시 또 흑성을 방문하여 이 고성에 대해 장장 1개월에 걸쳐 대규모 발굴 작업을 진행했다. 문서, 금속주화, 옥기물,

14-15 흑성 교외의 불탑

불교사원벽화 외에도 많은 점포 유적 내에서 지폐가 발견됐다. 흑성에 대한 발굴 작업을 마친 후 코즐로프는 흑성 서문 밖 400m 지점에 있는 불탑을 다음 약탈 목표로 정했다. 이 불탑은 높이가 약 9m이고 기단, 몸체, 꼭대기 세 개 부분으로 구성됐다. 탑의 기단 중심에는 표면에 아무런 장식도 없는 나무기둥 하나가 세워져 있었다. 그들은 이 불탑 안에서 대량의 고대 원고를 발견했는데 대부분의 원고들이 온전하게 보존된 서적이었고 심지어는 책을 찍을 때 사용하는 인쇄조판을 발견하기도 했다. 더욱 놀라운 것은 삼베포 또는 비단에 그린 탕카唐卡(티베트 불교회화) 300여 점과 점토로 빚은 쌍두불상, 금속 또는 목조 불상 등을 발견했다. 특히 벽걸이 융단 불화 한 점이 눈길을 끌었는데 탁월한 기법이 가히 모직물예술의 표본이라고 할 정도였다. 코즐로프는 이 불탑 안의 보물들은 모두 한 종교계 인물의 소유일 것으로 추정했다. 이 신비로운 인물의 유골은 불탑 안 북쪽 담벼락 부근의 불상 받침대보다 약간 높은 곳에 두었으며 입적할 때 가부좌 자세를 하고 있었다. 코즐로프는 한 치의 망설임도 없이 이 유골의 머리뼈를 비틀어 뜯어서 흑성의 기타 유물들과 함께 상트페테르부르크로 가져갔다.[12]

1910년에 프랑스의 중국학자 펠리오Paul Pelliot가 상트페테르부르크로 가서 일부 문헌에 대한 연구를 진행했고 금나라 시기의 이름을 알 수 없는 어떤 작가가 저술한 『유지원의 제궁조劉知遠的諸宮調』를 발견했다. 유지원은 오대 후한의 개국 황제로 돌궐 사타沙陀 부족 사람이다. 송나라 왕작王灼의 『벽계만지碧鷄漫志』에 의하면, 제궁조는 북송 희녕熙寧에서 원우元祐 연간 택주澤州(지금의 서진성西晉城) 사람인 공삼전孔三傳이 처음 만든 것으로 당송 이래의 대곡大曲, 사조詞調, 전령纏令, 전달纏達, 창잠唱賺 그리고 당시 북방에서 유행했던 민간음악 등을 음률의 높고 낮음에 따라 각기 다른 궁조에 귀납시키고 그것을 활용해 이야기를 말하거나 노래할 때 사용했다. 독일의 철학자인 헤겔은 "희극을 갖고 있는 것은 그 민족이 성숙화 단계로 진입했다는 것을 상징하며 희극은 개화된 민족의 삶이 반영된 결과"라고 말했다. 1950년대에 중국과 소련의 우정을 강조하기 위해 스탈린은 이 중요한 문물을 중국에게 돌려주었고 현재는 북경도서관 선본부善本部에 소장돼 있다. 1984년에 독일의 한학자 멘시코프Menshikov가 출판한 『흑성에서 출토된 한문 수집품 주석 목록黑城出土漢文收集品註記目錄』을 통해 사람들은 마침내 흑성에서 출토된 중국어 문헌의 전체 모습을 볼 수 있게 됐다.

이 책에는 흑성 한자문헌이 무려 488점이나 발견됐다고 적고 있다. 그

---

12 白賓, 『尋找被遺忘的王朝』, 濟南 : 山東畵報出版社, 1997.

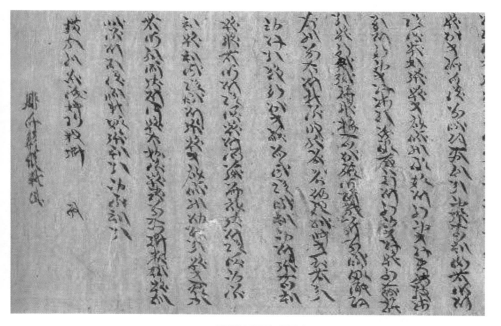

14-16 흑성에서 출토된 서하문서

중 283점은 불경이고 48점은 비불경문헌이며 나머지는 파손된 문서와 지폐 등이다. 한자 문헌자료는 흑성문헌의 아주 작은 일부분이며 코즐로프가 흑성에서 상트페테르부르크로 운반해 간 각종 문헌은 총 8만 점에 달하며 절대다수가 서하문서였다고 한다.

이원호李元昊는 한자에 능통했고 하국夏國을 건립한 후 신하 야리인영野利仁榮과 함께 한자를 바탕으로 서하문자를 창제했으며 서하자서西夏字書 12권을 완성했다. 서하 대경大慶 원년(1113)에 나라문자로 정했다. 서하는 송나라와 교류할 때 한자를 사용했고 토번, 회홀, 장액 그리고 교하의 소수민족과 교류할 때는 모두 서하문자를 사용했다. 서하가 나라를 세운 후 200년 동안 서하문자는 중국의 서북 지역에서 널리 사용됐다. 서하가 멸망한 후에도 오랫동안 유행했다. 흑성에서 출토된 대량의 서하문서들은 이지나이가 서하 문화의 중요한 전파 중심지였음을 설명해 준다. 1909년에 러시아의 서하학자 이봉각(伊鳳閣, Иванов Алексей Иванович)이 흑성에서 서하문서가 출토된 사실을 보도한 바 있다. 그 후 수십년 동안 잇달아 훌륭한 인재들이 나타나 이 서하문서에 대한 정리 작업을 꾸준히 이어갔다.

1914년에 흑성은 다시 한번 수난을 겪었다. 스타인이 돈황에서 흑성으로 가서 고성 안팎에 대해 대대적인 발굴을 진행했고 또 한문, 서하문, 티베트문, 페르시아문, 회홀문으로 쓰인 원고와 벽화 파편들을 발견했는데 모두 코즐로프가 미처 가져가지 못한 것들로 매우 심각하게 훼손되었으며 주로 1290년~1366년에 제작된 문물들이었다. 스타인은 또 성 안에서 중통보초中統寶鈔(원나라 지폐의 한 종류－역자)를 발견했는데 세계 최초의 고대 지폐라고 알려졌다. 『동방견문록』의 제24장에서는 원나라가 지폐를 대량으로 제작 및 사용했다고 특별히 소개하고 있다. 지폐는 중국의 중요한 발명 중의 하나이며 송나라 시기부터 사용하기 시작했다. 몽골의 황제인 우구데이窩闊台, Egedai 칸과 몽골 시기는 금나라의 지폐제조법을 이어받아 계속하여 지폐를 인쇄했다. 쿠빌라이가 원나라를 건립한 후 중통 2년에 교초交鈔라는 지폐의 발행을 공표하고 시행했으며 비단을 기본으로 했다. 그리고 같은 해 10월에 다시 중통보초를 발행했는데 10개 화폐 단위로 나누고 전錢을 기본단위로 사용하게 했다. 원나라가 남송을 멸망시킨 후 중통보초로 남송의 교자交子와 회자會子를 대체하고 중국의 화폐제도를 통일했다. 쿠빌라이의 권신權臣 아하마阿哈馬는 백성들의 재물을 갈취하기 위해 지폐를 무차별적으로 발행했다. 1276년 이후 지폐의 발행숫자는 매년 10만에서 190만까지 폭증했고 중통보초의 가치는 다섯 배 이상 하락하여 전국적으로 심각한 인플

14-17 흑성 부근의 서하 불탑

레이션을 초래했다. 과거에는 아무도 원나라 시기의 지폐가 어떻게 생겼는지를 본 적이 없었다. 그런데 흑성에서 출토된 지폐 중에 원나라 시기의 지폐가 무려 여덟 장이나 있어서 사람들의 눈길을 끌었다.

스타인은 이어서 또 흑성 서문 밖에서 약 402m 떨어진 지점에 있는 불탑 유적에 대한 발굴을 진행했다. 이 불탑은 벽돌로 축조됐고 변의 길이가 28ft, 높이가 약 7ft에 달했지만 코즐로프의 발굴 때문에 심각하게 훼손된 상태였다. 그럼에도 불구하고 스타인은 이곳에서 많은 서하문물을 발굴해냈다.

흑성은 가히 고대종교학박물관이라고 할 수 있었다. 일찍이 5세기에 인도 불교가 거연에 전해졌다. 『고승전高僧傳』의 기록에 의하면 양주凉州 서해군西海郡 연수延水 출신의 법헌法獻이 있었는데 출가 전의 성은 서徐씨였다. 먼저 외삼촌을 따라 양주梁州에 가서 출가했다. 송나라 원가元嘉 3년(475)에 건업建業(지금의 남경)에 갔다. 그 후 당 오대, 서하, 원나라 시기를 거쳐 거연 종교는 여전히 불교가 중심이 되었다. 그렇기 때문에 흑성에서 출토된 문물의 절대다수가 불교문물이다. 흑성 안팎에는 바리때를 엎어놓은 듯한 모양의 복발식覆鉢式 불탑 20여 개가 분포되어 있는데 모두 서하 시기에 세워져서 원나라 시기까지 사용됐다.

1923년에 코즐로프가 『몽골, 청해와 죽음의 성 하라하오터蒙古, 靑海和哈喇浩特死城』라는 제목의 흑성조사보고서를 출간했다.[13] 흑수성의 문물을 상트페테르부르크로 가져간 후 예술품들은 에르미타주 미술관State Hermitage Museum에 소장됐고 문서들은 러시아과학원 동방연구소의 상트페테르부르크분소 도서관에 소장됐으며 아주 극소수의 문물만 전시하면서 귀중한 유물들이 다시 박물관의 창고에 묻히는 상황이 되어버렸다. 1994년에 흑성에서 출토된 8만 점의 문물 중 83점만이 세상을 보게 되었고 스위스, 독일, 오스트리아, 타이완 등에서 순회전시를 열면서 사람들은 마침내 일부 서하 문물의 진정한 모습을 볼 수 있었다.[14] 중국의 학자 사계승謝繼勝은 최근에 『서하 티베트회화西夏藏傳繪畵』를 출판하여 코즐로프 수집품 중서하 탕카에 대한 국내외 학자들의 연구성과를 전체적으로 정리했다.[15]

북송 원풍元豐 5년(1082)에 서하는 타림분지의 우전于闐까지 세력을 확장해갔다. 『속자치통감장편續資治通鑑長編』 권123에는 "하국은 땅이 일만 리이고 군사가 수십 만 명이며 서쪽으로 우전과 붙어 있어 사이 좋은 이웃이 되고 있다(夏國提封一萬萬里, 帶甲數十萬, 西連于闐, 作我歡鄰)"고 기록하고 있다. 장장 24년의 성전聖戰을 거쳐 이때의 우전은 이미 이슬람

13 Pyotr Kuzmich Kozlov, 王希隆・丁淑琴 外譯, 『蒙古, 安多和死城哈喇浩特』, 蘭州 : 蘭州大學出版社, 2002.
14 臺北歷史博物館, 『絲路上消失的王國-西夏黑水城的佛敎藝術』, Milano : Electa, 1996.
15 謝繼勝, 『西夏藏傳繪畵』, 石家莊 : 河北敎育出版社, 2002.

교를 신봉하는 카라한Qara Khanid 왕조의 통치를 받게 되었다. 비록 서하와 이슬람세계가 우전에서 접촉이 있었지만 서하는 불교를 건국 이념으로 하는 나라였기 때문에 이슬람교가 동쪽으로 전파되는 것을 가로막는 주요 장벽이 되었다.

원나라 황제는 외래 종교에 대해 관대와 수용의 정책을 실시했고 또 원나라 조정은 이슬람교를 신봉하는 색목인色目人을 대거 등용했기 때문에 이슬람교는 원나라 시기에 중국 내륙으로 전해질 수 있었다. 이지나이성의 이슬람사원은 바로 이 시기에 세워진 것으로 보인다.

흑성에서 출토된 지정至正 22년(1362) 문서 『실림혼서안문권失林婚書案文卷』에서는 이지나이성의 이슬람사원을 언급했다. 실림은 원래 원나라 대도大都(지금의 북경)의 한족 처녀였는데 무슬림 상인 탈흑이脫黑爾에게 시집을 갔고 나중에 다시 또다른 무슬림 상인 탈흑첩목脫黑帖木의 수양딸이 되었다. 탈흑첩목은 화물을 고향으로 운반해 갈 때 그녀를 함께 데려가려고 했으나 이 대도에 사는 처녀는 원행을 떠나고 싶어하지 않았다. 그래서 탈흑첩목는 중통보초 12필疋을 주고 그녀를 개가시켜 무슬림 상인 아올阿兀에게 시집을 보냈다. 아올은 이지나이길 예배당의 답실만答失蠻(원나라 시기 이슬람 선교사의 칭호─역자) 오정합奧丁哈의 회족回族 부하로 백성에게 세금을 거두는 일을 맡아 하는 자였다. 실림은 아올을 따라 북경에서 머나먼 이지나이성으로 왔다. 이 혼서에서 말한 이지나이 예배당은 바로 흑성의 서남쪽 구석에 있는 무슬림사원이며 현재까지도 온전히 보존되어 있다. 그 외에도 거연의 원나라 시기 문서에서는 이지나이성에 정착한 역불랄흥亦不刺興, 마흑모지馬黑牟地, 마합마馬哈麻 등과 같은 무슬림 상인과 병사들을 언급했다. 마르코 폴로는 원나라 개국 원년에 이지나이성을 거쳐 갔지만 이곳

14-18 흑성의 원나라 시기 이슬람사원

에 이슬람사원이 있다는 언급은 없었다. 하지만 거연에서 출토된 원통元統 2년(1334)의 문서에서 이지나이 예배당의 답실만이 성 밖으로 나가 어명을 전달하러 온 사신을 맞이했다는 내용이 적혀 있다. 이로 미루어 볼 때 이 예배당은 최소한 1334년 이전에 이미 완성된 중국 최초의 이슬람 건축물 중의 하나일 것이다.

　요컨대 5세기 이후 거연은 점차 동서양의 다양한 종교가 서로 어울리는 곳이 되었다. 원나라 시기 이후 불교, 경교, 이슬람교가 하서주랑에서 장기간 공존해 왔고 그 결과 거연은 명실상부한 동양의 예루살렘이 되었다.

제15강
정화鄭和의 해외 유적

정화는 중국 역사상 전설적인 인물이다. 무슬림 출신에 내시 신분이며 1405년부터 어명을 받들어 명나라 해군 2만 7천 여명과 전함 백 여척을 이끌고 일곱 차례나 인도양을 다녀왔다. 중동 방향으로 가장 멀게는 천방天方(지금의 사우디아라비아 메카)까지 항해했고 아프리카 방향으로 가장 멀게는 비랄比剌(지금의 모잠비크)까지 항해했다. 28년에 걸쳐 만리 길을 항해했는데, 이를 역사상 '정화의 서양 원정'이라고 부르며 세계 항해사의 기적으로 길이 전해지고 있다.

1. 정화의 가문

정화의 생애와 가문에 대해 『명사明史』「정화전鄭和傳」에서는 "정화는 운남雲南 사람인데 세간에서 삼보 태감이라 부른다. 연왕의 저택에서 섬기었는데 전쟁에서 공을 세워 태감까지 진급하였다(鄭和, 雲南人, 世所謂三保太監者也. 初事燕王於藩邸, 從起兵有功, 累擢太監)"는 짧은 몇 마디 말밖에 찾아볼 수 없다.

1913년에 정화 부친의 묘비「고마공묘지명故馬公墓誌銘」이 곤양昆陽의 진

월산鎭月山에서 발견되면서부터 비로소 정화의 가문에 대한 진실이 처음으로 밝혀졌다.[1]

「고마공묘지명」에서는 이렇게 적고 있다.

마공馬公의 자는 합지이고 성은 마씨이다. 운남 곤양주 사람이다. 정화의 조부의 이름은 배안이고 조모는 마씨이다. 아버지는 합지이고 어머니는 온씨이다. 마공이 태어날 때부터 체격이 우람하였고 늠름하게 위엄 있어 타인에게 아부하지 않고 남이 잘못하면 꾸짖어 주었다. 성품이 선행을 매우 좋아하며 어렵거나 의지할 이 없는 자에 대해서는 항상 지켜주고 보살펴 주었는데 그 피곤함을 알지 못하였다. 그러므로 고향 사람은 마공을 어르신이라고 칭하지 않은 이가 없다. 마공은 온씨 처를 맞았는데 아녀자로서의 품행이 단정하였다. 아들 둘과 딸 넷을 두었는데 큰 아들의 이름은 문명文銘이고 둘째 아들의 이름은 화和였다. 화는 어렸을 때부터 재주와 큰 뜻이 있었다. 천자를 섬기므로 성을 정으로 하사하였고 내관 태감 벼슬을 주었다. 마공은 근면하고 지혜로우며 겸손하고 매사에 신중하였으며 어려움을 피하지 않아 벼슬아치들이 다 칭찬하였다. 아! 그의 아들이 평소에 공적 쌓은 것을 보면 마공의 아들을 훈계한 도리에 대해 알 수 있었다. 마공은 갑신년 12월 초아흐레(1345.1.12)에 태어났고 홍무 임술년 칠월 초사흘(1382.8.12)에 죽어 그 나이가 서른아홉 살이었다. 큰 아들 문명은 예를 지키어 관을 보산향 화대촌의 언덕에 안장하였다. 명문銘文은 다음과 같다. 비록 변방에 있지만 예의

1 청나라 말기에 장원 급제하고 한림원翰林院 편수編修 관직을 어사받은 원가곡袁嘉谷이 지인 송남병宋南屏에게서 정회鄭和의 부친 마합지馬哈支 묘비 탁본을 구했다. 그리고 1913년에 이 중요한 역사 자료를 발표했다.袁嘉谷,「昆陽馬哈支碑拓」,『滇繹』卷三.

15-1 운남 곤양에서 출토된 「고마공묘지」

를 따랐고 백성을 편안하게 하였으며 자비를 베풀어 주었으니 마땅히 경사
가 길이 남아 있어, 아들이 당시에 빛 남이 있었다. 영락 3년(1405) 단오날
자선 대부, 예부 상서 겸 좌춘방 대학사 이지강李至剛이 지었다.[2]

---

2 「故馬公墓誌銘」, "公字哈只, 姓馬氏, 世為雲南昆陽州人. 祖拜顏, 妣馬氏. 父哈只, 母溫氏. 公
生而魁岸奇偉, 風裁凜凜可畏, 不肯枉己附人. 人有過, 輒面斥無隱. 性尤好善, 遇貧困及鰥寡無
依者, 恒保護給, 未嘗有倦容. 以故, 鄉黨靡不稱公為長者. 娶溫氏, 有婦德. 子男二人, 長文銘,
次和. 女四人. 和自幼有才誌, 事今天子, 賜姓鄭, 為內官太監. 公勤明敏, 謙恭謹密, 不避勞, 絀

이 기록에 의하면 정화는 원래 성이 마馬씨이고 부친의 이름은 '합지
哈只'이며 조모의 성은 '마馬', 모친의 성은 '온溫'씨다. 이는 각각 아랍어
로 Hajji(메카 순례자), Mahmud(가상한), Umu(어머니)의 음역이다.[3] 정화
의 어릴 때 이름은 '삼보三保'[4]이며 아랍어로 Sabbur(지극히 너그러운) 또는
Subbuh(찬송받는)이다.[5] 이 묘비는 정화가 조정의 대학사大學士인 이지강
李至剛에게 부탁하여 작성한 것으로, 내용은 정화 본인이 구술한 것이다.
그렇다면 정화의 모국어는 아랍어일 가능성이 매우 높다.

정화의 조부는 이름이 '배안拜顏'이며 몽골인의 성씨인 '백악伯岳, Bayan'
또는 '백악오伯岳吾, Bay'ut에서 유래했다. 프랑스의 중국학자 펠리오Paul Pe

紳誠稱譽焉. 嗚呼! 觀其子而公積累於平日與義方之訓可見矣. 公生於甲申年十二月初九日, 卒
於洪武壬戌七月初三日, 享年三十九歲. 長子文銘, 奉柩安昔於寶山鄕和代村之原. 禮也. 銘曰,
身處乎邊陲, 而服禮儀之習. 分安乎民庶, 而存惠澤之施. 宜其余慶深長, 而有子光顯於當時也.
永樂三年端陽日資善大夫, 禮部尙書兼左春坊大學士李至剛撰."

3   張聯芳 主編, 『外國人的姓名』, 北京 : 中國社會科學出版社, 1987, 202·210쪽.

4   정화의 아명은 '삼보三保'이며 원충철袁忠撤의 『고금감식古今鑑識』 권8에서 처음 등장했고
『명사』 「정화전」에서도 '삼보'라 불렸다. 나무등羅懋登의 소설 『삼보태감하서양연의三寶太
監下西洋演義』에서 '삼보三保'를 '삼보三寶'로 바꾸었는데 믿을 바가 못 된다.

5   장련빙張聯芳의 앞의 책, 204쪽. 혹자는 '삼보三保'를 원래의 아랍어에서 흔히 사용하는 인
명인 Sha'bān(8월)으로 바꿔야 한다 믿는다. 현재 북경의 삼불로三不老골목(북경 덕승문
내거리)은 바로 삼보태감 정화의 생가가 있던 곳이며 그 이름은 정화의 애명인 '삼보'에
서 유래했다. '삼보'의 별칭이 '삼불로'인 것으로 보아 정화의 애명은 아랍어의 Sabbur
(지극히 너그러운)에서 유래했을 가능성이 더 크다. 정화는 또 '삼보노다三保老爹(노다는
어르신이나 아버님의 방언-역자)'라고 불렸고 그가 북경에서 거주했던 골목은 '삼보노
다골목三保老爹胡同'이라 불렸으며 훗날 잘못 전해져 '삼불로골목三不老胡同'이 되었는데 모
두 정화의 애명 '삼보'에서 비롯됐다. 『명사』 「정화전」의 저자인 장정옥張廷玉이 그 의미
를 몰라 정화의 애명 삼보三保를 '三寶'로 적었는데 이는 사실 불교 용어이며 불, 법, 승
삼보를 가리키는 것이다. 정화는 무슬림 출신으로 불교 용어를 따서 애명을 지었을 리가
없다. 영락 연간에는 정화 외에도 '삼보三保'라는 이름을 가진 무슬림 내시가 있었다. 예
를 들면 영락 연간에 오사장烏思藏에 사신으로 파견된 양삼보楊三保(『명사』 「서역전」), 정
화를 따라 일곱 차례 서양 원정을 다녀온 왕삼보(『明史』 「王景弘傳」) 등이 있다. 양삼보
가 무슬림인지 여부에 대해서는 문헌기록이 남아 있지 않지만 왕경홍은 무슬림이 확실
하다. 영하회족 지역에서는 지금도 '마삼보馬三保' 등의 이름을 가진 사람들이 있다.

lliot의 고증에 따르면 백아올伯牙兀은 원래 열하熱河 동북에 거주하는 몽골 부족이며 11세기~12세기에 킵차크Qipchaq 초원의 옥리별리玉里別里로 이주한 후 스스로 '킵차크Kipchak인'이라 불렀다. 그렇다면 정화의 조부는 사실 원나라 조정에 출사한 몽골 사람이고 아랍 여인을 아내로 맞이했으며 훗날 정화 조모의 성씨를 따서 마씨가 된 것이다. 이 가문은 송나라 말기에 몽골의 기마부대 '탐마적군探馬赤軍'을 따라 운남 지역에 입성한 후 운남의 곤양昆陽에 정착했을 것이다.[6]

정화는 3차와 4차 서양 원정 사이에 한동안 빈 시간이 있었는데 그때 고향인 곤양으로 돌아가 성묘를 하고 조상께 제사를 올렸다. 그는 「고마공묘지명」 비석 뒷면의 우측 상단에 「환향소묘기遷鄕掃墓記」라는 글을 추가로 새겨 넣었다. 비문에는 다음과 같이 적고 있다.

마씨의 둘째 아들 태감 정화는 명을 받들어 영락 9년(1411) 12월 12일에 조상 무덤에 가서 제사를 지내고 윤12월 길일에 다시 돌아왔다.[7]

건문제建文帝는 명 성조明成祖 주체朱棣에게 쫓겨난 후 행방불명이 되었다. 궁에서 불에 타 죽었다는 소문도 있고 비밀 통로를 이용해 궁을 빠져나가 스님이 되어 운남雲南, 귀주貴州와 사천四川 지역을 오갔다는 소문도 들렸다. 그것이 줄곧 마음에 걸린 명 성조는 수차례 심복을 파견하여 다양한 명분

---

6 배안拜顏은 돌궐어 Bayan(부자)에서 유래했으며 복수 형태는 '백악오伯嶽吾'(Bay'ut)라고 한다. 이 문제에 대한 토론 내용은 다음의 책에서 찾아볼 수 있다. 向達, 「關與三寶太監下西洋的幾種資料」, 王天有·萬明 編, 『鄭和研究百年論文選』, 北京: 北京大學出版社, 2005, 10~12쪽 收錄; 劉迎勝, 『西北民族史與察合臺汗國史研究』, 南京: 南京大學出版社, 1994, 50쪽.

7 「故馬公墓誌銘」, "馬氏第二子太監鄭和奉命於永樂九年十二月二十二日, 到於祖家墳塋, 祭掃追薦, 至閏十二月吉日乃還記耳."

을 핑계 삼아 건문제의 행방을 탐문 조사했다. 정화가 운남으로 돌아간 진짜 목적은 고향으로 돌아가 성묘를 하기 위한 것이 아니라 건문제의 행방을 찾으라는 명 성조의 명을 받고 간 것이다. 그래서 「환향소묘기」에 서는 정화가 '명을 받고' 고향으로 돌아온 것이라고 말했다. 정화의 서양 원정의 목적에 대해 『명사』 「정화전」에서도 역시 명 성조가 "혜제가 해외로 도망친 것을 의심하여 그의 종적을 찾고자 했다(疑惠帝亡海外, 欲蹤跡之)"고 적고 있다.

원나라 시기 운남과 메카 사이의 교통노선에 대해 원나라 말기 왕대연汪大淵의 『도이지략島夷誌略』 「천당편天堂篇」에서 이르기를 "운남에서 가는 길이 있어 일 년 남짓이면 그곳에 이를 수 있다. 서양에도 또한 가는 길이 있는데 천당이라 한다(雲南有路可通, 一年之上可至其地. 西洋亦有路通, 名爲天堂)"고 했다.[8] 원나라 시기의 '서양'은 수마트라섬 북단의 남발리南渤里(지금의 인도네시아 아체Aceh) 서쪽의 해역을 가리킨다. 『명사』 「서역전」에서도 해로를 이용해 메카로 가는 노정을 다음과 같이 언급했다.

천방은 균충筠沖 땅인데 천당이라 하거나 묵가라고도 한다. 뱃길은 홀로모사忽魯謨斯(지금의 페르시아 호르무즈Hormuz)에서 40일이면 비로소 이르고, 고리古里(지금의 인도 서해안 캘리컷Calicut)에 서남쪽으로 행하여 석달이면 비로소 이를 수 있다. 공물을 바치는 사신은 대부분 육로를 통하여 가욕관에서 들어왔다.[9]

---

8 汪大淵元, 蘇繼庼 校釋, 『島夷誌略』, 北京 : 中華書局, 1981, 352쪽; 蘇其康 編, 『西域史地釋名』, 高雄 : 中山大學出版社, 2002, 18∼19쪽.
9 『明史』 「西域傳」. "天方, 古筠沖地, 一名天堂, 又曰默伽. 不('水'之誤)道自忽魯謨斯(今波斯灣霍爾木玆), 四十日始至;自古里(印度西海岸卡利卡特)西南行, 三月始至.其貢使多從陸道入嘉峪關."

여기서 '불禾' 자와 '수水'는 모양이 비슷하여 잘못 쓰인 것으로 보이며 명나라 초기에 중국과 메카 사이에는 수로를 통해 서로 왕래했다는 점을 알 수 있다. 이 길은 천방에서 시작하여 먼저 페르시아만의 호르무즈항구에 이르러 남인도 서해안의 고리(지금의 인도 서해안 코지코드Kozhikode(옛 이름은 캘리컷)를 경유하여 3개월 만에 중국에 이르러 복건福建 장락長樂을 통해 중국에 진입한다.〈정화항해도鄭和航海圖〉는 바로 중국에서 메카까지의 수로교통지도이다. 정화는 무슬림 출신이라는 신분 덕분에 명나라 함대의 서양 원정에 가장 적합한 사람으로 명단에 이름을 올리게 됐다.

무슬림 출신이라는 신분 외에도 정화는 기품이 뛰어났다고 하며 이 역시 그가 선정된 이유 중의 하나이다. 명 성조가 술사術士 원충철袁忠徹에게 정화에게 서양 원정의 중책을 맡겨도 좋겠냐고 묻자 원충철은 "삼보는 외모와 재주와 지혜가 뛰어나 내시 중에서 이에 비길 만한 사람이 없습니다. 신이 삼보의 기색을 보건데 가히 믿을 만합니다(三保姿貌才智, 內侍中無與比者. 臣察其氣色, 誠可任)"라고 대답했다. 원충철은『고금식감古今識鑒』권8에서 또 소개하기를 정화는 "키가 칠 척이나 되고 허리가 굵직하였다. 사악은 높고 코는 작으며 이목이 뚜렷하고 귀가 크며 이는 하얗고 고르며 호랑이처럼 길을 걷고 소리는 종소리처럼 우렁찼다. 박식하고 공자와 맹자에 대해 통달하고 기민하며 지략이 뛰어나고 군략에 능란하였다(身高七尺, 腰大十圍, 四嶽峻而鼻小, 眉目分明, 耳山過面, 齒如編貝, 行如虎步, 聲如洪鐘, 才負經緯, 文通孔孟, 博辯機敏, 長於智略, 知兵善戰)"고 했다. 하지만 아쉽게도 정화는 생전에 그 어떤 화상도 남겨 놓지 않아 그의 생김새나 모습을 확인할 수가 없었다. 그나마 고고학 자료를 통해 정화와 관련된 일부 단서를 찾을 수가 있었다. 1992년에 복건성 장락의 명청 시기 현응궁顯應宮의 지하궁에서

명나라 관복을 입은 높이 1m 정도 되는 채색인물조각상이 발견됐다. 발굴자들은 처음에는 『장락현지長樂縣志』에 근거하여 이 조각상을 순해대신巡海大臣(神) 채색조각상이라고 이름지었다. 그런데 근래 일부 학자들이 명나라 시기 소설 속의 정화상像과 명나라 의복제도에 관한 문헌들을 연구한 결과 이 순해대신이 바로 정화일 것이라는 주장을 제기했다.[10]

명나라 내시의 의복제도에 대해 『명사』 「여복지與服志輿」에서는 이렇게 적고 있다.

15-2 복건 장락의 현응궁에서 출토된 정화의 점토조각상

명나라 초에 내사감을 두었는데 금박무늬를 놓은 오사모를 썼고 옷의 가슴과 등에는 꽃을 그린 둥근 깃의 소매 좁은 적삼을 입었으며, 빨간 부채의 겉으로 만들고 끝에 검은 칠을 한 신을 신었다. (…중략…) 영락 이후로 환관은 황제의 왼쪽과 오른쪽에 서 있고 망포를 입었다. 예살처럼 만들었고 왼쪽과 오른쪽에 이무기를 수 놓았으며 난새띠를 띄었는데, 이는 쉴 때 입는 옷이었다. 그 다음은 날치인데 이것은 오로지 대궐에 들어가서 임금을 뵐 때 입는 옷이었다. 귀하고 권력을 장악하는 자에게 망포를 주는데 문무일품들이 쉽게 얻을 수 없었다.[11]

---

10 福建省博物館考古部・福建市文物考古工作隊, 「長樂漳港大王宮出土遺址淸理間報」, 『福建文博』第2期, 1994, 56~56쪽; 曾國新, 「長樂市發現國內首例鄭和彩繪泥塑神像」(http://www.moc.gov.cn/ zhenghe/haiwai/t20040803_10772.htm).

11 『明史』 「與服志輿」. "明初置內使監, 冠烏紗描金曲脚帽, 衣胸背花盤領窄袖衫, 烏角帶, 靴用紅

나무등羅懋登의『삼보태감서양기통속연의三保太監西洋記通俗演義』(1597)에는 정화의 그림 몇 점이 삽입되어 있다. 현응궁 채색조각상의 의복과 차림새는 모두 역사서에 기록한 태감(내시)의 그것에 부합하며 명나라 소설속 정화의 화상과도 매우 유사하다. 홍무洪武 19년(1386)에 명明 태조太祖가 탕화湯和에게 해안을 둘러보고 군사방어체계를 바로잡도록 명령했다. 홍무洪武 20년(1387), 탕화湯和가 왜구倭寇를 방어하기 위해 절강浙江, 절서浙西에 위소衛所를 설치하고 59개의 성을 쌓았다. 주덕홍周德興은 복건에서 성을 쌓고 순검사巡檢司를 추가로 설치하여 왜구를 방어했다. 명나라 홍치弘治 연간의『장락현지長樂縣志』에서는 이 신상神像들을 '순해대신'이라고 불렀기 때문에 학자들은 이 채색조각상들도 명나라의 유명한 장수 탕화의 조각상일 것이라고 추측했다. 문제는 탕화는 무관이었는데 비해 현응궁 채색조각상의 중간에 있는 인물은 머리에 삼산관三山冠을 쓰고 몸에 망포蟒袍를 입은 모습이 엄연한 문관의 형상이었다. 명나라 장섭張燮의『동서양고東西洋考』권2에서는 "섬라(지금의 태국)에 삼보묘가 있는데 중관 정화를 섬겼다(暹羅有三保廟祀中官鄭和)"고 했다. 중국 신화사新華社의 장구張疆 인도 특파원이 인도 서해안에서 명나라 관복을 입고 머리에 삼산관을 쓴 명나라 문관의 형상을 한 청동좌상 하나를 구입했는데 역시 정화의 조각상이라고 생각했다.[12] 이로 미루어 볼 때 명나라 중말기에는 이미 정화를 신격화했고 따라서 현응궁 채색조각상은 현존하는 가장 일찍 제작된 정화의 조각상일 가능성이 매우 높다.

扇面黑下椿 (…中略…) 永樂以後, 宦官在帝左右, 必蟒服, 制如曳撒, 繡蟒於左右, 系以鸞帶, 此燕閑之服也. 次則飛魚, 惟入侍用之. 貴而用事者, 賜蟒, 文武—壹品官所不易得也."

12 海飛,「曾是船隊西進大本營—在印度尋找鄭和遺跡」(http://www.chnmus.net/information/W-news/2004/w2004-7.htm).

2. 명나라 초기의 서양과 만랄가^{滿剌加}해협의 명나라 해군기지

정화의 서양 원정을 말하기 전에 먼저 영락·선덕 시기의 '서양'의 개념
에 대해 알아야 한다. 항간의 많은 서적이나 교과서에서는 『명사明史』「발
니전渤泥傳」에 근거하여 브루나이 서쪽 해역을 '서양'으로 확정하고 있다.
그러나 『명사』는 청나라 사람이 편찬한 책으로 청나라 시기 서양에 대한
지리적 개념만을 대표할 뿐이다. 그렇다면 정화의 서양 원정 시대에는
동양과 서양을 어떻게 구분했을까? 2004년 12월 26일에 인도양 대해일
이 갑자기 일어나 하룻밤 사이에 20여만 명이 목숨을 잃고 말았다. 이번
대해일의 진원지는 바로 명나라 초기 동양과 서양의 경계선인 인도네시아

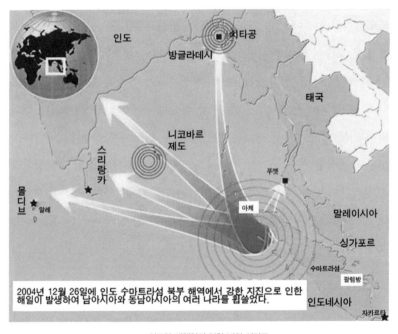

15-3 인도양 대해일의 영향 범위 설명도

수마트라섬 북단에 있는 아체Aceh이며 왕대연이 저술한 『도이지략』의 중가라里迦羅 부분에서는 '아기亞崎'라고 번역됐고, 『명사』 「외국열전」의 수마트라 부분에서는 '아제啞齊'로 번역됐다.

영락 22년(1424) 정월에 구항舊港(팔렘방의 옛 이름—역자) 선위사宣慰使였던 고故 시진경施進卿의 아들 제손濟孫이 구언성丘彥成을 사자로 보내어 아버지의 관직을 물려받기를 청하며 원래의 관인官印은 불에 소실되었다고 말했다. 황제는 제손에게 선위사의 직위를 물려받게 하고 관모와 관복, 인장 등을 하사하고 중관中官 정화에게 하사품을 가지고 가서 제손에게 주도록 명했다.[13] 정화의 이번 출사는 가장 멀게는 수마트라섬 남단의 구항까지 이르렀기 때문에 일반적으로 말하는 '정화의 일곱 차례 서양 원정'에는 포함되지 않았다. 이번까지 포함하면 정화는 최소 여덟 차례 서양 원정을 갔던 것이다. 〈정화항해도〉에서는 아체를 '남무리南巫里'라 적고 있는데 이는 말레이시아어의 Lambri에서 유래했으며[14] 원나라 말기의 왕대연이 저술한 『도이지략』에서는 '남발리南渤里'로 적었다. 명나라 초기의 '서양'에 대한 개념은 『도이지략』의 견해를 그대로 따라서 남무리 서북 해역의 모산도帽山島를 동양과 서양의 경계선으로 삼았다. 그렇다면 원나라 말기 명나라 초기에 인도양은 중국의 내륙해가 되었고 정화의 서양 원정은 사실상 인도양 연안의 여러 나라를 순항하는 것이었다.

만랄가滿剌加, Melaka는 지금의 믈라카Malacca해협 동쪽 연안에 위치하며 예로부터 중요한 군사 요충지였다. 만랄가 왕국을 건국한 파라메스와라P

---

13 『明成祖實錄』 卷壹百二十八.
14 〈정화항해도鄭和航海圖〉의 일부이다. 원래 이름은 〈자보선창개선종용강관출수직저외국제번도自寶船廠開船從龍江關出水直抵外國諸番圖〉이며 명나라 말기 모원의茅元儀가 편찬한 『무비지武備誌』에 수록됐다.

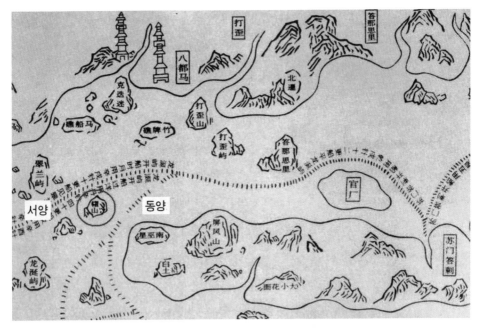

15-4 〈정화항해도〉에 표시된 동양과 서양의 경계

arameswara는 원래는 삼불제三佛齊, Sriwijaya 왕국의 왕자였는데 나중에 말레이반도로 가서 새로운 왕국을 세우고 건국 초기에는 섬라暹羅의 신하국을 자칭했다. "영락 7년 정화가 왕의 칙명을 받들어 은 도장과 갓과 허리띠와 도포를 주어 만랄가 국왕으로 책봉하고 이 나라의 서산을 나라를 지키는 산으로 정하여 비문을 만들었다(七年, 鄭和奉敕, 賜雙臺銀印, 冠帶袍服, 封為滿剌加國王, 並封其國之西山為鎭國之山, 禦制碑文)."[15] 〈정화항해도〉에서 만랄가왕궁은 믈라카강 오른쪽 기슭의 작은 산 위에 표기되어 있었는데 포르투갈인들이 믈라카를 점령한 후 만랄가왕궁이 소재한 곳에 세인트폴 대성당St. Paul's Cathedral을 지었고 그래서 '세인트폴산'이라는 이름을 얻었다.

---

15 『明太宗實錄』卷四十七.

15-5 세인트폴산과 만랄가왕궁

믈라카 사람들은 현지의 난간식 건축양식에 따라 세인트폴산 아래에 만랄가왕궁을 복원했다고 한다. 그러나 말레이시아 현지의 난간식 건축양식으로 복원했다는 말은 역사적 사실과 맞지 않는다. 주지하다시피 중국 문화와 일본, 한반도, 베트남, 동남아 등 아시아 문화와의 관계는 마치 그리스 문화와 유럽 문화의 관계와 같으며 동아시아와 동남아 문명의 중요한 원천 중의 하나이다. 동남아시아는 원래 난간식 건축양식을 사용했는데 중국 문화의 영향을 받아, 특히 정화의 서양 원정 시대에는 많은 동남아시아 국가들이 중국식 벽돌기와 건축양식을 사용했다.

우리는 브루나이에서 발니국 유적을 조사할 때 국립박물관의 창고에서 중국식 벽돌기와를 발견했는데 브루나이의 수도 반다르스리브가완Bandar Seri Begawan 부근에 있는 남송에서 원명 시기의 화물창고 유적에서 출토된 것이라고 한다. 이 발견은 적어도 원명 시기의 중국의 건축예술이 이미 남중국해 맞은편의 발니국에 전해졌음을 보여 준다. 아울러 중국의 건축예술은 믈라카해협의 만랄가 왕국에도 전해졌다.

1409년에 명나라의 함대가 중국으로 귀항하기 전에 정화는 만랄가국 왕에게 궁전을 짓는 데 쓰는 기와를 선물했다. 그에 대한 보답으로 만랄가 국왕은 명나라 해군이 앞으로 더 멀리 항해할 수 있도록 믈라카에 서양 원정을 위한 환승 기지를 건설하게 허락했다. 명나라 가정嘉靖 연간에 황충 黃衷이 저술한 『해어海語』(1536년에 완성)에서는 만랄가에 대해 "왕이 기와 로 지은 앞 칸에서 사는데 영락 연간 태감 정화가 남긴 것이다(王居前屋用瓦, 乃永樂中太監鄭和所遺者)"라고 기록했다. 만랄가왕궁은 자금성처럼 그런 황 실의 유리기와로 지은 건축물인지는 확실하지 않지만 적어도 중국식 벽돌 기와를 사용한 건축물인 것은 확실하다.

정화의 함대에는 모두 2만 7천여 명의 수군이 있고 그들은 믈라카에서 정박하며 우선 대량의 담수를 보충해야 했다. 그렇다면 만랄가 명나라 해군기지는 분명 물이 있는 곳에 세워졌을 것이다. 속담에 '산이 있으면 반드시 물이 있고 산이 높은 만큼 물도 높다'는 말이 있다. 믈라카는 지세가 온통 드넓은 평야에 작은 산언덕 2개밖에 없다. 그중 하나가 세인트폴산이 고 만랄가왕궁은 바로 그 산에 지어졌는데 정화의 함대가 이곳에 기지를 세웠을 리가 없다. 또다른 산의 이름은 삼보산三保山이고 산밑에 중국식의 옛 우물이 7개 있었다. 그러나 지금은 하나만 보존되어 전해지고 있으며 속칭 '삼보정三保井'이라고 부른다.

명나라 홍치 연간 『장락현지』의 기록에 의하면 "천비궁 큰 우물이 현청이 소재한 곳에서 서쪽으로 40여 보 떨어진 곳에 있으며 태감 정화가 우물의 난간을 만들었다(天妃宮大井在縣治西隔四十餘步, 太監鄭和造井欄)"고 한다. 이 우 물은 이미 장락에서 발견됐고 남경南京 고궁에서 발견된 명나라 왕궁의

15-6 남경 명나라 왕궁의 우물(1), 장락의 정화가 만든 우물(2), 삼보산 아래의 중국식 옛 우물–삼보정(3)

우물 난간에서도 명나라 시기의 우물 난간의 구조와 양식을 찾아볼 수 있었는데 삼보정과 대동소이했다. 이로 미루어 볼 때 만랄가의 명나라 해군 기지는 바로 삼보산에 있었던 것이 분명하고 산밑의 이 중국식 옛 우물은 명나라 해군기지의 소재지를 밝히는 데 중요한 단서를 제공해 주고 있다.

만랄가 명나라 해군기지에 대해 마환馬歡은 『영애승람瀛涯勝覽』에서 이렇게 적고 있다.

"중국 보물선이 그곳에 도착하면 곧바로 울타리를 성벽처럼 튼튼하게 세우고 네 개의 문에 시각을 알리는 누각을 설치하며 밤에는 순찰을 돌았다. 안에 또다시 작은 성처럼 겹겹이 울타리를 치고 창고를 지어 모든 재물과

15-7 만랄가 명나라 해군기지 소재지인 '중국의 언덕'

곡식을 다 그 안에 넣어두었다. 각국으로 가는 배들이 이곳으로 와서 실어 나를 물건을 배에 신고 짐을 꾸려 남풍이 불기를 기다렸다가 5월 중순이 되면 출발하여 돌아간다. 그 나라의 국왕도 친히 물건을 장만하여 두목에게 쥐어줘서 배에 신고 보물선을 따라 중국으로 가서 조공하게 했다.[16]

삼보산은 주위 3km 안의 현지인들에게 '중국의 언덕Bukit China'이라고 불렸다. 영국의 믈라카 식민 시기에도 명나라 해군기지의 성루는 여전히 존재했다. "믈라카시에서 약 일조석(1마일) 떨어진 곳에 고성이 하나 있는데 산꼭대기에 지어졌고 이름은 삼보성이라 불렀다. 성루와 성벽 모두

---

16 『瀛涯勝覽』. "中國寶船到彼, 則立排柵如城垣, 設四門更鼓樓, 夜則提鈴巡警. 內又立重柵如小城, 蓋造庫藏倉廒, 一應錢糧頓在共內. 去各國船隻回到此處取齊, 打整番貨, 裝載船內, 等候南風正順, 於五月中旬開洋回還. 其國王亦自采辦方物, 挈帶領頭目, 駕船跟隨寶船赴闕進貢."

남아 있으며 순수한 중국식 건축물이다. 따라서 명 성조 2년(영락 3년, 1405년일 것임) 정화 태감이 남양 순시 때 믈라카에 이르러 지은 것이라고 전해진다(距馬六甲市約一條石, 有古城一座, 建於山峰上, 名爲三寶城. 城樓雉堞皆具, 純爲中國式建築. 故誌相傳系明成祖二年太監鄭和巡視南洋至馬六甲所建).".[17] 이같은 사실은 만랄가 명나라 해군기지가 바로 삼보산에 있었다는 것을 증명해 준다. 해외의 중국 교민들은 정화를 정신적 지주로 생각했고 믈라카의 화교들은 죽은 후에도 흔히 정화 함대의 기지가 있었던 삼보산에 묻혔다. 산에 있는 화교들의 무덤은 가장 이른 것은 명나라 천계天啓 연간으로까지 거슬러 올라간다. 현재 삼보산에는 만 2천 여 개의 화교무덤이 있으며 전 세계 최대의 해외 화교묘지라고 할 수 있다.

「서안동대사비西安東大寺碑」의 기록에 의하면, 정화가 서안 이슬람사원의 장교掌敎인 합삼哈三을 '통사通事', 즉 아랍어 통역사로 고용했다고 한다. 합삼은 정화에게 믈라카항구 입구에 있는 작은 산에 울타리로 성벽을 만들고 창고를 지어 인도양으로 원양 항해를 할 때 환승 지점으로 삼기를 건의했다. 〈정화항해도〉는 믈라카강 왼쪽 기슭에 '관창官廠'이라는 곳을 표기해 두었는데 만랄가왕궁과 강을 사이에 두고 서로 마주보고 있다. 이른바 '관창'은 바로 합삼이 건의한 정화 함대의 창고이며 '관창官倉'이라고도 부른다. 싱가포르 화교 진달생陳達生의 조사에 의하면 명나라 시기 관창 유적지에 인도은행이 생겼고 이 은행의 마당에는 여전히 중국식 옛 우물 두 개가 남아 있다고 한다. 정화의 함대가 당시 이곳에 주둔한 것은 확실하지만 이곳이 과연 명나라 함대의 관창이었는지는 역시 고고학적 발굴을

---

17 孔遠誌, 『印度尼西亞馬來西亞文化探析』, 香港 : 南島出版社, 2000, 375쪽.

15-8 만랄가의 관창 안에 있는 중국식 옛 우물

진행해야만 확인할 수 있다.

이 중요한 유적을 잘 보존하기 위해 진달생은 이 인도은행을 매입했고 그곳을 정화기념관으로 만들었다. 저자의 동료인 진대수秦大樹 교수의 말에 의하면 말레이시아대가 북경대와 공동으로 이 유적에 대한 발굴 작업을 진행하려고 했는데, 당시 인도은행을 지을 때 도적들이 땅굴을 파고 은행에 들어가는 것을 막기 위해 지하에 철근과 시멘트로 조합된 1~2m 두께의 구조물을 만들어 놓은 바람에 발굴을 진행할 수 없게 되었고 따라서 이 고고학 연구계획은 지금까지 줄곧 실시되지 못하고 있다.

비록 믈라카의 조사는 뜻대로 되지 않았지만 말레이시아의 수도 쿠알라룸푸르에서 뜻밖의 수확을 얻었다. 바로 최근에 말레이시아 해저에 대한 고고학적 조사를 통해 발견된 명나라 초기의 침몰선이다. 쿠알라룸푸르국립박물관은 이 침몰선들을 위한 전시관을 별도로 마련하고 침몰선에서 건져낸 수많은 문물들을 진열했다. 발견 지점이나 선박 안에 있었던 문물을 근거로 발굴자들은 이 침몰선들에 새로운 이름을 지어주었다. 투리앙Turiang(1370)호와 남양Nanyang(1380)호 침몰선은 제작연대가 가장 오래되었고 홍무 연간(1368~1398)에 침몰했다. 용천Longquan(1400)호는 건문建文 원년(1399)에 침몰했고 파초Bakau(1403~1424)호는 영락 연간(1403~1424)에 침몰했으며 황가남해Royal Nanhai(1460)호는 천순天順 연간(1457~1464)에 침몰했다. 그리고 선덕Xuande(1540)호는 가장 늦은 가정嘉靖 연간(1522~1566)에 침몰했다.[18]

왜구의 침범을 막기 위해 명나라 초기에 항해 금지와 해안 봉쇄라는 강력한 금해禁海정책을 실시했음에도 불구하고 민간의 밀수 활동은 근절되지 않았다. 명나라 홍무 6년(1373)에 유명한 해적 장여후張汝厚, 임복林福이 "스스로 원수라고 칭하며 바다에서 약탈을 일삼았다(自稱元帥, 劫掠海上)." 그들은 바다를 건너 동남아시아로 가서 소목蘇木(고대에 천을 염색하는 데 사용하는 목재−역자)을 밀수입했는데, 점성占城(지금의 베트남 남부)의 왕 아답아자阿答阿者가 군사를 거느리고 매복하고 있다가 공격하여 "배 20척과 소목 칠만 근을 얻었다.(獲其船二十艘, 蘇木七萬斤)."[19] 말레이시아 해역에서 발견된 명나라 초기의 침몰선은 황가 남해Royal Nanhai호 외에 대부분이 민간의 밀수입 상선이었다. 정난靖難의 전투 이후에 명 성조 주체朱棣

---

18 R. Brown and S. Sjostrand, *Maritime Archaeology and Shipwreck Ceramics in Malaysia*, Kuala Lumpur : Department of Museums and Antiquities, 2004.

19 『明太祖實錄』卷八十四, 洪武六年八月.

15-9 말레이시아 해역에서 발견된 명나라 시기의 관선 황가남해호(1460)의 복원도

는 부당한 수법으로 조카의 왕위를 빼앗았지만 건문제가 죽었다고는 하는데 시체를 찾을 수가 없고 옥새까지도 행방불명이 되었다. 명 성조는 건문제가 민간의 밀수선을 타고 해외로 도망쳤을 것으로 의심하며 정화의 서양 원정의 목적에 대해 『명사』 「정화전」에서도 역시 명 성조가 "혜제가 해외로 도망친 것을 의심하여 그의 종적을 찾고자 했다(疑惠帝亡海外, 欲蹤跡之)"고 적고 있다. 예부좌시랑禮部左侍郞 호형胡濙이 영락 17년(1419)에 다시 강소江蘇, 절강浙江, 호북湖北, 호남湖南 등 지역의 여러 관청을 두루 돌아보았는데 "이 해에 돌아와 선부로 급히 가서 황제에게 아뢰었다. 황제는 취침하였는데 호형이 왔다는 것을 알고 급히 부르고 호형은 남김없이 들은 바에 따라 고하였는데 북소리가 네 번 울린 후에야 나왔다. 호형이 도착하기 전에는 건문제가 해외로 도망쳤다는 소문이 돌아 황제가 정화와 무리를 보내어 서양으로 파견하였는데 호형이 도착한 후에야 의

문이 가라 앉았다(是年還朝, 馳謁帝於宣府. 帝已就寢, 聞濙至, 急起召入. 濙悉以所聞對, 漏下四鼓, 乃出. 先濙未至, 傳言建文帝蹈海去, 帝分遣內臣鄭和數輩浮海下西洋, 至是疑始釋)"고 했다.[20]

만약에 그것이 사실이라면 파초호 침몰선을 더욱 주목해야 할 것이다. 이 침몰선은 1999년에 칼리만탄Kalimantan해협의 파초섬Bakau Island 부근 해역에서 발견되어 '파초호'라고 이름지었다. 비신費信의 『성사승람星槎勝覽』(1436년에 완성)에서는 이곳을 '가리마타국假里馬打國'이라고 불렀다. 침몰선 안에서 발견된 중국 주화와 탄소14 연대 측정에 의하면 파초호는 영락 연간에 침몰된 것으로 추정된다. 선박 내에서 용천요 도자기 외에도 태국과 베트남의 도자기가 발견된 것으로 보아 민간의 밀수입 상선일 것으로 추정된다.

정화가 이끈 명나라 함대는 온갖 위험과 어려움을 겪었으며 일부 선박들은 해난 사고를 당하기도 했다. 청나라 초기의 『침위편針位編』 필사본의 기록에 의하면 다음과 같다.

영락 19년 왕의 명을 받들어, 삼보 신관 양민(자 불정)이 정화, 이개 등과 함께 셋이서 방글라데시 등의 다른 나라로 가서 서른여섯 나라를 돌아다니며 나랏일을 보았는데 영락 23년에 갑작스런 풍랑에 맞았다.[21]

위의 내용을 보면 정화 함대의 한 선박이 영락 19년에 출항하여 영락

---

20 『明史』「胡濙傳」.
21 『針位編』. "永樂十九年奉聖旨, 三保信官楊敏, 字佛鼎, 泊鄭和, 李愷等三人往榜葛剌等番邦, 周遊三址六國公幹, 至永樂二十三年, 忽遇風浪."

23년까지도 귀항하지 않았고 바다에서 큰 풍랑을 만났던 것이다. 1970년대에 서사군도西沙群島(파라셀 제도)의 북초도北礁島에서 정화 시대의 침몰선 한 척이 발견된 바 있다. 그 침몰선에서 한나라 시기부터 명나라 시기까지의 엽전 70~80여 종이 발견됐으며 총 무게가 403.2kg에 달했다. 그 외에도 청동주괴鑄塊, 청동거울, 납덩어리 등 명나라 초기의 문물들이 함께 발견됐다. 또한 침몰선 안에 새로 발행한 영락통보永樂通寶가 있는 것으로 보아 영락 연간에 침몰된 것이 분명하다. 학자들은 더 나아가 이것이 정화 함대의 선박일 것이라고 주장했다.[22]

3. 명나라와 삼불제三佛齊 왕국의 조공 무역

인도네시아의 옛 명칭은 '삼불제三佛齊'이며 원나라 시기 이래 중국 동남 연해의 수많은 가난한 백성들이 살길을 찾아 바다를 건너 삼불제로 왔다. 대부분 사람들은 현지의 풍속을 따르며 안정된 생활을 했지만 위험한 길을 선택해 해적이 된 사람들도 일부 있었다. 중국과 동남아시아 조공의 순조로운 진행을 보장하기 위해 명나라 해군은 삼불제에서 평화 유지 행동을 두 차례 벌인 적이 있다.

영락 4년(1406)에 정화는 삼불제의 중국인 시진경施進卿의 도움을 받아 해적두목 진조의陳祖義를 단번에 사로잡았다. 하교원何喬遠의 『명산장名山藏』 「왕정기王亭記」에는 "광동 사람 진조의는 죄인이다. 어느 나라에 들어가 시간이 오래 지나 따른 무리가 있었다(廣東人陳祖義, 故有罪, 亡入某國, 久之,

22 崔勇, 「西沙發現的明代沈船與鄭和下西洋關系初探」, 『福建文博』第2期, 1997.

15-10 구영仇英의 〈직공도職貢圖〉 속 삼불제 사신단

亦有眾)"고 적고 있다. 명나라 함대가 거항三港(구항舊港)을 방문했을 때 진조의가 정화의 보물선을 강탈하려고 했다. "영락 3년(1405) 수군을 통솔하여 고리 등의 나라에 이르렀는데 그 때 해적 진조의가 삼불제에서 무리를 거느리고 다른 나라 상인을 약탈했을 뿐만 아니라 우리 수군도 침범하였지만 신의 도움으로 격파하여 영락 5년에 돌아왔다(永樂三年, 統領舟師至古里等國, 時海寇陳祖義聚眾三佛齊國, 卻掠番商, 亦來犯我舟師, 即有神兵陰助, 一鼓而殲滅之,

至五年回).”²³ 정화는 진조의를 사로잡는데 중국인 시진경의 도움을 받았다. 명 성조는 곧 "구항 선위사사를 설치하고 (시)진경을 선위사로 임명하여 관인과 고명, 관복, 비단을 하사했다(設舊港宣慰使司, 命(施)進卿爲宣慰使, 賜印誥, 冠帶, 文綺紗羅)"²⁴고 한다. 선위사사宣慰使司는 운남雲南 선위사사처럼 명나라가 변방의 소수민족 지역에 설치한 행정관리기구이다. 명 성조는 동남아시아에서는 오직 수마트라섬에만 이같은 지방행정기구를 설치했다. 16세기 초에 사이드 알리 아크바르 하타이Seid Ali Akbar Khatai는 심지어 수마트라 즉 도파闍婆를 중국 12개 성 중의 10번째 성으로 생각했다. 그는 자신의 저서 『중국기행Khatay nameh』에서 이렇게 적었다.

> 도파는 묵가(메카) – 질달(지다) 및 중동의 다른 항구나 인도에서 온 배가 닻을 내리고 정박하는 항구였다. 중국에서 간 배가 정박하는 데는 수마트라섬 사람에 의지하여야 하였다.²⁵

영락 13년(1415)에 정화는 수마트라에서 두 번째 해적 소멸 행동을 벌였다. 『명태종실록明太宗實錄』 권97의 기록을 보면, 그해 "7월에 정화가 명을 받들어 네 번째로 서양 여러 나라를 다녀왔다. 9월에 정화는 수마트라의 도적의 우두머리 세칸다르라는 사람을 넘겼고 병부상서 방빈은 이 자가 법을 크게 거스른 자니 법에 따라 죄를 물어야 한다고 말하였다(七月, 鄭和第四次奉使西洋諸國歸還. 九月, 鄭和獻所獲蘇門答臘賊首蘇幹刺等於行在. 兵部尙書方賓言

23 『天妃之神靈應記』.
24 『明太宗實錄』 卷七十壹.
25 Mazalleri A, 耿昇 譯, 『絲綢之路 : 中國－波斯文化交流史』, 中華書局, 1993, 256쪽.

蘇幹刺大逆不道, 宜付法使正其罪, 遂命
刑部按法誅之)"고 한다. 정화는 삼불
제에서 두 차례에 걸쳐 해적을 섬
멸하여 명나라와 동남아시아 각
나라들의 조공 무역이 순조롭게
진행되도록 했다.

15-11 북경고궁박물관에 소장된 붉은산호나무

우리는 북경고궁박물관의 지
인을 통해 삼불제에서 조공했던
붉은산호나무의 행방에 대해 알
아보았다. 현재 고궁창고에는 수
백 점의 붉은산호나무가 있는데 가장 큰 것은 높이가 99cm(화분 높이 포
함), 지표로부터의 높이가 64.5cm에 달했다. 이 산호나무는 크기가 너무
커서 적합한 전 시대를 구할 수가 없었던 관계로 현재 임시 창고에 넣어두
고 있었다. 이 붉은산호나무들은 어디에서 온 것인지 그 내력이 분명하지
않고 다만 청나라 시기라는 꼬리표만 달려 있다. 중국에서는 붉은산호나
무가 나지 않는다. 정화의 일곱 차례 서양 원정이 끝난 후 명나라와 서양
국가들 간의 대규모 조공 무역도 따라서 끝이 났으며 그 후에는 더 이상
서양의 사절들이 붉은산호나무를 조공하지 않았다. 그렇기 때문에 정화
의 서양 원정 시대에 일어났던 중국과 서양 국가들 간의 대규모 조공 무역
의 역사적 증거들은 아마도 고궁 창고에 있는 수백 점의 붉은산호나무
속에서 찾아봐야 할 것으로 생각된다.

『영애승람瀛涯勝覽』「아단국阿丹國」의 기록에 의하면 정화는 홍해의 연
안에 있는 아단국(지금의 예멘 남부의 아덴)에서 "이 전錢 남짓의 큰 묘안석

을 샀고 여러 빛깔의 아고 등 기이한 보물과 커다란 진주, 높이가 이 척 정도 되는 산호나무 여러 그루를 샀으며, 산호나뭇가지 다섯 함, 금박, 장미 진액, 기린, 사자, 사슴, 표범, 타조, 비둘기 따위를 사서 돌아갔다 (買得重二錢許大塊貓睛石, 各色雅姑等異寶, 大顆珍珠, 珊瑚樹高二尺者數株, 又買得珊瑚枝五櫃, 金珀, 薔薇露, 麒麟, 獅子, 花福鹿, 金錢豹, 駝雞, 白鳩之類而還)"고 한다. 그렇다면 북경고궁박물관에 소장된 가장 큰 붉은산호나무는 대체 아단국에서 왔을까 아니면 삼불제의 진상품이었을까? 이 문제는 해양생물학자들의 추가적인 확인이 필요하다.

현재까지도 구항선위사사 유적이 발견되지 않았고 따라서 우리는 인도네시아 각지의 박물관에서 정화의 서양 원정과 관련된 문물들을 찾아볼 수밖에 없었다. 자메이카 국립박물관의 소장품을 조사할 때 우리는 경덕진 어용가마에서 제작한 청화접시 두 점을 발견했는데 제작연대는 모두 정화의 서양 원정 시대였다. 그중 한 점은 영락요永樂窯에서 생산된 전지纏枝 포도무늬가 새겨진 마름꽃 접시이고 다른 한 점은 영락요에서 생산된 전지 화훼문花卉紋 마름꽃 접시이며 북경고궁박물관에 이 두 점과 완전히 똑같은 청화접시가 소장되어 있다.[26] 전시품의 꼬리표에 의하면 이 도자기들은 모두 수마트라섬에서 나온 것이며 다시 말해 정화가 여러 차례 삼불제를 방문했다는 것을 알 수 있다. 명나라 초기의 마름꽃 청화접시는 영락제가 여러 서양국가의 왕들에게 하사하는 선물이었고 해외에서는 이란 왕궁과 오스만제국이 이집트에서 약탈한 청화도자기에서만 볼 수 있다. 그렇기 때문에 이 두 점의 도자기는 정화의 함대가 구항선위사에게 가져다 준

---

26 耿寶昌 主編, 『故宮博物院藏明初青花瓷』 下冊, 北京: 紫禁城出版社, 2002, 256～259쪽.

15-12 자메이카 국립박물관에 진열된 영락요 청화접시

선물일 가능성이 아주 높다.

　명태조 주원장은 『황명조훈皇明祖訓』을 만들어 후세의 자손들에게 이렇게 훈계했다.

　　사방은 다 오랑캐인데 산이나 바다로 가로 막혀 있고 한 쪽 구석에 위치해 있다. 그 땅을 얻어도 충분히 공급할 수가 없고 그 백성을 얻어도 충분히 부릴 수가 없는데 이유없이 전쟁을 치러 사람의 목숨을 빼앗는 것은 반드시 옳지 않음을 알아야 한다.[27]

27　『明太祖實錄』卷一七七. "四方諸夷, 皆限山隔海, 僻在壹隅, 得其地不足以供給, 得其民不足以使令. 無故興兵, 致傷人命, 切記不可."

비록 중국의 함대는 해상 세계를 제패할 수 있는 충분한 실력을 갖추었지만 정화의 서양 원정 목적은 무역이 아니라 "조공을 바치는 데 쓰일 서남쪽 뱃길을 뚫고 덕을 베풀고 먼 사람을 교화하기 위함이었다(通西南海道朝貢, 宣德化而柔遠人)." 또한 명 성조가 황위에 오른 사실을 만천하에 알리고 '모든 나라들이 조공을 바치러 오는' 태평성세의 광경을 만들기 위함이었다. 영락 21년(1423)에 이르러 심지어 북경에서 12개 나라의 1,200여 명의 외국사절들이 함께 조공을 바치는 성대한 광경이 발생했다.[28] 따라서 정화가 이끈 2만 7천여 명의 수군은 서양에서 의미하는 '지중해형' 해군과 근본적인 차이가 있다. 중국의 수군은 큰 강 유역의 관개형 농업방식을 생존의 기반으로 삼고 있으므로 전통적인 농경생활 방식과는 서로 의존하는 관계가 아니며, 정화 함대의 가장 중요한 임무는 문화를 전파하고 정치적 위상을 보여줌으로써 "아직 조공을 내지 않은 먼 국가"들이 중국에 조공을 하러 오게 하는 것이었다. 이와 달리 서양의 해군은 나라의 생존과 서로 지탱하고 의존하는 관계를 이루고 있으며 이는 국가의 상업행위가 군사영역과 동일선상에 있다고 볼 수 있는 것이다.

4. 정화가 묻힌 곳 ─ 고리古里

1982년에 정학성鄭鶴聲, 정일균鄭壹均이 북경도서관 백림사柏林寺 분관에서 처음으로 정화의 사망연도와 매장 지점에 관한 중요 문헌을 발견했다. 이 문장은 만력 연간 과거에 낙방한 문인 나무등羅懋登(호 이남리인二南里人)

---

28 『罪惟錄』卷三六『外國傳』「古里國」. "二十一年, 西洋十二國遣使千二百人貢方物, 古里為最."

이 저술한 『신각전상삼보태감서양기통속연의新刻全像三寶太監西洋記通俗演義』 100회본 권20 말미에 부록으로 수록되어 있었고 원문은 천순天順 원년(1457)에 쓰여졌다. 일찍이 1929년에 이미 북경대의 향달向達 교수가 학계에 이 자료를 소개한 바 있었다. 다만 아쉽게도 명각明刻본을 구하기가 어려워서 원문을 끝내 찾지 못했다. 정학성과 정일균이 백림사에서 발견한 삼산도인三山道人의 각본刻本은 글씨가 흐릿하고 잘못 옮겨졌을 가능성이 없지 않다. 1982년에 타이베이 천일天壹출판사에서 만력 정유 각본을 발행했는데 글씨가 비교적 뚜렷했다. 이 각본을 근거로 우리는 중요한 역사적 사실을 많이 밝혀냈다. 『비환암향화성상기非幻庵香火聖像記』의 기록에 따르면 정화는 "경술년(선덕 5년, 1430)에 어명을 받들어 서양으로 갔으며 계축년(선덕 8년, 1433)에 이르러 고리국에서 숨졌다(宣德庚戌, 欽承上命, 前往西洋, 至癸丑歲, 卒於古里國)"고 한다.

고리라는 이름은 남인도 서해안 코지코드Kozhikode의 옛 이름인 캘리컷Calicut에서 유래했으며 정화의 처음 세 번의 서양 원정은 모두 고리를 목적지로 했다. 축윤명祝允明의 『전문기前聞記』에 관련 기록이 있는데 정화의 기일이 명나라 함대가 고리로 귀항한 계축년(선덕 8) 3월 10일에서 20일 사이, 즉 1433년 3월 31일에서 4월 9일 사이일 것이라 밝히고 있다. [29]

소위 '비환'은 남경南京 벽봉사碧峰寺의 한 선사의 법호이며 정화의 생전에 두 사람은 절친한 벗이었다. 『삼보태감하서양통속연의三寶太監下西洋記通俗演義』의 주인공 벽봉노인이 바로 비환선사를 모티브로 한 신화인물이다. 벽봉사 옛터는 남경시 우화대雨花臺 초등학교에 있다. CCTV방송국 제작팀

29　鄭鶴聲・鄭壹鈞,「鄭和下西洋史事新證」, 原載『中華文書論叢』第3期, 1985 王天有・萬明 編, 『鄭和下西洋百年論文選』收錄, 北京：北京大學出版社, 2004, 150쪽.

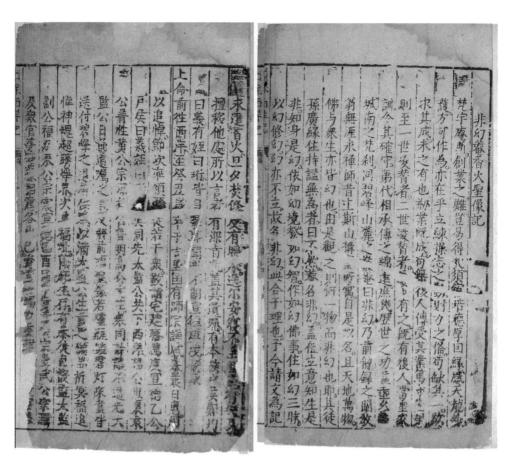

15-13 『비환암향화성상기』 삼산도인 각본

이 현지에 인터뷰를 갔을 때 그곳에는 '무너진 담벼락과 훼손된 우물' 그리고 호석湖石 하나밖에 남아 있지 않았다. 하지만 우리는 명나라 시기의 지방지地方志 『홍무경성도지洪武京城圖志』 「묘우사관廟宇寺觀」에서 〈벽봉사도碧峰寺圖〉를 볼 수 있다.

호석은 동남아의 특산품으로 당나라 궁중화원 염립본의 〈직공도〉에 바로 곤륜노崑崙奴가 당나라 조정에 호석을 진상하는 광경이 그려져 있다.

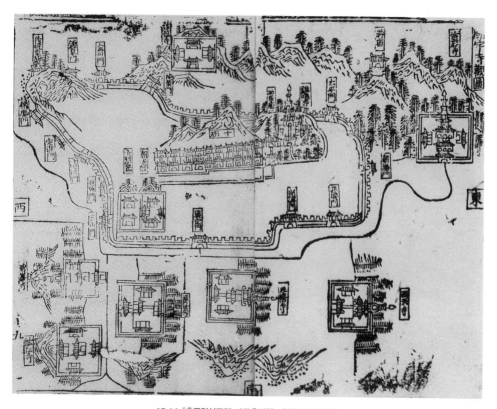

15-14 『홍무경성도지』「묘우사관」속의〈벽봉사도〉

문헌의 기록에 따르면 다음과 같다.

> 벽봉사의 비환암에는 침향나한당이 있는데 비환 고승이 서쪽 나라에서
> 가져온 것이다. 상像이 가장 기이하고 향이 아주 특이하였다. 만력 연간에
> 한 사람이 이 중 하나를 훔쳐가 고승이 부득이 나무로 새겨 하나를 채워 놓았
> 는데 그 후 갑자기 밤중에 법상이 다시 제자리로 돌아왔으니 나한의 신통함
> 은 가히 알 수 있었다.[30]

비환선사가 정화를 따라 서양에 다녀왔던 사람인 점을 감안하면 벽봉사의 호석은 비환선사가 서양에서 가져온 박래품일 가능성이 매우 높다.

비환법사는 입적한 후 벽봉사의 어느 묘당에 묻혔고 그래서 그 묘당의 이름을 '비환암'이라 지었다. 선덕 5년(1430)에 정화는 일곱 번째 서양 원정을 떠나기 전에 자신이 죽거든 집에서 모시던 불교조각상과 법기들을 모두 비환암에 기증하라는 유언을 남겼다. 이른바 '성상'은 바로 정화가 비환암에 기증하려고 했던 불상이다. 내용으로 봤을 때 이 문헌은 아마도 남경 우수산牛首山법사 종겸宗謙과 정화의 양자 정균일鄭均一이 정화의 유언을 이행한 기록일 것으로 추정되며 원래는 벽봉사의 어느 담벼락에 베껴 놓았을 것이다. 명나라 천순 연간에 이소상李昭祥이 편찬한 『용강선창지龍江船廠志』에서 정화에게 손자가 한 명 있는데 이름이 정호초鄭灝招이며 정씨 가문의 채소밭을 '송겸宋謙'이라는 사람에게 몰래 팔아 넘겼다고 했다. 이 송겸은 바로 『성상기』에서 언급한 '종겸宗謙'이며 글자가 비슷하여 잘못 옮겨진 것으로 추정된다.[31]

정화가 처음 고리에 간 것은 고리의 왕자 마나 비크라만Mana Vikraman을 고향에 데려다 주기 위함이었고 명 성조는 왕자를 새로운 고리의 왕으로 책봉했다. 정화는 또 고리에서 하늘에 제를 지내고 비석에 명문을 새겼으며 비석이 있는 정자를 세우기도 했다. 비문에는 다음과 같이 적고 있다.

이곳은 중국까지 가는데 거리가 십만여 리나 되지만 물산이 풍족하고 백성의

---

30 「江寧府部紀事」, 『古今圖書集成』 卷六百六十七. "碧峰寺非幻庵, 有沈香羅漢壹堂, 乃非幻禪師下西洋取來者, 像最奇古, 香火異常. 萬歷中有人盜其壹, 僧不得已, 以他木雕成補之. 後忽黑夜送回前像, 羅漢之靈異可推矣."

31 林梅村, 「鄭和忌日及其身後事」, 『九州島學術』 三卷二冊, 香港城市大學, 2005, 2~26쪽.

15-15 고리의 힌두교 신전

15-16 정화가 묻힌 고리 해변

삶도 평안하여 영락 연간과 같은 태평성대를 누리고 있다.[32]

일찍이 체라Chera 왕조 시기에 고리는 이미 Kallikkottai라는 이름으로 역사의 무대에 올랐고 당시는 타밀인 분포 지역에 속했다. 체라 왕조가 멸망한 후 남인도의 타밀 지역은 분열됐다. 인도의 역사 자료에 의하면 고리는 당시 각각 어나더Ernad와 폴라티리Polatthiri라는 왕이 할거하고 있었으며 두 나라의 싸움이 48년이나 지속되었고 마침내는 어나드Ernad왕의 승리로 막을 내렸다. 대략 13세기에 어나드왕이 베라푸람Velapuram이라는 해변에 성을 세웠는데 현지인들을 그 성을 Koyil-Kotta(궁전성)이라고 불렀다. 오늘날 고리의 이름인 코지코드Kozhikode는 바로 여기에서 유래했다. 그런데 동양 국가들이 이 왕국을 부르는 이름은 매우 혼란스러웠는데 아랍인들은 'Kalikat'(『이븐 바투타 여행기Rihlatu Ibn Batūtah』)라고 불렀고 중국인들은 '고리불古里佛'(『도이지략』)이라고 불렀으며 바스쿠 다 가마Vasco da Gama는 '자모린扎莫林, Zamorins'이라고 불렀는데 서양인들을 이를 통칭하여 칼리컷Calicut이라고 불렀다.[33]

고리 국왕은 힌두교를 신봉하여 쇠고기를 먹지 않았지만 이곳 고리에 살고 있는 아랍인들이 이슬람교를 믿는 것은 금지하지 않았다. 마환의 『영애승람』에서는 "국왕과 백성은 모두 쇠고기를 먹지 않았고 국사를 다스리는 우두머리는 회회인이어서 돼지고기를 먹지 않았다. 이에 앞서 국왕과 회회인이 '너는 소기를 먹지 마라, 나는 돼지고기를 먹지 않겠다'고 서로

---

32 馬歡, 『瀛崖勝覽』. "去中國十萬餘里, 民物咸䐵, 大同風俗, 刻石於玆, 永樂萬世."
33 칼리컷출판클럽 홈페이지 참조(http://www.calicutpressclub.com/history-of-calicut.htm).

15-17 바스쿠 다 가마가 묻혔던 인도 서해안의 코친교회

약속하였는데, 지금까지도 이어왔다(其國王, 國人皆不食牛肉, 大頭目是回回人, 皆不食豬肉. 先是王與回回人誓定, 爾不食牛, 我不食豬, 互相禁忌, 至今尙然)"고 했다.

고대의 원양 항해에 불문율이 하나 있었다. 바로 바다에서 세상을 떠난 사람은 질병이 전염되는 것을 막기 위해 즉시 그 자리에서 처리하는 것이다. 북송 주욱朱彧의 『평주가담萍州可談』에는 "뱃사람들은 병들었을 때 배에서 죽음을 꺼려 왕왕 아직 숨이 끊어지지 않았는데도 돗자리로 말아서 바다에 던져버리곤 했다(舟人病者忌死於舟中, 往往氣未絶, 便卷以重席投水中)"고 적고 있다. 그래서 정화의 시신은 고리에 묻고 머리카락 한 줌과 약간의 의복만 운반해 왔으며 남경 우수산의 산자락에 있는 정화묘는 후손들이 정화를 위해 세운 의관묘일 뿐이다.

1497년 4월 24일에 바스쿠 다 가마가 포르투갈 함대를 이끌고 동아프리카의 말린디Malindi에서 출항하여 아랍인 항해사 이븐 마지디Ibn Majidi의 안내 하에 인도양 계절풍을 타고 5월 20일에 인도양 서해안에 있는 고리에 당도했다. 포르투갈 사람들은 곧바로 인도 서해안의 고리, 고아Goa 등에 거점을 건설하고 동방 국가들에 대한 식민 통치를 시작했다. 바스쿠 다 가마의 첫 고리 항해를 기념하기 위해 인도인들은 포르투갈인들이 고리에 상륙한 카파드Kappad에 기념비를 세우기도 했다.

고리 남쪽의 코친Cochin은 인도 서해안의 또다른 중요한 항구이다. 정화는 매번 서양 원정때마다 모두 코친에서 고리로 북상했고 〈정화항해도〉에서는 이곳을 '가지柯枝'라고 불렀다. 바스쿠 다 가마는 코친에서 죽었는데 처음에는 현지의 교회에 묻혔고 몇 년이 지난 후에야 유해를 포르투갈로 이장했다. 오늘날 이 교회는 유럽 관광객들이 바스쿠 다 가마를 추모하는 관광명소가 되었다.

인류가 대항해 시대에 진입한 후 유럽은 인도, 중국과 해상에서 직접적인 관계를 구축했고 오래된 실크로드는 완전히 쇠퇴했다. 이집트, 메소포타미아 등 수천 년의 문명역사를 가진 인류 고대 문명의 발상지들은 이때부터 문명의 중심에서 문명의 변방으로 전락하기 시작했다.

비록 정화의 함대가 희망봉Cape of Good Hope을 돌아 고리에 도착한 것이 바스쿠 다 가마에 비해 93년이나 더 이르지만 인도 서해안에는 정화의 기념물이 없었다. 중국인들이 인도 서해안에 남긴 유일한 유적은 바로 코친 해변의 오래된 중국식 고기잡이 그물뿐이었다. 타이베이 고궁박물관에 소장된 오대 시기 조간趙幹의 〈강행초설도江行初雪圖〉에서 아직도 이런 오래된 중국의 고기잡이 그물을 볼 수 있다.

지원至元 7년(1347)에 아랍의 여행가 이븐 바투타가 동방으로 가기 위

15-18 타이베이 고궁박물관에 소장된 오대 시기 조간趙幹의 〈강행초설도江行初雪圖〉 일부

15-19 남인도 서해안 코친의 중국식 고기잡이 그물

15-20 인도 남단의 감파리 왕궁에 소장된 정화 시대의 문물

해 고리에서 중국의 항해 선박을 기다렸다. "고리의 항구에 중국 선박 13
척이 정박해 있었다. 중국 선박은 크기가 매우 컸는데 큰 것에는 돛 열
개를 걸었고 작은 것에도 돛 세 개를 걸었다. 선박 안에는 공간을 나누어
선실을 여러 개 만들었는데 천 명을 태울 수 있었다"고 했다.[34]

남아시아 아대륙亞大陸 남단의 코모린 곶Cape Comorin 패드마난바프람Pad
manabhampuram 왕궁 수라간에는 지금까지도 도기 13점과 선덕로宣德爐 1점
등 명나라 시기의 문물들이 보존돼 있다.[35] 이 문물들은 정화가 당시 감파
리呯叭里 왕에게 준 선물이라고 한다. 오늘날 인도 서해안의 중국과 관련된
물건은 코친인들이 해변에서 고기를 잡을 때 사용하는 오래된 중국식 고
기잡이 그물이 고작이며 이는 인도 서해안의 유명한 관광명소가 되었다.

34 馬金鵬 譯, 『伊本·巴圖泰遊記(Riḥlatu Ibn Baṭūṭah)』, 銀川 : 寧夏人民出版社, 2000.
35 董琦等 編, 『雲帆萬裏照重洋－紀念鄭和下西洋六百周年』, 北京 : 中國社會科學出版社, 2005,
135쪽; 海飛, 『曾是船隊西進大本營在印度尋找鄭和遺跡』, 國際動態網(http://www.chnmu
s.net/ information/W-news/2004/w2004-7.htm).

5. 아프리카의 선물

정화는 일곱 번의 서양 원정을 통해 가장 멀게는 아프리카까지 항해했는데 그 목적은 영락·선덕 황제를 위해 용연향龍涎香, 기린 그리고 청화 재료 '소발니청蘇渤泥青'을 구하기 위함이었다.

용연향은 향유고래 수컷의 병든 위장에서 분비되는 왁스 같은 형태의 물질로서 향유고래의 창자에서 생성된다. 향유고래는 오징어류를 주식으로 하는 데 먹잇감을 소화시키는 과정에서 오징어류의 뾰족한 주둥이가 향유고래의 창자를 찔러 상처가 생기고 그 상처를 치유하기 위해 용연향이 분비된다. 용연향은 향유고래의 창자에서 천천히 흘러나와 바닷속으로 배출되거나 죽은 후 시체에서 흘러나와 물속으로 떨어진

15-21 동아프리카 해역의 향유고래

다. 사망 직후의 향유고래의 창자에서 채취한 용연향은 아무런 가치가 없고 바다물 속에서 수십 년을 있어야만(용연향은 물보다 가볍다) 아주 비싼 값을 받을 수 있다. 어떤 용연향 덩어리는 바다물에 백 년 이상 떠다닌다. 용연향 중에서도 하얀색 용연향이 가장 값비싸고 갈색 용연향이 가장 저렴하며 바다물에 십여 년을 떠다니다 채취된 것들이다. 화학 분석에 의하면 용연향은 테르펜이라는 물질로 이루어 졌으며 독특한 향기가 난다. 많은 꽃향기와 수지의 상쾌한 향기가 바로 테르펜을 함유한 화합물로 인해 생성된다.

이집트의 파라오, 아랍과 인도의 왕족과 귀족들은 모두 용연향을 즐겨 사용했는데, 아랍인들은 용연향을 '앰버그리스Ambergris'라고 불렀다. 용연향은 페르시아와 아랍의 바다 상인들을 통해 중국으로 전해졌는데 당나라 시기에는 '아말향阿末香'이라고 불렀고 남송 조여적趙汝適의 『제번지諸蕃志』에서 처음으로 '용연향'이라고 불렀다. 용연향은 중국에서 귀한 약재에 속한다. 명나라 초기의 『회회약방回回藥方』에는 용연향을 활용한 처방전이 많이 수록되어 있는데 그중에는 사산 페르시아 왕실의 궁중 비법인 소화를 돕는 약제 호스로 Khosrau도 포함된다. 이시진李時珍의 『본초강목』에는 용연향이 "혈액순환이 잘되게 하고 정기와 골수를 더하며 양도를 북돋아주고 혈맥의 흐름을 원활히 한다(活血, 益精髓, 助道, 通利血脈)"고 했다. 중의학에서는 용연향을 '가래를 삭이고 적취積聚를 풀며 기의 흐름을 순조롭게 하고 혈액순환이 잘되게 하는' 약제로 본다.

용연향은 동양에서 궁중 비법 또는 약제로 사용되지만 서양에서는 프랑스의 향수산업을 일으키는데 큰 역할을 했다. 프랑스의 향수가 전 세계적으로 선풍적인 인기를 끌 수 있었던 가장 큰 비결은 바로 용연향을 사용했기 때문이다. 세계 보석시장이 남아프리카의 다이아몬드 주얼리 회사 드비어스De Beers에 의해 독점된 것처럼 세계 용연향 시장도 전 세계 1위의 화장품 생산국인 프랑스가 지배하고 있으며 그것도 오랫동안 동물용 방향물질 거래에 종사한 세계적인 향수 상인에 의해 좌지우지됐다. 해상 또는 해안에서 채취한 용연향 덩어리는 품질별로 1kg에 1~4.5만 프랑에 달했고 그것을 화장품 제조업체에 판매하면 6~10만 프랑을 벌 수 있었는데 이는 금 1,000g과 맞먹는 가격이었다. 15년 전에 전 세계 시장에 공급되는 용연향은 약 600kg이었는데 현재는 100kg 미만이다. 프랑스의 향수 브랜드 로샤스^{Rochas} 한 업체만 해도 매년 20kg을 사용한다. 거대한 시장 수요로 인해 향유고래의 총 수량은 급감했고 용연향의 생산 량도 급격하게 하락했다.[36]

동아프리카에 용연향을 생산하는 해역이 두 군데 있는데, 한 곳은 마다 가스카르^{Madagascar}섬 부근이고 다른 한 곳은 발발력국撥拔力國(지금의 소말리 아아 북부 바바라 베리^{Barbarah}) 부근이며 남송 조여적의 『제번지諸蕃志』에서는 '필파라국弼琶囉國'이라고 불렀다. 정화가 서양 원정을 간 중요한 임무 중의 하나가 바로 영락제를 위해 용연향을 구매하는 것이었기 때문에 정화의 함대는 용연향이 많이 나는 동아프리카까지 여러 번 항해했다.

정화 함대가 아프리카로 원항을 간 두 번째 목적은 바로 기린을 포획하 기 위해서이다. 전후사정은 이렇다. 1414년에 방글라데시의 새로운 왕이 즉위하자 중국의 영락제는 환관 양경楊慶과 비신費信을 파견하여 새로운 국왕이 집권하게 된 것을 축하했다. 이에 대한 보답으로 방글라데시 국왕 은 명 성조에게 기린 한 마리를 보내주었다. 1421년(영락 19)에 명 성조가 남경을 도읍으로 남겨두고 북경으로 천도했다. 같은 해 10월에 동아프리 카의 마림적麻林迪(지금의 케냐─역자) 상인은 또다시 영락제에게 두 번째 기 린을 진상했다. 기린이 북경에 도착했을 때 조정과 재야가 떠들썩했다. 한림원翰林院 대학사인 심도沈度는 즉시 현장에서 붓을 들어 그림을 그렸고 아프리카인들이 이 동물을 Girin이라고 부르는데 이는 중국 고대의 상서로 운 영수靈獸인 '기린麒麟'과 발음이 똑같다고 시를 지어 찬양했다. 이에 명 성조가 매우 기뻐하며 아프리카에서 온 이 선물을 받으러 친히 봉천문奉天門

---

36 馬蓉池 編譯, 「龍涎香 : 海洋中的灰色金子」, 『海洋世界』 第5期, 1997.

15-22 영락 연간 대학사 심도의 〈기린도麒麟圖〉

(청나라 시기의 천안문天安門)까지 나갔다. 그리고 곧바로 정화를 파견하여 마림적사신단을 아프리카로 데려다 주도록 했는데 이것이 정화의 다섯 번째 서양 원정이 되었다.[37]

정화의 함대가 마지막으로 서양 원정을 갔을 때 분견대分遣隊 중 300명을 실은 배 한 척이 동아프리카 해역에서 침몰했다. 『명영종실록明英宗實錄』권169 정통正統 13년(1448)의 기록에 의하면 다음과 같다.

> 부군위의 병졸 조왕 등이 서양에서 돌아와 자단향과 부채와 종이를 바치었다. 처음에 조왕이 홍보 태감과 같이 서양으로 갔는데 배가 파손되어 복국으로 떠내려 가 그 나라의 습관에 따라 중이 되었다. 후에 그곳이 운남 팔백 대전과 가까운 것을 알고 도망쳐 나왔다. 처음에 서양으로 출발할 때는 배 안에 삼백 명이었는데 박국까지 백 명만 남았다. 정통正統 18년에 오직 조왕을 비롯한 세 사람이 도망쳐 나왔다. 임금이 옷과 돈을 하사하여 남경 보은사에서 중으로 있게 하였다.[38]

타이완의 학자 진국동陳國棟의 고증에 의하면 복국卜國은 바로 『명사明史』「성조본기成祖本記」에서 언급한 '불랄와不剌哇'이다.[39] 〈정화항해도〉에 표

---

37 『明成祖實錄』卷九十八. "永樂十三年十月癸未, 古裏, 柯枝, 喃渤利, 甘巴裏, 滿剌加, 麻林,忽魯謨斯, 蘇門答剌諸番國使臣辭歸, 悉賜鈔帛及永樂通寶錢有差."

38 『明實錄』(縮印本), 臺灣: 中央研究院歷史語言研究所校印本, 1962~1968, 3260~3261쪽. "府軍衛卒趙旺等自西洋還, 獻紫檀香, 交章葉扇, 失敕勒葉紙等物. 初, 旺等隨太監洪保入西洋, 舟敗, 漂至卜國, 隨其國俗為僧. 後頗聞其地近雲南八百大甸, 得間逐脫歸, 始西洋發碇時, 舟中三百人, 至卜國僅百人. 至是十八年, 惟旺等三人還, 上賜之衣, 鈔, 令為僧於南京報恩寺."

39 『明史』「成祖本紀」永樂十九年曰: "是年, 忽魯漢斯, 阿丹, 祖法兒, 剌撤, 不剌哇, 木骨都束, 古里, 柯技, 加異勒, 錫蘭山, 溜山, [南]渤利, 阿魯, 漏利加, 甘巴里, 蘇祿, 榜葛剌, 浮泥, 古麻剌朗王入貢, 暹羅入貢者再."

시된 '복랄와ト刺哇'는 지금의 소말리아 브라와Brawa에 있다. 『장락천비령응비기長樂天妃靈應碑記』의 기록에 의하면 "복랄와국에서 천리 낙타와 타조를 드렸다(卜剌哇國進千里駱駝, 並駝雞)"고 했다. 팔백대전은 또 '팔백선위사宣慰司'라고도 부르는데 지금의 태국 치앙마이Chiang mai이다.[40] 그 외에도 『명영종실록明英宗實錄』 정통 원년 9월의 기록에 의하면 도지감태감都知監太監 홍보洪保가 "집안 사람들로 하여금 중으로 되게 해 주세요(請度家人為僧)"라고 청해서 윤허를 받았고 "스물네 사람을 출가하게 하였다(凡度僧二十四人)"고 했다. 따라서 홍보가 이끈 분견대는 아프리카에서 전멸한 것은 아니다. 홍보 본인은 정통 원년(1436)에 명나라로 돌아왔고 수하의 병사 300명은 복랄와에서 조난을 당해 결국 조왕趙旺 등 세명 만 살아남았으며 온갖 고난을 겪고 태국과 운남을 거쳐 명나라로 돌아왔다.

일찍이 8세기~9세기에 중국의 도자기는 이미 멀리 북아프리카의 이집트, 동아프리카의 케냐와 탄자니아로 수출되었다. 케냐의 만다Manda, 탄자니아의 우쿠우Unguja Ukuu에서 만당 오대 시기의 장사요 수출도자기를 발견했다. 명청 시기에 중국의 청화도자기가 아프리카에서 선풍적인 인기를 끌었고 현지 추장들의 무덤에 상감하기까지 했다. 정화의 함대가 멀리 아프리카까지 항해하면서 중국과 아프리카의 문화교류를 크게 강화시켰다.[41] 명나라 해군이 조난당한 지점인 복랄와는 케냐의 라무Lamu섬에서 멀지 않은 곳에 있다. 서양의 방송업계에서 라무섬에 중국인의 후예가 있다고 널리 알려진 것은 『명실록明實錄』에 공개된 자료를 보면 어느 정도 역사적 근거가 있어 보인다.

---

40 陳國棟, 「鄭和船隊下西洋的動機 : 蘇木, 胡椒與長頸鹿」, 海洋科技博物館籌備處, 財團法人吳京基金會・臺灣海洋大學 編, 『走向海洋 : 鄭和研究學術研討會論文集』, 臺北, 2001.

41 馬文寬・孟凡人, 『中國古瓷在非洲的發現』, 北京 : 紫禁城出版社, 1987, 34~35쪽.

6. 정화 함대의 페르시아만 상륙지

정화 시대의 호르무즈해협은 중앙아시아 티무르제국(1370~1506)의 실랄사失剌思 번왕藩王이 지배하고 있었고 〈정화항해도〉에서 '홀로모스忽魯謨斯'라고 불렀다. 1415년에 아브라함 술탄가 실랄사의 새로운 왕이 되었는데 바로 『명사』 「서역전」에서 말한 '역불랄금亦不剌金'이다. 페르시아의 고대 항구는 원래 시라프Shiraf에 있었는데 이 항구는 977년에 대지진이 발생해 완전히 파괴됐다. 그 후로 페르시아만의 국제 무역 항구는 호르무즈해협의 키스마Kishma섬으로 옮겨갔다. 이탈리아의 여행가 마르코 폴로가 중국의 천주泉州에서 페르시아로 갈 때 바로 키스마섬의 항구에서 상륙했다. 명나라 해군 역시 이 섬에서 거점과 관창을 세우고 페르시아인, 아랍인들과 무역을 진행했다.

명 성조는 여러 차례 북쪽의 몽골 초원을 정벌했는데 그때마다 대량의 전마戰馬가 필요했다. 페르시아 말은 서아시아에서 원래 밀을 먹었는데 중국에 와서는 좁쌀을 먹었다. 그러나 기후와 환경이 달랐던 탓에 좁쌀에 소화를 돕는 대황을 넣었음에도 중국에 온 페르시아 말은 오래 살지 못했다. 따라서 명나라는 끊임없이 전쟁에 사용할 페르시아 말을 수입해야 했고 정화의 서양 원정 임무 중의 하나가 바로 페르시아 말을 구입하는 것이었다.

1293년에 이탈리아의 선교사 요한 마리뇰리John de Marignoli가 명을 받고 육로를 통해 중국으로 와서 원나라의 상도上都에서 원순제元順帝에게 말을 바쳤는데 원나라 화원이 이 말을 그림으로 그리고 시를 지어 찬양했다. 그는 나중에 해로를 통해 귀국했는데 여행기에서 이렇게 적었다.

15-23 서양 고대 지도 속의 키스마섬, 약 16세기

"길을 떠나기 전에 황제가 우리에게 많은 음식과 말 200필을 내주었다. 우리는 만자국(중국의 남방)을 지나 돌아왔다 (…중략…) 우리는 인도양 을 건너 인도의 가장 번화한 도시에 도착했는데 그 도시의 이름은 구람 (지금의 인도양 서해안)이었다."[42]

여하 간에 바닷길을 통해 말을 파는 것은 가능한 일이었다. 이를 위해 정화의 서양 원정 함대는 특별히 일종의 '마선馬船'을 설계했다. 이동양李東

42 穆爾, 赫鎭華 譯, 『壹五五O年前的中國基督教史』, 北京 : 中華書局, 1984.

陽(1477~1516)의 『회록당집懷麓堂集』「잡기 1雜記一」과 원나라 말기 왕대연의 『도이지략』에는 다음과 같이 적혀 있다.

"남경의 마선은 집처럼 커서, 한 척에 삼백 곡을 담을 수 있었다. 돛이 순풍을 만나면 바람처럼 빠르고, 지척의 파도는 만 마리 소의 발굽소리와 같다. 관청의 화물이 적고 개인의 화물이 많으며, 남쪽에서 오면 곡식을 실었고 북쪽에서 오면 소금을 실었다. 벼슬아치와 권세 있는 자에게 뜨겁게 아첨하여, 순찰을 보는 사람이나 관리들이 감히 추궁하지 못했다.[43]

15-24 페르시아 말

카르만은 남풍 지역과 가깝고 불랑 가까이에 있다. 돛을 달고 바람 따라 두 달이면 소구남에 도착할 수 있다. 그곳에서는 배를 '마선'이라 하며, 상선보다 큰데 못과 재를 쓰지 않고 야자로 판자를 엮어 만들었다. 배마다 2, 3층이고, 판자로 비껴 놓아 계단으로 삼으니 물이 새길 그치지 않았다. 사람이 밤낮을 가리지 않고 두레박을 돌려 엉기지 않게 하였다. 아래는 유향나무로 무게를 가하게 하고 위에 말 수백 필을 실었는데 머리가 작고 꼬리가 가벼우며 사슴몸

43 『島夷志略』「雜記 一」. "南京馬船大如屋, 一舸能容三百斛, 高帆得勢疾若風, 咫尺波濤萬牛足, 官家貨少私貨多, 南來載穀北載鹺, 憑官附勢如火熱, 邏人津吏不敢詰."; 謝國楨, 『明代社會經濟史料選編』中冊, 福州 : 福建人民出版社, 1980, 89쪽.

같고 발굽의 쇠를 깎았다. 높이가 칠 척이고 밤낮으로 천리길을 갈 수 있었다. 모든 목향과 호박 따위는 모두 불랑국에서 나왔고 상인들은 서양에서 교역을 하였다. 갈 때는 정향, 두구, 비단, 사향, 홍색구슬, 소주와 항주에서 난 비단, 소목, 청자, 도자기병, 쇠막대를 실었고 돌아올 때는 후추를 실었다. 후추가 귀한 이유는 이 배로 싣고 가는 것이 많아 상선으로 가져가는 것이 십의 하나에도 미치지 못하기 때문이다.[44]

말을 실어 나르는 마선은 일반 상선보다 훨씬 컸으나 구체적인 크기에 대해서는 역사 자료에 명확하게 적혀 있지 않다. 나무등의 소설『서양기西洋記』에 따르면 말을 실어 나르는 배는 정화가 탄 대보선大寶船보다 돛대가 하나 적은 8개이며 '중등보선中等寶船'이라고도 불렀다. 선체의 길이는 37길(약 104.7m), 너비는 15길(약 42.4m), 흘수(배가 물에 잠기는 깊이 —역자)는 7.6m이며 배수량이 14,586t이고 적재량이 7,000t이다. 마선은 말 외에도 서양 각국에서 구입한 희귀한 동물들을 실어 나르는데 사용됐다.

페르시아의 말시장은 실랄사(지금의 이란 시라즈)에 있었기 때문에 정화의 마지막 네 차례 서양 원정은 명나라의 해군기지를 호르무즈에 두었다. 정화의 네 번째(영락 11년(1413)~13년(1415)), 다섯 번째(영락 15년(1417)~17년(1419)), 그리고 여섯 번째(영락19년(1421)~20년(1422)) 서양 원정은

---

44 『島夷志略』. "甘埋里, 其國邇南馮之地, 與佛朗相近.乘風張帆二月可至小俱喃.其地船名為馬船, 大於商舶, 不使釘灰, 用椰索板成片.每船二三層, 用板橫棧, 滲漏不勝, 梢人日夜輪戽水不使竭.下以乳香壓重, 上載馬數百匹, 頭小尾輕, 鹿身吊肚, 四蹄削鐵, 高七尺許, 日夜可行千里.所有木香, 琥珀之類, 均産自佛朗國來, 商販於西洋互易. 去貨丁香, 荳蔲, 青緞, 麝香, 紅色燒珠, 蘇杭色緞, 蘇木, 青白花器, 瓷瓶, 鐵條, 以胡椒載而返. 椒之所以貴者, 皆因此船運去尤多, 較商舶之取, 十不及其壹焉."

모두 호르무즈에 기지를 정했다. 비신의 『성차승람星槎勝覽』에는 이 항구에서 수출, 수입되는 화물의 내역을 기록했는데 비단, 청백자, 향료 등이 있었다. 이란의 수도 테헤란의 고고학박물관에 명나라 초기의 청화도자기 유물이 소장돼 있는데 거기에는 정화의 보물선이 중동으로 운반해간 청화도자기도 포함된다.

호르무즈해협에 대한 고고학적 조사는 1930년~1931년에 시작되었으며 영국의 고고학자 스타인은 그곳에서 명나라 초기의 중국도자기 특히 청화도자기 조각을 대량 발견했다. 최근에 프랑스 고고학팀이 호르무즈의 속국인 줄파르朱尔法(아랍에미리트의 Julfar)에서 발굴 작업을 진행하여 재건된 무슬림사원, 군사보루 등을 발견했고 그 속에서 극동의 도자기 1,280개를 발굴했는데 그중에는 중국의 청자, 청화도자기, 백자, 청백자 및 동남아(태국, 미얀마, 베트남)의 도자기 등이 포함돼 있었고 제작된 연대는 대략 14세기~16세기이다.

정화의 네 번째 서양 원정부터 명나라 해군은 페르시아만 해역에 진입하기 시작했고 기지를 호르무즈해협의 키시Kish섬에 세웠다. 프랑스 고고학팀이 아랍에미리트에서 발견한 명나라 초기의 청화도자기는 정화의 함대가 페르시아만에 가져갔을 가능성이 충분하다.[45] 대량의 명나라 초기의 청화도자기가 페르시아로 운반되어 가자마자 바로 페르시아예술에 영향을 미쳤다. 이스탄불시의 톱카프왕궁에 소장된 15세기의 페르시아 세밀화〈siyahqalam〉에 페르시아인들이 명나라의 청화도자기를 사용하는 광경이 그려져 있다(〈그림 15-25〉). 정화는 일곱 번째 서양 원정에서 또 분견대를

---

45 Michele Pirazzoli, 趙冰 外譯, 『哈伊馬角酋長國朱爾法古城遺址出土的遠東陶瓷(14~16世紀)及其作為斷代, 經濟與文化發展的標誌』, 法國遠東學院北京中心編印, 2003, 3~12쪽.

15-25 톱카프왕궁에 소장된 15세기 페르시아 세밀화 속의 명나라 청화도자기

홍해에 파견했는데 아라비아 반도의 질달秩達(사우디아라비아의 항구도시 지다 Jeddah)에서 상륙하여 이슬람의 성지인 메카를 방문했다. 정화의 함대가 비록 이집트까지 방문하지는 않았지만 아라비아 반도의 거의 절반이 당시 이집트의 맘루크 술탄국Mamluk Sultanate(1252~1517) 통치하에 있었고 원나라 말기 왕대연『도이지략』에서는 이를 '마로간국馬魯澗國'이라고 부르며 '백성들이 안락한 생활을 했고 부유했으며 상업이 번영하고 시장을 어지럽히는 우환이 없었다(民樂業而富, 商業繁榮, 而市無擾攘之患)"고 했다.

맘루크 술탄국은 카이로에 수도를 정했고 당시에 '미석아米昔兒'라고 불렸으며[46] 정화의 함대가 아라비아 반도로 가져간 중국의 보물들은 결국 이집트의 카이로성으로 유입됐다. 카이로 부근의 푸스타트Fustat 유적에서 정화 시대의 청화도자기 조각이 출토된 바 있다. 일본의 학자들은 푸스타트 유적에서 채집한 영락요 전지纏枝 국화무늬의 청화접시 파편을 이집트의 백유람白釉藍 채색도자기로 분류했는데 이것이 꼭 정확한 것은 아니다. 북경고궁박물관에도 같은 종류 청화대형접시의 온전한 기물이 소장돼 있는데 명청 도자기 전문가인 경보창耿寶昌 선생의 연구에 의하면 영락 연간 경덕진 어용가마에서 생산된 제품에 속한다.[47]

〈정화항해도〉에는 오만의 도시 10여 개가 표시돼 있는데 주팔佐法兒, Zufal, 아후나阿胡那, Ahuna, 타이완大滿(지금의 마시라Masira), 질미迭微(지금의 티위Tiwi), 고리아古里牙(지금의 구라이야Quraiyat), 마실길麻實吉(지금의 마스컷트Mascut), 귀서龜嶼(지금의 마스컷트 부근의 Fahl섬), 아속재기서亞束災記嶼(지금의 다이마니아트섬Daimaniyat), 살라말서撒拉末嶼(지금의 살라미Salama) 등이다. 호르무즈 왕국의 두 번째 수도는 오만 수르Sur 시티 동쪽의 고대 항구에 위치해 있는데 서양 역사 자료에 칼핫트Qalhat라고 나오고 〈정화항해도〉에서는 '질미'라고 표기했으며 그곳에는 공베이拱北(이슬람 건축 양식의 무덤으로, 중국의 무슬림들은 흔히 현자나 성인들의 무덤건축을 공베이라고 불렀다―역자) 형식의 이슬람 건축과 고대 성벽이 지금까지도 남아 있다. 마르코 폴로와 아랍의 여행가 이븐 바투타, 그리고 명나라의 함대가 모두 이 아랍의 유명한 도시를 방문했었다.

오만에는 유향이 많이 생산되는데 이를 유럽인들은 Frankincense, 인도인들은 Kunduruka라고 불렀다. 유향은 일종의 수지 향료로서 돌출한 유

---

46 馬歡, 『瀛涯勝覽』卷首詩句簡稱'米昔'.

47 耿寶昌 主編, 『故宮博物院藏明初青花瓷』上冊, 北京 : 紫禁城出版社, 2002, 42쪽.

15-26 호르무즈 왕국의 두 번째 수도인 오만 칼핫트고성의 이슬람 건축

방처럼 생겼다 하여 '유향乳香'이라고 불렀다. 유향은 매우 귀한 향료이며 중국의 의원들은 이것을 약재로 사용하여 다양한 종기 질환을 치료했다. 『역대명화기歷代名畫記』의 저자 장언원張彦遠은 또 유향을 풀에 섞어 그림을 표구하여 좀 먹는 것을 방지했다. 유향은 중국이 아랍으로부터 수입한 주요 향료 중의 하나로서 한나라 시기부터 수입하기 시작했으며 광주 남월왕南越王묘에서 많은 유향이 출토됐다. 한당漢唐 시기에 유향은 주로 불교사원에서 향을 피우거나 가정집에서 공기를 좋게 하는 데 사용됐는데 송나라 시기에 수입량이 대폭 늘었고 명나라 시기에는 수입량이 최고 수준을 기록했다. 유향은 인공재배가 불가능한 데다 지나친 채집으로 인해 현재는 이미 멸종 위기에 이르고 있다.

예멘은 아랍 문명의 발상지로서 세계적인 박물관이나 도서관에는 거의 다 예멘의 문물을 소장하고 있다. 정화 시대의 예멘은 라슬리Rasulids(1229 ~1454) 왕조의 통치하에 있었고 수도가 타이즈Taizz였다. 주요 항구는 아

15-27 프랑스 국립도서관 소장, 아랍문자로 기록된 정화의 서양 원정 자료

덴Aden만에 있었는데 〈정화항해도〉에서는 '아단阿丹'이라 불렀다. 아덴 만은 예로부터 아라비아 반도와 인도, 중국 교통의 주요 항구이며 붉은산호 나무가 많이 나는 것으로 유명하다.

기존에는 주로 중국어로 된 역사 자료를 근거로 하여 정화에 대한 연구를 진행했는데 1970년대에 일본의 학자 야지마 히코이치家島彦一가 마침내 이 교착된 국면을 타개했다. 1970년에 일본 도쿄외대의 해외조사원인 야지마 히코이치(지금은 와세다대의 특별초빙교수)가 파리의 프랑스 국립도서

관에서 정화의 함대가 라슬리 왕조의 아단 항구를 세 차례 방문한 역사
자료를 발견했다. 연대는 각각 명 성조 영락 16년(1418.12.30), 영락 20년(1
423.1.31), 그리고 명 선종 선덕 7년(1482.2.28)이다. 먼지 속에 파묻혀 있던
이 중요한 자료들은 현재 파리 아랍어 원고 제 4609호(MS Paris No. Arabe
4609)로 일련번호를 넣어 예멘 라슬리 왕조의 수단 바이바르스[Baybars] 시기
에 속하는 것으로 분류했다.[48] 따라서 우리는 2005년 초에 도쿄에 가서
야지마 히코이치 교수를 방문했다. 그의 소개에 따르면 이 자료들은 원래
예멘의 고대 도시인 타이즈의 어떤 무슬림사원의 도서관에 보관되어 있어
야 했다고 말했다. 보도에 의하면 이 도서관에는 또 한문으로 기록된 정화
관련 자료가 소장돼 있다고 하는 데 야지마 히코이치는 타이즈를 몇 번이나
방문했지만 발견하지 못했다고 한다.

7. 정화가 가져간 보물들의 최후의 귀착

1453년에 오스만제국이 콘스탄티노폴리스를 함락함으로써 동로마제
국이 멸망했다. 동방으로 가는 육로와 해로는 각각 터키인과 아랍인들이
장악했다. 오스만제국은 즉시 대규모 확장을 통해 아르메니아, 그루지야,
시리아, 이집트, 바그다드, 메소포타미아, 트리폴리, 알제리, 헤자즈[Hejaz],
예멘 등의 나라를 점령했다.

1517년 오스만제국의 군대가 카이로를 공격하여 성 안에서 붙잡힌 맘
루크[Mamluk]인들을 전부 도살하고 이집트를 오스만제국의 영토에 편입시

---

48 家島彦一, 「鄭和分艦隊訪問也門」, 『中外關系史譯叢』 第2輯, 上海 : 上海譯文出版社, 1995, 44~60쪽.

15-28 비잔티움제국의 수도인 콘스탄티노폴리스 고성 성벽

15-29 이스탄불 도심에 세워진 이집트 오벨리스크(고대 이집트의 태양신
을 상징하는 돌로 된 사각주—역자)

켰다. 이로써 이슬람의 성지인 메카와 메디나Medina도 오스만제국의 일부
분이 되었다. 이로 인해 맘루크 왕궁과 페르시아 왕궁에 수백 년 동안 축적
된 다양한 보물들이 모두 오스만 원정군에게 몽땅 약탈당하고 말았다.
터키 이스탄불의 도심에 우뚝 솟아 있는 고대 이집트의 오벨리스크Obelisk
가 바로 오스만 군대가 이집트를 약탈한 역사의 산 증인이다.

이스탄불의 옛 왕궁인 톱카프궁전Topkapi Palace의 수라간에 영락·선덕
시기에 만들어진 청화도자기가 대량 소장돼 있는데 그중 상당 부분은 1517
년 이래 오스만Osman 군대가 이집트, 이란 등의 중동국가에서 약탈해 온
것이다.[49]

우리는 특히 영락·선덕 연간에 경덕진 어용가마에서 생산된 청화도자
기에 주목했다. 청화도자기를 굽는데 사용한 코발트 물감은 중앙아시아와
페르시아에서 생산됐기 때문에 명나라는 개국 후 줄곧 서역의 여러 나라와
왕래하려고 시도했지만 만족할 만한 효과를 얻지 못했고 양질의 푸른색
물감의 공급이 중단됐다. 홍무洪武 연간 경덕진 어용가마에서는 청화도자
기를 생산할 때 원나라 시기 재고나 고르고 남은 코발트 물감을 사용할
수밖에 없었기 때문에 청화도자기의 발색이 원나라 시기의 것처럼 선명하
고 진하지 않았다. 이런 상황은 영락 연간에 서역과의 왕래가 시작된 이후
부터 개선되기 시작했다.

만력萬曆 연간 왕세무王世懋가 편찬한 『규천외승窺天外乘』에서도 영락·선
덕 연간의 경덕진 어용가마가 정식으로 청화도자기를 제조하기 시작했다
고 주장했다. 왕세무는 다음과 같이 말했다.

---

49 三上次男, 李錫經·高喜美 外譯, 『陶瓷之路』, 北京 : 文物出版社, 1984, 39~43쪽.

15-30 톱카프궁전

15-31 톱카프궁전 수라간에 소장된 전지 국화무늬가 새겨진 홍무요^{洪武窯} **청화대접**

송나라 때의 도자기는 여주의 것을 제일로 치고 경성에서 스스로 설치한 관요의 것이 그 다음으로 좋다. 우리 명나라는 부량현 경덕진에서 전문으로 도자기를 생산하며 영락·선덕 연간에는 궁에서 제조한 것을 지금까지 가장 귀한 것으로 친다. 그때는 종안첨백 棕眼甛白의 흰 자기가 기본이고 화감 청花紺靑 안료로 장식을 하였으며 선홍유를 보물로 꼽았다.[50]

오스만제국 왕궁의 수라간에서 우리는 전지纏枝 국화무늬가 새겨진 청화대접 한 점밖에 보지 못했는데 아마도 홍무 시기의 것이고 나머지는 모두 영락과 선덕 시기의 것이다.

황인우黃仁宇 선생의 저서『만력 15년萬曆十五年』을 통해 명나라 시기의 중국을 접한 사람들이 많을 것이다. 그런데 만력 15년(1587) 이전의 중국은 황인우 선생께서 그려낸 그 몰락한 중국과는 전혀 다른 모습이다. 수 천 년 문명사를 가진 중국은 명나라 초기에 전성 시대에 진입했고 영락 연간(1403~1424) 명나라의 제3대 황제인 명 성조 주체朱棣가 중앙집권제의 동방 대제국을 전성기로 올려놓으며 중국 나아가 세계에서도 손꼽히는 수많은 기록을 창조했는데 이를 역사상 '대명제국의 기적'이라고 부른다.

오늘날 우리가 볼 수 있는 북경 자금성, 북경 13릉, 명나라 만리장성, 호북성湖北省 균현均縣의 무당산武當山 도교사원 등의 거대한 고대 건축물 그리고『영락대전永樂大典』과 같은 장대한 문화유적들은 모두 명 성조 재위 시절에 창조한 것이며 정화의 서양 원정도 바로 그 위대한 시대에 탄생했다.

---

50 『窺天外乘』. "宋時窯器, 以汝州爲第壹, 而京師自置官窯次之. 我朝則專於浮梁縣之景德鎭, 永樂, 宣德間, 內府燒造, 迄今爲貴. 其時以棕眼, 甛白爲常, 以蘇麻離靑爲飾, 爲鮮紅爲實."

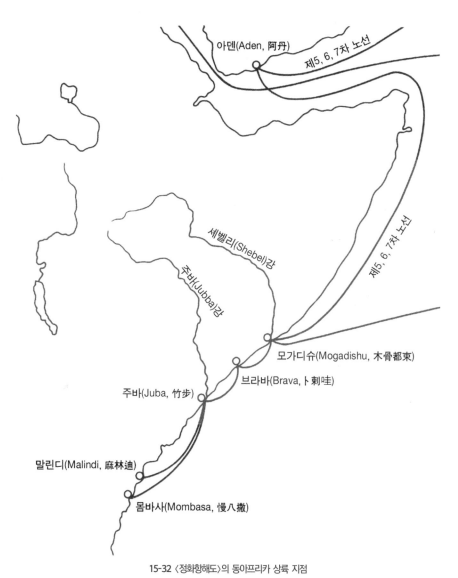

아덴(Aden, 阿丹)

제5, 6, 7차 노선

셰벨리(Shebel)강

주바(Jubba)강

제5, 6, 7차 노선

모가디슈(Mogadishu, 木骨都束)

브라바(Brava, 卜剌哇)

주바(Juba, 竹步)

말린디(Malindi, 麻林迪)

몸바사(Mombasa, 慢八撒)

15-32 〈정화항해도〉의 동아프리카 상륙 지점

참고문헌

Peter Hopkirk(英), 楊漢章 譯, 『絲綢路上的外國魔鬼』, 蘭州, 1998.

Hans-J. Klimkeit(德), 趙崇民 譯, 『絲綢古道上的文化』, 烏魯木齊, 1994.

夏鼐 主編, 『中國大百科全書·考古卷』, 北京: 大百科全書出版社, 1986.

J.Harmatta(匈) 主編, 徐文堪 外譯, 『中亞文明史-定居文明與遊牧文明的發展: 公元前700至公元250年』 第2卷, 北京: 中國對外翻譯出版公司, 2002.

B. A. Litvinsky(俄) 主編, 馬小鶴 譯, 『中亞文明史-文明的交匯: 公元250至750年』 第三卷, 北京: 中國對外翻譯出版公司, 2003.

向達, 『唐代長安與西域文明』, 北京: 三聯書店, 1957.

張廣達·王小甫, 『天涯若比鄰-中外文化交流史略』, 香港: 中華書局香港有限公司, 1988.

三上次男(日), 李錫經 外譯, 『陶瓷之路』, 北京: 文物出版社, 1985.

Marc Aurel Stein(英), 向達 譯, 『斯坦因西域考古記』, 上海: 上海中華書局, 1936(上海: 上海書店, 1986年重印).

Jeannette Mirsky(美), 田衛疆, 『斯坦因考古與探險』, 烏魯木齊: 新疆美術攝影出版社, 1992.

趙豐, 『絲綢藝術史』, 杭州: 浙江美術學院出版社, 1992.

孫機, 『中國聖火-中國古文物與東西文化交流中的若幹問題』, 沈陽: 遼寧教育出版社, 1996.

William L.Langer(美) 主編 劉緒貽 外譯, 『世界史編年手冊·古代和中世紀部分』, 北京: 三聯書店, 1981.

Geoffrey Barracloug(英) 主編, 毛昭晰 外譯, 『泰晤士世界歷史地圖集』, 北京: 三聯書店, 1983.

林梅村, 『絲綢之路散記』, 北京: 人民美術出版社, 2004.

林梅村, 『古道西風-考古新發現所見中外文化交流』(哈佛燕京學術叢書第六輯), 北京: 三聯書店, 2000.

찾아보기

저자 소개

임매촌林梅村, Lin Mei Cun

1956년 베이징에서 태어났고 본적은 광동이다. 현재 북경대학교 고고학과School of Archaeology and Museology 교수로 재직 중이며 유네스코 국제기념물유적협의회ICOMOS의 회원이다. 1994년부터 현재까지 북경대학교에서 중국과 해외의 문화교류 고고학, 몽고 원나라 고고학, 해상실크로드 등의 강의를 맡아왔다. 1984년 이래 오랫동안 실크로드 연안에 있는 고성古城들에 대한 현지조사를 실시했고 수차례에 걸쳐 타클라마칸 사막 깊숙이 들어가 모래 속에 묻힌 고성을 탐방했다. 티베트 고원에서 당나라 시기 토번묘를 발굴했고 몽골고원의 유목 문화유적지를 답사하는 등 눈부신 연구 성과를 거두었다. 『樓蘭尼雅出土文書』(文物出版社, 1984), 『蒙古山水地圖－日本新發現的一幅16世紀絲綢之路地圖』(文物出版社, 2011), 『大朝春秋－蒙元考古與藝術』(古宮出版社, 2013), 『西域考古與藝術』(北京大學出版社, 2017) 등 학술 저서 16권을 출판했고 『絲綢之路十五講』(文物出版社, 2006)의 경우 카자흐어, 러시아어, 아랍어, 키르기스어로 번역됐다. 또한 1984년부터 지금까지 영국의 *Bulletin of the School of Oriental and African Studies* 와 *Antiquity : A Review of World Archaeology*, 독일의 *Central Asiatic Journal*, 일본의 『*Cultura Antiqua*』 그리고 중국의 『考古學報』, 『文物』, 『考古』, 『考古與文物』 등 국내외의 저명한 학술지에 백여 편의 논문을 잇달아 발표했다.

저자가 터키 톱카프궁전에 소장된 영락永樂 원경園景 청화靑花 화훼문花卉紋 대형 접시를 들고 기념 촬영을 하고 있다. (이홍李I 촬영)

역자 소개

장민張敏(中), Zhang Min
1954년 출생. 북경대학교 철학과 대학원에서 석사, 박사학위를 취득했다. 현재 북경대학교 외국어대학 조선(한국)언어문화학부 교수로 재직 중이다. 주요 연구 저서로『立言垂教－李珥哲學精神』(북경대출판사, 2003),『韓國思想史大綱』(북경대출판사, 2009),『朝漢飜譯教程』(북경대출판사, 1992),『韓國語飜譯槪論』(외국어교육과연구출판사, 2018) 등이 있다. 역서로『영화로 읽는 한국 사회문화사』(홍콩 삼련서점, 2006),『韓國 新漫畵』(홍콩 삼련서점, 2008)등이 있다. 주요 연구 논문으로「古代 中朝日의 문화 교류」,「花潭과 張載 思想 比較研究」,「'大疑錄' 解釋」등 40여 편이 있다.

금지아琴知雅(韓), Keum Ji-a
1968년 출생. 연세대학교 중문과 대학원에서 석사, 박사학위를 취득했다. 현재 북경대학교 외국어대학 조선(한국)언어문화학부 부교수로 재직 중이다. 주요 연구 저서로『神韻의 전통과 변용－王士禛과 申緯 詩學의 관계성과 비교론』(태학사, 2008),『한중 역대 서적교류사 연구』(재단법인 한국연구원, 2010) 등이 있다. 공편서로『韓國所藏 中國漢籍總目(6책)』(학고방, 2005) 등이 있다. 주요 연구 논문으로「崔瑆煥『性靈集』考」,「한국 고전문학 속의 중국형상」,「북경대 소장 한국본 고문헌의 자료적 가치」등 40여 편이 있다.

정호운鄭皓云(韓), Jung Ho-woon
1978년 출생. 한국외국어대학교 통번역대학원에서 한중과 석사학위를 취득하고 현재 북경대학교 외국어대학 조선(한국)언어문화학부 박사과정에 재학 중이다. 주요 역서로『마법, 예술을 탐하다』(시그마북스, 2011),『명화와 수다 떨기』(다연, 2014),『신이 인간과 함께한 시절』(올댓북스, 2017),『처음 시작하는 미학 공부』(오아시스, 2018),『니체, 누가 당신의 인생을 그저 그렇다고 하던가』(오렌지연필, 2018) 등이 있다.